Medien – Kultur – Kommunikation

Herausgegeben von
A. Hepp, Bremen
F. Krotz, Bremen
W. Vogelgesang, Trier

Kulturen sind heute nicht mehr jenseits von Medien vorstellbar: Ob wir an unsere eigene Kultur oder ‚fremde' Kulturen denken, diese sind umfassend mit Prozessen der Medienkommunikation verschränkt. Doch welchem Wandel sind Kulturen damit ausgesetzt? In welcher Beziehung stehen verschiedene Medien wie Film, Fernsehen, das Internet oder die Mobilkommunikation zu unterschiedlichen kulturellen Formen? Wie verändert sich Alltag unter dem Einfluss einer zunehmend globalisierten Medienkommunikation? Welche Medienkompetenzen sind notwendig, um sich in Gesellschaften zurecht zu finden, die von Medien durchdrungen sind? Es sind solche auf medialen und kulturellen Wandel und damit verbundene Herausforderungen und Konflikte bezogene Fragen, mit denen sich die Bände der Reihe „Medien – Kultur – Kommunikation" auseinandersetzen. Dieses Themenfeld überschreitet dabei die Grenzen verschiedener sozial- und kulturwissenschaftlicher Disziplinen wie der Kommunikations- und Medienwissenschaft, der Soziologie, der Politikwissenschaft, der Anthropologie und der Sprach- und Literaturwissenschaften. Die verschiedenen Bände der Reihe zielen darauf, aus gehend von unterschiedlichen theoretischen und empirischen Zugängen, das komplexe Interdependenzverhältnis von Medien, Kultur und Kommunikation in einer breiten so zialwis sen schaftlichen Perspektive zu fassen. Dabei soll die Reihe sowohl aktuelle Forschungen als auch Überblicksdarstellungen in diesem Bereich zugänglich machen.

Herausgegeben von
Prof. Dr. Andreas Hepp
Universität Bremen

Dr. Waldemar Vogelgesang
Universität Trier

Prof. Dr. Friedrich Krotz
Universität Bremen

Katharina Lobinger

Visuelle Kommunikationsforschung

Medienbilder als Herausforderung für die Kommunikations- und Medienwissenschaft

Katharina Lobinger

Springer VS
ISBN 978-3-531-18137-0   ISBN 978-3-531-93480-8 (eBook)
DOI 10.1007/978-3-531-93480-8

Die Deutsche Nationalbibliothek verzeichnet diese Publikation in der Deutschen National-
bibliografie; detaillierte bibliografische Daten sind im Internet über http://dnb.d-nb.de
abrufbar.

© Springer Fachmedien Wiesbaden 2012
Das Werk einschließlich aller seiner Teile ist urheberrechtlich geschützt. Jede Verwertung,
die nicht ausdrücklich vom Urheberrechtsgesetz zugelassen ist, bedarf der vorherigen Zu-
stimmung des Verlags. Das gilt insbesondere für Vervielfältigungen, Bearbeitungen, Über-
setzungen, Mikroverfilmungen und die Einspeicherung und Verarbeitung in elektronischen
Systemen.

Die Wiedergabe von Gebrauchsnamen, Handelsnamen, Warenbezeichnungen usw. in diesem
Werk berechtigt auch ohne besondere Kennzeichnung nicht zu der Annahme, dass solche
Namen im Sinne der Warenzeichen- und Markenschutz-Gesetzgebung als frei zu
betrachten wären und daher von jedermann benutzt werden dürften.

Einbandentwurf: KünkelLopka Medienentwicklung, Heidelberg

Gedruckt auf säurefreiem und chlorfrei gebleichtem Papier

Springer VS ist eine Marke von Springer DE.
Springer DE ist Teil der Fachverlagsgruppe Springer Science+Business Media
www.springer-vs.de

Danksagung

Das vorliegende Buch ist die überarbeitete und leicht gekürzte Fassung der Dissertation, die während meiner Tätigkeit als wissenschaftliche Mitarbeiterin an der Universität Wien zwischen 2007 und 2010 entstanden ist.

Es gibt viele Menschen, denen Dank für ihre Unterstützung, Inspiration und Motivation beim Verfassen der nun vorliegenden Arbeit gebührt. Danken möchte ich an erster Stelle meinem Doktorvater Hannes Haas, für seine wertvollen und inspirierenden Denkanstöße und die stets motivierende Betreuung. Besonderen Dank möchte ich außerdem Elke Grittmann aussprechen, die immer mit freundlichem und äußerst kompetentem Rat zur Stelle war, egal ob es sich um Fragen zu Forschungsdesign und Ergebnisinterpretation, um Hilfe bei der Materialbeschaffung oder sogar um die Übernahme von Codiertätigkeiten für die Reliabilitätsprüfung der Daten handelte. Besonders wertvoll waren aber die vielen inspirierenden persönlichen Gespräche zu den unterschiedlichsten Fragen und Problemen visueller Forschung.

Wichtiges Feedback und Hinweise von Forschern und Forscherinnen rund um die Fachgruppe „Visuelle Kommunikation" der Deutschen Gesellschaft für Publizistik- und Kommunikationswissenschaft (DGPuK) hatten ebenfalls einen nicht zu unterschätzenden Einfluss auf das Entstehen der Arbeit. Darüber hinaus haben mich meine Kollegen und Kolleginnen am Institut für Publizistik- und Kommunikationswissenschaft in Wien auf vielfältige Weise unterstützt. Ein großes Dankeschön geht daher nach Wien, besonders aber an Cornelia Brantner, deren unermüdliche kritische Lektüre und wertvolles inhaltliches Feedback wesentlich zum Gelingen der Arbeit beigetragen haben. Ganz besonders möchte ich auch meiner Familie und meinen Freunden für ihre Unterstützung danken.

Schließlich danke ich der Fachgruppe „Soziologie der Medienkommunikation" der DGPuK, den Herausgebern der Reihe „Medien – Kultur – Kommunikation" und dem VS Verlag für Sozialwissenschaften für die Auszeichnung der Arbeit durch den Dissertationspreis „Medien – Kultur – Kommunikation" und die damit einhergehende Hervorhebung der Relevanz der Erforschung von Bildern in aktuellen visuellen Medienkulturen.

Bremen, September 2011   Katharina Lobinger

Inhalt

Abbildungsverzeichnis 10

Tabellenverzeichnis 11

1 Einleitung 13

2 Das visuelle Medienzeitalter 19

   2.1 Mediatisierung & Visualisierung des Alltags und der
Medienlandschaft 21

   2.2 Ikonophilie vs. Ikonophobie 26

   2.3 Die wissenschaftliche „Wende zum Bild" 28

   2.4 Visuelle Medienkultur 30

3 Bildwissenschaften 33

   3.1 Die Allgemeine Bildwissenschaft 33

   3.2 Visual Culture 37

   3.3. Spezielle Bildwissenschaften - am Beispiel der
Visuellen Kommunikationsforschung 39

4 Was ist ein Bild? Was ist ein Medienbild? 47

   4.1 Welches Bild? – Mitchells weit verzweigte
„Family of Images" 48

   4.2 Der Zusammenhang von Wahrnehmungsinhalt,
Original/Unikat und Kommunikat: Doelkers Bildbegriff 51

   4.3 Semiotische Ansätze: die Zeichenhaftigkeit von Bildern 55

   4.4 Bilder im Kommunikationsprozess – Kontexte und
die Einschränkung der Polysemie 62

   4.5 Fazit: Das Medienbild 68

5 Es gibt keine visuellen Medien!
Zur Multimodalität medialer Botschaften 71

   5.1 Modalitätsspezifische Kommunikationsleistungen und
Einschränkungen von Bild und Text 73

| 5.2 | „Schnelle Schüsse ins Gehirn" – Ergebnisse zu Bildrezeption und -verarbeitung | 76 |

5.2 „Schnelle Schüsse ins Gehirn" – Ergebnisse zu
Bildrezeption und -verarbeitung 76
5.3 Emotionen im Bild – Emotionalisierung durch Bilder 82
5.4 Erklärungsversuch zur „Macht der Bilder" und der Rolle
verbaler Texte - visuelles Agenda-Setting und visuelles Framing 87

6 Visuelle Medienkompetenz 95

7 Visuelle Kommunikationsforschung und ihre Bilder 101

7.1 Das Bild im Journalismus 102
7.2 Das Bild in der Werbung 124
7.3 Das Bild in den Public Relations beziehungsweise in der
Unternehmenskommunikation 136
7.4 Das Bild in der politischen Kommunikation 146
7.5 Das private Bild in medial vermittelter Kommunikation 159
7.6 Der globale Markt der Bilder: Symptom des medialen
Bildbedarfs 165
7.7 Fazit: Das heterogene Bündel der Medienbilder 168

8 Visuelle Kommunikationsforschung in der Entwicklung kommunikations- und medienwissenschaftlicher Publikationen: eine Metaanalyse 171

8.1 Vor- und Nachteile einer Metaanalyse 175
8.2 Fachzeitschriften - ein Blick in die Nervenbahnen der Disziplin ... 176
8.3 Metaanalytische Referenzstudien 178
8.4 Aufbau der Studie 185
8.5 Ergebnisse der Metaanalyse 190

9 Inhaltsanalytische Methoden der Visuellen Kommunikationsforschung – Einführung und Überblick über die Methodenanwendung im Untersuchungsmaterial 219

10 Die quantitative Bildinhaltsanalyse 227

10.1 Themen der quantitativen Bildinhaltsanalyse im Überblick 229
10.2 Visualisierungstrends – Studien zum Stellenwert
visueller Elemente 230
10.3 Stereotypisierung von Bevölkerungsgruppen und Minoritäten 231
10.4 Die Darstellung politischer Akteure unter dem
Gesichtspunkt der News-Bias-Forschung 236

Inhalt 9

10.5 Weitere Fragestellungen in der quantitativen
bildinhaltsanalytischen Auseinandersetzung 239
10.6 Anpassung des Instruments an die Modalität – die
Berücksichtigung bildspezifischer formaler bzw. technischer
Darstellungsaspekte 240
10.7 Multimodalität – die Berücksichtigung des medialen
Kontexts bei der Analyse 242
10.8 Zwischenfazit - Quantitative Bildinhaltsforschung 242

11 Qualitative Bildinhaltsanalysen 245
11.1 Semiotik und Soziosemiotik 246
11.2 Ikonografie und Ikonologie 250
11.3 Weitere Herangehensweisen qualitativer Bildinhaltsforschung 254
11.4 Zwischenfazit: Qualitative Bildinhaltsforschung 256

12 Verknüpfung quantitativer und qualitativer
Methoden der Bildanalyse 259
12.1 Verknüpfung von quantitativer Bildinhaltsanalyse
und visueller Semiotik 260
12.2 Die quantitative Bildtypenanalyse: Verknüpfung von
ikonografisch-ikonologischer Analyse und quantitativer
Bildinhaltsanalyse 263
12.3 Zwischenfazit zur Verknüpfung quantitativer und
qualitativer Ansätze der Bildinhaltsforschung 267

13 Fazit: Visuelle Kommunikationsforschung und
die Erforschung visueller Medienkultur 269

Anmerkungen 279
Literaturverzeichnis 291
Anhang 1: Kurzbeschreibung der Fachzeitschriften 327
Anhang 2: Quantitative Bildinhaltsanalysen im
Untersuchungsmaterial 333
Anhang 3: Qualitative Bildinhaltsanalysen im
Untersuchungsmaterial 337
Anhang 4: Verknüpfung quantitativer und qualitativer
Bildinhaltsanalysen im Untersuchungsmaterial 340
Index 341

Abbildungsverzeichnis

Abb. 1: Disziplinäre Struktur der „visual studies in communication" 43
Abb. 2: Familienstammbaum der Bilder 49
Abb. 3: Bildmodell nach Doelker 51
Abb. 4: Stuart Halls Encoding/Decoding-Modell 64
Abb. 5: Produktions- und Rezeptionskontexte von Medienbildern 68
Abb. 6: Bildikone „Napalmmädchen" Phan Thi Kim Phúc 116
Abb. 7: In iRaq Protestbild umgewandeltes iPod Silhouette
Kampagnenbild 119
Abb. 8: „Laufende Frau" im Apple Spot „1984" 132
Abb. 9: „Big Brother" im Apple Spot „1984" 132
Abb. 10: Siegerbild des obs-Award 2009 in der Kategorie „Produktbild" 137
Abb. 11: Zweiter Platz des obs-Award 2009 in der Kategorie „Portrait" 138
Abb. 12: Modell „Visuelle Unternehmenskommunikation" 142
Abb. 13: One Arm Length-Selbstportraits 164
Abb. 14: Entwicklung der Visuellen Kommunikationsforschung
1990-2009 192
Abb. 15: Beitragsverteilung in kommunikationswissenschaftlichen Journals 194
Abb. 16: Beitragsverteilung in visuellen Journals 195
Abb. 17: Visuelle Forschungsgebiete 198
Abb. 18: Wissenschaftliche Herangehensweise der visuellen Artikel 200
Abb. 19: Empirische Herangehensweise 202
Abb. 20: Verwendete Methoden in der Visuellen
Kommunikationsforschung 206
Abb. 21: Bildinhaltsanalysen unterteilt nach wissenschaftlicher
Herangehensweise 223
Abb. 22: Art der Bildinhaltsanalyse 224
Abb. 23: Überblick über Panofskys Dreischrittschema 252

Tabellenverzeichnis

Tab. 1: Überblick über quantitative und qualitative
Forschungsmethoden im Zeitverlauf 181
Tab. 2: Beitragshäufigkeit nach Journalart 191
Tab. 3: Beitragshäufigkeit pro Journal 193
Tab. 4: Visuelle Forschungsgebiete 197
Tab. 5: Wissenschaftliche Herangehensweise 201
Tab. 6: Empirische Herangehensweise 202
Tab. 7: Die häufigsten Bildgattungen im Untersuchungsmaterial 208
Tab. 8: Bildkontext „Mediengattung" - das direkte
Medienumfeld der Bilder 210
Tab. 9: Bildkontext „Anwendungskontext" - Felder der
Kommunikations- und Medienwissenschaft 211
Tab. 10: Disziplinäre Verortung der Forscherinnen und Forscher 212
Tab. 11: Geografische Verortung der Autorinnen und Autoren in
den unterschiedlichen Fachzeitschriften 213
Tab. 12: Zentrale Themenfelder der quantitativen Inhaltsforschung 229
Tab. 13: Berücksichtigung formaler bildspezifischer Darstellungsaspekte 241
Tab. 14: Berücksichtigung des verbalen medialen Kontextes 242

1 Einleitung

Bilder sind in den letzten Jahren und Jahrzehnten aufgrund ihrer zunehmenden Bedeutung und Allgegenwart in medialen und alltäglichen Umgebungen zu einem wichtigen Forschungsobjekt unterschiedlichster Wissenschaftsdisziplinen geworden. Sowohl die Geisteswissenschaften, als auch die Sozialwissenschaften setzen sich heute intensiv – teilweise mit sehr unterschiedlichen Schwerpunkten – mit Bildern auseinander. Mittlerweile gibt es auch einige viel versprechende Ansätze zur Etablierung allgemeiner Bildwissenschaften, wie zum Beispiel die *Interdisziplinäre Bildwissenschaft* der „Magdeburger Schule" (vgl. Bernhardt 2009a; Sachs-Hombach 2006, 2005a, 2005b, 2003) oder die *Visual Studies* des angloamerikanischen Raumes (vgl. Mitchell 2008a, 2008b). Allgemeine Bildwissenschaften, wie die beiden genannten, beschäftigen sich mit dem grundlegenden Verständnis von bildhaften Phänomenen im Allgemeinen und entwickeln ontologische sowie epistemologische Grundlagen. In dieser Arbeit steht jedoch nur eine spezielle Bildart im Zentrum des Interesses: das *unbewegte Medienbild* und seine Rolle in unterschiedlichen medialen Kontexten. Deshalb wird auch der Fokus einer speziellen Bildwissenschaft (vgl. Huber 2004) eingenommen, die sich, im Unterschied zu einer allgemeinen Bildwissenschaft, auf bestimmte Bildgattungen und deren spezielle Eigenschaften konzentriert. Jene bildwissenschaftliche Teildisziplin, die sich hauptsächlich mit der Behandlung von Medienbildern beschäftigt, wird als *Visuelle Kommunikationsforschung* (vgl. Müller 2007, 2003) bezeichnet. Sie ist, wie Müller (2007: 24) beschreibt, eine Subdisziplin der Kommunikationswissenschaft. Für die vorliegende Arbeit wird der Begriff der Visuellen Kommunikationsforschung aufgrund ihrer starken interdisziplinären Ausrichtung, in Anlehnung an Barnhurst, Vari und Rodríguez (2004), etwas weiter als bei Müller gefasst. Als Visuelle Kommunikationsforschung wird hier die Auseinandersetzung mit Medienbildern verstanden, welche aus unterschiedlichen wissenschaftlichen Perspektiven, insbesondere aber aus jener der Kommunikations- und Medienwissenschaft, erfolgen kann.

Ausgangspunkt dieser Arbeit ist unter anderem die Alltagsbeobachtung, dass die Visuelle Kommunikationsforschung insbesondere in den letzten Jahren deutlich zugenommen hat, wie auch Beiträge zum Forschungsstand veranschaulichen (vgl. etwa Barnhurst/Vari/Rodríguez 2004; Griffin 2001; Müller 2007). Man

14 *1 Einleitung*

denke hier auch an die lebhafte Forschungs- und Publikationstätigkeit rund um die Fachgruppe *Visuelle Kommunikation* der DGPuK (vgl. exemplarisch Grittmann 2007, 2001; Knieper 2003, 1995; Müller 2007, 2003; Knieper/Müller 2004, 2003, 2001; Petersen/Schwender 2011, 2009). Im Widerspruch dazu werden häufig Forschungsdefizite, wie insbesondere das Fehlen adäquater und ausgereifter Methoden der Bildanalyse, kritisiert. Überspitzt formuliert, wird in einem Forschungsfeld mit lebhafter Forschungstätigkeit gleichzeitig ein grundsätzliches Methodendilemma diagnostiziert (vgl. exemplarisch Ayaß 2006; Bohnsack 2003). Genau an diesem Punkt setzt die vorliegende Arbeit an, die – unabhängig von der genannten methodologischen Kritik – das Ziel verfolgt, darzulegen, wie die Visuelle Kommunikationsforschung in den letzten 20 Jahren tatsächlich das Feld der visuellen Kommunikation, genauer gesagt *unbewegte Medienbilder*, erforscht hat, und wie sich die Forschungsaktivitäten entwickelt haben. Die Einschränkung auf unbewegte Medienbilder in der Arbeit hat vorwiegend forschungspragmatische Gründe und wurde unter anderem deshalb vorgenommen, weil Methoden visueller Inhaltsforschung einen zentralen Aspekt der Arbeit darstellen und sich die Methoden zur Erforschung von Bewegtbildern deutlich von den Methoden der Analyse unbewegter Bilder unterscheiden.

Die vorliegende Arbeit soll den Status Quo wissenschaftlicher Auseinandersetzung mit unbewegten Medienbildern in einem Zeitalter, das von vielen Autoren und Autorinnen als visuelles Zeitalter beziehungsweise als visuelle Kultur bezeichnet wird, zusammenfassen.

Das eben genannte Schlagwort „visuelle Kultur" bildet auch den Einstieg in die Arbeit und wird im folgenden Kapitel aus einer kommunikations- und medienwissenschaftlichen Sichtweise diskutiert, wobei mediale Wandelphänomene im Zentrum der Ausführungen stehen (siehe Kapitel 2). Visualisierung und Mediatisierung werden als untrennbar miteinander verbundene Prozesse vorgestellt. Ein interessanter Aspekt, welchem ebenfalls im zweiten Kapitel Rechnung getragen wird, ist die Diskrepanz zwischen der Beliebtheit bildlicher Ausdrucksformen auf Seite der Rezipienten und Rezipientinnen, die diese mühelos und ganz selbstverständlich in ihren Alltag einbinden, und der teilweise ablehnenden Haltung einiger Kultur- bzw. Bildkritiker und Disziplinen. Dieses Phänomen wird im Abschnitt „Ikonophilie vs. Ikonophobie" behandelt. Gerade als Folge der Vernachlässigung von Bildern, insbesondere in der Wissenschaft, riefen Boehm (1994b) und Mitchell (1992) schließlich den *iconic turn* beziehungsweise den *pictorial turn* aus und forderten eine verstärkte Beachtung bildlicher Formen, also eine wissenschaftliche Wende zum Bild. Dieser *visual turn* wird vor dem Hintergrund des größeren *cultural turns* in den Geistes- und Sozialwissenschaften besprochen. Zusammenfassend wird schließlich das Konzept der visuellen Medienkultur, ei-

1 Einleitung

ner, so Belting (2008: 9), visuellen Kultur, die durch die Massenmedien globalisiert wird, präsentiert.

In Kapitel 3 werden aktuelle bildwissenschaftliche Bestrebungen in der Tradition des geforderten *iconic turns*, wie zum Beispiel die Interdisziplinäre Bildwissenschaft der „Magdeburger Schule" und die Visual Culture des angloamerikanischen Raums, beides Beispiele für allgemeine Bildwissenschaften, vorgestellt. In dieser Arbeit interessiert in der weiteren Folge, wie bereits beschrieben, die Auseinandersetzung mit Medienbildern, vor allem aus einer kommunikations- und medienwissenschaftlichen Perspektive, wie sie durch die Visuelle Kommunikationsforschung erfolgt. In diesem Zusammenhang interessieren die Etablierung der deutschsprachigen Visuellen Kommunikationsforschung ebenso wie die Institutionalisierungsbestrebungen visueller Fachgruppen in internationalen kommunikations- und medienwissenschaftlichen Organisationen. Diese Bildung von Forschungsorganisationen gilt als ein wichtiger Indikator für die Relevanz eines Forschungsfeldes.

Die Visuelle Kommunikationsforschung, als spezielle Bildwissenschaft, beschäftigt sich nicht mit Bildern im Allgemeinen, sondern mit einer speziellen, eingeschränkten Bildart: dem Medienbild, welches in Kapitel 4 von weiteren Bildbegriffen abgegrenzt wird. Diese Eingrenzung ist zugleich ein zentraler Aspekt der Arbeit. Obwohl dadurch ein weites Feld visueller Phänomene (wie etwa mentale, sprachliche oder optische Bilder) ausgeklammert wird, zeigt sich bei der genaueren Behandlung der eingeschränkten Bildart „unbewegtes Medienbild", dass dieses in höchst heterogenen Formen in unterschiedlichen Kontexten auftritt, wodurch sich auch die wissenschaftlichen Herangehensweisen an unterschiedliche Medienbilder stark unterscheiden.

Hinzu kommt, dass Medienbilder nur in Ausnahmefällen in Reinform, also ohne andere Botschaftselemente vorkommen. Kapitel 5 bespricht aus diesem Grund das Zusammenspiel von Bild und Text in multimodalen Medienbotschaften. Es sind hier vor allem die jeweiligen modalitätsspezifischen Leistungen von bildlicher und verbaler Kommunikation, ihre Interaktionen und die damit verbundenen Rezeptions-, Verarbeitungs- und Wirkungsweisen von Interesse, wie etwa das Emotionalisierungspotenzial von Bildern oder die Bildüberlegenheitswirkung im Wahrnehmungs- und kognitiven Verarbeitungsprozess. Zentrales Argument dabei ist, dass die Visuelle Kommunikationsforschung alle beteiligten Modi einer Botschaft berücksichtigen muss, um aussagekräftige Befunde im Hinblick auf Medieninhalte und deren Wirkung machen zu können.

Es folgt die Beschäftigung mit Bildkompetenz aus einer medienpädagogischen Sichtweise in Kapitel 6. Dazu wird das Bündel jener Kompetenzen dargestellt, die für ein Verständnis von Medienbildern erforderlich sind. Das Konzept der sogenannten „visuellen Medienkompetenz", bestehend aus visuellen und medialen Kompetenzen, steht dabei im Mittelpunkt der Ausführungen.

Kapitel 7 gibt einen Überblick über die Themenfelder der Visuellen Kommunikationsforschung. Das Kapitel kann keine detaillierte Ausarbeitung sämtlicher wichtiger Bereiche der Visuellen Kommunikationsforschung leisten, vielmehr nimmt es einen theoretischen Parforceritt durch unterschiedliche Themenfelder der visuellen Kommunikation vor und präsentiert den Forschungsstand zu Medienbildern in den unterschiedlichen Kontexten. Gleichzeitig ist es eines der Hauptkapitel des Buches, das veranschaulicht, wie unterschiedlich sich Bilder je nach Kontext präsentieren. Zunächst wird das Bild im Journalismus, in der Werbung und in den Public Relations, beziehungsweise der Unternehmenskommunikation, dargestellt. Daran schließt die Auseinandersetzung mit einem zentralen thematischen Bereich der Visuellen Kommunikationsforschung, nämlich mit Bildern in politischer Kommunikation, an. In der Folge wird das private Bild im öffentlichen Kontext beziehungsweise das medial vermittelte Alltagsbild, welches, nicht zuletzt aufgrund seines steigenden Vorkommens in sozialen Netzwerken, als zunehmend wichtiges Forschungsobjekt der Kommunikations- und Medienwissenschaft anerkannt werden muss, behandelt. Den Abschluss des Kapitels zu den visuellen Forschungsfeldern bildet eine kurze Darstellung des Bildermarktes sowie dessen ökonomischer Struktur, welche insbesondere die Bildform der Stock Photography („Vorratsfotografie") privilegiert. Es zeigt sich in diesem Kapitel bereits deutlich, dass der Forschungsstand zu den verschiedenen Anwendungsbereichen beziehungsweise Kontexten von Medienbildern unterschiedlich stark ausgeprägt ist. Während zum journalistischen Bild und zum Bild in der Werbung bereits umfassende und vielfältige Forschungsergebnisse vorliegen, ist die Auseinandersetzung mit visuellen Elementen in den Public Relations beziehungsweise der Unternehmenskommunikation sowie mit dem privat produzierten Bild (Stichwort: Consumer Photography) noch vergleichsweise rar. Dieser Abschnitt der Arbeit verfolgt insbesondere das Ziel, Publikationen aus Monografien und Sammelbänden in die Arbeit aufzunehmen, da diese im empirischen Teil, der sich in späterer Folge mit der Analyse von Beiträgen in Fachzeitschriften beschäftigt, sonst zu kurz kommen würden. Auch wenn von einer steigenden Wichtigkeit von Journals für die wissenschaftliche Reputation ausgegangen wird, so sollen in dieser Arbeit die Publikationen in Monografien und Sammelbänden, die besonders im deutschsprachigen Raum auf eine lange Wissenschaftstradition zurückblicken können, nicht aus dem Blick verloren werden.

Es folgt der empirische Teil der Arbeit. In Kapitel 8 wird die methodische Herangehensweise – eine quantitative Metaanalyse zur Systematisierung des Forschungsstandes – vorgestellt, mit der die Entwicklung der Visuellen Kommunika-

1 Einleitung 17

tionsforschung in den letzten 20 Jahren sowie ihre wichtigsten Forschungsgebiete, wissenschaftliche Herangehensweisen, Beitragsarten, Methoden und Datenerhebungsverfahren untersucht werden. Die aus der Metaanalyse gewonnenen Ergebnisse werden mit Referenzanalysen zur generellen empirischen Forschungspraxis in der Kommunikations- und Medienwissenschaft verglichen.

Die folgenden Kapitel beschäftigen sich genauer mit bildinhaltsanalytischen Verfahren der Bildanalyse, da visuelle Inhaltsforschung im Zentrum der Methodenkritik steht. Die Arbeit geht daher näher auf die Methodenverteilung, methodische Aspekte sowie auf Potenziale und Leistungen beziehungsweise die Aussagekraft visueller Inhaltsforschung ein: Kapitel 9 gibt ein Überblick über die Häufigkeit und Verteilung visueller Inhaltsforschung in den kommunikationswissenschaftlichen und visuellen Fachzeitschriften. Es folgt eine detailliertere Betrachtung quantitativer Bildinhaltsanalysen (Kapitel 10), qualitativer Bildinhaltsanalysen (Kapitel 11) und der Verknüpfung der beiden Verfahren (Kapitel 12).

Kapitel 13 fasst schließlich die zentralen Ergebnisse und Aussagen der Arbeit zusammen und diskutiert ihre Stärken und Schwächen.

2 Das visuelle Medienzeitalter

Bilder sind feste Bestandteile unseres täglichen Lebens. Sie begegnen uns – sowohl in Alltags- als auch in Medienkontexten – ständig und überall in unterschiedlichsten Ausdrucksformen. Das visuelle Leistungsspektrum ist dabei äußerst weitreichend: Visuelle Elemente können etwa verbalen Text illustrativ ergänzen, unterhalten, als Design- oder Dekorationselemente dienen, selbstständig Informationen übertragen oder aber Unaussprechliches anschaulich vergegenwärtigen. Eine Liste möglicher Bildfunktionen ließe sich beliebig verlängern (siehe etwa Knieper 2005a: 40). Schwierig erfassbar und noch schwieriger zur erklären sind Bildeffekte und der spezifische visuelle Kommunikations- und Wirkmodus (vgl. Geise 2011: 21), weshalb die zunehmende Bildverwendung auch teils heftige Kritik und Befürchtungen (vgl. exemplarisch Postman 1985) mit sich bringt.

Die Bedeutung visueller Kommunikation wird durch ihre kontroversielle Diskussion jedoch nicht geschmälert, denn wenngleich die Hoffnungen beziehungsweise Befürchtungen hinsichtlich der Leistungen und Auswirkungen bildlicher Kommunikation divergieren, so sind die steigende Bildquantität und -bedeutung im Alltag des 21. Jahrhunderts – auch bei ihren Kritikern – unumstritten. Der deutsche Kunsthistoriker und Medientheoretiker Hans Belting unterstreicht die elementare Bedeutung von Bildern indem er die zeitgenössische Kultur sogar als ein visuelles beziehungsweise optisches Zeitalter bezeichnet:

> „Die Bilder durchdringen und beherrschen die zeitgenössische Kultur in einem Maße, dass man von einer visuellen oder visuell geprägten Kultur sprechen kann, die durch die Massenmedien inzwischen globalisiert worden ist." (Belting 2008: 9)

Die Betonung der kulturellen Relevanz von Bildern findet sich in ähnlicher Form bei zahlreichen weiteren Autoren und Autorinnen aus unterschiedlichen Disziplinen (siehe exemplarisch Ang 2004; Boehm 1994a, 1994b; Burda 2005; de Vries 2008; Kappas/Müller 2006; Lester 1996b; Mitchell 1992; Müller-Doohm 1999). Das folgende Kapitel widmet sich dem großen und vieldeutigen Schlagwort „visuelle Kultur" beziehungsweise „visual culture" und den damit verbundenen Teilaspekten zunächst aus kommunikations- und medienwissenschaftlicher Sichtweise. Dabei wird insbesondere die Rolle medialer Wandelphänomene diskutiert, da sich die gegenwärtige visuelle Kultur gleichzeitig als medial vermittelte Kultur präsentiert und damit in starkem Maße mit „Medienlogiken" (vgl. Hjarvard 2008) interagiert. Daraus ergibt sich die Schlussfolgerung, dass Visualisierung und Mediatisierung, wie im Folgenden argumentiert wird, untrennbar miteinander verbundene Prozesse sind. Bei der Auseinandersetzung mit Visualisierungstendenzen muss der Metaprozess „Mediatisierung" daher stets mitgedacht werden.

Selbstverständlich ist Bildkommunikation keine gesellschaftliche Novität. Im Gegenteil, seit jeher werden Bilder zu Kommunikationszwecken eingesetzt. Neu hingegen ist die erhöhte Bildquantität und Bildpräsenz in massenmedialer Kommunikation, welche insbesondere medial vermittelte Bilder zu ubiquitären kulturellen Elementen gemacht hat; eine Entwicklung, die schließlich zur Bezeichnung „visuelles Zeitalter" führte.

Die Feststellung der medialen Bildquantität alleine erklärt noch nicht die Bedeutung des Bildes, dem im gegenwärtigen „visuellen Zeitalter" gerne besondere – teils mysteriöse – Macht zugesprochen wird, wie an den Titeln zahlreicher Publikationen, wie beispielsweise *Iconic Turn. Die neue Macht der Bilder* (Maar/ Burda 2005) oder *Die Macht der Bilder als Ohnmacht der Politikwissenschaft* (Drechsel 2005), ablesbar ist. Die Gründe dafür lassen sich durch unterschiedliche Argumente veranschaulichen.

Zunächst kann die Wichtigkeit von Bildern gewiss zum Teil einfach auf ihre steigende Quantität zurückgeführt werden. Frei nach dem simplen Schluss: Steigt die Bildquantität in der täglichen Kommunikation, so steigt auch die Bedeutung des Bildhaften. Man könnte dies als Bedeutung durch Präsenz bezeichnen.

Darüber hinaus wird Bildern in westlichen Gesellschaftssystemen aber auch sehr großes Vertrauen zugesprochen. Es scheint demnach zusätzlich zu gelten: „was sich sehen lässt, ist glaubhaft und wahr" (Halawa 2008: 24) oder in anderen Worten: „seeing is [...] believing" (Graber 1996: 87). Tatsächlich gibt es Belege dafür, dass Rezipienten und Rezipientinnen Bildern starkes Vertrauen entgegenbringen (siehe exemplarisch Holicki 1993: 35f; Tirohl 2000: 335ff) und sie nicht selten als Fenster zur Wirklichkeit, welches eben diese zweifelsfrei und eindeutig zeigt, betrachten. Das hängt mit der Anschaulichkeit von Bildern zusammen, welche bestimmte Gegenstände und Situationen sehr detailliert abbilden können. Diese Konkretheit von visueller Kommunikation bezeichnet Michel (2006) als anschauliche Evidenz. Sie führt dazu, dass wir bei der Rezeption von Bildern ihren Zeichencharakter vergessen und uns somit nicht präsent ist, dass sie eigentlich bloße Zeichenträger sind, die auf etwas (anderes) verweisen (siehe die semiotische Bilddefinition in Kapitel 4.3).

Ferner gelten Bilder als besonders wirkungsmächtig, wie die Feststellung von Boehm (2005) veranschaulicht: „Niemand wird vermutlich widersprechen,

2.1 Mediatisierung & Visualisierung des Alltags und der Medienlandschaft 21

wenn wir Bildern eine Macht auf Körper, Seele und Geist einräumen." (Boehm 2005: 30). Mitchell (2008a) spricht in seinem Werk *Das Leben der Bilder. Eine Theorie der visuellen Kultur* in diesem Zusammenhang von „magischen Haltungen", die wir gegenüber Bildern einnehmen und untermauert seine Argumentation mit folgendem Beispiel: Wenn sich Studenten oder Studentinnen über die Idee einer magischen Beziehung zwischen dem Bild und dem Darstellungsinhalt lustig machen, dann ist es, so Mitchell, zur Veranschaulichung des Konzeptes ausreichend, sie darum zu bitten, eine Fotografie ihrer Mutter zur Hand zu nehmen und dieser die Augen auszuschneiden (vgl. Mitchell 2008a: 25). Dieses Alltagsexperiment zeigt, dass sich die Studierenden tatsächlich davor scheuen, das Foto zu „verletzen", obwohl ihnen natürlich klar ist, dass eine Fotografie ihrer Mutter ein bloßes materielles Objekt ist (vgl. Mitchell 2008a: 49). Ein wichtiger Punkt in Mitchells Auseinandersetzungen mit visueller Kultur ist das Ziel, diese „magischen, vormodernen Haltungen" zu verstehen und nicht, diese zu widerlegen (vgl. Mitchell 2008a: 49). Woher nun diese Kraft oder Macht der Bilder kommt, wird heute von unterschiedlichen Wissenschaftsdisziplinen untersucht. So ist es etwa ein erklärtes Ziel der Visuellen Kommunikationsforschung, die Prozesse visueller Wahrnehmung und die Wirkung visueller Kommunikation transparent zu machen und zu erklären (vgl. Müller 2003).

Die aktuellen Visualisierungstendenzen finden insbesondere in medialen Kontexten statt und sind deshalb ohne einen Blick auf weitere mediale Entwicklungen nicht interpretierbar. Der folgende Abschnitt behandelt deshalb Visualisierungstendenzen vor dem Hintergrund weiterer medialer Wandelphänomene und beschäftigt sich mit Praktiken des Bildhandelns als Alltagspraxis in mediatisierten Gesellschaften.

2.1 Mediatisierung & Visualisierung des Alltags und der Medienlandschaft

Wie Hepp (2008) ausführt, kann „der heutige Alltag in einer Vielzahl von Kulturen kaum mehr losgelöst von Medien betrachtet werden" (Hepp 2008: 63). Diese mediale Durchdringung der alltäglichen Lebenswelt wird in der Kommunikations- und Medienwissenschaft als Mediatisierung[1] des Alltags bezeichnet (vgl. Hepp 2005: 138; Hjarvard 2008; Krotz 2008: 53, 2001; Lester 1996b: xii). In der Definition von Krotz (2008) bezeichnet Mediatisierung:

22   *2 Das visuelle Medienzeitalter*

„den Prozess sozialen und kulturellen Wandels, der dadurch zustande kommt, dass immer mehr Menschen, immer häufiger und differenzierter ihr soziales und kommunikatives Handeln auf immer mehr ausdifferenzierte Medien beziehen." (Krotz 2008: 53).

In einem von Medien durchdrungenen Alltag sind diese Medien für ihre Nutzer und Nutzerinnen in der Regel etwas Selbstverständliches und werden daher auch auf selbstverständliche, quasi „natürliche" Art und Weise für unterschiedliche Zwecke im Alltag verwendet. Man spricht in diesem Zusammenhang auch von der Domestizierung der Medien. Der Domestizierungs-Ansatz stammt aus der Medienaneignungs-, Rezeptions- und Nutzungsforschung mit starken Bezügen zu den Cultural Studies. Erste Autoren Ende der 1980er und Anfang der 1990er Jahre waren Roger Silverstone, David Morley und Eric Hirsch (vgl. Hartmann 2009: 304, 2007: 402). Mittlerweile findet der Ansatz auch im deutschsprachigen Raum zunehmend Verbreitung (siehe dazu insbesondere Röser 2007). Der Domestizierungsansatz hebt den Prozesscharakter von Medienaneignung hervor und versucht, den komplexen Prozess der Mediennutzung und -aneignung im Alltag der Mediennutzer zu beschreiben. Aneignung wird dabei nicht lediglich als Aneignung von medialen Inhalten, sondern auch als Aneignung von Techniken und Technologien verstanden (vgl. Hartmann/Krotz 2010: 242). Der Begriff „Domestizierung" spielt, so Hartmann (2007: 405), auf die sprichwörtliche „Zähmung der wilden Medientechnologien" an: „Die Integration in den Alltag führt zu einer Kultivierung, bis das Medium nicht mehr als fremdes Element zu erkennen ist und somit das Bestehende nicht mehr in Frage stellt." (Hartmann 2007: 403) (Neue) Medien und die von ihnen vermittelten Inhalte werden so zu einem selbstverständlichen Bestandteil unseres Alltags.

Mediatisierung ist gleichzeitig ein Motor für kulturellen Wandel und erklärt, wie die Etablierung von neuen Medien und deren Anwendung zu Veränderungen der Kommunikation zwischen den Menschen und damit auch zur Veränderung „kommunikativ konstruierter Wirklichkeiten" (Krotz 2005: 39), also zur Veränderung von Alltag, Gesellschaft, Identität, sozialen Beziehungen und kulturellen Praktiken führt (vgl. Krotz 2008: 52). Der aktuelle Mediatisierungsprozess überschneidet sich mit weiteren Metaprozessen, die einander verstärken, wie zum Beispiel dem Globalisierungs- und dem Digitalisierungsprozess von Medienkommunikation, welche ihrerseits wiederum mit Konnektivität und Konvergenz in Zusammenhang stehen. Als ein weiteres Wandelphänomen im Zusammenhang mit Mediatisierung lässt sich auch der Trend der Visualisierung interpretieren.[2] Auf diesen Visualisierungsprozess wird im Folgenden genauer eingegangen, da er zugleich den Schlüsselbegriff des Konzeptes „visuelles Zeitalter" darstellt.

2.1 Mediatisierung & Visualisierung des Alltags und der Medienlandschaft   23

Visualisierungstendenzen und die Mediatisierung des Sehens

Aufgrund der zunehmenden kulturellen und gesellschaftlichen Relevanz medialer visueller Botschaften im Laufe des 20. Jahrhunderts wird dem Sehsinn heute besondere Bedeutung zugesprochen (vgl. Marquardt 2005: 35; Raab 2008: 21). Dies hängt damit zusammen, dass der Wandel von medialen Ausdrucksformen nicht nur Auswirkungen auf die Produktionsweisen in den Medien, sondern auch auf die Rezeptionsweisen der Empfänger hat, wie auch die Definition des Begriffes „Mediatisierung" nach Krotz (2008: 53, siehe oben) betont, der die Medienentwicklungen als soziales und nicht als rein technisches Konstrukt versteht (vgl. Krotz 2008: 53). Bilder werden anders wahrgenommen und anders eingesetzt als verbale Texte. Der sich wandelnde Medienalltag, der zunehmend Bilder mit einschließt, führt demnach auch zu einer Veränderung unserer kommunikativen Handlungsweisen. Bildrezeption und -verwendung müssen dementsprechend auch als wichtige Kulturpraktiken einer bilddominierten Gesellschaft anerkannt werden, denn, wie Bohnsack (2003) argumentiert: „Dass wir uns im Alltag *durch* Bilder verständigen, bedeutet, dass unsere Welt, unsere gesellschaftliche Wirklichkeit durch Bilder nicht nur repräsentiert wird, sondern auch konstituiert wird." (Bohnsack 2003: 242, Hervorheb. i. Original) Die Betrachtung visueller Medienbotschaften ist aber keinesfalls gleichzusetzen mit dem Wahrnehmungsprozess „Sehen" an sich. Im Gegenteil: „Die Medialisierung des Sehens erweist sich [...] als soziales Konstrukt, das Einübung verlangt und dabei die Wahrnehmung selbst abrichtet." (Raab 2008: 22) Mit anderen Worten, mediale Bildverwendung bei gleichzeitig steigender Quantität bildlicher Repräsentationsformen verändert unser Denken und Handeln, weshalb den visuellen Kompetenzen steigende Bedeutung zukommt (siehe „Visuelle Medienkompetenz" in Kapitel 6).

Der verstärkte Einsatz von Bildern in medialer Kommunikation wurde besonders durch die technologische Weiterentwicklung (wie unter anderem der Digitalisierung) der bildgebenden Verfahren, allen voran der Fotografie[3], ermöglicht. Zunächst konzentrierten sich die medialen Visualisierungstendenzen vor allem auf die elektronischen Medien und die Telekommunikation (vgl. Müller-Doohm 1999: 93ff; Weibel 2005: 221). Unterstützt durch die Entwicklung der digitalen Fotografie besonders ab den 1990er Jahren, zeigte sich der Trend zum Bild nach und nach aber auch in den Printmedien und resultierte nicht zuletzt in wachsenden Archiven von Bildagenturen, die ein neues Geschäftsfeld erobern konnten und damit einen neuen „Bildermarkt" bedienen: Sie bieten Vorratsfotografie (Stock Photography), die Bilder für jede Gelegenheit parat hält. Damit sind sie ihrerseits Symptom des wachsenden medialen Bildbedarfes. Sowohl in den traditionellen Forschungsbereichen der Kommunikationswissenschaft, also im Journalismus, der Werbung, der politischen Kommunikation und den Public Relations, als auch in der Privatkommunikation im medialen Kontext ist ein Trend zum Bild und eine Veränderung der Bildpraktiken erkennbar (siehe Kapitel 7). Raab (2008) geht sogar davon aus, dass heute „kaum noch Inhalte und Wissensbestände, Vorgänge und Ereignisse von individueller oder gesellschaftlicher Bedeutung vorstellbar [sind], die nicht unmittelbar bildlich dokumentiert, ausgestaltet und kommuniziert werden (könnten)". (Raab 2008: 21) Dies gilt, wie der nächste Abschnitt zeigen wird, nicht nur für massenmediale Kommunikation, sondern auch für unsere Kommunikation im Alltag.

Mediale Praktiken in visueller Alltagskommunikation

Für den visuellen Bereich stellt die Digitalisierung der Fotografie die radikalste Veränderung der fotografischen Praxis seit deren Erfindung in den 1830er Jahren dar (vgl. Bossen/Davenport/Randle 2006: 19; van Dijck 2008: 58). Private Fotografien dienen heute, wie anthropologische, psychologische und soziologische Studien zeigen, nicht mehr hauptsächlich Erinnerungszwecken, sondern sie werden als rasch zirkulierende Botschaften für „live"-Kommunikation eingesetzt. Die leichte Übertragbarkeit von digitalen Bildern über das Internet und zunehmend auch über „Handheld-Geräte" mit Internetzugang haben Bilder zu einer vor allem von Jugendlichen präferierten medial vermittelten Ausdrucksweise gemacht (vgl. van Dijck 2008: 58f). Alltagspraktiken mischen sich dabei zunehmend mit medialen Praktiken, was durch die Konvergenz von Medientechnologien erleichtert wird, die zu einem Zusammenwachsen von unterschiedlichen Medien führt:

> „Jedes Medium konstituierte bisher einen eigenen, besonderen Erlebnisraum, eröffnete einzelne Sinnprovinzen kommunikativen Handelns, und jedes Medium hatte so gesehen seine Zeit und seinen Platz im Alltag der Menschen. Heute dagegen beobachten wir auf der Basis der Digitalisierung einen Prozess des Zusammenwachsens aller Medien zu einem universellen Netz, an dem unterschiedliche Endgeräte hängen, über die der Mensch zu Inhalten in spezifischen Formen Zugang hat." (Krotz 2008: 55).

Tatsächlich werden Fotos von Jugendlichen heute häufig mit dem Mobiltelefon aufgenommen und von dort direkt in soziale Netzwerke wie *Flickr* oder *Facebook* geladen. Bilder dienen dann der raschen Kommunikation mit mehr oder weniger großen Publika. Solche Photo-Sharing-Praktiken sind besonders bei Jugendlichen sehr beliebt (vgl. van Dijck 2008: 58ff; Nightingale 2007: 287). Kapitel 7.5 setzt sich ausführlicher mit der sogenannten Consumer Photography auseinander.

2.1 Mediatisierung & Visualisierung des Alltags und der Medienlandschaft 25

Globale Bilder? – Globalisierung visueller Kommunikation

Die fortschreitende Digitalisierung von (bildlichen) Kommunikationsinhalten und -prozessen steht wiederum in einem engen Zusammenhang mit einem weiteren Metaprozess: der Globalisierung der Medienkommunikation. Krotz (2005: 36ff) geht davon aus, dass sich durch die Digitalisierung und die daraus entstehenden neuen medialen Potenziale, der Prozess der Globalisierung, verstanden als weltweite „Vernetzungs- und Verdichtungsprozesse" (Krotz 2005: 36), extrem beschleunigt hat.

Das Zusammenwachsen der Medien hat zur Entstehung einer dichten globalen kommunikativen Vernetzung geführt (vgl. Krotz 2005: 41) und in diesem globalen Mediennetzwerk haben Bilder einen besonderen Vorteil, denn sie gelten aufgrund der ihnen zugesprochenen globalen Verständlichkeit, oder – realistischer gesehen – wenigstens weltweiten „Erkennbarkeit"[4], als transkulturelle Elemente, während die Sprache durch ihre Verhaftung an einem konventionalen, symbolischen Zeichencode stärker kulturell gebunden ist (vgl. Grittmann/Neverla/Ammann 2008b: 25). Digitale Bilder können innerhalb kürzester Zeit in die ganze Welt übertragen und, so die Annahme, auch global rezipiert werden, wenngleich hier mit deutlichen Interpretationsunterschieden zu rechnen ist. Aufgrund dieser Fähigkeit von Bildern, sprachliche Grenzen zu überwinden, ist es, so Burda (2005), auch nicht verwunderlich, dass Bilder und nicht Texte die Wende zum 21. Jahrhundert in unseren Köpfen markieren (vgl. Burda 2005: 11). Typische Bilder, die zu solch globalen Ikonen und dadurch zu kollektiven Erinnerungsmomenten wurden, sind beispielsweise Nick Uts Fotografie eines nackten vietnamesischen Mädchens, das durch einen Napalmangriff in Südvietnam schwer verletzt wurde, die Zerstörung der World Trade Center-Zwillingstürme (die selbst ein visuelles Symbol des Kapitalismus waren) oder die Folterbilder aus Abu Ghraib (vgl. Andén-Papadopoulos 2008; Paul 2005a; Weibel 2005).

Massenmediale Produkte, allen voran Bilder, haben jedoch nicht lediglich Einfluss darauf, worüber wir nachdenken; sie sind darüber hinaus zum selbstverständlichen und integralen Bestandteil des Alltagslebens in modernen und postmodernen Gesellschaften geworden (vgl. etwa Ang 2004: 11f; Krotz 2001; Lester 1996b; Mitchell 2008a, 2008b). An dieser Stelle soll deshalb noch einmal explizit darauf verwiesen werden, dass der Bildanteil nicht nur in massenmedial vermittelten Kontexten zunimmt. Vielmehr ist festzustellen, dass sich Bilder auch in der alltäglichen Verständigung und im Alltagshandeln großer Beliebtheit erfreuen (siehe exemplarisch Bossen/Davenport/Randle 2006; van Dijck 2008). Dieser Beliebtheit bildlicher Formen und Ausdrucksmittel und der zunehmenden Bildquantität in medialen Kontexten steht eine teilweise sehr kritische und ableh-

26   2 Das visuelle Medienzeitalter

nende Haltung einiger Kulturkritiker und Wissenschaften gegenüber. Auf diese „Bildverachtung" geht das folgende Kapitel ein.

2.2   Ikonophilie vs. Ikonophobie

Für eine grundlagentheoretische Befassung mit Bildern ist es besonders wichtig, die eigene Sprache beziehungsweise die „Logik der Bilder" (Boehm 2005) zu verstehen ohne die Funktionsweise des Verbalen einfach dem Visuellen überzustülpen. Bisher wurde dem Bild jedoch seitens der Wissenschaft und der Bildungsinstitutionen nicht annähernd so viel Aufmerksamkeit gewidmet wie der Sprache (vgl. Halawa 2008: 31). Das Bild wird beziehungsweise wurde lange Zeit als minderwertige symbolische Form[5] betrachtet, was die deutliche Kluft zwischen medialer Bildquantität und vergleichsweise geringer entsprechender wissenschaftlicher Beschäftigung verstärkt hat (vgl. Kappas/Müller 2006: 4). Bildforscher kritisieren, dass die in den Schulen gelehrten Kulturtechniken sowie die Beschäftigung der sozial- und erziehungswissenschaftlichen Theorien meist auf die Schriftlichkeit begrenzt bleiben (vgl. Doelker 2002: 11; Bohnsack 2003: 242). Als Konsequenz werden die Rezipienten und Rezipientinnen im „visuellen Zeitalter" im Laufe ihrer schulischen Ausbildung kaum in ihren visuellen Kompetenzen geschult. Es lässt sich daher feststellen, dass unsere Kultur − trotz der Metapher der „Bilderflut"[6] − hinsichtlich der kulturellen Kompetenz weitgehend eine schriftliche geblieben ist. Es mangelt an der Sozialisierung zur Bildkompetenz, also an visuellen Alphabetisierungsmaßnahmen (vgl. etwa Doelker 2002: 21). Die mangelnde Bildkompetenz wird als Anikonismus, also eine Art bildlicher Analphabetismus, bezeichnet. Kappas und Müller (2006) relativieren diese negative Sicht etwas, betonen aber dennoch die fehlende Resonanz auf die steigende Bedeutung des Bildes:

> „Ganz so dramatisch muss die Situation [bezüglich des Anikonismus, Anmerkung KL] nicht eingeschätzt werden, aber es ist eindeutig festzustellen, dass Volumen und Frequenz bildlicher Informationen stark zugenommen haben, ohne dass Bildungsinstitutionen und Wissenschaft darauf reagiert hätten." (Kappas/Müller 2006: 4)

Die genannten Gründe für die Vernachlässigung bildlicher Kompetenzen gehen in mehrere Richtungen. Schierl (2005) geht davon aus, dass Bilder, was ihren Informationswert und ihr Beeinflussungspotenzial betrifft, deshalb weitgehend unterschätzt werden, weil sie immer noch der Unterhaltung zugeordnet und daher als trivial gewertet werden (vgl. Schierl 2005: 309). Für „triviale" Kommunika-

2.2 Ikonophilie vs. Ikonophobie

tionsformen braucht es, so die gängige Auffassung, daher auch keine besondere Rezeptionsqualifikation. Im Gegenteil, wie mancher Bildkritiker noch drastischer ausdrückt: Bilder stellen sogar eine Bedrohung dar und stehen im Kulturkampf mit Büchern, weshalb es gar kontraproduktiv wäre, den Bildgebrauch auch noch zu forcieren (vgl. Meckel 2001: 29f).

> „To the pessimist, the increasing use of images is a threat to literacy skills and must inevitably lead to the ‚dumbing down' of culture and, further, is bound to have deleterious effects on economic performance." (Bezemer/Kress 2009: 249).

Meckel (2001) führt die kritische Sicht auf Bilder auf eine historische „Bildstörung" (Meckel 2001: 29) zurück. Doelker argumentiert sehr ähnlich und findet die Begründung in der langen Tradition des „Verbalsnobismus" (Doelker 2002: 20) und der Bildverachtung, welche bereits beim alttestamentarischen Bilderverbot („Du sollst dir kein Bildnis machen") ansetzt. Die westliche Kultur fand, wie Doelker (2002) darlegt, bereits sehr früh einen Ausweg aus dem generellen Bilderverbot, da Papst Gregor der Große den Bildern lediglich eine untergeordnete und wenig bedeutsame Rolle zuschrieb. Die bildliche Darstellung von Bibelgeschichten sollte den Gläubigen als Gedächtnisstütze dienen, galt aber als dem Text unterlegen und wurde daher erlaubt. Später wurden dann auch so genannte Armenbibeln gedruckt, welche ebenfalls Bilder enthielten. Sie dienten dazu, auch den Analphabeten, den „geistig Armen", die Lektüre der Bibel zu ermöglichen. Auch hier wurde das Bild als minderwertige Symbolform aufgefasst. Die Milderung des Bilderverbotes führte somit zu einer erneuten Bilderverachtung. Eine gewisse abschätzige Haltung gegenüber Bildern hat sich bis heute bewahrt (vgl. Doelker 2002: 16ff). Eine Parallele zum Bildgebrauch im religiösen Bereich sieht Doelker (2002) auch im Journalismus, denn Qualitätstageszeitungen wehrten sich sehr lange dagegen, Bilder in den redaktionellen Teil aufzunehmen. Es waren die Boulevardzeitungen, die den Vorstoß wagten und vermehrt auf Bildinhalte setzten. Das Bild wurde damit wieder einmal als minderwertig und trivial stigmatisiert (vgl. Doelker 2002: 20; Schierl 2001: 10). Zusätzliche negative Behaftungen erhielt das Bild aber auch durch seine Instrumentalisierung in der nationalsozialistischen Propaganda (vgl. Meckel 2001: 29).

> „In der kulturgeschichtlichen Entwicklung hat sich somit eine Hierarchie von Schrift- und Bildkultur etabliert, in der – angefangen bei der illustrierten Bibel des Mittelalters bis zum Fernsehprogramm heute – Literalität immer als hochkulturell, Visualität dagegen als trivialkulturell positioniert wurde." (Meckel 2001: 29)

Die Gegenüberstellung von anspruchsloser Bildlichkeit und anspruchsvoller Schriftlichkeit findet sich auch bei einigen Vertretern der modernen Medienkulturkritik, wie zum Beispiel in besonderer Form bei Neil Postman (vgl. Meckel 2001: 29; Postman 1985: 93). Postman kritisiert die Entwicklung zunehmender Visualisierung scharf mit seiner berühmt gewordenen Einschätzung, dass wir uns „zu Tode amüsieren" könnten. Postmans Kulturkritik sieht Bilder als destruktive Elemente, welche die Schriftkultur verdrängen, wodurch Emotio statt Ratio die Darstellung von gesellschaftlich relevanten Erfahrungen bestimmt (vgl. Kloock 1995: 125f). „Postman beschreibt diesen ‚Kulturkampf' zwischen der Buch- und der Fernsehkultur als einen Kampf um die Herrschaft über das Denken." (Kloock 1995: 128). Als Postman 1992 in einem Interview[7] nach den Gründen für seine ablehnende Haltung Bildern gegenüber gefragt wird, gab er als Antwort, Bildern nicht prinzipiell ablehnend gegenüber zu stehen, allerdings betonte er, dass „Ideen und Theorien nicht durch Bilder ausgedrückt werden können". (Postman 1992, in: Kloock 1995: 198) Während Worte Kommentare darstellen und Interpretationen und Ideen liefern, schaffen Bilder dies nicht. Sie sind reine Repräsentationen und erzeugen lediglich Gefühle, keine Konzepte über die Welt (vgl. Postman 1992, in: Kloock 1995: 198). Diese Kritik wendet sich insbesondere an die mangelnden argumentativ-diskursiven Leistungen des Bildes (siehe auch Kapitel 5.1).

Entgegen dieser kulturpessimistischen Betrachtungen von Bildern nimmt die wissenschaftliche Auseinandersetzung mit Bildern zu. Unabhängig voneinander nahmen Anfang der 1990er Jahre einige Wissenschaftler das Ungleichgewicht zwischen zunehmender Bildverwendung und -bedeutung auf der einen Seite und mangelhafter wissenschaftlicher Betrachtung auf der anderen Seite als Anlass um schließlich zu einer wissenschaftlichen Wende zum Bild aufzurufen.

2.3   Die wissenschaftliche „Wende zum Bild"

Als Folge auf die bereits diskutierte Vernachlässigung visueller Formen, riefen Hans Boehm (1994b) und William J.T. Mitchell (1992) fast gleichzeitig den *iconic turn* bzw. den *pictorial turn* aus. Diese beiden *turns* haben durchaus sprachkritische Intentionen und verfolgen das Ziel, den *linguistic turn*, der in der Sprachphilosophie besonders durch Richard Rortys Anthologie *Linguistic Turn. Essays in Philosophical Method* populär wurde, abzulösen. 1976 verwendete Rorty zum ersten Mal die Bezeichnung *linguistic turn* zur Beschreibung der Sprachabhängigkeit aller Erkenntnisse (vgl. Boehm 2005: 36; Bredekamp 2005: 15). Seine zentrale Aussage besagt, dass jede Analyse von Realität durch Sprache vorbedingt und durch Sprachrealität gefiltert wird.

2.3 Die wissenschaftliche „Wende zum Bild"

> „Since traditional philosophy has been [...] largely an attempt to burrow beneath language to that which language expresses, the adoption of the linguistic turn presupposes the substantive thesis that there is nothing to be found by such burrowing." (Rorty 1992: 10)

Sprache wird in dieser philosophischen Position nicht lediglich als Werkzeug zum Beschreiben von Realität betrachtet, sondern als ein Werkzeug, das Realität überhaupt erst konstruiert (vgl. Bachmann-Medick 2007: 35; Rorty 1992: 10). Der Sprache kommt demnach eine bevorzugte Rolle als kulturschaffendes Symbolsystem zu. Auch in der Wissenschaft bestehen alt eingeführte Rivalitäten zwischen Wort und Bild, wobei sich ein logozentristisches Vorurteil, wie Schulz (2005) es bezeichnet, besonders hartnäckig hält. Es „besteht, einfach ausgedrückt, in der Annahme, daß die Sprache das eigentliche Medium der Erkenntnis und das hervorragende Signum von Kultur sei, daß überhaupt [...] Sein und Dasein der Dinge sich der Sprache und Schrift verdanken". (Schulz 2005: 8)

Der *iconic turn* fordert eine Abkehr von diesem Logozentrismus westlicher Gesellschaften und verlangt nach einer „Wende zum Bild" (Boehm 2005: 28), mit verstärkter Aufmerksamkeit für die bildlichen Kapazitäten bei der Erschaffung und Strukturierung von Wissen, sowie der eigenen „Logik der Bilder" (vgl. Bachmann-Medick 2007: 42; Boehm 2005: 28; Schulz 2005: 11). Unter dieser „Bildlogik" versteht Boehm die „konsistente Erzeugung von Sinn aus genuin bildnerischen Mitteln" (Boehm 2005: 28). Diese Logik wird nicht mit sprachlichen Mitteln gebildet, sondern wahrnehmend realisiert (vgl. Boehm 2005: 29). Boehm plädiert mit seiner Konzeption des *iconic turns* besonders für eine phänomenologische Betrachtung des Bildes und kritisiert den vorherrschenden Linguismus für den sich jede Form der Erkenntnis als ein Problem der Sprache darstellt, weshalb alle kulturellen Phänomene – in einer strukturalistischen Auffassung – auch als verbale Texte betrachtet und ebenso interpretiert werden (vgl. Halawa 2008: 27f; Schulz 2005: 11). Hinter dem *iconic turn* bzw. dem *pictorial turn* steht außerdem die Beobachtung, dass sich das Bild in der wissenschaftlichen Auseinandersetzung als zunehmend wichtiges Thema präsentiert. Allerdings tritt es dabei gleichzeitig als noch ungelöstes Problem auf, wie Mitchell (2008b) sehr treffend ausführt:

> „Am einfachsten läßt sich dies so ausdrücken, daß wir in einer Zeit, die oft als Zeitalter des ‚Spektakels' (Debord)[8], der ‚Überwachung' (Foucault)[9] und einer alles durchdringenden Bildproduktion charakterisiert wird, immer noch nicht genau wissen, was Bilder sind, in welchem Verhältnis sie zur Sprache stehen, wie sie sich auf Beobachter und die Welt auswirken, wie ihre Geschichte zu verstehen ist und was mit ihnen bzw. gegen sie gemacht werden kann." (Mitchell 2008b: 104, Anmerkungen KL).

Boehms *iconic turn* und Mitchells *pictorial turn* unterscheiden sich zwar in einigen Punkten (zur Gegenüberstellung des *iconic turn* und des *pictorial turn* siehe etwa Halawa 2008: 27ff; Schulz 2005: 10ff), das Wesentliche ist aber die Gemeinsamkeit der beiden *turns*: Sie fordern beide eine Hinwendung zum und eine verstärkte Aufmerksamkeit für das Bild. Das ist besonders deshalb wichtig, weil wir in einer immer stärker visualisierten Gesellschaft leben, in der technische Entwicklungen zu einem Wandel im Umgang mit Bildern geführt und auch eine Veränderung der Bilder selbst bewirkten haben. Die beiden *turns* sprechen sich dabei natürlich nicht für eine Abwendung von der Sprache und für eine alleinige Beschäftigung mit Bildern anstelle von Texten aus. Dies würde einem Pictorialismus, der den Linguismus lediglich austauscht, gleichkommen. Vielmehr geht es, wie Schulz (2005) betont, darum, Bilder ernst zu nehmen (vgl. Schulz 2005: 92).

Wie wichtig es ist, Bilder ernst zu nehmen, zeigt der folgende Abschnitt, in dem als zusammenfassender Abschluss des Kapitels die Rolle von visuellen Medieninhalten in kulturellen Prozessen thematisiert wird.

2.4 Visuelle Medienkultur

Die eben genannten visuellen Wenden lassen sich auch als Teilaspekte einer größeren Wende in Form des *cultural turns*, der sich seit der zweiten Hälfte des 20. Jahrhunderts in den Geistes-, Kultur- und Sozialwissenschaften vollzieht, begreifen (siehe Bachmann-Medick 2007; Hall 2007; Müller-Funk 2006; Rose 2007). Dieser *cultural turn* ist ein fachübergreifender Paradigmenwechsel, in dessen Mittelpunkt eine Veränderung des Kulturverständnisses sowie eine verstärkte Orientierung an den Cultural Studies stehen. „Kultur" wurde im Zuge dieser Wende zu einem wichtigen Schlagwort bei der Erklärung von sozialen Prozessen und wird nun nicht mehr als abhängige Variable[10], sondern im Gegenteil, als Existenzbedingung und Grundvoraussetzung für soziales Leben verstanden. In der Definition des Kulturtheoretikers und Mitbegründers der Cultural Studies, Stuart Hall (2002), ist Kultur die „Summe der verschiedenen Klassifikationssysteme und diskursiven Formationen [...], die Sprache verwendet, um den Dingen Bedeutung zuzuordnen" (Hall 2002: 108). Hall (2007) geht dabei von einem weit gefassten Sprachverständnis aus. „Any representational system [...] can be thought of as working, broadly speaking, according to the principles of representation through language". (Hall 2007: 5) Demnach werden auch unter anderem Fotografien, Ausstellungen oder Musik als Repräsentationssysteme, welche „like a language" funktionieren, verstanden (vgl. Pirker 2010: 151).[11] Halls Kulturverständnis beruht auf der grundlegenden Annahme, dass sich die Bedeutung von Dingen

2.4 Visuelle Medienkultur 31

generell nicht aus den Dingen selbst, also nicht durch eine objektiv erfahrbare Realität ergibt, sondern durch deren Einordnung in (sprachliche) Klassifikationssysteme. Seine Definition von Kultur geht daher davon aus, dass den Dingen ihre Bedeutung erst durch die Menschen im Zuge kultureller Aushandlungsprozesse zugeschrieben wird (vgl. Hall 2007 2f; Pirker 2010: 152): „Was wir als naturgegebene Fakten betrachten, sind ebenso sehr diskursive Phänomene." (Hall 2002: 108) Der Bedeutung, also „meaning", kommt bei der Definition von Kultur eine besondere Rolle zu, denn Kultur ist diesem Konzept zufolge ein dynamisches, veränderbares Phänomen, das durch Prozesse der Auseinandersetzung um Bedeutung geprägt ist und sich somit als ein komplexes Bündel von *kulturellen Praktiken* darstellt (vgl. Hepp 2005: 138f; Rose 2007: 1). Hall (2007) beschreibt Kultur deshalb auch als die geteilten Werte einer gesellschaftlichen Gruppe:

> „Culture, it is argued, is not so much a set of *things* – novels and paintings or TV programmes or comics – as a process, a set of *practices*. Primarily culture is concerned with the production and exchange of meanings – the ‚giving and taking of meaning' – between the members of a society or group. [...] Thus culture depends on its participants interpreting meaningfully what is around them, and ‚making sense' of the world, in broadly similar ways." (Hall 2007: 2, Hervorheb. i. Original)

Diese Beschreibung von Kultur als Prozess hebt die zentrale Rolle von Kommunikation hervor, denn Kultur entsteht durch die Produktion und den Austausch von Bedeutungen in kommunikativen Interaktionshandlungen. In den heutigen Mediengesellschaften findet diese symbolische Vermittlung als Voraussetzung für Kultur zunehmend in Form medialer Kommunikation statt. Deshalb ist die Auseinandersetzung mit kulturellen Phänomenen ohne Berücksichtigung der medialen Repräsentationsformen nicht mehr denkbar. In den Medien erfolgt laufend der Vorgang der Kulturierung der Gesellschaft und der (Weiter)Entwicklung kultureller Praktiken, denn die Medien liefern die aktuellen Ausdrucksformen der Kultur und ihrer momentanen Codes (vgl. Segers/Viehoff 1999: 9). Das Wissen über kulturelle Praktiken wird deshalb nicht ausschließlich durch eigene direkte Erfahrungen und Interaktionen gewonnen, sondern zunehmend auch durch Sekundärerfahrungen in Form medial vermittelter Repräsentationen. Massen- und Individualmedien sind zu den „wesentlichsten kulturellen Agenten unserer gesellschaftlichen Wirklichkeit" (Adolf 2006: 35) geworden. Da, wie Hepp (2005) ausführt, „Kulturen mit fortschreitender Mediatisierung des Alltags [...] in zunehmenden (sic!) Maße medienvermittelt sind" (Hepp 2005: 138) präsentiert sich Kultur, wie auch Lünenborg (2005) unterstreicht, als Medienkultur:

32   2 *Das visuelle Medienzeitalter*

„In der Mediengesellschaft werden jedwede gesellschaftlichen Ereignisse und kulturellen Prozesse in den Medien, mit den Medien und mittels Medien in ihrer gesellschaftlichen Bedeutung
verhandelt." (Lünenborg 2005: 216)

Da, wie bereits angeführt, die mediale Kommunikation starke Visualisierungstendenzen erfährt, präsentiert sich, die Aussage von Hepp (2005) weitergeführt,
Kultur zunehmend als visuelle Medienkultur. Hier schließt sich der Kreis zu den
oben genannten Ausführungen sowie zu Beltings Aussage am Beginn des Kapitels, in der er von einer „visuell geprägten Kultur" spricht, die „durch die Massenmedien inzwischen globalisiert worden ist" (Belting 2008: 9). Es bleibt die Kritik,
dass es trotz zunehmender Bedeutung von Bildern für die zeitgenössische Kultur
an entsprechender wissenschaftlicher Auseinandersetzung und der Entwicklung
von Analysemethoden bildlicher Medieninhalte mangelt. Das folgende Kapitel
beschäftigt sich mit den aktuellen bildwissenschaftlichen Bestrebungen, die im
Sinne der visuellen Wenden von Boehm (1994b) und Mitchell (1992) nun daran
arbeiten, die visuellen Felder der Gegenwart nicht nur zu begleiten, sondern im
Sinne einer zu erarbeitenden „Logik der Bilder" zu analysieren (vgl. Bredekamp
2005: 23). Dabei werden zunächst allgemeine Bildwissenschaften beschrieben,
bevor die Visuelle Kommunikationsforschung, eine spezialisierte Subdisziplin
der Kommunikations- und Medienwissenschaft, vorgestellt wird.

3 Bildwissenschaften

Unterschiedliche Disziplinen befassen sich seit der visuellen Wende verstärkt mit unterschiedlichen Aspekten des Bildes. Besonders die Kunstgeschichte und die Philosophie nehmen dabei eine Vorreiterrolle bildwissenschaftlicher Beschäftigung ein, denn ihre bildtheoretischen Reflexionen reichen am weitesten zurück (vgl. Leifert 2007: 19; Sachs-Hombach 2005b: 15). Weitere Wissenschaften, die sich mit bildlichen Inhalten auseinandersetzen, sind die Psychologie, in erster Linie mit Fragen der Bildrezeption oder des bildhaften Denkens, die Sprachwissenschaft, welche Bilder als Zeichensystem analog zur Sprache betrachtet (vgl. Leifert 2007: 19) und in den letzten Jahren auch vermehrt die Kommunikations- und Medienwissenschaft. Die Kommunikations- und Medienwissenschaft kann wichtige Erkenntnisse über die Rolle des Bildes in den Massenmedien liefern. Nach wie vor besteht aber noch Aufholbedarf bei der theoretischen Fundierung und Vernetzung der unterschiedlichen disziplinären Zugänge.[12]

Generell unterscheidet man die allgemeine Herangehensweise an die Erforschung von Bildern und visuellen Phänomenen generell und die auf bestimmte Bildmedien konzentrierte disziplinäre Beschäftigung. Es stehen sich somit allgemeine Bildwissenschaften und spezielle Bildwissenschaften gegenüber. Im Folgenden soll zunächst ein kurzer Überblick über die Anstrengungen, eine allgemeine Bildwissenschaft zu etablieren, gegeben werden. Für die weitere Arbeit steht in der Folge dann aber der spezialisierte Blickwinkel aus kommunikations- und medienwissenschaftlicher Perspektive im Vordergrund.

3.1 Die Allgemeine Bildwissenschaft

Eine allgemeine Bildwissenschaft verfolgt das Ziel, eine allgemeine Einführung in das grundlegende Verständnis von bildhaften Phänomenen zu geben ohne auf bestimmte Ausprägungen oder Bildmedien im Speziellen einzugehen. Sie entwickelt ontologische und epistemologische Grundlagen, die für alle Bildmedien gültig sind. In diesem Sinne ist sie zugleich Erkenntnistheorie und Ontologie (vgl. Huber 2004). Sie untersucht die gemeinsamen Grundlagen unterschiedlicher Bil-

34   *3 Bildwissenschaften*

der und ist eine Disziplin, die „aufmerksam die Bedingungen der Entstehung und den Gebrauch von Bildern inklusive der damit verbundenen Intentionen und Wirkungen beobachtet, analysiert und bewertet" (Halawa 2008: 34). Eine allgemeine Bildwissenschaft verfolgt somit, wie Sachs-Hombach (2004) betont, andere Ziele als spezialisierte Herangehensweisen und kann und soll daher einzelne Bildwissenschaften nicht ersetzen:

> „Natürlich [...] gibt es zahlreiche Bildwissenschaften, die sich berechtigterweise allgemeiner Anerkennung freuen. [...] Die Frage nach dem Status *der* Bildwissenschaft zielt aber auf die Möglichkeit einer Disziplin, die weder nur teilweise mit Bildern noch nur mit Teilbereichen der Bildthematik beschäftig ist, sondern ganz ausschließlich und erschöpfend in den verschiedenen Bildphänomenen ihren Gegenstandsbereich findet." (Sachs-Hombach 2004)

Im September 2003 fand in Magdeburg eine internationale Konferenz mit dem Titel *Bildwissenschaft zwischen Reflexion und Anwendung* statt. Zentrale Frage der Tagung war, ob der angenommene *pictorial turn* beziehungsweise *iconic turn* die Gründung einer neuen bildwissenschaftlichen Disziplin nötig mache, und was die Grundlagen einer solchen allgemeinen Bildwissenschaft sein könnten. Der Magdeburger Philosoph und Organisator der Konferenz, Klaus Sachs-Hombach, sprach sich, als ein Verfechter der Institutionalisierung der Bildwissenschaft, dafür aus, die zu entwickelnde *Allgemeine Bildwissenschaft* nicht als neue Disziplin zu verstehen, sondern als ein transdisziplinäres Projekt mit einem gemeinsamen Theorierahmen, der zugleich das verbindende Element der Einzeldisziplinen darstellen soll. Wenn in der Folge nun von *der* Allgemeinen Bildwissenschaft gesprochen wird, so bezeichnet dies die interdisziplinäre Bildwissenschaft der „Magdeburger Schule", initiiert von Sachs-Hombach. Damit ist eine konkrete Bestrebung zur Etablierung *einer* allgemeinen Bildwissenschaft gemeint.

> „Eine allgemeine Bildwissenschaft ist keine neue, weitere Disziplin, die neben die bereits ausgebildeten Bildwissenschaften tritt, sondern besteht in nichts anderem, als in einem Theorierahmen. Als begriffskartographische Klärung liefert sie die theoretischen Grundlagenreflexionen, die jeder fachspezifische bildwissenschaftliche Forschungsansatz enthalten sollte und über die sich die einzelnen Ansätze aufeinander beziehen lassen." (Sachs-Hombach 2003: 72)

Der Grundgedanke der Allgemeinen Bildwissenschaft ist, dass es zunächst einen gemeinsamen Theorierahmen und gemeinsame Grundlagendefinitionen geben muss, damit ein intensiver Austausch der Einzeldisziplinen, die sich mit der Erforschung bildlicher Inhalte befassen, überhaupt erst möglich wird. Sachs-Hombach (2003) schlug als Basisdefinition vor, Bilder als „wahrnehmungsnahe Zeichen" zu verstehen. Diese Konzeption folgt dem semiotischen Bildbegriff und besagt demgemäß, dass Bilder – wie alle Zeichen – interne Strukturen besitzen (Syntax),

3.1 Die Allgemeine Bildwissenschaft

auf etwas verweisen (Semantik) und in umfassende Zeichenhandlungskontexte (Pragmatik) eingebettet sind (vgl. Sachs-Hombach 2003: 73). Wahrnehmungsnah sind Bilder deshalb, weil dem bildlichen Zeichen aufgrund der menschlichen Wahrnehmungskompetenzen ein bestimmter Inhalt zugewiesen werden kann. Diese Wahrnehmungsnähe entspricht dem in der Semiotik gebräuchlichen – wenn auch heftig diskutierten Begriff – der Ikonizität und besagt, dass die Struktur der Bildträger im Unterschied zu arbiträren Zeichen zumindest Hinweise auf die Bildbedeutung enthält (vgl. Sachs-Hombach 2003: 86ff). Obwohl sich die unterschiedlichen Disziplinen bisher nicht auf diese sehr allgemeine und weitreichende Grundlage einigen konnten, werden die bildwissenschaftlichen Bestrebungen bereits in der Literatur als „Magdeburger Schule" bezeichnet (vgl. Iconic Turn 2005). Das Kernproblem des aktuellen Bilddiskurses liegt im Verständnis dessen, was ein Bild eigentlich ist und entzweit besonders die Kunstgeschichte, die Phänomenologie und die Semiotik (vgl. Burkhardt 2004). 2004, im Rahmen einer Konferenz in Kassel zum Thema *Bildwissenschaft – Probleme und Perspektiven eines Forschungsprogramms*, verzichtete Sachs-Hombach sogar auf den problematischen Begriff „Zeichen" und skizzierte Bilder kompromisshaft als „wahrnehmungsnahe Medien". In seiner Monografie *Das Bild als kommunikatives Medium* aus dem Jahr 2003 hatte er das Bild dagegen noch klar als „wahrnehmungsnahes Zeichen" verstanden. Wie Halawa (2008) treffend formuliert, wird es wohl noch einige Zeit dauern, bis es zu einer Einigung der beteiligten Disziplinen auf die gemeinsamen Grundlagen der Allgemeinen Bildwissenschaft kommt. Zwar besteht allseits Einigkeit darüber, dass Bilder in unserer Kultur eine wichtige Rolle spielen, der Klärungsbedarf der vermeintlich einfachsten Frage, nämlich was ein Bild ist, ist bisher noch zu groß um einen Konsens greifbar zu machen (vgl. Halawa 2008: 186).[13]

Hier lässt sich eine Parallele zur Problematik der Verortung der Kommunikationswissenschaft als moderne Schlüsselwissenschaft feststellen (vgl. Reichertz 2010: 45ff). Zusätzlich zur ähnlich gelagerten Definitionsproblematik, was denn „Kommunikation" eigentlich sei, lassen sich, so Reichertz, zwei große Perspektiven der Kommunikationswissenschaft unterscheiden: (1) Die *zeitdiagnostische Perspektive* ist mit bestimmten Kommunikationskulturen von Gesellschaften zu bestimmten Zeiten und an bestimmten Orten befasst. (2) Die *allgemeine Perspektive*, bzw. die allgemeine Kommunikationstheorie, versucht hingegen, eine Theorie der Kommunikation „jenseits von Stand und Klasse und jenseits von Zeit und Ort zu entwerfen" (Reichertz 2010: 46). Der Versuch, eine allgemeine Theorie der Kommunikation zu entwerfen, stellt sich möglicherweise sogar als noch komplexer dar, als der Versuch, eine allgemeine Theorie der Bilder, die ja kommunikative Elemente sind, zu entwerfen. Trotz aller Schwierigkeiten der

36 3 Bildwissenschaften

Theoriebildung geht Reichertz in Hinblick auf die Kommunikationswissenschaft davon aus, dass ein „Entweder-Oder" nicht ausreichend sein kann: „Eine Kommunikationswissenschaft kann [...] nicht allein zeitdiagnostisch *oder* allgemein sein, sondern muss stets beides zugleich sein" (Reichertz 2010: 46), denn, wie Reichertz weiter argumentiert, „nur durch eine Fülle zeitdiagnostischer Analysen hindurch [lässt sich] ein Blick auf die allgemeinen Strukturen und Formen werfen" (Reichertz 2010: 47).

Trotz aller Uneinigkeiten über das Verständnis von Bildern und trotz der inhaltlichen Differenzen der beteiligten Grundlagendisziplinen, ist die Allgemeine Bildwissenschaft als ein wichtiges Ziel bildwissenschaftlicher Forschung zu sehen. Denn diese „Allgemeine Wissenschaft vom Bild" ist bereits jetzt eine entscheidende, theoretisch breit angelegte Diskussionsgrundlage, die stets in Erinnerung ruft, dass die erschöpfende Erforschung bildlicher Inhalte grundsätzlich immer interdisziplinär sein muss und disziplinfremde Forschungsergebnisse anerkannt und aufgenommen werden müssen. Ohne befriedigende theoretische Basis, die zwar anstrebenswert aber (noch) utopisch erscheint, kann die Bildwissenschaft aber bisher noch keine methodischen Anleitungen geben. Damit sie nämlich ein fundiertes theoretisches Rüstzeug für reflektierten, verantwortungsvollen Umgang mit Bildern (vgl. Halawa 2008: 38ff) und deren Analyse darstellen kann, muss zunächst der Gegenstandsbereich klar definiert sein. „Erst wenn wir verstanden haben, wie Bilder möglich sind, können wir weiter verstehen, was sich mit Bildern ermöglich lässt, bzw. warum sich dies mit ihnen realisieren lässt." (Halawa 2008: 48) Eine weitere Ausarbeitung und Präzisierung der disziplinären Herangehensweisen kann die Allgemeine Bildwissenschaft aber durchaus mit neuen Forschungsergebnissen anreichern und stärken.

Im Umfeld der Allgemeinen Bildwissenschaft der Magdeburger Schule sind inzwischen zahlreiche Publikationen entstanden, wie zum Beispiel die nachstehenden Grundlagenwerke, die von Klaus Sachs-Hombach verfasst bzw. herausgegeben wurden: *Bild und Medium. Kunstgeschichtliche und philosophische Grundlagen der interdisziplinären Bildwissenschaft* (2006), *Bildwissenschaft. Disziplinen, Themen, Methoden* (2005), *Das Bild als kommunikatives Medium. Elemente einer allgemeinen Bildwissenschaft* (2003).

Im März 2009 erfolgte im Rahmen der internationalen Fachkonferenz *Bilder – Sehen – Denken,* wieder unter der Leitung von Sachs-Hombach, in Chemnitz mit der Gründungssitzung der *Gesellschaft für interdisziplinäre Bildwissenschaft* (GiB) schließlich deren offizielle Institutionalisierung. Ziel der Gesellschaft ist es, sich „in den kommenden Jahren verstärkt für eine fächerübergreifende Konzeption des Bildbegriffs selbst sowie für die Weiterentwicklung analytischer Verfahren der Bild(wirkungs)analyse" (Bernhardt 2009a) einzusetzen und die

3.2 Visual Culture 37

personelle Vernetzung bildwissenschaftlicher Forscher und Forscherinnen zu ermöglichen (vgl. GIB 2010).

3.2 Visual Culture

Die Bezeichnung *Visual Culture*, welche die Bildforschung im angloamerikanischen Raum dominiert, beschreibt ebenfalls eine allgemeine Bildwissenschaft, allerdings ohne Bestrebungen einen gemeinsamen bildwissenschaftlichen Theorierahmen zu bilden. Das Konzept der Cultural Studies bietet den notwendigen theoretischen Rahmen für diese visuelle Forschungstradition. Visual Culture, basierend auf den Cultural Studies und der Kritischen Theorie, bezeichnet ein heterogenes Forschungsfeld, das ebenfalls unterschiedliche disziplinäre Annäherungen kombiniert. Als zentrale Werke der Visual Culture gelten *Ways of Seeing* von John Berger (1972) und *Practices of Looking* von Maria Sturken und Lisa Cartwright (2001). Als weitere Klassiker der Visual Culture gelten *Iconology and Picture Theory* von W.J.T. Mitchell (1986) sowie Nicholas Mirzoeffs *The Visual Culture Reader* [1998] (2006).

Die Titel der Bücher verdeutlichen, dass Forschungen der Visual Culture sich nicht nur damit beschäftigen, wie Bilder beschaffen sind und aussehen, sondern in besonderer Weise damit, wie diese Bilder betrachtet werden (vgl. Rose 2007: 7). In *Practices of Looking* betonen Sturken und Cartwright an mehreren Stellen sogar, dass das Bild selbst nicht so bedeutend ist. Viel spannender ist die Frage, wie dieses Bild von bestimmten Betrachtern und Betrachterinnen, die auf unterschiedliche Weise mit dem Bild in Kontakt kommen, gesehen wird (vgl. Sturken/Cartwright 2001). Visual Culture konzentriert sich also auf die Beziehungen zwischen Bild und Bildbetrachter sowie den sozialen Kontext, der die Bildwahrnehmung beeinflusst. Der Ort und die Situation der Bildbetrachtung determinieren bestimmte Rezeptionspraktiken und Verhaltensnormen, die eine bestimmte Lesart forcieren können, wobei die bildimmanenten Darstellungsweisen sogar weniger entscheidend sein können, als der Rezeptionskontext (vgl. Rose 2007: 11).

> "an image may have its *own visual effects* [...]; these effects, through the *ways of seeing* mobilized by the image, are crucial in the production and reproduction of visions of *social difference*; but these effects always intersect with the *social context of viewing* and with *the visualities spectators bring* to their viewing." (Rose 2007:12, Hervorheb. i. Original)

Eine wichtige Schlussfolgerung ist, so Rose (2007), dass die Bildanalyse Bilder immer an drei „Orten" der Bedeutungskonstruktion untersuchen muss: auf der Seite der Produktion, der Seite des Bildes selbst und der Seite der Betrachter und Betrachterinnen (vgl. Rose 2007).

Auch das Feld der Visual Culture ist mit Definitionsproblemen konfrontiert. Mitchell (2008b) stellt fest, dass das Fach und sein Forschungsobjekt mitunter begrifflich vermischt werden und dass es daher nützlich wäre, zwischen *Visual Studies* als dem Fach und *Visual Culture*, beziehungsweise Visueller Kultur, als dem Objekt oder Ziel der Forschung zu unterscheiden (vgl. Mitchell 2008b: 314), denn „Visual Studies haben das Studium der visuellen Kultur zum Inhalt." (Mitchell 2008b: 314) Diese Gedanken sind durchaus plausibel und verleiten dazu, die Bezeichnung Visual Culture exakterweise in Visual Studies umzubenennen. Es fällt jedoch auf, dass selbst Mitchell, der diese begriffliche Unterscheidung moniert, für beides hauptsächlich den Begriff Visual Culture verwendet (vgl. Mitchell 2008b: 238). An den amerikanischen und englischen Hochschulen sind es im Übrigen die *Visual Culture Studies*, die bereits fest etabliert sind. Allerdings gibt es Diskussionen und unterschiedliche Auffassungen darüber, was ihr eigentlicher Gegenstand und die verbindenden theoretischen und methodischen Grundlagen sind (vgl. Schulz 2005: 86). Die hybriden Visual Culture Studies setzten sich aus unterschiedlichen Theorien und Themen zusammen, die im weitesten Sinne vom Visuellen und von Visualität handeln. Hauptfokus sind die technologischen Innovationen und Veränderungen der Medien, die globale Verbreitung und Allgegenwart der medial verbreiteten Bilder, sowie die steigende Bedeutung des Sichtbaren gegenüber dem Sag- bzw. Lesbaren (vgl. Schulz 2005: 87).

> „Die kritischen Studien zur *visual culture* stehen daher insbesondere für eine Kritik an den Bildern in den Massenmedien und sind gleichzeitig Appell, die dahinter verborgenen politischen Strategien, Interessen, Mächte und Mechanismen offenzulegen und zu benennen." (Schulz 2005: 88, Hervorheb. i. Original)

Disziplinäre Konflikte und Definitionsprobleme gibt es also durchaus auch in der noch jungen Tradition der loser verbundenen Disziplinen der Visual Culture, wenn auch nicht in Form einer direkten Konfrontation wie bei dem Projekt „Allgemeine Bildwissenschaft" im deutschsprachigen Raum. Selbst Mitchell, einer der wichtigsten Vertreter der Visual Culture, erinnert daran, dass das Label „visuell" nicht zu einem Modebeisatz werden sollte:

> „Der Aufstieg der neuen hybriden Disziplin namens ‚Visuelle Kultur' geht, angesichts der aktuellen meteorartigen Karriere der sogenannten ‚Cultural Studies' vielleicht ein wenig zu glatt vor sich. Man klebt vor die ‚Kultur' das ‚visuell', und alles geht von selbst. Der ‚interdisziplinäre'

3.3 Spezielle Bildwissenschaften: Visuelle Kommunikationsforschung 39

Charakter der Bemühungen, über die Grenzen der verbalen und visuellen Medien hinweg zu arbeiten, kann leicht zu einem bloß undisziplinierten und amateurhaften Vorgehen führen oder dazu, daß man automatisch und unreflektiert herkömmliche Vorstellungen vom Visuellen einen homogenen Kulturbegriff überstülpt. Im Übrigen sollte man auch den Widerstand der traditionellen Disziplinen gegen transdisziplinäres Wildern nicht unterschätzen." (Mitchell 2008b: 238f)

Allgemeine, interdisziplinäre Wissenschaften vom Bild sind sehr wichtig für die Erarbeitung eines Grundlagenverständnisses von Bildlichkeit bzw. Visualität generell. Wenn es allerdings um die Erforschung konkreter Bildaspekte geht, ist ein Rückgriff auf spezialisierte, disziplinäre Ansätze noch unumgänglich. Im folgenden Abschnitt werden daher spezielle Bildwissenschaften, allen voran die Visuelle Kommunikationsforschung sowie ihre Forschungsobjekte und Fragestellungen diskutiert.

3.3. Spezielle Bildwissenschaften - am Beispiel der Visuellen Kommunikationsforschung

Im Unterschied zu einer allgemeinen Bildwissenschaft ist eine spezielle Bildwissenschaft nicht allgemein, sondern medienspezifisch. Sie behandelt also Unterschiede und Besonderheiten der verschiedenen Bildmedien und nicht das gesamte Spektrum der Bildlichkeit (vgl. Huber 2004). Einzelne Disziplinen, die sich mit jeweils unterschiedlichen Aspekten von Bildlichkeit auseinandersetzen, sind zum Beispiel Kunstgeschichte, Semiotik, Philosophie, Psychologie, Medienpädagogik oder Informatik. (Ein guter Überblick über Disziplinen, die sich mit Visualität befassen, sowie über deren wichtigste Vertreter und Vertreterinnen findet sich bei Sachs-Hombach (2002), sowie bei Griffin (2001). Griffin (2001) gibt zusätzlich einen Überblick über die unterschiedlichen Forschungsschwerpunkte und Fragestellungen der einzelnen Disziplinen.)

Visuelle Kommunikationsforschung

Als eine derartige spezielle bildwissenschaftliche Herangehensweise kann die *Visuelle Kommunikationsforschung*, ein spezielles Forschungsfeld der Kommunikations- und Medienwissenschaft, betrachtet werden. Allerdings präsentiert sich diese disziplinäre Bildwissenschaft gleichzeitig als besonders stark interdisziplinär ausgerichtet.

40   3 Bildwissenschaften

Die Kommunikationswissenschaft untersucht laut dem Selbstverständnis der *Deutschen Gesellschaft für Publizistik- und Kommunikationswissenschaft* (DG-PuK) „indirekte, durch Massenmedien vermittelte, öffentliche Kommunikation. Die damit verbundenen Produktions-, Verarbeitungs- und Rezeptionsprozesse bilden den Mittelpunkt des Fachinteresses." (DGPuK 2001) Die Kommunikationswissenschaft ist weiters eine theoretisch und empirisch arbeitende Sozialwissenschaft mit interdisziplinären Bezügen. Nachdem das Fach ursprünglich als Zeitungskunde zu Beginn des 20. Jahrhunderts entstand, weitete es sich nach und nach auf die Beschäftigung mit anderen Medien und neuen Themenbereichen aus (vgl. Schmidt/Zurstiege 2000: 25f). Als einer dieser neuen Themenbereiche kann auch die Beschäftigung mit der zunehmend wichtiger werdenden visuellen Kommunikation verstanden werden.

Folgt man Hubers (2004) Charakterisierung der Bildwissenschaften, so stellt sich die Frage, was eine spezielle Bildwissenschaft aus kommunikations- und medienwissenschaftlicher Perspektive leisten kann. Innerhalb der Kommunikationswissenschaft wird in diesem Fall jedoch nicht explizit von einer Bildwissenschaft, sondern von einem Subfeld der Kommunikationswissenschaft mit der Bezeichnung „Visuelle Kommunikationsforschung" gesprochen. Charakterisierungen dieser Visuellen Kommunikationsforschung finden sich insbesondere bei Marion Müller. In ihrem Artikel *What is Visual Communication? Past and Future of an Emerging Field of Communication Research* (Müller 2007) beschreibt sie das kommunikationswissenschaftliche Forschungsfeld „Visuelle Kommunikation", und in der mittlerweile zu einem kommunikationswissenschaftlichen Grundlagenwerk gewordenen Monografie *Grundlagen der visuellen Kommunikation* (Müller 2003) widmet Müller ein Kapitel der Frage *Wozu visuelle Kommunikationsforschung?* (Müller 2003: 13ff). Müller (2007) definiert Visuelle Kommunikationsforschung schließlich folgendermaßen:

> „Visual communication can be described as an expanding subfield of communication science that uses social scientific methods to explain the production, distribution and reception processes, but also the meanings of mass-mediated visuals in contemporary social, cultural, economic, and political contexts. Following an empirical, social scientific tradition that is based on a multidisciplinary background, visual communication research is problemoriented, critical in its method, and pedagogical intentions, and aimed at understanding and explaining current visual phenomena and their implications for the immediate future." (Müller 2007: 24)

Müllers (2007) Definition des Forschungsfeldes „Visuelle Kommunikationsforschung" positioniert dieses ganz klar als Subfeld der Kommunikationswissenschaft und in diesem Sinne auch als eine sozialwissenschaftlich orientierte Teildisziplin, die versucht, visuelle Phänomene zu verstehen und in ihren sozialen,

3.3 Spezielle Bildwissenschaften: Visuelle Kommunikationsforschung 41

kulturellen, ökonomischen und politischen Kontexten zu beschreiben. (vgl. Müller 2007: 14) Visuelle Kommunikation ist ein hochaktuelles Forschungsgebiet (vgl. Müller 2003: 13), was sich auch an der zunehmenden internationalen Institutionalisierung des Forschungsfeldes ablesen lässt. Mit der Beschreibung des Forschungsfeldes im amerikanischen Raum setzten sich insbesondere Barnhurst, Vari und Rodríguez (2004) sowie Griffin (2001) auseinander. Barnhurst, Vari und Rodríguez (2004) gehen in *Mapping Visual Studies in Communication* von einem etwas weiter gefassten Konzept der „visual studies in communication" (Barnhurst/Vari/Rodríguez 2004) aus. Was Barnhurst, Vari und Rodríguez als „visual studies in communication" bezeichnen, ist aber zu einem gewissen Grad durchaus vergleichbar mit der Visuellen Kommunikationsforschung, wie sie von Müller (2007) skizziert wird. Auch in diesem Fall ist eine spezielle Bildwissenschaft gemeint und nicht Bildwissenschaft im Allgemeinen. Zudem verorten die Autoren diese Art der Bildforschung ebenfalls im Wesentlichen in der Kommunikationswissenschaft. Sie sind jedoch der Ansicht, dass sich diese „visuelle Kommunikationsforschung" verästelt und verzweigt entwickelt und klare Fachzuweisungen und -abgrenzungen nicht einfach möglich sind.

> „In branching development, researchers pursue within their discipline an area that requires support from another, and the hybrid fruits may feed the original or yield an interdisciplinary field. Visual studies appears to fit the branching model. The new field does not threaten the larger communication discipline, and the topics of study often cross into other disciplines." (Barnhurst/Vari/Rodríguez 2004: 633)

Zur genaueren Verortung des Forschungsbereiches führten Barnhurst, Vari und Rodríguez auch Gespräche mit in diesem Feld tätigen Forschern und Forscherinnen. Die daraus gewonnenen Erkenntnisse stützen die Annahme der interdisziplinären Entwicklung: „Scholars [...] seem deeply aware of (and even celebrate) the interdisciplinary quality of visual studies." (Barnhurst/Vari/Rodríguez 2004: 633)

Für die vorliegende Arbeit wird der Begriff der Visuellen Kommunikationsforschung aufgrund ihrer starken interdisziplinären Ausrichtung, in Anlehnung an die Forschungsergebnisse von Barnhurst, Vari und Rodríguez (2004), ebenfalls etwas weiter gefasst.

Als Visuelle Kommunikationsforschung wird hier dementsprechend die Auseinandersetzung mit Medienbildern verstanden, welche in unterschiedlichen wissenschaftlichen Perspektiven, ganz zentral aber jener der Kommunikations- und Medienwissenschaft (vgl. Müller 2007), erfolgt.

Der folgende Abschnitt beschäftigt sich mit der Etablierung dieses jungen und interdisziplinären Forschungsfeldes und dessen Anbindungen an kommunikations- und medienwissenschaftliche Fachgruppen und Organisationen.

42   *3 Bildwissenschaften*

Internationale Institutionalisierung der Visuellen Kommunikationsforschung

Nach Barnhurst, Vari und Rodríguez (2004) tragen vier Aspekte zur Institutionalisierung von Forschungsfeldern bei: (1) der Organisationsgrad in Form bürokratischer Einrichtungen, (2) intellektueller Austausch in Veranstaltungen, (3) ein Netzwerk von Forschern und Forscherinnen und (4) ein zentraler Literaturstand (vgl. Barnhurst/Vari/Rodríguez 2004: 634). Die Professionalisierung durch Gründung bürokratischer Organisationen lässt sich im deutschsprachigen Raum beispielsweise an der Etablierung der Fachgruppe „Visuelle Kommunikation" der Deutschen Gesellschaft für Publizistik und Kommunikationswissenschaft im Jahr 2000 ablesen. Die Gründungstagung der Fachgruppe „Visuelle Kommunikation" der DGPuK fand im November 2000 im Hamburger Warburghaus statt. 2001 erschien der entsprechende Tagungsband mit dem Titel *Kommunikation visuell. Das Bild als Forschungsgegenstand – Grundlagen und Perspektiven* im Halem Verlag. Ziel der Fachgruppengründung war es „die kommunikationswissenschaftlichen Methoden und Forschungsperspektiven für das Visuelle und dessen kommunikative Eigentümlichkeiten zu öffnen" (Müller/Knieper 2001: 7). Gerade die kommunikativen Eigenheiten, wie Müller und Knieper (2001) es bezeichnen, führen zu der Kraft, die Bildern zugesprochen wird. Die Kommunikationswissenschaft ist bislang jedoch noch sehr textorientiert. Bilder, wie Müller (2001: 22) klar betont, können jedoch nur „dann adäquat – und das bedeutet wissenschaftlich sinnvoll – analysiert und interpretiert werden", wenn auch ihr Kommunikationsprinzip erkannt und bei der Analyse berücksichtigt wurde (vgl. Müller 2001: 22). Aktuelle Fachgruppensprecherinnen der Fachgruppe „Visuelle Kommunikation" sind seit 2011 Stephanie Geise (Universität Erfurt) und Katharina Lobinger (Universität Bremen).

In den internationalen kommunikationswissenschaftlichen Organisationen nahmen die Institutionalisierungsbestrebungen visueller Forschungstätigkeiten bereits seit den 1980er Jahren zu, was zur vermehrten Gründung eigener Themenschwerpunkte oder sogar eigener Fachgruppen, die der visuellen Kommunikationsforschung als neue Forschungsnetzwerke dienen sollen, führte (vgl. Barnhurst/Vari/Rodríguez 2004: 617; Griffin 2001: 435). Die *International Communication Association* (ICA) gründete im Jahr 1993 auf der Jahrestagung in Washington, D.C. die Interest Goup „Visual Communication". Aufgrund des stark steigenden Interesses und rasch zunehmender Mitgliederanzahl erhielt die Interest Group schließlich 2004, auf der Tagung in News Orleans, offiziellen Fachgruppenstatus und wurde zur Divison „Visual Communication Studies" (vgl. Barnhurst/Vari/Rodríguez 2004: 635). Aktueller Vorsitzender und Sprecher der Fachgruppe ist Michael Griffin (Macalester College, USA), Vizevorsitzende ist Jana Holsanova

3.3 Spezielle Bildwissenschaften: Visuelle Kommunikationsforschung

(Lund University, Sweden) (ICA 2011). In der *International Association for Mass Communication Researach* (IAMCR) bestand ein „Emerging Theme Visual Culture", das von Sunny Yoong (Hanyang University, Seoul) geleitet wird und nun seit 2010 den Status „Working Group" innehat. Die A*ssociation for Education in Journalism & Mass Comunication* (AEJMC) verfügt ebenfalls über eine „Visual Communication Division", die das Journal *Visual Communication Quarterly* herausgibt (vgl. AEJMC 2010). In der *European Communication Research and Education Association* (ECREA) existieren die Fachgruppen „Film Studies" und „Television Studies", aber (bislang) keine spezifische Fachgruppe der visuellen Kommunikation.

Abbildung 1 gibt einen Überblick über die Visuelle Kommunikationsforschung, die sich aus dem Mapping von Barnhurst, Vari und Rodríguez (2004) ergibt. Gleichzeitig werden die Überschneidungen mit anderen Disziplinen, wie z.B. Soziologie, Anthropologie, Geschichte, Psychologie, Pädagogik oder Kunst gezeigt. Die Schnittfläche in der Mitte der Grafik ist jener interdisziplinäre Bereich, den die Autoren als „visual studies in communication" bezeichnen.

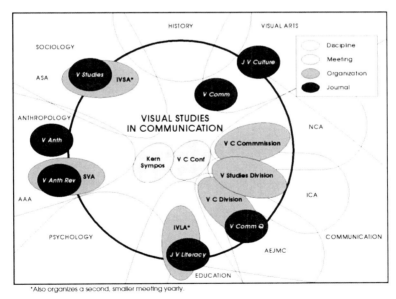

Abbildung 1: Disziplinäre Struktur der „visual studies in communication" (Barnhurst/Vari/Rodríguez 2004: 636)

Die Grafik zeigt zusätzlich zu den Disziplinen auch die Veranstaltungen und Tagungen, Organisationen bzw. Sections (wie z.B. Visual Divisions der NCA, ICA, AEMJC) und relevante Journals. Anhand der Positionierung der Elemente in der Grafik kann abgelesen werden, welcher Disziplin sie zugeordnet werden können. So ist das Journal *Visual Communication Quarterly* (in der Grafik: V Comm Q) ganz zentral im Bereich der Kommunikationswissenschaft verortet, während das *Journal of Visual Culture* (in der Grafik: J V Culture) eher der Kunst und Kunstgeschichte zuzuordnen ist und nur noch teilweise in den Überlappungsbereich fällt. Es ist daher anzunehmen, dass die Gegenstandsbereiche des *Journal of Visual Culture* vermehrt Kunstbilder und in geringerem Ausmaß Medienbilder sind, was die Metaanalyse in dieser Arbeit in der Folge auch tatsächlich belegen wird (siehe Kapitel 8).

Eine spezielle Bildwissenschaft aus kommunikations- und medienwissenschaftlicher Perspektive untersucht Medienbilder, also medial vermittelte Bilder in ihren Produktions-, Verarbeitungs- und Rezeptionsprozessen. Es wird nur ein kleiner Bereich bildhafter Phänomene betrachtet. Deshalb ist auch eine grundlegende Einschränkung und Definition des Bildbegriffs wichtig. Im folgenden Kapitel wird aus diesem Grund versucht, aus der Fülle von Bildbegriffen eine für die Kommunikations- und Medienwissenschaft brauchbare Definitionsgrundlage herauszufiltern. Der Weg führt hier von allgemeinen Definitionen für eine allgemeine Bildwissenschaft hin zu einer sehr speziellen Definition von Medienbild für eine spezielle – nämlich kommunikations- und medienwissenschaftliche – Bildwissenschaft.

Auch hier findet sich wieder eine Parallele zu Reichertz' Beschäftigung mit dem Fach „Kommunikationswissenschaft", denn eine Fachwissenschaft, und dieser Aspekt lässt sich nach Ansicht der Autorin auch auf disziplinäre Forschungsfelder übertragen, bezieht ihre Identität nicht ausschließlich und nicht wesentlich über einen bestimmten Untersuchungsgegenstand (vgl. Reichertz 2010: 42). Dass sich ein kommunikations- und medienwissenschaftlicher Bildbegriff und damit auch relevante Forschungsobjekte identifizieren lassen, ist wichtig, stellt aber noch nicht die alleinige Legitimationsgrundlage der Visuellen Kommunikationsforschung dar. Dafür ist vielmehr eine Fragestellung, ein zentrales gesellschaftliches Problem bzw. Handlungsproblem ausschlaggebend. Reichertz ist der Ansicht, dass die Kommunikationswissenschaft ihre Existenz dem Problem, bzw. der „Frage nach der alltäglichen Kommunikationsmacht" (Reichertz 2010: 44) verdankt.

Die zentrale Fragestellung der Visuellen Kommunikationsforschung, die sich ja im Wesentlichen als Subfeld der Kommunikations- und Medienwissenschaft präsentiert, beschäftigt sich demnach mit der Frage nach der *kommuni-*

3.3 Spezielle Bildwissenschaften: Visuelle Kommunikationsforschung 45

kativen Macht der Bilder. Bildern wird tatsächlich besondere Wirkungsmacht zugesprochen, wie in Kapitel 2 gezeigt werden konnte. Aber woher kommt diese Macht und wie kann sie wofür genutzt werden?

Die Visuelle Kommunikationsforschung beschäftigt sich in diesem Zusammenhang mit Fragen (teilweise in Anlehnung an Reichertz 2010), wie „Was kann man mit Bildern (besonders gut) ausdrücken?", „Weshalb bewirken Bilder überhaupt etwas?", „Wie kann ich andere mit bildlicher Kommunikation beeinflussen?", „Welchen Beitrag leisten Bilder bei dem Aufbau von Beziehungen, bei der Konstruktion von Identitäten?" und viele mehr.

Diese Fragen setzen an drei Ebenen der Visuellen Kommunikationsforschung an: (1) der Produktionsanalyse, die nach den Entstehungs- und Produktionsbedingungen von Bildern fragt, (2) der Produktanalyse, die sich mit der Materialität und den Motiven bzw. Inhalten von bildlichen Botschaften befasst und (3) der Wirkungsanalyse, in deren Zentrum Fragen nach kommunikativen Wirkungen und Rezeptionsformen von Bildern stehen (vgl. Müller 2003: 14ff).

Es bleibt die Frage „Welche Bilder eigentlich?". Mit ihr setzt sich das folgende Kapitel auseinander.

4 Was ist ein Bild? Was ist ein Medienbild?

Die theoretische Auseinandersetzung mit Bildern und Bildlichkeit der verschiedenen Forschungstraditionen und -disziplinen ist unterschiedlich weit fortgeschritten und setzt auch an unterschiedlichen Grundsätzen an. In den Diskurs zur Bildthematik der angloamerikanischen Visual Culture gehen beispielsweise Ergebnisse aus Cultural Studies und Dekonstruktion ein (vgl. Frank/Sachs-Hombach 2006: 184); im deutschen Sprachraum kommen die Bestrebungen, Bilder theoretisch zu erklären, überwiegend aus der Philosophie, den Kunstwissenschaften und nun seit einigen Jahren auch aus der Kommunikations- und Medienwissenschaft sowie der politischen Kommunikation. Alle Disziplinen und Teildisziplinen beschäftigen sich in Hinblick auf das Bild zunächst mit der Frage, was denn das Objekt „Bild" eigentlich ausmacht (vgl. etwa Boehm 1994b; Halawa 2008; Mitchell 2008a, 2008b, 1990; Sachs-Hombach 2003). Bevorzugt werden Bilder zunächst der Sprache gegenübergestellt um so die Gegensätze und andersgearteten Wesensmerkmale der beiden Darstellungsweisen in den Vordergrund zu rücken: Bilder werden dabei im Unterschied zur sprachlichen Darstellung nicht als Beschreibung, sondern als visuelle Veranschaulichung eines (fiktiven oder realen) Sachverhalts aufgefasst. Sie sind wahrnehmbar, artifiziell und relativ dauerhaft (vgl. Sachs-Hombach 2005b: 12f). Was ein Bild tatsächlich ist, darüber gehen die Meinungen auseinander. Auf den ersten Blick erscheint die Frage „Was ist ein Bild?" fast banal, da man intuitiv ziemlich genau weiß, was der Begriff „Bild" meint und unter welchen Umständen etwas als Bild zu bezeichnen ist und wann nicht. Das vermeintlich Banale entpuppt sich bei genauerer Betrachtung und beim Versuch einer präzisen Definition als widerspenstiges, kaum greifbares Phänomen, denn sowohl in der Alltagssprache, als auch in der wissenschaftlichen Betrachtung existieren gänzlich unterschiedlich weit gefasste Auslegungen des Begriffes „Bild". Im Unterschied zu anderen Sprachen bezieht der Begriff „Bild" im Deutschen sowohl innere als auch äußere Bilder mit ein (vgl. Boehm 2007: 11; Müller 2007: 9). Im Englischen dagegen werden *images* von *pictures* unterschieden (vgl. Boehm 2007: 11; Müller 2007: 9). Die Bezeichnung *picture* wird für materielle Bilder, die Bezeichnung *image* dagegen für immaterielle Bilder verwendet (vgl. Müller 2009: 9). Bei genauerer Sichtung des Forschungsstandes im englischsprachigen Raum zeigt sich jedoch, dass auch hier *image* und *picture*

48 *4 Was ist ein Bild? Was ist ein Medienbild?*

teilweise synonym verwendet werden. Der sehr flexible und weit reichende Begriff „Bild" hat in der Folge zur Frage geführt, wie denn sprachliche Bilder, etwa Metaphern, oder auditive Bilder und Tastbilder zu beurteilen seien. Weitere Zuordnungsprobleme schaffen häufig verwendete Bezeichnungen wie „Weltbild", „Feindbild" oder „Selbstbild", die mentale Bilder beschreiben (vgl. Schirra 2006: 199).

Für diese Arbeit, die sich mit medial vermittelten Bildern auseinandersetzt, sind jene Bildbegriffe, die auch nicht materielle Bilder mit einschließen, zu weit gefasst. In den folgenden Darstellungen wird daher der Bildbegriff schrittweise eingeschränkt und präzisiert. Dies ist für eine kommunikations- und medienwissenschaftliche Betrachtungsweise einfacher möglich als für die Allgemeine Bildwissenschaft, da hier eben nur ein fachlich spezieller Blickwinkel auf eine bestimmte Art von Bild gelegt wird, ohne dem Anspruch, Bilder insgesamt zu erklären, gerecht werden zu wollen bzw. gerecht werden zu müssen.[14]

Erste wichtige Einschränkungen des Bildbegriffes für die Kommunikations- und Medienwissenschaft können durch die Exklusion nicht artifizieller und nicht manifester visueller Phänomene erreicht werden. Weitere wichtige Eckpunkte, die für ein Verständnis von Medienbildern, und Bildern allgemein, essentiell sind, sind Konzepte wie „Abbildcharakter" und „Zeichencharakter", sowie „Ambiguität" beziehungsweise „Polysemie" und nicht zuletzt auch die „Relativität des Bildes", welche durch die Verankerung des Bildes in kulturellen Praxen bedingt wird.

Der erste Abschnitt dieses Kapitels verfolgt das Ziel, eine breite theoretische Ausgangsbasis zu schaffen, also einen Überblick über weiter gefasste Bilddefinitionen zu geben. Im zweiten Abschnitt wird eine kommunikations- und medienwissenschaftliche Bilddefinition skizziert, wofür der Bildbegriff deutlich enger gefasst werden muss. Im Vordergrund stehen dabei die kommunikativen Leistungen des Bildes als bedeutungsübertragendes Element im medial vermittelten Kommunikationsprozess.

4.1 Welches Bild? – Mitchells weit verzweigte „Family of Images"

Der Kunsthistoriker W.J.T. Mitchell gilt als eine der Leitfiguren der Visual Culture und prägte 1992 den Begriff *pictorial turn* (vgl. Bredekamp 2005: 15; Mitchell 1992). In seinem grundlegenden Artikel *Was ist ein Bild?* aus dem Jahr 1986 unterscheidet Mitchell fünf Kategorien von Bildern: grafische, optische, perzep-

4.1 Welches Bild?

tuelle, geistige und sprachliche Bilder (vgl. Mitchell 1986: 10). Am Beginn seiner Ausführungen hebt Mitchell zwei Aspekte von Bildern besonders hervor, die verblüffen und gleichzeitig verdeutlichen, weshalb eine genauer Erfassung des Wesens von Bildern so schwer fällt:

> „Zunächst einmal ist es die breite Vielfalt der in Frage kommenden Dinge. Wir sprechen von Gemälden, Statuen, optischen Illusionen, Karten, Diagrammen, Träumen, Halluzinationen, Schauspielen, Gedichten, Mustern, Erinnerungen und sogar von Ideen als Bildern, und allein schon die Buntheit dieser Liste läßt jedes systematische, einheitliche Verständnis unmöglich erscheinen. Zweitens wird man sich darüber wundern, daß die Tatsache, daß alle diese Dinge den Namen *Bild* tragen, noch lange nicht heißt, daß ihnen allen etwas gemeinsam ist." (Mitchell 1990: 19, Hervorheb. i. Original)

Besonders die Feststellung, dass der Name „Bild" nicht automatisch bedeutet, dass alle Objekte, die diesen Namen tragen, auch etwas Gemeinsames haben, mag irritieren. Mitchell veranschaulicht seine Gedanken aber mit einem treffenden Beispiel, indem er vorschlägt, sich Bilder als eine weit verzweigte Familie vorzustellen, die sich zeitlich und räumlich auseinander gelebt und in diesem Prozess grundlegende Veränderungen durchgemacht hat (vgl. Mitchell 1990: 19). Diese weit verzweigte Familie stellt er in der Folge als Familienstammbaum dar (siehe Abbildung 2), der einen guten Überblick über die unterschiedlichen Typen von Bildern gibt.

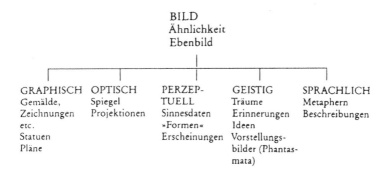

Abbildung 2: „Familienstammbaum" der Bilder (Mitchell 1990: 20)

Nach Mitchell repräsentiert jeder Zweig dieses Stammbaumes einen Typ von Bildlichkeit, der von einer bestimmten Disziplin betrachtet wird. Geistige Bilder fallen beispielsweise in den Zuständigkeitsbereich der Psychologie, optische

Bilder werden in der Physik untersucht, grafische Bilder in der Kunstgeschichte, sprachliche Bilder in der Literaturwissenschaft und perzeptuelle Bilder gehören einem Grenzgebiet mehrerer Disziplinen an (vgl. Mitchell 1990: 19f). Der Stammbaum zeigt aber auch, wie weit gefasst der Bildbegriff tatsächlich ist und erklärt damit die Probleme, vor denen die Allgemeine Bildwissenschaft stehen muss, da sie sich ja mit Bildlichkeit generell befasst. Aus Mitchells Feststellungen lässt sich die These ableiten, dass es für die Beschäftigung einzelner Disziplinen mit ihren jeweiligen Bildern nicht zielführend sein kann, einen gemeinsamen, übergeordneten Bildbegriff anzuwenden. Während eine grundlegende gemeinsame Definition sowie eine theoretische Fundierung für ein allgemeines Verständnis des Phänomens „Bildlichkeit" essentiell sind, so sind sie für die Beschäftigung mit einem gewissen Typus von Bild mit seinen individuellen, konkreten Fragestellungen nicht differenziert genug.

An diesem Punkt muss sich demnach die Frage stellen, welche Bilder dieser Bildgroßfamilie für die Kommunikations- und Medienwissenschaft von Bedeutung sind. Müller (2003) sieht grafische Bilder wie Gemälde, Zeichnungen, Statuen oder Fotos ebenso wie optische Bilder in Form von Spiegelungen und Projektionen als Untersuchungsobjekte der Visuellen Kommunikationsforschung (vgl. Müller 2003: 18). Damit fallen auch immaterielle Bilder in ihren Forschungsbereich. Müller stellt das sich daraus ergebende Dilemma der Visuellen Kommunikationsforschung folgendermaßen dar:

> „Integriert sie auch diese, nicht materiell greifbaren Bildbegriffe, so riskiert sie allzu große begriffliche Unschärfe. Schließt sie immaterielle Bilder kategorisch aus, so reduziert sie sich zur reinen Materialkunde." (Müller 2003: 18)

Sachs-Hombach schlägt jedoch sogar für die Allgemeine Bildwissenschaft einen engen Bildbegriff als Ausgangspunkt vor, der mentale Bilder und sprachliche Bilder ausklammert. Bilder lassen sich demnach, so Sachs-Hombach (2003), als „*artifiziell hergestellte* oder bearbeitete, flächige und relativ *dauerhafte* Gegenstände charakterisieren, die in der Regel innerhalb eines kommunikativen Aktes zur Veranschaulichung realer oder auch fiktiver Sachverhalte dienen." (Sachs-Hombach 2003: 74, Hervorheb. K.L.) Dieser, durch die Exklusion nicht artifizieller und nicht dauerhafter bildlicher Phänomene bereits relativ eingeschränkte Bildbegriff, den auch Halawa (2008) als sehr tauglich beurteilt, scheint für die Kommunikations- und Medienwissenschaft also durchaus zweckmäßig zu sein, denn diese beschäftigt sich hauptsächlich mit der Verbreitung von Inhalten über technische Medien. Deshalb spielen taktile, gustatorische, olfaktorische oder thermische Botschaften in der kommunikationswissenschaftlichen Betrachtung

4.2 Doelkers Bildbegriff

eine nachrangige Rolle. Zentrale Bedeutung kommt hingegen den dominierenden – manifesten – Informationsträgern Text und Bild zu (vgl. Knieper 2005a: 37). Auch Przyborski (2008) stimmt mit den eben genannten Bildforschern und Bildforscherinnen darin überein, dass nur Bilder auf materiellen Trägern bzw. reproduzierbare Bilder für die empirische Medienforschung in Frage kommen können (vgl. Przyborski 2008: 82).

Anleitungen für eine weitere Präzisierung des Bildbegriffes für die Visuelle Kommunikationsforschung können aus den Überlegungen von Doelker (2002) gewonnen werden, bei dem die Übertragbarkeit in eine materielle Form ebenfalls ein wesentliches Definitionskriterium für einen Bildbegriff im engeren Sinn ist.

4.2 Der Zusammenhang von Wahrnehmungsinhalt, Original/Unikat und Kommunikat: Doelkers Bildbegriff

Der Schweizer Medienpädagoge Christian Doelker bezieht sich in seinen theoretischen Überlegungen auf das Modell von Mitchell (1986), führt es aber noch weiter. So unterscheidet sein komplexes Bildmodell zwischen *Wahrnehmungsinhalt*, *Original bzw. Unikat* und *Kommunikat* (vgl. Müller 2003: 19, siehe Abbildung 3).

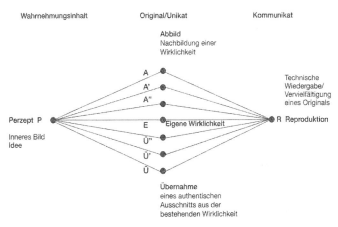

Abbildung 3: Bildmodell nach Doelker (Doelker 2002: 180)

52   *4 Was ist ein Bild? Was ist ein Medienbild?*

Der Ausdruck „Kommunikat", der das technisch reproduzierbare, vervielfältigbare Bild beschreibt, weist bereits darauf hin, dass der kommunikativen Funktion von Bildern in Doelkers Modell eine wichtige Rolle zugesprochen wird. Aus diesem Grund kann dieses Modell für grundlegende Erklärungsleistungen von Medienbildern nutzbar gemacht werden.

Das Perzept bezeichnet den Wahrnehmungsinhalt eines Realitätsausschnittes, oder ein inneres Bild einer Person. Ein Perzept kann zum Beispiel der Ausblick aus einem Fenster, das Betrachten eines Objekts oder eine Idee in Form eines geistigen Bildes sein. Diese Art von Bild ist nicht-materiell, dadurch auch in dieser Form nicht übertragbar und es existiert lediglich in der Wahrnehmung oder Vorstellung des einzelnen Menschen (vgl. Doelker 2002: 180). Soll dieser Wahrnehmungsinhalt jedoch übertragen werden und somit auch anderen Personen zugänglich gemacht werden, muss er in materielle, manifeste Form gebracht werden. Das ist der erste zentrale Parameter für die Einschränkung des Bildbegriffes für die Kommunikations- und Medienwissenschaft. Damit Wahrnehmungsinhalte in indirekter, durch Massenkommunikation vermittelter öffentlicher Kommunikation (vgl. DGPuK 2001) übertragen werden können, müssen sie in materieller Form fixiert und medial übertragbar gemacht werden. Das Perzept, das mentale Bild, selbst fällt noch nicht in die Medienbildkategorie.

Es gibt, nach Doelker (2002), drei idealtypische Möglichkeiten, wie ein Perzept festgehalten werden kann: Entweder als *Abbild* (Punkt A), als *Übernahme* (Punkt Ü) oder als *Eigengestaltung* (Punkt E). Diese Möglichkeiten sind im Bildmodell in der Ebene „Original/Unikat" dargestellt (siehe Abbildung 3).

Die Manifestierung als *Abbild* (A) bedeutet, dass der Wahrnehmungsinhalt auf einem Trägermaterial festgehalten wird. Auf welche Art und Weise diese Fixierung erfolgt (zum Beispiel durch Zeichnen, Malen, Gestalten, Fotografieren, Filmen) ist für das Modell grundsätzlich nicht von Bedeutung. Im Vordergrund steht der Prozess mit dem ein nicht-materielles Perzept in ein manifestes, also materielles Unikat bzw. Original überführt wird.[15] Als *Übernahme* (Ü) wird die Manifestierung dann beschrieben, wenn etwa Ausschnitte aus der Natur nicht abgebildet, sondern fixiert werden. Als Beispiel dafür nennt Doelker unter anderem die „Fallenbilder" von Daniel Spoerri. In diesen Bildern wird die Alltagswirklichkeit wie mit einer Falle eingefangen. Dabei werden Gegenstände, die in „zufälligen, ordentlichen oder unordentlichen Situationen gefunden werden, [...] in genau der Situation, in der sie gefunden werden, auf ihrer zufälligen Unterlage (Tisch, Schachtel, Schublade usw.) befestigt." (Spoerri 2010) Bei der Manifestierung als Übernahme wird versucht, „Wirklichkeit auszuschneiden". Ein Material-Bild ist damit ein Stück fixierte Realität. Diese Art der Manifestierung von Wahrnehmungsinhalten ist für die Kommunikations- und Medienwissenschaft

4.2 Doelkers Bildbegriff 53

im Wesentlichen vernachlässigbar. Die dritte Version, ein Perzept festzuhalten, bezeichnet Doelker als *Eigengestaltung* (E). Eine Eigengestaltung tritt dann auf, wenn ein inneres Bild – auch ohne Bezug zu einer bestehenden Wirklichkeit – manifest gemacht wird.

Zwischen diesen drei idealtypischen Positionen des Modells gibt es eine Vielzahl von Übergängen und Mischformen, die Doelker als A', A'', Ü' und Ü'' bezeichnet (siehe Abbildung 3). A' bedeutet beispielsweise, dass eine Nachbildung einer Wirklichkeit nicht dokumentierend, sondern durch den Bildproduzenten intervenierend dargestellt wird. Der Produzent oder die Produzentin des Bildes modifiziert den visuellen Inhalt nach seinen Ansprüchen. Deshalb ist A naturalistischer als A' und A''. A' liegt somit auch näher bei E und rückt die eigene visuelle Wirklichkeit des Produzenten oder der Produzentin in den Vordergrund. Dasselbe Prinzip gilt auch für die Abstufungen zwischen Ü und E. Die Strecken zwischen den Polen sind, so Doelker, als flexibel zu betrachten (vgl. Doelker 2002: 181f).[16] Übertragen auf die Fotografie, eine besonders relevante mediale Bildart, kann mit dem Modell von Doelker Folgendes beschrieben werden: Eine Fotografie ist nicht automatisch als Abbild von Wirklichkeit zu sehen (vgl. Doelker 2002: 183). Jedes Foto entsteht durch Auswahl des Bildausschnitts, durch Gestaltungsmittel der Kamera, nachträgliche Bearbeitung oder sogar Inszenierung des Dargestellten. Durch diese Interventionen des Produzenten oder der Produzentin verschiebt sich eine Fotografie hin zu A' oder sogar hin zu A''. Die Ausgestaltung eines Bildes als direkte Abbildung eines Wahrnehmungsinhaltes, also in Form des Punktes A ohne jegliche Eigengestaltung, muss als unerreichbarer Idealtypus der Abbildung gesehen werden.

Die eben beschriebene Ebene „Original/Unikat" ist in der Ansicht Doelkers bereits bildhaft.[17] Ein engerer Bildbegriff beginnt demnach ab dem Moment, in dem ein Wahrnehmungsinhalt in manifeste Form überführt wurde. Für die Kommunikations- und Medienwissenschaft ist darüber hinaus die Übertragbarkeit von Bildern von zentralem Interesse. Auch damit setzt sich Doelker in seinem Bildmodell, unter dem Begriff „Kommunikat", auseinander.

Ein zentraler Punkt seiner Ausführung ist die Integration des Punktes *Reproduktion* (Punkt R) in das Bildmodell. Es bezeichnet ein weiteres erforderliches Kriterium um von einem Bild im engeren Sinne sprechen zu können: seine Kommunizierbarkeit. Das Original/Unikat muss in ein Kommunikat überführt werden. Das Kommunikat ist eine *Reproduktion*, also die technische Wiedergabe und Vervielfältigung des Originals mit der Möglichkeit, das Bild an ein breiteres Publikum zu kommunizieren (vgl. Berzler 2009a: 101; Doelker 2002: 183; Müller 2003: 19). Dem Auftreten eines Bildes als Kommunikat wird eine wichtige Rolle zugeschrieben, denn erst durch Reproduktion wird eine Variabilität des

Formats möglich. Doelker nennt als Beispiel Kunstkataloge. Die Originale von Gemälden werden durch wesentliche Verkleinerung und Sammlung in Kunstkatalogen kommunizierbar. Ein weiteres Beispiel sind Bilder, die ohne Reproduktion nicht sichtbar wären. Scharrbilder sind typische Bilder, die zwar in manifester Form vorliegen, aber erst durch Aufnahmen aus der Luft sichtbar und kommunizierbar werden. Somit setzt Doelker weitere wichtige Parameter für Bildlichkeit fest: *Begrenzung* und *Transferierbarkeit* (vgl. Doelker 2002: 184f). *Begrenzung* bezeichnet den Charakter des Bildes als Ausschnitt einer Realität, der einen gewissen Bereich zeigt und andere Bereiche ausklammert. Der ausgewählte Bereich wird in einem gewissen Rahmen gezeigt, der durch den Raum, einen Bilderrahmen oder den Platz auf einer Seite vorgegeben werden kann. Eine wichtige Voraussetzung für die *Transferierbarkeit* ist auch hier wiederum die Materialität. Im Vordergrund steht hier insbesondere der Aspekt der Fixierung, denn auch digitale Daten müssen als materielle Phänomene aufgefasst werden können.

Zusammenfassend besagt Doelkers Bildmodell, dass ein Bild entweder als Original oder Kommunikat auftreten kann. Perzepte dagegen werden nicht als Bilder definiert, da sie nicht materiell vorliegen. Insgesamt bezeichnet Doelker (2002) das Bild als eine „zum Zweck der Betrachtung oder Verständigung hergestellte visuelle Konfiguration". (Doelker 2002: 187) In seiner Definition sind die Kriterien der Begrenztheit, der Transferierbarkeit und der Reproduzierbarkeit fixiert. Ein Perzept wird demnach erst dann zum Bild, wenn es festgehalten wird und so übertragbaren Charakter annimmt. In dieser Form ist Doelkers Bildbegriff nicht als Grundlage für eine allgemeine Bildwissenschaft brauchbar, da er wichtige immaterielle Bildphänomene nicht als Bilder betrachtet. Für die Kommunikations- und Medienwissenschaft gibt er aber äußerst wichtige Impulse, indem er den Fokus bei der Definition von Bildern auf deren Übertragbarkeit legt. Die Kommunizierbarkeit ist im Sinne Doelkers (2002) das, was ein Bild erst ausmacht. In der Kommunikations- und Medienwissenschaft werden Bilder hauptsächlich in ihrer Rolle als Kommunikate, die zwischen Sender und Empfänger vermitteln, betrachtet. In diesem Sinne kann Doelkers Bildmodell als richtungweisender Grundstein gerade für den speziellen Fokus der kommunikations- und medienwissenschaftlichen Bildbetrachtung gesehen werden, ohne dass dabei aus den Augen verloren wird, dass es darüber hinaus noch weitere visuelle Phänomene gibt.

Zur Erklärung der Funktionsweise von Bildern, also der Beziehung zwischen Kommunikat und Wahrnehmungsinhalt, liefert die Semiotik wichtige Ansätze, auf die das folgende Kapitel eingeht.

4.3 Semiotische Ansätze: die Zeichenhaftigkeit von Bildern

Bezugnehmend auf die Semiotik kann das Bild als ein Zeichen, oder eine Kombination von Zeichen, angesehen werden. Die vorliegende Arbeit stützt sich bewusst auf einen semiotischen Bildbegriff. Allerdings ist der Zeichencharakter von Bildern – auch in der Allgemeinen Bildwissenschaft – umstritten, wie bereits in Kapitel 3 besprochen wurde. Besondere Uneinigkeit über die Beschaffenheit des Gegenstandes „Bild" besteht zwischen phänomenologisch und semiotisch orientierten Erklärungsversuchen. Der semiotische Zugang wurde hier gewählt, weil er den bildwissenschaftlichen Diskurs in der Kommunikations- und Medienwissenschaft besonders nachhaltig geprägt hat und er sich zudem ausgesprochen gut dafür eignet, Parallelen und Unterschiede zu verbalem Text herauszuarbeiten. Das bedeutet aber nicht, dass Bilder hier „wie verbaler Text" verstanden werden, denn eine der wichtigsten Konsequenzen, die sich aus dem *iconic turn* ergibt, ist ja gerade die Feststellung, dass Bilder nicht mit linguistischen Herangehensweisen untersucht und erklärt werden dürfen und können.

Doch bevor auf die semiotischen Charakteristika von Bildern genauer eingegangen wird, soll eine Besonderheit bildlicher Zeichen, insbesondere von Fotografien, hervorgehoben werden: die Gleichzeitigkeit von Anschaulichkeit und Unbestimmtheit.

Bestimmtheit und Unbestimmtheit des „analogon parfait"

Michel (2006) beschreibt die Doppelnatur visueller Zeichen folgendermaßen: „Auf *abbildlicher* Ebene kommt gegenständlichen Bildern eine anschauliche Evidenz zu, mit der sie sich auf die dargestellte Szene beziehen. Auf *sinnbildlicher* Ebene weisen sie ein hohes Maß an semantischer Unbestimmtheit und Vieldeutigkeit auf." (Michel 2006: 46, Hervorheb. i. Original)

Anders ausgedrückt scheinen Bilder einerseits die Sinnbildung durch ihre Konkretheit und Anschaulichkeit einzuschränken und sie gleichzeitig durch ihre Vieldeutigkeit beziehungsweise Offenheit offener zu lassen als dies bei anderen Zeichensystemen der Fall ist (vgl. Michel 2006: 46). Dies hat entscheidende Konsequenzen: Durch die anschauliche Evidenz von Bildern auf der abbildlichen Ebene wird im Zuge der Rezeption gerne die Zeichenhaftigkeit des Bildes vergessen, denn das Bild zeigt einen bestimmten Gegenstand sehr deutlich und klar. Das Bild drückt somit aus: Das ist der Gegenstand und genau so sieht er aus. Das Bild erscheint als perfekter Ersatzreiz für die Wirklichkeit, oder wie

56 4 Was ist ein Bild? Was ist ein Medienbild?

Roland Barthes es formuliert als „*l'analogon* parfait" (Barthes 1961: 128). Es darf jedoch nicht übersehen werden, dass ein Bild zwar als perfekte Wiedergabe eines Wirklichkeitsausschnittes (oder in der Begriffssprache Doelkers auch eines Wirklichkeitsabbildes) erscheint, deshalb aber nicht mit ihm identisch ist (vgl. Michel 2006: 47; Doelker 2002: 180).

Foucault beschäftigte sich intensiv mit Magrittes berühmtem Bild *La trahison des images (Ceci n'est pas une pipe)*, das eine Pfeife mit dem Satz „Ceci n'est pas une pipe" also „Das ist keine Pfeife" darunter zeigt. Wörtlich übersetzt bedeutet „La trahison des images (Ceci n'est pas une pipe)": „Der Verrat der Bilder" (Das ist keine Pfeife). Von diesem Bild hat Magritte mehrere Versionen in unterschiedlichen Jahren angefertigt. Foucault behandelt im gleichnamigen Beitrag (*Ceci n'est pas une pipe*), der von Richard Howards ins Englische übersetzt wurde, auch die Unterschiede zwischen den verschiedenen Bildvarianten (vgl. Foucault/Howard 1976). Der scheinbare Widerspruch zwischen Bild und Text in Magrittes Kunstwerk hebt unter anderem den Zeichencharakter des Bildes hervor und soll, der Interpretation Foucaults folgend, davor warnen allzu rasche automatische Verbindungen zwischen Sprache und „realer Welt" herzustellen, denn besonders visuelle Zeichen lassen uns deren Zeichenhaftigkeit oft vergessen: „And now I catch myself confusing *be* and *represent* as if they were equivalent, as if a drawing were what it represents." (Foucault/Howard 1976: 6) Natürlich handelt es sich nicht um eine Pfeife, sondern um das Bild einer Pfeife. Porter (1986) spielt in seinem Artikel *This Is Not A Review of Foucault's This Is Not A Pipe* auf ironische Weise mit dieser intuitiven Verbindung von Zeichen und Referenten, die auch visuell geschulten Betrachtern und Betrachterinnen oft widerfährt: „All of us sensible, critical people agree that it's a pipe . . . oops, I mean a picture of a pipe. Sorry" (Porter 1986: 210).

In eine änliche Richtung weisen Huxfords Gedanken zur Fotografie. Er vergleicht die Schatten in Platons Höhlengleichnis mit Fotos und meint, dass diese „fotografischen Schatten" – dadurch dass wir uns an ihre charakteristische, authentizitätserzeugende Darstellung gewöhnt haben – uns genauso real vorkommen wie die Dinge, die sie darstellen:

> „All too frequently, the news photograph has taken us into a situation akin to Plato's cave, in which the photographic shadow of the signifier has become proof that the signified exists. Through the ,window on the world' that the news photograph seems to offer, we have learned to read the conventions that represent reality as though they were reality itself and to perceive metaphorical constructions as evidence." (Huxford 2001: 67)

Der Verweis eines Bildes („drawing") auf einen Wirklichkeitsausschnitt („what is represents") ist als Zeichenrelation interpretierbar, denn eine der grundlegends-

4.3 Semiotische Ansätze: die Zeichenhaftigkeit von Bildern

ten Zeichendefinitionen besagt, dass ein Zeichen etwas ist, das für etwas anderes steht: In der klassischen, auf das griechische Denken zurückgehenden Definition ist das Zeichen „aliquid pro aliquo", also „etwas, das für etwas anderes steht" beziehungsweise wie in der Peirce'schen Tradition gesagt werden muss, etwas, dass von jemandem als Hinweis auf etwas anderes erkannt wird (vgl. Eco 1977: 31; Michel 2006: 55; Nöth 2000: 59ff; Volli 2002: 22). Das Bild kann demnach in Ausdruck („Etwas") und Inhalt („für etwas Anderes") getrennt werden. Diese Auffassung als duales Zeichen greift jedoch zu kurz. Es fehlt die Vermittlungsinstanz, welche erst die zeichenhafte Beziehung herstellt indem Signifikant und Signifikat verbunden werden (vgl. Volli 2002: 27). Das Modell von Charles Sanders Peirce ist das am häufigsten verwendete semiotische Zeichenmodell, es definiert das Zeichen als eine triadische Relation, die einen dynamischen Prozess der Interpretation in Gang bringt (vgl. Messaris 1997: viii; Nöth 2000: 62). Diesem Modell zufolge führt der einzige uns verfügbare Weg, die beiden Zeichenaspekte miteinander in Verbindung zu bringen, über ein anderes Zeichen, welches dieses deutet. Dieses zweite Zeichen wird Interpretant[18] genannt.

Charles Wiliam Morris unterscheidet weiters syntaktische, semantische und pragmatische Zeichendimensionen. Die Syntax beschreibt die Zeichen in Hinblick auf die formalen Relationen, die sie zueinander einnehmen und beschäftigt sich mit der Art und Weise, wie Zeichen kombiniert werden, um zusammengesetzte Zeichen zu bilden (vgl. Nöth 2000: 90; Schelske 2001: 148). Die Semantik beschäftigt sich mit der Art der Beziehung zwischen Zeichen und Bezeichnetem. Peirce zufolge lassen sich drei Arten von Zeichen nach der Art ihrer zeichenhaften Beziehung unterscheiden: (1) ikonische Zeichen, (2) hinweisende oder indexalische Zeichen und (3) symbolische Zeichen (vgl. Nöth 2000: 33; Volli 2000: 33). Die Pragmatik, als dritte Dimension des Zeichens, beschäftigt sich in Morris' Konzept mit der Beziehung der Zeichen zu ihren Interpreten, welche „die Bedeutung des Zeichens im Handeln bzw. kommunikativen Handeln aktualisieren." (Schelske 1998: 148). Die Pragmatik beschäftigt sich also mit Aspekten der Zeichenverwendung und -wirkung.

Anhand der semiotischen Auseinandersetzung mit visuellen Zeichen werden in den beiden folgenden Abschnitten jene Zeichencharakteristika behandelt, die in der Ansicht Messaris' (1997) die zentralen Bildleistungen ermöglichen: (1) die semantischen Zeichenaspekte, insbesondere „Ikonizität" und „Indexikalität", sowie (2) die syntaktische Eigenheit visueller Zeichen, die insbesondere im Fehlen einer expliziten propositionalen Syntax besteht.

58   *4 Was ist ein Bild? Was ist ein Medienbild?*

Semantische Aspekte bildlicher Zeichen

Wie bereits erwähnt, lassen sich drei Arten von Zeichen aufgrund der Art ihrer Zeichenbeziehung unterscheiden: Ikon, Index und Symbol (vgl. Nöth 2000: 33; Volli 2000: 33). Halawa (2008) vermutet ebenso wie Messaris (1997), dass das Vertrauen in Bilder daraus resultiert, dass Bilder zwei Zeichenklassen in perfekter Form kombinieren: „Fotos vereinen Index und Ikon, wobei Ikonizität und somit Realismus und Authentizität sich der Indexikalität des fotografischen Verfahrens verdanken." (Halawa 2008: 70). Während Peirce und Barthes Fotografien als ikonische Zeichen verstehen, versuchen Kritiker dieser Auffassung zu beweisen, dass das Verstehen von Fotos auf einem konventionalen Code basiert und das fotografische Zeichen deshalb symbolischen Charakter hat. Zu den prominentesten Kritikern der Ikonizität bildlicher Zeichen zählen Umberto Eco und Nelson Goodman. Allerdings relativierte Eco seine Ansicht in den späteren Werken und akzeptierte die Bezeichnung von Bildern als ikonische Zeichen, allerdings in unterschiedlichen Ikonizitätsgraden. Weiterhin ablehnend steht er der – mittlerweile auch überholten – Auffassung des Bildes als Abbild der Realität gegenüber (vgl. Blanke 1998: 286; Eco 2002: 205; Nöth 2000: 496; Santaella 1998: 250). Barthes betrachtet Bilder zwar als ikonische Zeichen, führt aber darüber hinaus Aspekte, die für eine Indexikalität des Bildes sprechen, an. Hier werden Bilder in Hinblick auf mehrere Zeichenrelationen hin besprochen, wobei auf die beiden semantischen Zeichenbeziehungen Ikon und Index genauer eingegangen wird.

Der maßgeblichste Objektbezug zur Beschreibung von Bildern ist, so der weitgehende Konsens in der semiotischen Diskussion, die *ikonische Zeichenverbindung*. Bei einem Ikon basiert die Verbindung zwischen Repräsentamen (Zeichenträger) und Objekt auf einer Ähnlichkeit oder Analogie. Das Bild bezeichnet ein Objekt also, in dem es ihm in gewisser Weise ähnlich ist (vgl. Halawa 2008: 64; Nöth 2000: 66; Schelske 2001: 149):

> „Bilder sind [...] ikonisch codierte Nachrichten, die sich zum Beispiel in der Zeitung von ihrer (schrift-)textuellen Umgebung durch ihre (figurative) Ikonizität (oder Bildlichkeit) unterscheiden, was sie entsprechend unterschiedlich ‚lesen' und verstehen lässt." (Paech 2005: 82).

Barthes (2001, 1989, 1961) setzte sich intensiv mit dem Seheindruck, der die Unterscheidung zwischen Abbildung und Abgebildeten erschwert, auseinander, denn die Künstlichkeit der Bilder, so Barthes, wird besonders bei ikonischen Bildern, wie Fotos und Filmen, nicht erkannt; und die Ähnlichkeit beziehungsweise Nähe zum Dargestellten erzeugt die Illusion eines unmittelbar und intuitiv verfügbaren Informationsgehaltes. Scheinbar ist eine Fotografie eine Botschaft ohne

4.3 Semiotische Ansätze: die Zeichenhaftigkeit von Bildern

Code, eine einfache Abbildung der Realität und somit ein „perfektes Analogon" der Wirklichkeit (vgl. Barthes 2001: 7, 1961: 128). Demnach wäre auch kein Decodiervorgang nötig, um das Bild zu entschlüsseln und zu verstehen. Allerdings ist jede Fotografie aufgrund ihrer Begrenztheit (vgl. Doelker 2002) gleichzeitig auch immer ein Ausschnitt einer wahrgenommen Realität und somit eine Auswahl, die von ihrem Produzenten oder ihrer Produzentin getroffen wurde. Durch diese Selektion und die weitere Bearbeitung erhält das Bild zusätzliche Bedeutungen. Diese Konstruktionsarbeit ist für Betrachter und Betrachterinnen zwar nicht sichtbar, fügt dem anscheinend codelosen Bild aber Konnotationen hinzu, denn jedes Bild ist in gewisser Form bearbeitet, ausgewählt, zusammengesetzt oder konstruiert, je nach den jeweiligen Berufsnormen, Programmen, Stilen oder Zielen zum Beispiel in Werbung, Journalismus oder Unterhaltung. Barthes (2001) spricht hier vom strukturalen Paradox der Fotografie, da sich eine zweite, codierte Botschaft auf Grundlage einer Botschaft perfekter Analogie und ohne Code entwickelt (vgl. Barthes 2001: 7ff).

Die semantische Zeichenbeziehung ikonischer Zeichen darf jedoch keineswegs mit der pragmatischen Zeichenbedeutung gleichgesetzt werden, denn Zeichenbeziehungen beschreiben lediglich die Repräsentamen-Objekt-Beziehung und geben noch keine Auskunft über die Bedeutungszuweisungen im Interpretationsprozess, der stets durch die Bildbetrachter und -betrachterinnen erfolgt. So besteht, vorausgesetzt man akzeptiert das Konzept der Ikonizität bildlicher Zeichen, meist kein Zweifel darüber, was ein Bild in anschaulicher Weise bezeichnet. Die Bedeutung eines Ikons kann dagegen, wie schon beschrieben, interpretativ offen bleiben (vgl. Schelske 2001: 152). Schelske beschreibt dieses Phänomen am Beispiel eines ikonischen Bildes des indischen, elefantenköpfigen Gottes „Ganésa". Zwar wird das Bild bestimmt von unterschiedlichsten Betrachtern und Betrachterinnen als Abbildung eines „elefantenköpfigen Menschen" oder vielleicht eines „merkwürdigen Elefanten" erkannt. Was das Bild jedoch bedeutet, wird in einer fremden Kultur, in der dieser Gott unbekannt ist, vermutlich nicht verstanden werden (vgl. Schelske 2001: 152).

> „Aufgrund dieser monosemantischen Bezeichnungsweise eignen sich Bilder [...] hervorragend, eine globale Kommunikation zu beginnen. Der Nachteil ist zweifellos, daß sie in ihrer Bedeutung polypragmatisch interpretiert werden, wodurch sie bei unveränderter Ikonizität in sozialen Interpretationskontexten unterschiedlichste Bedeutungen annehmen." (Schelske 2001: 152)

Dieser Aspekt ist besonders für den Bereich der Werbung interessant, wo Bilder mitunter als Elemente internationaler Werbekampagnen eingesetzt werden, in der Hoffung, dass diese auch global verständlich seien (vgl. Kapitel 7.2).

Von einigen Autoren, wie zum Beispiel von Barthes (1961), Dubois (1998) und Messaris (1997), wird auch der *indexikalische Charakter* mancher visuellen Zeichen, wie zum Beispiel von Fotografien, besonders hervorgehoben. Ein Index ist ein hinweisendes Zeichen, das durch eine unmittelbare kausale Wirkung auf das Objekt verweist. Ein klassisches Beispiel ist Rauch, der eine kausale Folge von Feuer ist (vgl. Nöth 2000: 66). Barthes, der Fotografien zwar generell als ikonische Zeichen versteht, spricht ihnen auch indexikalische Eigenschaften zu und bezeichnet sie sogar als eine „Emanation des Referenten", da von einem realen Objekt, das einmal tatsächlich da war, Strahlen ausgingen, die in der Folge den Betrachter oder die Betrachterin beziehungsweise die Kamera erreichten (vgl. Barthes 1989: 90). Fotografische Bilder werden diesen Kausalitätstheorien indexikalischer Zeichen zufolge als Spuren oder Abdrücke aufgefasst (vgl. Leifert 2008: 40) und deshalb auch als Beleg dafür interpretiert, dass etwas „so gewesen ist", oder wie Barthes es formuliert, als Beweis für „das, was gewesen ist" (vgl. Barthes 1989: 95).[19] In gewisser Weise stellt eine Fotografie aufgrund ihrer Produktionsweise eine Brücke zur Vergangenheit her und macht ihre Betrachter und Betrachterinnen zu Augenzeugen. Dieses Augenzeugenprinzip von Bildern zeichnet sich, so Gombrich (1984b) und Barthes (1989), vor allem dadurch aus, dass diese etwas sichtbar machen können, was ein Augenzeuge an einem anderen Ort und in einer anderen Zeit von einem bestimmten Punkt aus tatsächlich sehen konnte (vgl. Gombrich 1984b: 277). Wortmann (2003) argumentiert dagegen, dass spätestens mit der Einführung digitaler Fototechniken, der Mythos, Fotografien seien „authentische Bilder", verworfen werden muss (vgl. Wortmann 2003: 220). In der digitalen Fotografie werden nun aber keine Lichtstrahlen mehr auf chemisch präpariertem Papier festgehalten, was zuvor als „Realitätsabdruck" gewertet wurde. Es bleiben daher keine Spuren der Realität auf einem empfänglichen Bildträger. Durch die Überführung in den binären Code der digitalen Aufzeichnungsweise werden, so Wortmann, jegliche Authentizitätsspuren aufgehoben (vgl. Wortmann 2003: 220).

Im Kontrast dazu führen Messaris und Abraham (2003) wiederum das Argument an, dass es unzählige empirische Belege dafür gibt, dass Rezipienten und Rezipientinnen gewisse Bilder als einen Beleg für die Wirklichkeit verstehen (vgl. Messaris/Abraham 2003: 217f). Dies trifft besonders auf Bilder im Journalismus zu, wie Kapitel 7.1 ausführt. Eine plausible Erklärung dafür liefert Wortmann (2003). Er beschreibt die Authentizität fotografischer Abbilder als deren wesentliche Qualität und fügt hinzu, dass diese sich allerdings aufgrund der kulturellen Zuschreibungspraxis ergibt und deshalb nur mittelbar die Folge technischer Bildproduktion ist. „Die Verknüpfung von authentischem Bild und Technik erscheint uns heute [...] so vertraut, dass wir meinen, sie nur medienontologisch fassen zu

4.3 Semiotische Ansätze: die Zeichenhaftigkeit von Bildern

können." (Wortmann 2003: 155) Bei allem Wissen um mögliche Bildmanipulationen und den Konstruktionscharakter der Fotografie, vermittelt sie dennoch ein Gefühl von Wahrheit, oder mit den Worten Dubois': „Dem fotografischen Bild haftet trotz allem etwas Singuläres an, das es von anderen Repräsentationsweisen unterscheidet: Ein unhintergehbares Gefühl, der Wirklichkeit, das man nicht los wird, obwohl man um alle Codes weiß." (Dubois 1998: 30)

Die hier diskutierten ikonischen und indexikalischen Zeichenbeziehungen von Bildern schließen einander nicht generell aus. Halawa (2008) widmet in diesem Sinne ein ganzes Kapitel seines Buches *Wie sind Bilder möglich?* dem Thema *Über die Gleichwertigkeit von Ikon, Index und Symbol in einer Theorie des Bildes* und veranschaulicht, dass Bilder ihre Wirkkraft nicht ausschließlich aufgrund ikonischer Zeichenbeziehungen entfalten und gibt folgendes Beispiel (vgl. Halawa 2008: 64ff):

> „Während ein Passfoto aufgrund von Ähnlichkeitsmerkmalen die Identifikation des Passbesitzers gewährleisten soll (=Ikon), können Fotografien wie die aus dem irakischen Gefängnis in Abu Ghraib auf eine Tatsache im Sinne des Barthes'schen ‚Es-ist-so-gewesen'-Prinzips (=Index) aufmerksam machen. Auch können Bilder ihren Sinn aufgrund bestimmter Konventionen zugänglich machen. Man denke etwa an das Motiv des Totenschädels als Verweis auf die Endlichkeit durch den Tod in etlichen Gemälden (=Symbol)." (Halawa 2008: 75).

Diese Auffassung wird in der vorliegenden Arbeit geteilt. Bilder können demnach durch unterschiedliche Zeichenverbindungen auf das Dargestellte verweisen, wobei der ikonische und der indexikalische Verweis, wie von Messaris (1997) und Halawa (2008) angeführt, bei Bildern die Zeichenbeziehungen mit dem größten Erklärungspotenzial sind. Mit der Bedeutungsgenerierung im Kommunikationsprozess auf Basis der bildlichen Zeichen beschäftigt sich Kapitel 4.4, doch zuvor soll nun in aller Kürze auf die syntaktischen Aspekte von Bildern eingegangen werden.

Syntaktische Aspekte bildlicher Zeichen

Die theoretische Auseinandersetzung mit syntaktischen Aspekten bildlicher Zeichen erfolgt, verglichen mit Beiträgen zu den eben behandelten semantischen Eigenschaften von Bildern, auf einem deutlich weniger systematischen und elaborierten Niveau (vgl. Messaris 1997: x). Generell beschreibt die Syntax (auch Syntaktik genannt) die Beziehungen, die innerhalb komplexer Zeichen, sowie

62   *4 Was ist ein Bild? Was ist ein Medienbild?*

zwischen den unterschiedlichen Zeichen eines Zeichensystems bestehen (vgl. Sachs-Hombach 2003: 103).

Messaris (1998, 1997) beschreibt, dass visuelle im Unterschied zu verbaler Kommunikation über keine präzisen Konventionen verfügt, wenn es um die Erklärung der Art und Weise der Verbindung von Bildelementen geht, die nicht über räumliche oder zeitliche (besonders im Film) Beziehungen geklärt werden kann. Sprache verfügt dagegen über explizite Worte und Satzstrukturen, die beschreiben können, dass ein Objekt beispielsweise „besser als" ein anderes Objekt ist, oder zwei Phänomene „gleichzusetzen" sind. Sprache verfügt, in anderen Worten, über explizite Indikatoren für Analogie, Kausalität und andere Verbindungen zwischen zwei oder mehreren Elementen, während Bilder nicht über eine derartige Syntax verfügen.

> „Whereas spatial or temporal connections can be presented quite explicitly through images, visual communication does not have an explicit syntax for expressing analogies, contrast, causal claims, and other kinds of propositions." (Messaris 1997: xi)

Das Fehlen dieser expliziten propositionalen Syntax schwächt Bilder aber nicht, sondern ermöglicht es ihnen, Aussagen auf implizite Weise zu übertragen, wodurch sie zu wirksamen Elementen der Persuasion werden, welche besonders im Bereich der Werbung ihre Wirkung optimal entfalten können (vgl. Messaris 1997: xiii, siehe auch Kapitel 7.2). Natürlich haben sich besonders für Bewegtbilder Konventionen entwickelt, die etwa durch Schnitttechnik und Bilderfolgen diese Verbindungen teilweise herstellen. Im unbewegten Bild sind die syntaktischen Verbindungen jedoch meist durch ein Nebeneinander innerhalb des Bildes oder durch ein Nebeneinander zweier Bilder gegeben. Für eine genauere Auseinandersetzung mit bildlicher Syntax siehe Sachs-Hombach (2003: 10ff).

4.4   Bilder im Kommunikationsprozess – Kontexte und die Einschränkung der Polysemie

Die Semiotik in der Peirce'schen Tradition besagt, dass „nichts Zeichen ist, was nicht als Zeichen interpretiert wird" (Peirce 1931-58, CP 2.22[20,] zitiert nach: Nöth 2000: 62). Für eine semiotische Perspektive, die ein Bild als Zeichen sieht, bedeutet dies, dass etwas erst dann ein Bild ist, wenn es als Bild interpretiert wird, denn jeder Zeichenprozess ist ein Interpretationsprozess. Es braucht also Betrachter und Betrachterinnen, die das Bild durch ihren interpretatorischen Beitrag erst

4.4 Bilder im Kommunikationsprozess

zum Bild machen. Zeichen sind damit in jedem Fall kommunikative Elemente. So wie sich Erkenntnis als semiotischer Prozess stets auch als sozialer Prozess erweist (vgl. Halawa 2008: 64), so beinhaltet auch die Bildinterpretation soziale und kulturelle Komponenten. Vor diesem theoretischen Hintergrund lässt sich auch Mitchells zentraler Ansatz erklären, der ebenfalls davon ausgeht, dass unser theoretisches Verständnis der Bildlichkeit immer in sozialen und kulturellen Praxen verankert ist (vgl. Mitchell 1990: 18). Hier wird an die oben angeführte Gegenüberstellung von monosemantischen Zeichenbeziehung und polypragmatischer Bedeutungszuweisung angeknüpft (vgl. Schelske 2001: 152). Analog zu Schelskes (2001) Ausführungen betonen auch Kress und van Leeuwen: „Visual language is not – despite assumptions on the contrary – transparent and universally understood; it is culturally specific." (Kress/van Leeuwen 2006: 4)

> „Wie alles menschliche Handeln sind auch die Herstellung, Verbreitung und Rezeption von Bildern eingebettet in kulturelle Praktiken, von denen intersubjektive Verständigung erst ermöglich wird und die zur Verfeinerung sowie zur sozialen Differenzierung des gesellschaftlichen Miteinanders beitragen." (Frank/Sachs-Hombach 2006: 185)

Die stärker kulturell geprägte Ausrichtung (Stichwort „cultural turn") der Kommunikations- und Medienwissenschaft hat, so Huxford (2001), zu einer realistischeren Sicht auf die Bedeutungsübertragung im Kommunikationsablauf geführt. Bedeutung wird dabei als eine Aushandlung zwischen Text und Rezipienten beziehungsweise Rezipientinnen verstanden und nicht als einseitige Bedeutungsübertragung von einem Sender zu einem Empfänger. Der Rezipient ist aktiver Partner des Kommunikationsablaufs und hat auch die Freiheit „oppositional readings" anzuwenden (vgl. Huxford 2001: 45f). Somit wird ausgedrückt, dass Bedeutung im Kommunikationsprozess an mehreren unterschiedlichen Orten produziert wird: am Ort der Produktion von materiellen und immateriellen Kulturprodukten, am Ort ihrer diskursiven Repräsentationen und am Ort ihrer Aneignung auf Seite der Rezipienten und Rezipientinnen. „Reception involves active sense-making. People are by no means passive recipients; to make sense is to actively interpret the world and one's place in it." (Fiske 1982, zitiert nach Huxford 2001: 47)[21] Das Encoding/Decoding-Modell, das Hall für die Analyse von Massenkommunikationsprozessen entwickelte, liefert den erklärenden Hintergrund der Bedeutungsproduktion (vgl. Hall 1999: 92ff; Pirker 2010: 154ff) und wird im folgenden Abschnitt in Hinblick auf visuelle Bedeutungsproduktion und -vermittlung besprochen.

Encoding/Decoding als Grundlage des kulturellen Bedeutungsprozesses

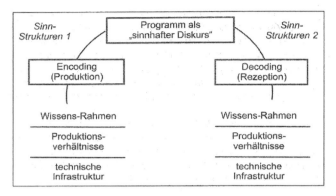

Abbildung 4: Stuart Halls Encoding/Decoding-Modell
(Krotz 2009: 216)

Medieninhalte werden unter bestimmten Produktionsbedingungen hergestellt und unterscheiden sich daher je nach ihrem jeweiligen Produktionskontext. Als eines der kulturellen Wandelphänomene wirkt sich der Trend zur Visualisierung auf die jeweilige Produktionskultur aus. Bedeutungen werden in multimodale Zeichenformen mit steigendem visuellen Anteil übersetzt und dann an die Rezipienten und Rezipientinnen übermittelt. Die Produktionskultur, mit den jeweiligen Werten, Vorstellungen und Arbeitsweisen beeinflusst dabei die Encodierungsprozesse der Bedeutung (vgl. Pirker 2010: 158). Beispielsweise unterscheidet sich die Produktionskultur im Journalismus entscheidend von der Produktionskultur der Werbung. Beiden liegen systemeigene Recherche-, Selektions- und Darstellungsprogramme zugrunde, die auf bestimmten Vorstellungen und Leitideen basieren (vgl. Grittmann 2007: 399).[22] Auf die unterschiedlichen Bildproduktionskontexte wie z.B. Journalismus, Werbung oder Public Relations geht Kapitel 7 ausführlich ein. Journalistische Bilder, die im Kontext der Nachrichtenproduktion entstehen, orientieren sich grundsätzlich an der Leitidee der Authentizität, während die Werbung typischerweise „künstliche Bildwelten" inszeniert. Das soll jedoch nicht bedeuten, dass journalistische Bilder nicht konstruiert und demnach wahrheitsgetreue Realitätsabbildungen seien. Auch diese Bilder entstehen als Folge eigener journalistischer Darstellungskonventionen, die der Authentizitätskonstruktion dienen (vgl. Grittmann 2007: 400). „Authentizität wird nicht durch das Medium oder den technischen Apparat gewährleistet. Authentizität beruht auf Arbeits-

4.4 Bilder im Kommunikationsprozess
65

techniken des Fotojournalismus, die in der Bildästhetik ihren Ausdruck finden."
(Grittmann 2007: 400) Die Werbung arbeitet dagegen meist mit dem „Code der
Unnatürlichkeit", wie Kapitel 7.2 zeigen wird.

Die entstandenen medialen Repräsentationen werden schließlich von den
Rezipienten und Rezipientinnen decodiert. Die Konsumption medial vermittelter Inhalte ist ein aktiver Prozess, der nicht als bloße Umkehr der Codierung
zu verstehen ist. Der Decodierungsprozess unterliegt eigenen Bedingungen und
muss nicht mit dem Codierungsprozess, der zwar einige Interpretationsgrenzen
vorgeben kann, korrespondieren. Allerdings ist üblicherweise ein gewisser Grad
von Reziprozität zwischen Codierung und Decodierung vorhanden, da sonst von
einem „kompletten Missverständnis" (Hall 1999: 106) ausgegangen werden muss
(vgl. Hall 1999: 106; Pirker 2010: 159). Nach Stuart Hall sind drei prototypische
Lesarten möglich (vgl. Hall 1999: 107ff; Pirker 2010 155f):

Die *dominant hegemoniale* Lesart bezeichnet einen vollkommen transparenten Kommunikationsprozess, im Zuge dessen die codierten konnotierten Bedeutungen voll und ganz vom Rezipienten oder der Rezipientin übernommen
und daher im Sinne des (hegemonialen) Referenzcodes decodiert werden. Die
ausgehandelte Lesart beschreibt, dass die Rezipienten und Rezipientinnen grundsätzlich den hegemonialen Code verstehen und akzeptieren. Gleichzeitig enthält
diese Position aber auch oppositionelle Aspekte, da die Interpretierenden die
dominante Bedeutung teilweise zustimmend, teilweise ablehnend, in Bezug zur
eigenen Situation anpassen. Bei einer Decodierung im Sinne der *oppositionellen
Lesart* schließlich wird die hegemoniale Aussage zwar verstanden, aber trotzdem
auf eine gänzlich gegensätzliche Art und Weise mithilfe eines oppositionellen
Codes interpretiert.

> „Da es [...] keine zwangsläufige Korrespondenz zwischen Kodieren und Dekodieren gibt, kann
> ersteres zwar eine ‚bevorzugte' Lesart anstreben, den Dekodierungsprozess jedoch nicht vorschreiben oder gewährleisten, denn dieser unterliegt eigenen Bedingungen." (Hall 1999: 106)

Hall (1999) zeigt damit, dass mediale Texte immer polysem sind. Dies ist ein
entscheidender Aspekt, da im Folgenden häufig von der Vieldeutigkeit oder Polysemie des Bildes gesprochen wird. Grundsätzlich gilt jedoch, dass alle medialen Texte, egal ob etwa bildlich oder verbal, immer auch anders interpretiert
werden können, auch wenn sie dabei, wie das Encoding/Decoding-Modell nahe
legt, nicht völlig bedeutungsoffen sind (vgl. Hall 1999: 100f; Winter 2003: 437;
Przyborski 2008: 83). Dies gilt für verbale Texte ebenso wie für visuelle Texte.

Perlmutter und Dahmen (2008) untersuchten in ihrem Artikel *(In)visible
Evidence: Pictorially Enhanced Disbelief in the Apollo Moon Landings*, wie Per-

66 4 *Was ist ein Bild? Was ist ein Medienbild?*

sonen, die nicht daran glauben, dass die Mondlandung im Jahr 1969 tatsächlich stattgefunden hat, also so genannte Verfechter der Moon-Hoax-Theorie, die Fotos der Mondlandung interpretieren. Die Analyse zeigte, dass Bilder, die auf Absenderseite (NASA) aufgrund ihrer indexikalischen Zeichenbeziehung eingesetzt wurden, auf Publikumsseite zu ganz anderen Bedeutungen führten. In diesem Fall wurde sogar die Indexfunktion des Bildes dazu verwendet, die Bilder als vermeintliche Täuschungen zu entlarven. „[They] use the visual aspects of the photos as the very evidence that proves that man did non really land on the moon". (Perlmutter/Dahmen 2008: 245). Die Anhänger der Moon-Hoax-Theorie verstehen zwar die hegemoniale Aussage und Erkennen auch die Motive aufgrund der analogen und indexikalischen Zeichenbeziehungen. Die Bedeutungszuweisung erfolgt dann jedoch im Sinne eines oppositionellen Codes. Die Autoren kommen zu dem Schluss, dass nicht gilt „seeing is believing", sondern vielmehr „believing is seeing" (vgl. Perlmutter/Dahmen 2008). Eine wichtige Schlussfolgerung der Studie ist, dass Bilder, selbst wenn sie mittlerweile zu Ikonen geworden sind, nicht für sich selbst sprechen, sondern – im Gegenteil – ihre Bedeutung von vielen Faktoren, wie etwa den Einstellungen ihrer Betrachter abhängt. Eine wesentliche Rolle bei der Bedeutungszuweisung kommt den Bildkontexten zu, wie der folgende Abschnitt zeigt.

Zur Kontextabhängigkeit von Bildern

Man kann Bilder nicht ohne ihren Kontext verstehen, denn Bilder alleine, ohne Zusammenhang, sind offen und vieldeutig (vgl. Schierl 2001: 217). Schierl geht aber sogar noch weiter und meint: „Der alte Satz ‚Ein Bild sagt mehr als tausend Worte' erweist sich als unrichtig, denn ein Bild sagt gar nichts, es kann nur etwas darstellen. Eine Aussage kann sich erst im Zusammenhang ergeben." (Schierl 2001: 219)

Die vorangegangenen Kapitel haben verdeutlicht, dass das Bild etwas zeigt und zwar von jemandem für jemanden (vgl. Schirra 2006: 201). Das Bild wird damit als vollwertiges Element des Kommunikationsprozesses aufgefasst, in dem der Kommunikator dem Rezipienten bzw. der Rezipientin etwas über ein Bild mitteilt, wobei der jeweilige Kontext, ebenso wie Kommunikator und Rezipient, Einfluss auf den Ablauf des Kommunikationsprozesses hat. Bilder werden produziert, damit diese wahrgenommen und betrachtet werden. Diese Betrachtung kann zu einem späteren Zeitpunkt erfolgen und möglicherweise auch nur durch den Produzenten selbst. Bilder erfüllen aber immer einen kommunikativen

4.4 Bilder im Kommunikationsprozess

Zweck (vgl. Schwan/Zahn 2006: 224), der darauf abzielt, eine bestimmte Bedeutung zu übertragen.

Die Bedeutung von Fotografien hängt dabei zu einem großen Teil, wie bereits gezeigt wurde, vom kulturellen Rezeptionskontext, sowie auch vom medialen – und damit oft verbalen – Kontext der Botschaft ab, denn die Fotografie kann lediglich in Hinblick auf ihre Funktion gedeutet werden (vgl. Watkins 2000: 4). Das heißt auch, dass die Aussage eines zunächst vieldeutigen, unterschiedlich interpretierbaren und kulturell spezifischen Bildes durch den Einsatz in bestimmten medialen Settings mit bestimmten Zielen und Funktionen konkretisiert und fixiert wird. Zum Beispiel kann die Verwendung historischer Bilder (z.B. für Fotobücher über bestimmte Epochen oder Events, oder für Erinnerungsbilder) ein Reframing dieser Bilder bewirken (vgl. Watkins 2000: 4). Watkins geht auf diese Reframings in einer Analyse zweier US-amerikanischer Fotobände über den Zweiten Weltkrieg ein, wobei ein Fotobuch 1950, das zweite 1977 veröffentlicht wurde. Obwohl die Fotografien beider Publikationen aus demselben Archiv des Magazins *Life* stammen, repräsentieren sie gänzlich unterschiedliche Interpretationen des Krieges (vgl. Watkins 2000: 4ff). Dieses Beispiel hebt die Wichtigkeit hervor, Kontextualisierungsprozesse bei der Betrachtung von Bildern zu berücksichtigen. Gleichzeitig lassen Kontextualisierungsprozesse Rückschlüsse auf vorherrschende Ideologien und Machtverhältnisse zu. Visuelle Kommunikation ist damit immer kontextabhängig und dies betrifft ihren räumlichen ebenso wie ihren zeitlichen Kontext.

Für die Kommunikations- und Medienwissenschaft sind bei der Erfassung von Bildbedeutung insbesondere die Kontextualisierungen durch Produktions-, mediale Vermittlungs- und Rezeptionsprozesse relevant (vgl. Kappas/Müller 2006: 16). Um die Wichtigkeit der Bildkontexte hervorzuheben, entwarf Müller ein Bildkontext-Analyseschema (vgl. Müller 2003: 22; Kappas/Müller 2006: 16).

Müller unterscheidet sechs verschiedene Kontexte: (1) künstlerischer, (2) kommerzieller (z.B. Werbung, Public Relations), (3) journalistischer (z.B. Pressefotografie), (4) wissenschaftlicher, (5) politischer (z.B. Wahlkampfkommunikation), (6) privater (z.B. Photosharing in Social Networks, Familienfotos) Kontext (siehe Abbildung 5).

Es kann zwischen Produktions- und Rezeptionskontext durchaus auch ein Kontextwandel erfolgen, der dann auch zu einer Veränderung des Rezeptionsprozesses führt (vgl. Kappas/Müller 2006: 17). Dies ist zum Beispiel dann der Fall, wenn Pressefotos, die ursprünglich für die Nachrichtenberichterstattung produziert wurden, als Kunstbilder in einer Galerie ausgestellt werden. Obwohl das Bild und sein Motiv unverändert bleiben, ändern sich durch die Verschiebung vom journalistischen Produktionskontext in den künstlerischen Rezeptionskontext die Herangehensweise und dadurch auch die kognitiven Prozesse und Interpretationen der Betrachter und Betrachterinnen. Eine weitere Kontextverschiebung entsteht durch zeitliche Verschiebungen, wenn also ein und dasselbe Bild zu unterschiedlichen Zeiten betrachtet wird und damit zu unterschiedlichen Assoziationen und Bedeutungszuweisungen führt.

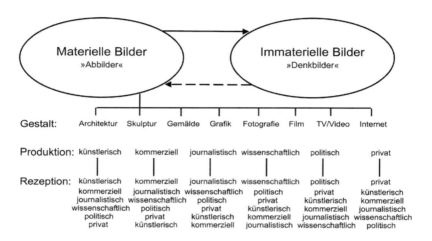

Abbildung 5: Produktions- und Rezeptionskontexte von Medienbildern (Kappas/Müller 2006: 16)

Die Mehrdeutigkeit von medial vermittelten Bildern wird durch die Medienkontexte, in denen sie auftreten, eingeschränkt. Mit Medienbildern und der Relevanz des inter- und intramedialen Kontextes bei ihrer Analyse beschäftigt sich der folgende Abschnitt, der zugleich ein Resümee zur Einschränkung des Bildbegriffs für die Kommunikations- und Medienwissenschaft zieht (vgl. Knieper 2005a: 37f; Nöth 2000: 484f).

4.5 Fazit: Das Medienbild

Eine sehr wertvolle Charakterisierung jener Bilder, die für die Kommunikations- und Medienwissenschaft besonders relevant sind erfolgte von Knieper (2005a). Er bezeichnet sie als *Medienbilder*. „Für die Kommunikationswissenschaft sind primär massenmedial verbreitete Abbilder von Forschungsinteresse. Diese an ein

4.5 Fazit: Das Medienbild

Trägermedium gebundenen Bilder kann man auch als Medienbilder etikettieren." (Knieper 2005a: 39) Müller (2001) tritt ebenfalls für die von Knieper (2005a) geforderte Einschränkung des kommunikationswissenschaftlichen Bildbegriffes auf Medienbilder, die in materialisierter Gestalt vorliegen, ein (vgl. Müller 2001: 20). „Abbilder" meinen hier zunächst die materialisierte Form von Wahrnehmungsinhalten (vgl. Doelker 2002) und sagen noch nichts über eine etwaige Ähnlichkeit oder Unähnlichkeit mit einem Wahrnehmungsinhalt aus. *Materialität* ist somit, wie auch bereits zuvor bei Doelker (2002), ein zentrales Ausschlusskriterium für eine Vielzahl anderer Bilder. Es ist also nicht der Bildinhalt, der Bilder als Medienbilder qualifiziert, sondern deren äußere Form:

> „Ausschlaggebend für die Qualifizierung als Gegenstand der visuellen Kommunikationsforschung ist somit weder die ästhetische oder künstlerische Qualität der Bilder, noch die Frage, ob sie von Menschen oder von Maschinen gemacht sind. Relevant ist lediglich, daß sich Bilder in einer materialisierten Form ausdrücken. Als Abbilder sind sie Quellenmaterial, das kommunikationswissenschaftlich untersucht werden kann." (Müller 2001: 21)

Medienbilder zeichnen sich, so Knieper (2005a), darüber hinaus durch ihre *mediale Verbreitung* aus. Somit sind für die Visuelle Kommunikationsforschung hauptsächlich mittels technischer Kommunikationsmedien vermittelte Bilder in ihrer Rolle als Kommunikate (siehe Doelker 2002) relevant.

Ein weiterer wichtiger Aspekt dieser Kommunikate ist, dass sie in medialen Settings niemals isoliert vorkommen, sondern in *intra- und intermediale Kontexte* eingebettet sind (vgl. Knieper 2005a: 39f). Innerhalb eines Mediums geben die bildbegleitenden Inhalte Interpretationsrahmen vor. Gleichzeitig sind die Bilder selbst auch Interpretationsanleitungen für die begleitenden Medieninhalte anderer Modalitäten (zum Beispiel in verbaler textlicher Form). „Text und Bild stehen somit in einem symbiotischen Verhältnis, in dem sich Lese- und Betrachtungsarten wechselseitig bedingen." (Knieper 2005a: 39f) Für die Visuelle Kommunikationsforschung ist von besonderem Interesse, wie Medienbilder Bedeutungen in gesellschaftlicher Massenkommunikation übertragen (vgl. Paech 2005: 91). Dabei unterliegen die Bilder den Bedingungen der Massenmedien:

> „Bilder werden in der sozial- und kommunikationswissenschaftlichen Medienwissenschaft als symbolische Formen oder Zeichenkomplexe in ihrer Funktion im Prozess gesellschaftlicher Kommunikation und Information aufgefasst. Sie unterliegen insofern medialen Bedingungen, als sie im (Massen-)Kommunikationsprozess durch Mediensysteme (Medientechnologien und Medieninstitutionen) ‚formuliert' und ‚kanalisiert' werden." (Paech 2005: 91)

Zusammenfassend lässt sich sagen, dass Medienbilder vorwiegend Zeichen ikonischen und indexikalischen Charakters sind. Für die Kommunikations- und

Medienwissenschaft sind ausschließlich jene Bilder relevant, die sich manifest ausdrücken und in Form von Reproduktionen für die Übertragung einer Botschaft geeignet sind. Die Botschaft überträgt dann Bedeutungen, die in einem Bild codiert sind, von einem Sender an ein Publikum, wobei Produktions- und Rezeptionskontexte Einfluss auf die Bedeutungszuweisung haben. Intramedialen bildbegleitenden Kontexten kommt, wie auch Kniepers (2005a) Verständnis von Medienbildern zeigt, besondere Bedeutung zu, da sie Interpretationshilfen dazu geben, wie ein Bild zu verstehen ist. Intramediale Kontextualisierung kann auf mehreren Ebenen stattfinden. Einerseits gibt das Trägermedium (z.B. Zeitung, Zeitschrift, Werbeflyer, Wahlplakat) Hinweise darauf, ob die Intentionen des Bildes zum Beispiel journalistischer, ökonomischer oder politischer Natur sind. Darüber hinaus kontextualisieren die verwendeten medialen Modi zusätzlich die Bildbedeutung. Medienbilder kommen, wie weiter oben argumentiert wurde, kaum beziehungsweise niemals isoliert vor, sondern stets in Kombination mit anderen semiotischen Modi. Jeder Modus hat eigene kommunikative Leistungen, was auch impliziert, dass sich verschiedene Inhalte unterschiedlich gut durch verschiedene Modi ausdrücken lassen. Auf diese Ebene der intramedialen – multimodalen – Kontextualisierung geht das folgende Kapitel am Beispiel der am häufigsten vorkommenden Modi in Printmedien, nämlich Bild und Text, genauer ein.

5 Es gibt keine visuellen Medien!
Zur Multimodalität medialer Botschaften

Mit der Diagnose „There are no visual media" spricht Mitchell (2005: 257) eine der größten Herausforderungen an, die sich der Visuellen Kommunikationsforschung aktuell stellen: Die Analyse multimodaler Medientexte. Bei der Erforschung visueller Kommunikationsbotschaften würde die Beschäftigung mit Medienbildern alleine zu kurz greifen, denn, wie Mitchell weiter ausführt: „All media are, from the standpoint of sensory modality, mixed media." (Mitchell 2005: 257). Duncum (2004) argumentiert in seinem Artikel *Visual Culture Isn't Just Visual* noch eindringlicher gegen die alleinige Beschäftigung mit Bildern, denn „the visual was never exclusively visual" (Duncum 2004: 258). Bilder traten schon immer in Verbindung mit anderen Kommunikationselementen auf. Trotz der Tatsache, dass Medienbotschaften zunehmend aus visuellen Elementen bestehen, beinhalten sie letztlich immer zugleich in verschiedenen Weisen und in verschiedenen Graden auch andere Zeichensysteme und sprechen dadurch mehrere Wahrnehmungssysteme an (vgl. Duncum 2004: 253). Als Folge der Veränderungen und Entwicklungen der Informationstechnologien, insbesondere aufgrund ihrer Digitalisierung, können unterschiedliche semiotische Kommunikationsmodi (z.B. Text, Bild, Klang) heute besonders einfach kombiniert werden. Gemeinsam bilden sie dann so genannte *multimodale Texte* (vgl. Martinec/Salway 2005: 337; Lemke 2009: 288).

Genau genommen müssten zunächst multicodale von multimodalen Botschaften unterschieden werden. Multicodal sind mediale Angebote, die mehrere Symbolsysteme (wie zum Beispiel Bild und geschriebenen Text) beinhalten. Multimodale Botschaften sind jene Angebote, die mehrere Sinnesmodalitäten (also beispielsweise Sehen und Hören) im Zuge der Rezeption ansprechen (vgl. Issing/Klimsa 2002: 47). Allerdings wird der Begriff der „Multimodalität" in der wissenschaftlichen Diskussion häufig deutlich weiter gefasst. So wird „Multimodalität" mitunter auch zur Bezeichnung jener Botschaften verwendet, die mehrere semiotische *Modi* kombinieren, nach engerer Begriffsauffassung jedoch lediglich als „monomodal", dafür aber als „multicodal" eingestuft würden. Diese Arbeit schließt sich der weiter gefassten Begriffsdefinition an, wie sie etwa auch im

72   *5 Es gibt keine visuellen Medien!*

Werk *Multimodality: a Social Semiotic Approach to Contemporary Communication* von Kress (2010) vertreten wird. In medialer Kommunikation kommen unbewegte Bilder in erster Linie in der Kombination mit verbalem Text vor. Botschaften, die diese beiden Modi beinhalten, werden in der vorliegenden Arbeit als multimodale Texte verstanden.

Für die Analyse multimodaler Botschaften ergibt sich folgender Anspruch: Sprachliche und textliche Elemente von Medienbotschaften können aufgrund ihrer Vernetzung und der sich daraus ergebenden wechselseitigen Beeinflussung nicht getrennt voneinander untersucht werden. Schließlich werden multimodale Medientexte von den Rezipienten und Rezipientinnen auch als zusammenhängende Botschaften und nicht als einzelne verbale und visuelle Fragmente wahrgenommen. Bild-Text-Beziehungen lassen sich daher als hoch komplexe Zusammenhänge begreifen, deren Interaktion mehr als die bloße Summe der Einzelteile ergibt (vgl. Martinec/Salway 2005: 338)[23], oder in den Worten von Coleman und Wasike (2004): „Visual and verbal communication are not separate; rather, visual information influences the verbal and vice versa in a reciprocal process." (Coleman/Wasike 2004: 457)

Für die Visuelle Kommunikationsforschung bedeutet dies vor allem die Notwendigkeit, multimodale Aspekte stärker in Betracht zu ziehen, da Bilder ohne Berücksichtigung ihrer (textlichen) Kontexte und der damit verbundenen Rezeptionsvorgänge kaum erschöpfend und umfassend untersucht werden können (vgl. Müller 2007: 13). Die Bezeichnung Visuelle Kommunikationsforschung darf daher nicht wörtlich genommen werden, denn natürlich erfordert die Analyse visueller Elemente im Kommunikationsprozess immer auch eine Auseinandersetzung mit den Bildkontexten, welche die Gesamtbedeutung wesentlich mitbestimmen.

> „Despite its transdisciplinary nature and its potential to bridge disciplinary gaps, not all communication is visual and most types of visual communication have also other components like text, sound, and spoken word. In fact it is very difficult to dissect ‚just the visual' from the whole communication process." (Müller 2007: 13)

Dementsprechend sieht Müller (2007) die „Bewältigung von Multimodalität" als eine wichtige Herausforderung, die die zukünftige Visuelle Kommunikationsforschung noch zu bezwingen hat (vgl. Müller 2007: 13). Es besteht im Moment noch ein deutlicher Entwicklungsbedarf hinsichtlich der Analyseinstrumente, welche den Zusammenhang von Bild und Text erfassen können. Dies gilt in verstärkter Form für die Analyse von dynamischen Online-Inhalten, in denen Text und Ton mit Stand- und Bewegtbild zusammenfließen (vgl. Bock/Isermann/Knieper 2010: 224; Grittmann/Lobinger 2011; Müller 2007: 13).

5.1 Modalitätsspezifische Kommunikationsleistungen und Einschränkungen 73

Für die vorliegende Arbeit sind insbesondere jene multimodalen Bezüge, die gemeinsam mit unbewegten Medienbildern auftreten können, von Interesse. Dies sind im Wesentlichen die Bezüge zwischen Bild und verbalem Text in ihren verschiedensten Hierarchie- und Ausprägungsformen. Die folgenden Abschnitte behandeln Bild- und Textleistungen, die in visuell-verbalen Interaktionen zum Tragen kommen sowie die unterschiedlichen Rezeptions- und Verarbeitungsprozesse beim Betrachten von Bildern und beim Lesen von Texten.

5.1 Modalitätsspezifische Kommunikationsleistungen und Einschränkungen von Bild und Text

Sowohl Bild als auch geschriebener, verbaler Text bestehen jeweils aus komplexen, visuell wahrnehmbaren Zeichen, bieten die Möglichkeit der Speicherung von Informationen und nutzen großteils die gleichen Trägermedien (vgl. Marquardt 2005: 50; Nöth 2000: 481).[24] Abgesehen von eben diesen Ähnlichkeiten zwischen Bild und Text (vgl. Holicki 1993: 50) überwiegen jedoch klar die Unterschiede zwischen den beiden Zeichensystemen.

Ein deutlicher Gegensatz ergibt sich bereits bei der Einordnung in semiotische Zeichensysteme. In zeichentheoretischer Hinsicht werden Bild und Text aufgrund der jeweiligen Bezugsart zwischen Zeichenträger (Wort, visuelles Element) und Referenten (bezeichnetes Objekt/Bedeutung) als unterschiedliche Zeichentypen kategorisiert. Sprachliche Zeichen sind durch eine arbiträre, also konventionshafte, und somit symbolische Beziehung zwischen Zeichenträgern (Worte) und den bezeichneten Gegenständen (Bedeutung) charakterisiert (vgl. Nöth 2000: 178ff; Volli 2002: 39). Die sprachliche Bezeichnung „Hund" beispielsweise weist keine Ähnlichkeit mit dem Bezeichnetem, dem vierbeinigen, bellenden Tier, auf. Die Verbindung von Zeichenträger und Bezeichnetem ist vielmehr erlernt und beruht damit auf dem symbolischen Code. Im Gegensatz dazu haben Bilder analogen Zeichencharakter und stellen die Verbindung zum Referenten durch Ähnlichkeit her.[25] Äußerliche Eigenschaften des realen Referenten, wie Farben, Formen oder Raumbeziehungen finden sich auch im Bild wieder (vgl. Nöth 2000: 195f; Schierl 2001: 214; Volli 2002: 33). Aufgrund ihres unterschiedlichen Zeichencharakters initiieren Bild und Text verschiedenartige Wahrnehmungsprozesse und werden auch zu jeweils anderen Zwecken eingesetzt. Da beide Zeichensysteme über besondere kommunikative Möglichkeiten aber auch Einschränkungen verfügen, ist eine Übersetzung bildlicher Inhalte in Text oder umgekehrt sehr schwierig.

74   *5 Es gibt keine visuellen Medien!*

Meist ist es sogar so, dass Dinge, die sich mit Bildern äußerst gut ausdrücken lassen, in Textform nur sehr schwierig vermittelbar sind, und natürlich umgekehrt. Obwohl eine generelle Aufteilung in klar getrennte Bild- und Textfunktionen nicht möglich ist[26], können doch typische zentrale visuelle beziehungsweise verbale Kommunikationsleistungen identifiziert werden: Mit Texten lassen sich beispielsweise einfacher als mit Bildern abstrakte Konzepte ausdrücken (z.B. Freiheit, Nation), während sich Bilder deutlich besser als Text zur Darstellung von Räumlich-Visuellem eignen (vgl. Schierl 2001: 223). Um Zeitpunkte, -verläufe und -räume präzise auszudrücken, muss wiederum auf textliche Elemente zurückgegriffen werden, denn Sprache kann aufgrund ihres sequenziellen Aufbaus auch das „Nacheinander" gut ausdrücken. Das Bild dagegen wird holistisch wahrgenommen und kann lediglich das visuelle „Nebeneinander" darstellen (vgl. Schierl 2001: 221), was jedoch nicht bedeutet, dass die visuelle Darstellung von zeitlicher Abfolge überhaupt nicht möglich ist. Es haben sich dazu bestimmte visuelle Darstellungsweisen etabliert, die teilweise auch bereits erlernt und somit konventionalisiert sind, wie beispielsweise lange Verschlusszeiten bei der Fotografie, die Darstellung von einzelnen Bewegungsphasen, das Aneinanderreihen von Bildern in Form von Bildsequenzen, wie zum Beispiel im Comic, oder die Zeitdarstellung in Diagrammen (vgl. Schierl 2001: 221). Es ist also nicht unmöglich, Zeitdarstellungen visuell umzusetzen. Allerdings muss auf teilweise komplexe Darstellungsweisen zurückgegriffen werden, während sich Zeit mit Sprache sehr einfach darlegen lässt.

Aufgrund ihrer Konkretheit können Bilder dafür besser als jede verbale Beschreibung bestimmte, konkrete Gegenstände wiedergeben, wogegen für generalisierende oder abstrahierende Leistungen weitere Hinweise aus dem (verbalen) Kontext erforderlich sind (vgl. Barthes 2001: 6; Doelker 2002: 135).[27] Trotz dieser Konkretheit sind Bilder in hohem Maße mehrdeutig und beinhalten Leerstellen, die offen für unterschiedliche Interpretationen sind. Hinweise auf die intendierte Bildbedeutung werden zumeist durch Kontext oder verbale Anker, welche die Lesart fixieren, gegeben (vgl. Knieper 2005a: 37f; Nöth 2000: 484f).

> „Analoges Kommunikationsmaterial [wie etwa Bilder, Anmerkung K.L.] ist stark antithetisch – ein und dasselbe Bild ermöglicht sehr verschiedene und oft miteinander unvereinbare Digitalisierungen [Übertragungen in den digitalen Code der Sprache, Anmerkung K.L.]. Erst im Zusammenhang gewinnt das Bild an Eindeutigkeit." (Schierl 2001: 227)

Die Vieldeutigkeit visueller Inhalte wird häufig als höhere Textabhängigkeit des Bildes als umgekehrt interpretiert. Zwar reduziert der (oft vebale) Kontext die Mehrdeutigkeit des Bildes, was jedoch nicht automatisch bedeutet, dass geschriebene Texte insgesamt besser oder effizienter kommunizieren als Bilder, denn bei-

5.1 Modalitätsspezifische Kommunikationsleistungen und Einschränkungen 75

de Modi tragen – je nach ihren spezifischen Funktionen – dazu bei, Bedeutungen zu kommunizieren. Bild und Text stehen dabei in ständiger Interaktion.

Eine weitere Unterscheidung von Bild und Text liegt darin, dass Bilder Beweise, Schlüsse und Wahrheitsbehauptungen nicht explizit formulieren können, während dies in diskursiver Textform einfach möglich ist. Allerdings können durch die Bildsyntax, also die Kombination einzelner Bildelemente, Schlüsse implizit angedeutet werden, wenn z.b. Motive, die an sich nichts miteinander zu tun haben durch gemeinsame Abbildung in einem Bild in Zusammenhang gestellt werden und dadurch auch eine semantische Gemeinsamkeit oder Verbindung suggeriert wird. Messaris (1998) verdeutlicht anhand eines Beispiels, dass das Fehlen einer expliziten Syntax der bildlichen Kommunikation auch Vorteile bietet und es etwa ermöglicht, implizit persuasive Botschaften zu übermitteln, die im verbalen Modus sofort auf Ablehnung stoßen würden. Der positive Zusammenhang von Alkohol und sexueller Attraktivität kann in einem Werbebild durch entsprechende Bildstrategien problemlos suggeriert werden, während er in expliziter verbaler Form als politisch nicht korrekt und deshalb ablehnenswert betrachtet würde (vgl. Messaris 1998: 75f). Coleman und Wasike (2004) beschäftigen sich ebenfalls mit impliziten visuellen Aussagen und kommen zu folgender Feststellung: „Verbal imagery is processed consciously, with the individual's full awareness; visual imagery is not." (Coleman/Wasike 2004: 459)

Daraus ergeben sich gänzlich unterschiedliche Kommunikationspotenziale, weshalb Bilder in medialer Kommunikation auch zu anderen Zwecken als Text eingesetzt werden. Innerhalb einer Botschaft ergänzen Bild und Text einander (vgl. Coleman/Wasike 2004: 457). Eine „perfekt konstruierte" Medienbotschaft greift auf die jeweiligen kommunikativen Leistungen von Bild und Text zurück und verbindet diese auf komplementäre Weise in einer Gesamtbotschaft.

> „Die Bilder, so hieß es, brauchten die Sprache, um ihr Bedeutungspotential ganz zu entbinden; und die Sprache mußte ihrer Überzeugungskraft willen, anschaulich sein, mußte bildhaft die Phantasie anregen. Das stumme Bild und die blinde Sprache hatten im jeweils anderen Medium ihre Ergänzung." (Boehm/Pfotenhauer 1995: 9)

Ein Vorteil von Bildern ist, dass sie eher als verbaler Text die Aufmerksamkeit der Rezipienten und Rezipientinnen erwecken können, da sie bei gleichzeitiger Darbietung mit verbalen Äußerungen meist zuerst und darüber hinaus auch genauer betrachtet werden, was man auch als „Bildüberlegenheitswirkung" oder „Picture Superiority Effekt" bezeichnet (vgl. Geise/Brettschneider 2010: 72; Kroeber-Riel 1993: 14; Schierl 2005: 312). Diesen Effekt bestätigen eine Vielzahl von Eyetracking- und Rezeptionsstudien (vgl. exemplarisch Bucher/Schumacher 2006; Holsanova/Rahm/Holmqvist 2006; Mendelson 1999; Mendelson/Thorson 2004).

76   5 Es gibt keine visuellen Medien!

Weitere Bildleistungen sind die Rezeptionsgeschwindigkeit visueller Inhalte sowie deren besondere Eignung für die Vermittlung von Emotionen (vgl. Doelker 2002: 57; Kroeber-Riel 1993: 14). Insgesamt ergeben sich viele Vorteile der Bildkommunikation aus ihrer Rezeptions- und Verarbeitungsweise. Auf diese geht der folgenden Abschnitt ein.[28]

5.2 „Schnelle Schüsse ins Gehirn" – Ergebnisse zu Bildrezeption und -verarbeitung

Dovifat (1968) sprach bereits 1968 von der Überlegenheit von Bildern bei der Wahrnehmung:

> „Das Bild ermöglicht die gleichzeitige (simultane) Aufnahme des Ganzen einheitlich und unmittelbar. Das eben ist seine Überlegenheit gegenüber allen Begriffen; die Begriffe müssen angehört oder gelesen, in der Vorstellung erarbeitet werden. Sie gehen Umwege, das Bild packt sofort und ganz." (Dovifat 1968: 246).

Bilder werden rascher, da in größeren Sinneinheiten, aufgenommen als sprachliche Botschaften, die sequenziell erfasst werden (vgl. Geise/Brettschneider 2010: 72; Schierl 2001: 228). Mittels Tachistoskoptests[29], die die Wahrnehmung und Reaktionsfähigkeit nach kurzer Darbietung untersuchen, wurde gezeigt, dass Rezipienten und Rezipientinnen mit nur einer Fixation, bereits nach sehr kurzer Zeit (je nach Studie 100-300 Millisekunden bis 1 Hundertstelsekunde), visuelle Inhalte thematisch erfassen und grob erinnern können. Die Personen können dabei, trotz kurzer Betrachtungsdauer, die Bildart und die Szene korrekt identifizieren und auch beurteilen, ob sie das Bild bereits einmal gesehen haben (vgl. Kroeber-Riel 1993: 63; Mendelson 1999). Kroeber-Riel (1993: 53) fasst diese Ergebnisse mit der berühmt gewordenen Aussage „Bilder sind schnelle Schüsse ins Gehirn" zusammen. Müller thematisiert den Unterschied zwischen Bild- und Textrezeption ebenfalls auf prägnante Weise und meint: „Bilder werden nicht gelesen, sondern gesehen oder geschaut" (Müller 2007: 14, 2003: 10).

Die Ergebnisse der Rezeptionsstudien zu bildlichen Inhalten lassen sich folgendermaßen zusammenfassen: Bilder erwecken die Aufmerksamkeit von Lesern und Leserinnen (vgl. Bucher/Schumacher 2006; Garcia/Stark 1991[30], zit. nach Coleman/Wasike 2004: 457; Holsanova/Rahm/Holmqvist 2006; Mendelson/Thorson 2004), erhöhen die Verständlichkeit und die Erinnerung (Huh 1994; Paivio/Csapo 1973), erhöhen die kognitive Verarbeitung und beeinflussen Meinungen und Einstellungen (vgl. Gibson/Zillmann 2000; Pfau et al. 2006: 150).[31]

5.2 „Schnelle Schüsse ins Gehirn" - Bildrezeption und -verarbeitung 77

Die Wahrnehmung von Bild und Text. Ergebnisse aus Eyetracking-Forschungen

Eyetracking-Studien, auch Blickbewegungsstudien genannt, erfassen die Augenbewegungen von Rezipienten und Rezipientinnen und können feststellen, welche medialen Inhalte wahrgenommen werden und welche nicht. Zahlreiche Eyetracking-Studien haben sich mit der Analyse der Rezeptionsprozesse von visuellen Inhalten und deren Bedeutung für die Informationsverarbeitung auseinandergesetzt.

Ausgangspunkt aller Studien ist, dass Wahrnehmung zunächst die Grundvoraussetzung für jede weitere kognitive Verarbeitung von Medieninhalten darstellt (vgl. Geise/Brettschneider 2010: 73). In anderen Worten: Was überhaupt nicht (visuell) wahrgenommen wird, kann nicht weiter verarbeitet und nicht erinnert werden und in der Folge auch keine Wirkungen erzielen. Am Anfang des Wahrnehmungsprozesses steht dabei immer die Zuwendung von Aufmerksamkeit. Das Konstrukt Aufmerksamkeit bedeutet, dass Rezipienten und Rezipientinnen sich aus der Vielzahl von eintreffenden Informationen, die nicht alle beachtet werden können (vgl. Schierl 2001: 85), einer kleineren Menge an bewusst werdenden Inhalten zuwenden (vgl. Geise/Brettschneider 2010: 82). Aufmerksamkeit erhöht dabei für bestimmte Zeit die Aktivierung und führt somit zu einer Sensibilisierung hinsichtlich bestimmter Reize zu Lasten andere Reize (vgl. Schierl 2001: 84). Neben der Prädisposition auf Seiten der Rezipienten und Rezipientinnen (u.a. Involvement, Interesse, Kenntnis) können externe Reize mit hohem Aktivierungspotenzial die Aufmerksamkeit steuern. Dies sind zum Beispiel Farbe, Größe, Intensität oder Neuartigkeit medialer Stimuli (vgl. Sawetz 2009: 237f; Schierl 2001: 86; Zimbardo/Ebbesen 1969: 18). „The uniqueness of the communicator – his voice, appearance, style, and the way he is introduced – should increase attention-getting." (Zimbardo/Ebbesen 1969: 18). Bestimmte Stimuluseigenschaften, meist grafische Aspekte, erhöhen demnach das Attention-Getting (vgl. Sawetz 2009: 237), also die Wahrscheinlichkeit einer Botschaft, Aufmerksamkeit zu erhalten. Bei der Lektüre von Tageszeitungen liegen diese simulusspezifischen Aktivierungspotenziale vor allem in visuellen Inhalten (zu denen je nach Studie auch Headlines gezählt werden). Aufgrund der steigenden Anzahl zur Verfügung stehender Informationen und Medieninhalten, gilt die „Bewältigung der medialen Informationsflut" als zentrale Kompetenz (vgl. Hickethier/Bleicher 2002: 1). Auf Absenderseite findet dagegen ein harter Konkurrenzkampf um die Aufmerksamkeit der Rezipienten und Rezipientinnen statt (vgl. Eder 2002: 15f; Hickethier 2002: 5f). In der wissenschaftlichen Diskussion wird der Kampf um Aufmerksamkeit unter erschwerten Konkurrenzbedinungen mit der Bezeichnung der „Ökonomie der Aufmerksamkeit" (Franck 1993) überschrieben. Aufmerk-

78   *5 Es gibt keine visuellen Medien!*

samkeit wird in diesem Zusammenhang als wichtiger „Rohstoff der Informationsgesellschaft" (Rötzer 1996) verstanden.

Eine bedeutende und besonders einflussreiche Eyetracking-Untersuchung über die Aufmerksamkeitszuwendung zu visuellen Inhalten in Tageszeitungen wurde von Garcia und Stark (1991) am Poynter Institute durchgeführt. Die Autoren konnten belegen, dass Leserinnen und Leser Zeitungen nicht wirklich Zeile für Zeile lesen, sondern scannen. An bestimmten Punkten, an so genannten Einstiegspunkten oder „entry points" wird der Scanprozess unterbrochen und die Rezipienten und Rezipientinnen beginnen den Nachrichtentext, der mit dem entry point direkt verbunden ist, zu lesen (vgl. Garcia/Stark 1991[32], zit. nach Holsanova/Rahm/Holmqvist 2006: 73). Garcia und Stark kamen in dieser Studie zu folgenden Ergebnissen: „Photos attracted attention" (Poynter Institute 2008) und die Augen der untersuchten Personen folgten in der Regel folgendem Muster: Die Mehrheit der untersuchten Personen stieg über dominante Fotos oder Illustrationen in die Seite ein, blickte danach zur dominanten Headline und erst dann zu kleineren Textsegmenten. Insgesamt wurden Bilder (Fotografien und Grafiken) am häufigsten gesehen, gefolgt von Schlagzeilen und Werbung. Text wurde dagegen als Letztes gelesen (vgl. Poynter Institute 2008)[33]. Diese Schlüsse decken sich mit den Ergebnissen von Holsanova, Rahm und Holmqvist (2006), welche ebenfalls auf die Wichtigkeit von salienten visuellen Elementen als Eingangsstimuli hinweisen. Die häufigsten Entry Points in Nachrichtentexten waren auch in dieser Studie Headlines und Bilder (vgl. Holsanova/Rahm/Holmqvist 2006: 84).[34]

Geise und Brettschneider (2010) fanden ebenfalls Belege dafür, dass überwiegend Bilder als Einstiegszonen, in diesem Fall bei der Betrachtung von politischen Wahlplakaten, dienen. Erst die durchschnittlich dritte Fixation fällt auf den dominanten verbalen Text, die Headline. Die Bildmitte dient dabei als wichtiger Einstiegspunkt. Insgesamt entfällt ein Großteil der Betrachtungszeit bei kurzer Darbietung (0,5 Sekunden bzw. 5 Sekunden) auf visuelle Elemente (vgl. Geise/Brettschneider 2010: 86). Eine wichtige Synthese dieser Studie ist: „Bilder erzielen eine größere Aufmerksamkeit und Aktivierungswirkung als Texte; bildhafte Kommunikationselemente werden im Wahrnehmungsprozess also schneller und länger betrachtet." (Geise/Brettschneider 2010: 83)

Weitere Studien liefern ähnliche Ergebnisse. Bucher und Schumacher (2006) fanden beispielsweise heraus, dass Rezipienten und Rezipientinnen in den ersten 13 Sekunden des Rezeptionsprozesses alternierend auf das Bild und die Headline einer Titelseite blickten. In der Interpretation der Autoren bedeutet dies, dass Headlines als eine Art Bildtitel zur näheren Beschreibung des Bildes gelesen werden (vgl. Bucher/Schumacher 2006: 359).

5.2 „Schnelle Schüsse ins Gehirn" - Bildrezeption und -verarbeitung   79

Darüber hinaus konnte Huh (1994) in einem Experiment zeigen, dass die Größe von Fotografien ebenfalls eine wichtige Rolle bei der Rezeption von journalistischen Texten spielt. „As the size of the accompanying photograph got larger, the amount of story read increased." (Huh 1994: 15). Huh (1994) schließt daraus, wiederum übereinstimmend mit Wanta (1988), dass die Größe des Fotos Auswirkungen darauf hat, wie viel Aufmerksamkeit die Rezipienten und Rezipientinnen einem journalistischen Beitrag schenken (vgl. Huh 1994: 15; Wanta 1988: 111).

Aus diesen Rezeptionsstudien kann geschlossen werden, dass Bilder eine besonders wichtige Rolle als Einstiegsreize in Medienbotschaften erfüllen (vgl. Schierl 2005: 312), auf deren Basis die Rezipienten und Rezipientinnen dann entscheiden, ob eine Medienbotschaft weitere Aufmerksamkeit erhalten soll oder nicht. Somit sind Bilder Schlüsselelemente im „war for eye balls" (Schiessl et al. 2003), also dem Kampf um visuelle Aufmerksamkeit in medialer Kommunikation. Zusätzlich dienen Bilder offenbar als Indikatoren für die Wichtigkeit einer Botschaft.

Der folgende Abschnitt widmet sich der weiteren Verarbeitung von bildlichen und verbalen Inhalten, also dem Folgeschritt im Rezeptionsprozesss medialer Botschaften.

Die kognitive Verarbeitung von Bild und Text

Eine der bekanntesten kognitionspsychologischen Theorien, die sich mit den modalitätsabhängigen Rezeptionsprozessen und der kognitiven Verarbeitung von Bild und Text befassen, ist die Dual-Coding-Theorie, die auf den Psychologen Allan Paivio zurückgeht (siehe Paivio 1986; Paivio/Csapo 1973; Sadoski/Paivio 2001). Paivios Dual-Coding-Theorie zählt zu den Percept-Analogy-Theorien (vgl. Gierl/Reich 2006: 74). Dieser Theorie zufolge werden zwei voneinander unabhängige Arten des menschlichen Gedächtnisses unterschieden, in denen Encodierung, Speicherung, Organisation sowie der Abruf von Informationen ablaufen. Eines davon ist auf die Speicherung von sprachlich-numerischer Information spezialisiert (sprachliches System), das andere auf nonverbale, sensorische Eindrücke (visuell-imaginales System) (vgl. Geise/Brettschneider 2010: 88; Gierl/ Reich 2006: 74; Holicki 1993: 56). Konkrete Reize, so Paivios Theorie, werden, unabhängig ob in nonverbaler oder sprachlicher Form, in beide Speicher aufgenommen, also doppelt kodiert. Abstrakte Reize werden dagegen nur einfach kodiert, das heißt in einen Speicher aufgenommen (vgl. Gierl/Reich 2006: 74; Holicki 1993: 57), wobei sprachliche Informationen vom sprachlichen System gespeichert werden. Nicht-sprachliche Reize dagegen werden vom visuell-imaginalen System verarbeitet und in Form eines „Bildercodes", der besser erinnert wird, gespeichert (vgl. Geise/Brettschneider 2010: 88). Eine besondere Charakteristik von Bildern ist ihre Konkretheit, weshalb eine doppelte Codierung bei der Bildrezeption wahrscheinlich ist. Das überwiegende Dual-Coding bei Bildern im Vergleich zu Worten führt zum so genannten Picture-Superiority Effekt, also der höheren Einprägsamkeit und besseren Erinnerung von visuellen Eindrücken (vgl. Childers/Houston 1984: 643f; Unnava/Burnkrant 1991: 226).

> „Free verbal recall is generally higher for items presented as pictures than for items presented as words. Possible interpretations of this effect include differential verbal elaboration, superiority of nonverbal imagery as a memory code, and dual encoding favoring pictures." (Paivio/Csapo 1973: 109).

Die Cue-Summation Theorie besagt außerdem, dass die Präsentation von Inhalten, die in mehr als einer Modalität, also visuell und verbal, präsentiert werden, die kognitive Verarbeitung dieser Informationen aufwertet, was sich in gesteigerter Erinnerungsleistung oder der genaueren Betrachtung ausdrückt (vgl. Sundar 2000: 482). Wenn visuelle Inhalte zu textlichen Informationen hinzugefügt werden, stellen sie zusätzliche Lernhinweise dar (vgl. Coleman/Wasike 2004: 456). Dies trifft allerdings lediglich dann zu, wenn die beiden Modi aufeinander abgestimmt werden und einander ergänzen. Fotografien, die nicht zum verbalen Text passen, können dagegen vom Inhalt ablenken und die Informationsverarbeitung dadurch behindern. Diese Ablenkung tritt besonders dann auf, wenn ein sehr starkes aber nicht passendes Element, wie zum Beispiel ein sehr emotionales Bild, die Aufmerksamkeit auf sich zieht und für Rezipienten und Rezipientinnen eher erinnernswert ist als die eigentliche Aussage im Text. Diese Effekte konnten Wanta und Roark (1994) nachweisen: „the lowest levels of knowledge recall were produced by photos not directly related to the lead story." (Wanta/Roark 1994: 13) Als theoretischer Erklärungsrahmen dient in diesem Zusammenhang das Limited-Capacity-Modell nach Annie Lang, welches besagt, dass Medienbotschaften, die aus vielen Modi bestehen, kognitiv komplex sind und das kognitive Verarbeitungssystem überfordern können (vgl. Lang 2000: 46f; Sundar 2000: 482; Wanta/Roark 1994: 13). Stimmen die beiden Modi allerdings überein, können Bilder, wie oben gezeigt wurde, die Aufmerksamkeit für eine Botschaft erhöhen, ihre kognitive Verarbeitung verbessern und in der Folge auch bessere Erinnerungsleistungen bewirken.

Bilder sind aber keineswegs rein dekorative Elemente, die lediglich zur Gewinnung von Aufmerksamkeit und zur Initiierung eines Wahrnehmungsprozesses dienen. Sie sind bedeutsame, inhaltlich vollwertige Botschaften, wie die Ana-

5.2 „Schnelle Schüsse ins Gehirn" - Bildrezeption und -verarbeitung 81

lysen von Gibson und Zillmann (2000) beziehungsweise Zillmann, Gibson und Sargent (1999) belegen. Zillmann, Gibson und Sargent (1999) konnten zeigen, dass visuelle Stimuli die Beurteilung von Sachverhalten beeinflussen. Sie fügten einem ausgewogenen Nachrichtentext Bilder hinzu, die jeweils nur eine Seite der Botschaft hervorhoben. Tatsächlich konnte mit dieser Studie nachgewiesen werden, dass Rezipienten und Rezipientinnen verzerrte Wahrnehmungen des berichteten Sachverhaltes − in Richtung der vom Bild forcierten Aussage − hatten (vgl. Zillmann/Gibson/Sargent 1999: 223f). Gibson und Zillmann (2000) führen dies ebenfalls auf den genannten Picture-Superiority-Effekt zurück. Sie interpretieren die Dominanz visueller Elemente in Wahrnehmung und Verarbeitung sowie insbesondere die Dominanz visueller über verbale Elemente nach einer größeren Zeitspanne als ein Resultat der Konkretheit und Direktheit visueller Repräsentationen (Gibson/Zillmann 2000: 357). Auch Childers und Houston (1984) konnten in Experimenten mit unterschiedlichen visuell oder verbal dominierten Werbeanzeigen belegen, dass der Picture-Superiority-Effekt besonders deutlich ausfällt, wenn die Messung der Erinnerung von Reizen nach einer größeren Zeitspanne erfolgt (vgl. Childers/Houston 1984: 652). Damit verbale Inhalte gleich gut wie Bilder erinnert werden, ist dagegen eine höhere Frequenz von wiederholten Darbietungen erforderlich (vgl. Childers/Houston 1984: 652f).

Ausgehend von der unterschiedlichen Reizverarbeitung von Text und Bild zeigt Graber (1996), dass Bilder nicht nur Aufmerksamkeit auf sich ziehen, sondern zugleich auch die Identifikation mit Geschehnissen und deren Glaubwürdigkeit fördern. Besonders hervorzuheben ist, dass die Glaubwürdigkeit von Bildern zudem auch länger anhält. „Most situations in life have visual dimensions, making experiences that lack visuals seem unrealistic. [...] Once stored in memory, visual images tend to be believed even when they are later proven inaccurate." (Graber 1996: 89) Hier beschreibt Graber (1996), dass Bilder, wenn sie erst einmal im Gedächtnis eingeprägt sind, sich auch als resistent gegenüber nachträglichen Relativierungen erweisen, selbst wenn sich die Aussagen als falsch entpuppen. Auch Grabers Ergebnisse lassen darüber hinaus den Schluss zu, dass sich Bilder besser einprägen und die Erinnerungsleistung höher und weniger fehlerhaltig als bei reinem Text ist. Visuelle Erinnerungen sind demnach „more error free than memories of purely verbal messages" (Graber 1996: 88).

Percept-Analogy-Theorien, wie die Dual-Coding-Theorie von Paivio, gehen davon aus, dass Bild und Text in unterschiedlichen Systemen verarbeitet werden. Der Vollständigkeit halber soll darauf verwiesen werden, dass diese Theorie von einigen Forschern, die in der Folge auch gegensätzliche Theorien hinsichtlich der Verarbeitung bildlicher Inhalte entwarfen, stark kritisiert wurde. Zenon Pylyshyn vertritt etwa eine Propositions-Theorie, die davon ausgeht, dass keine unterschiedlichen Speicher für visuelle und verbale Inhalte bestehen. Im Gegenteil, er bezeichnet die Bildmetaphern (im Sinne von „the mind's eye") als irreführend.

> „What is unsatisfactory [... in Bezug auf die Dual-Coding-Theorie, Anmerkung K.L.] is that no consideration is given to the possibility that cognition may be ‚mediated' by something quite different from either pictures or words, different in fact from anything which can be observed either from within or from without." (Pylyshyn 1973: 4)

Seiner Theorie zufolge erfolgt die Speicherung in Form eines abstrakten Codes, der weder bildlich noch sprachlich ist. Vielmehr handelt es sich um Verschlüsselungen in Propositionen, die in Netzwerken verbunden sind (Pylyshyn 1973: 1ff). Warum Bilder, wie Experimente (exemplarisch Childers/Houston 1984 oder Unnava/Burnkrant 1991) zeigen, besser erinnert werden, wird in dieser Theorietradition damit erklärt, dass Bilder reichhaltiger sind als Worte und deshalb auch zu vielfältigeren Verknüpfungen in den semantischen Netzwerken führen (vgl. Holicki 1993: 59). Die Theorie der propositionalen Speicherung wird im Vergleich zur Dual-Coding-Theorie in der Literatur weitaus seltener als Erklärungsmuster aufgegriffen. Weiter verbreitet ist dagegen die Annahme, dass Bilder und Worte zwar in einem gemeinsamen semantischen Code gespeichert sind, dass Bilder aber einen direkteren Zugang haben. Während bei Paivio die Encodierung von Bild und Text unterschiedlich erfolgt, geht dieses Modell von unterschiedlichen Abrufprozessen aus. Ein Vertreter dieses sensorisch-semantischen Modells ist zum Beispiel Douglas L. Nelson (vgl. Holicki 1993: 60ff).[35]

Wenn auch keine Einigkeit darüber besteht, ob Bilder und Texte in unterschiedlichen Speichern verarbeitet werden, sich der Abrufprozess unterscheidet oder etwa gar keine Unterschiede in der Art der Speicherung vorliegen, so besteht dennoch Übereinstimmung darin, dass Bilder in vielen Bedingungen besser erinnert werden als Text. Die Uneinigkeit betrifft nicht den Picture-Superiority-Effekt selbst, sondern die Erklärungmodelle dafür, wodurch er zustande kommt.

Im Folgenden wird eine weitere Qualität von Bildern behandelt: ihr Emotionalisierungspotenzial, welches, wie gezeigt wird, ebenfalls starken Einfluss auf die Aufmerksamkeit und die kognitive Verarbeitung hat.

5.3 Emotionen im Bild – Emotionalisierung durch Bilder

Als eine der zentralen kommunikativen Leistung von Bildern gilt ihr Emotionalisierungspotenzial. Visuell vermittelte oder erzeugte Emotionen wiederum nehmen starken Einfluss auf die Rezeption und Erinnerung von Medieninhalten.

5.3 Emotionen im Bild - Emotionalisierung durch Bilder

Emotionen werden häufig als Gefühle (wie Angst, Wut, Freude) bezeichnet. Sie sind komplexe Reaktionen des gesamten Organismus und beinhalten mehrere Komponenten: physiologische Erregung, Ausdrucksverhalten und bewusste Erfahrung. Ferner sind Emotionen flüchtige Prozesse, die bewusste und unbewusste Anteile beinhalten und einerseits von der jeweiligen Person sowie der Situation des Emotionserleben abhängen (vgl. Früh/Fahr 2006: 25; Myers 2008: 548). Scherer (1998) schildert den Prozess der Elizitierung von Emotionen aus Sicht des emotionspsychologischen Forschungsstandes folgendermaßen: Zunächst bewertet die Person die zugesprochene, subjektive Relevanz eines wahrgenommenen Objekts oder Ereignisses hinsichtlich ihrer eigenen Bedürfnisse. Diese Relevanzprüfung wird als Appraisal-Prozess bezeichnet. Das Ergebnis der Prüfung führt dann zu entsprechenden Reaktionen (physiologische Reaktionen, motorischer Ausdruck, Gefühle, Handlungstendenzen) (vgl. Scherer 1998: 276).[36]

Emotionen sind wichtige Einflussgrößen bei der Mediennutzung sowie der Medienwirkung (vgl. Döveling 2005: 52). Da in vielen Medienkontexten, ob Nachrichten, Werbung oder Unterhaltungsprogrammen, Emotionen eingesetzt werden um Aufmerksamkeit zu erregen, Einstellungen zu beeinflussen und ein bestimmtes Verhalten auszulösen (vgl. Nabi 2003: 224), kann man davon ausgehen, dass Medien auch die Emotionskulturen moderner Gesellschaften mitprägen. Dies geschieht indem Medienbotschaften einerseits *Darstellungen von Emotionen* liefern und zum anderen als *Mittel zur Erzeugung affektiver Reaktionen* auf Seiten der Rezipienten und Rezipientinnen eingesetzt werden (vgl. Bartsch/ Eder/Fahlenbrach 2007: 9).[37] Medial vermittelte Emotionen und Emotionalisierungsprozesse, die durch mediale Inhalte in Gang gesetzt werden, sind höchst komplexe Prozesse, die sich aus unterschiedlichen Perspektiven betrachten lassen. Im Folgenden wird zuerst der Frage nachgegangen, wie Emotionen medial übertragen werden und wie Emotionalisierung durch mediale Inhalte erzeugt wird. Bildern kommt hinsichtlich beider Aspekte eine zentrale Rolle zu.

Zunächst eignen sich Bilder äußerst gut zur Darstellung menschlicher Emotionen. Indem nonverbale Gefühlsausdrücke (wie z.B. Weinen, Lachen, Angst) im Bild gezeigt werden, bekommen die Rezipienten und Rezipientinnen den emotionalen Aspekt eines Themas „vorgezeigt" (vgl. Wegener 2001: 132; Wolf 2006: 5). Dieses direkte und authentische Sichtbarmachen und (Vor)Zeigen menschlicher Emotionen birgt großes Identifikationspotenzial, denn emotionale Darstellungen machen Angebote zur Empathie (einer miterlebenden Rezeptionshaltung) und zum Aufbau parasozialer Interaktionen mit den Dargestellten (vgl. Bernhard/Scharf 2008: 236; Wegener 2001: 136). In der Kommunikations- und Medienwissenschaft werden visuell dargestellte Emotionen besonders häufig im Zusammenhang mit visueller Kriegsberichterstattung behandelt, wie zum Beispiel bei Konstantinidou (2008), Perlmutter (1998) oder Pfau et al. (2006). Die visuelle Darstellung von Kriegsopfern führt zu einer stärkeren emotionalen Verbindung als rein verbale Berichterstattung. Sie evoziert Empathie und macht die Rezipienten und Rezipientinnen zu Augenzeugen des weit entfernten Leids (vgl. Konstantinidou 2008: 152). „Reading reports of a battle or military operation is informative, but viewing graphic images of war dead draws the news consumer to the action and elicits affective responses." (Pfau et al. 2006: 150f) Aber auch die Werbeforschung beschäftigt sich intensiv mit der Darstellung von Emotionen und ihrer Bedeutung für die Wirksamkeit von Werbebotschaften (vgl. Kroeber-Riel/ Esch 2004; Schierl 2001, siehe weiter unten).

Emotionalisierung kann nicht nur durch das Zeigen von Emotionen im Bild erreicht werden, sondern auch durch formale visuelle Darstellungsformen. Dabei spielt auch die Farbwahl eine große Rolle. Mit der Frage, wie sich die Farbe in Nachrichtenbildern auf die emotionalen Reaktionen der Betrachter und Betrachterinnen auswirkt, haben sich unter anderen Detenber und Winch (2001) beschäftigt. Generell besagt der Forschungsstand zu Farbe in der Printwerbung, dass Farbbilder zu positiveren Emotionen führen und auch mehr Aufmerksamkeit auf sich ziehen als Schwarz-Weiß Bilder. Farbbilder gelten allgemein als attraktiver. Allerdings stießen Detenber und Winch (2001) auf widersprüchliche Ergebnisse bei Studien zur Farbwirkung in Medienkontexten. In der Untersuchung von Winn und Everett (1979) beurteilten die untersuchten Personen bei vier Fotografien die Farbversion deutlich besser als die Schwarz-Weiß-Version. Bei einem anderen Bild traf jedoch das Gegenteil zu: die Schwarz-Weiß Fotografie wurde besser beurteilt (vgl. Winn/Everett 1979[38], zit. nach Detenber/Winch 2001: 4). Detenber und Winch (2001) gehen in der Folge davon aus, dass die Beurteilung und Wirkung von Farbe stark vom Inhalt des Bildes abhängt. Tatsächlich konnten sie in ihrem Experiment zeigen, dass Farbe die emotionalen Reaktionen der Rezipienten und Rezipientinnen beeinflusst und eine Verstärkerrolle, sowohl bei positiven als auch bei negativen Emotionen, hat. Bei unangenehmen Bildern führt Farbe beispielsweise zu aufwühlenderen Reaktionen als bei Schwarz-Weiß Bildern.[39]

> „In contrast to the research on liking of print advertisements that showed more favorable responses to color, our results indicate that people liked the images in color less. The difference is probably due to the negative nature of the photographs' content. In both cases, color may simply be intensifying the emotional response, pushing their evaluations away from neutral." (Detenber/Winch 2001: 8)

Als weitere Elemente emotionalisierender Darstellungen neben dem Einsatz von Farbe gelten darüber hinaus beispielsweise eine kontrastreiche Gestaltung, eine dynamische Bildgestaltung, die Wahl dynamischer Bildinhalte (z.B. Motive, die

5.3 Emotionen im Bild - Emotionalisierung durch Bilder 85

sich in Bewegung befinden), eine realitätsnahe Darstellungsart, ein detailbetonter Ausschnitt und/oder eine ungewöhnliche Perspektive (vgl. Wegener 2001: 140; Wolf 2006: 89).

Wie bereits angesprochen, eigenen sich Bilder nicht nur sehr gut zum Zeigen menschlicher Emotionen, sondern auch zur Erzeugung von Emotionen bei ihren Betrachtern und Betrachterinnen. Jene Emotionen, die während und nach der Medienrezeption entstehen, bezeichnen Früh und Fahr (2006) als „Rezeptionsemotionen" (vgl. Früh/Fahr 2006: 27). Aufgrund des bildlichen Emotionalisierungspotenzials spricht Müller von einer Gleichzeitigkeit verschiedener visueller und emotionaler Kommunikationsformate, denn Emotionen werden in Medienkommunikation sehr häufig visuell vermittelt (vgl. Kappas/Müller 2006: 4). Im Folgenden wird nun auf die Wirkungsaspekte visuell vermittelter Emotionen eingegangen.

Dass Emotionen außerordentlich gut visuell kommuniziert werden können, hängt insbesondere mit der bereits angesprochenen assoziativen Logik von Bildern zusammen, denn Assoziationen sind im Allgemeinen nicht rational erklärbar. Deshalb sind Bilder auch besser dafür geeignet, Emotionen zu kommunizieren als die sequenziell argumentativen Texte (vgl. Kappas/Müller 2006: 4; Kroeber-Riel 1993: 14): „Der Ausdruck von Gefühlen ist somit visuell leichter möglich als in sprachlicher Form, die den Gefühlsausdruck stärker an bestimmte grammatikalische und semantische Ablaufkonventionen bindet." (Kappas/Müller 2006: 4) Darüber hinaus zählen Emotionen, wie bereits angesprochen, zu den aktivierenden Botschaftsaspekten und können daher die Aufmerksamkeit der Rezipienten und Rezipientinnen leichter erwecken. Visuell vermittelte Emotionen können also zur Fokussierung von Aufmerksamkeit führen. Die Betrachter und Betrachterinnen nehmen dann mehr Informationen auf, verarbeiten sie schneller und erinnern und speichern sie dauerhafter (vgl. Ambler/Burne 1999: 27ff; Kroeber-Riel/Weinberg 2003: 114; Schierl 2001: 97). Ambler und Burne (1999) beschäftigen sich vor dem theoretischen Hintergrund der Neurowissenschaft und Marketingforschung mit dem Zusammenhang von Emotion und Erinnerung beziehungsweise Wiedererkennung (vgl. Ambler/Burne 1999: 25). Ihre Experimentalstudie zeigt, dass emotionale Werbungen besser erinnert werden als weniger emotionale, rein „kognitive" Werbungen. Dieses Ergebnis stimmt mit dem Forschungsstand überein, der besagt, dass emotionale Reize auch die Lern- und Behaltensleistung steigern (vgl. Ambler/Burne 1999: 29; Schierl 2001: 100). „Das Erleben von Gefühlen fördert die kognitive Informationsverarbeitung." (Kroeber-Riel/Weinberg 2003: 114).

Darüber hinaus ist emotionales Erleben auch ein wichtiger Aspekt der Wahrnehmung medialer Unterhaltung und hat, so Kroeber-Riel und Weinberg (2003), seinen selbstständigen Wert. Jeder Mensch ist bei der Medienrezeption auf der Suche nach einem gewissen Ausmaß innerer Erregung (vgl. Kroeber-Riel/Weinberg 2003: 114).[40] Unterhaltsame Information kann, nach Wegener (2001), als Information verstanden werden, die „durch eine affektive/emotionale inhaltliche und dramaturgische Gestaltung übermittelt bzw. dargestellt wird" (Wegener 2001: 99). Emotionale mediale Stimuli werden dabei von den Rezipienten und Rezipientinnen als Akzentuierung des Informationsangebotes gesehen.

Ferner haben emotionale Reize auch Einfluss auf die Beurteilung von Objekten und Botschaften (vgl. Schierl 2001: 98). Kroeber-Riel und Weinberg (2003) beschreiben, dass der spontane emotionale Eindruck von Werbebotschaften zu gefühlsmäßigen Vorentscheidungen führt, welche rationale Entscheidungen in der Folge prägen (vgl. Kroeber-Riel/Weinberg 2003: 120). „Consumers form their preferences based on feelings, such as liking, induced by the ad or familiarity triggered by mere exposure to the ad, rather than product/brand attribute information." (Ambler/Burne 1999: 26) Damit fassen die Autoren einen ganzen Forschungsstrang der Werbeforschung zusammen, der besagt, dass Werbebilder und die visuelle Gestaltung von Produkten zu emotionalen Reaktionen beim Publikum führen können, welche dann die Einstellungen und/oder Vorstellungen hinsichtlich des verbalen Begleittextes beeinflussen (vgl. Wanta/Roark 1993: 10). Diese Ergebnisse lassen sich auch auf das journalistische Feld übertragen. Einige Studien zum journalistischen Bildeinsatz haben gezeigt, dass Bilder eine Vielzahl emotionaler und einstellungsbezogener Effekte haben und die öffentliche Meinungsbildung und das Nachrichtenverständnis beeinflussen können (vgl. Fahmy/ Kim 2008; Fahmy/Wanta 2007; Perlmutter 1998). Wanta und Roark (1993) untersuchen affektive Wirkungspotenziale von Fotografien. Sie gehen davon aus, dass Fotos die Leser und Leserinnen von Nachrichtentexten in eine bestimmte Stimmung versetzen können, die wiederum bestimmt, wie ein Text verstanden wird. Ein Bild, das negative Emotionen auslöst, führt demnach zu einer negativeren Interpretation des Artikels als sich aus dem verbalen Text alleine ergeben würde (vgl. Wanta/Roark 1993: 5). In diesem Sinne stellen die Autoren fest, dass Fotos „could color the perceived impact of news stories" (Wanta/Roark 1993: 26). Brantner, Lobinger und Wetzstein (2010) konnten in einer Experimentalstudie Framing-Effekte von Bildern auf die Beurteilung eines journalistischen Textes über den Gaza-Konflikt nachweisen. Ein interessantes Ergebnis der Untersuchung ist, dass unterschiedliche Bilder (Opferbilder, Bilder von Politikern und Politikerinnen, keine Bilder) zu unterschiedlichen Beurteilungen ein und desselben Textes in vielen Dimensionen, wie etwa der emotionalen Bewertung, führen. Die Glaubwürdigkeit sowie die zugeschriebene Objektivität bleiben davon interessanterweise jedoch unberührt (vgl. Brantner/Lobinger/Wetzstein 2011, 2010).

5.4 Erklärungsversuch zur Macht der Bilder und der Rolle verbaler Texte 87

Zusammenfassend lässt sich hinsichtlich des emotionalen Wirkpotenzials von Bildern festhalten, dass eine nachlässige Verwendung von Fotografien, wie Zillmann, Gibson und Sargent (1999) unterstreichen, zu missgeleiteten Interpretationen der verbalen Botschaft führen können, denn selbst überwiegend deskriptive Bilder sind stets mehr als bloße Dekoration und wirken auf die Beurteilung von Botschaften und ihrer Aussagen ein (vgl. Zillmann/Gibson/Sargent 1999: 225).

Diese Befunde erklären auch, weshalb Bilder häufig aus der Perspektive von Framing oder Attribute-Agenda-Setting behandelt werden. Gerade weil Bildern hohe Aufmerksamkeit gewidmet wird und sie besser erinnert werden, was für ihre starke Wirkung bzw. die „Macht der Bilder" spricht, geraten sie mitunter in den Blick der Agenda-Setting-Forschung, die typischerweise von starken Medienwirkungen ausgeht. Auf Bilder in den theoretischen Perspektiven von Agenda-Setting und Framing geht der folgende Abschnitt ein, der sich zudem in einer zusammenfassenden Conclusio mit den Aspekten der Multimodalität beschäftigt und einen Rückbezug zum Konzept der visuellen Medienkultur herstellt.

5.4 Erklärungsversuch zur „Macht der Bilder" und der Rolle verbaler Texte - visuelles Agenda-Setting und visuelles Framing

Es besteht weitgehender Konsens darüber, dass unsere Vorstellungen über die Welt zunehmend von medialen an Stelle von direkten Eindrücken mitgeformt werden, wie Lippmann bereits 1922 darlegte. Im Einleitungskapitel *The World Outside and the Pictures in Our Heads* seines grundlegenden Werks *Public Opinion* skizziert Lippmann die entscheidende Rolle der Medien bei der Entstehung von öffentlicher Meinung (vgl. Lippmann 1922; Kaid 2004). Lippmanns Überlegung, dass Massenmedien unsere Vorstellungen der Realität beeinflussen, wurde später, besonders ab den 1970er Jahren mit der Agenda-Setting-Forschung zu einem populären Forschungsthema (vgl. Eichhorn 2005: 6). Lippmanns Ansatz lässt sich auch auf Bildkommunikation übertragen. Da Medienkommunikation in aktuellen Medienkulturen, die durch eine hohe Mediatisierung aller Lebens- und Erfahrensbereiche gekennzeichnet sind, eben auch in hohem Maße visuell vermittelt wird, sind es auch zunehmend mediale Bilder, die unsere mentalen Bilder, also unsere geistigen Bilder der Realität, prägen (vgl. Burda 2005: 11). Daraus lässt sich die Annahme ableiten, dass heute Agenda-Setting auch in Form von visuellem Agenda-Setting stattfindet.

Tatsächlich gibt es in der relativ umfangreichen Literatur zu visuellem Agenda-Setting (vgl. etwa Abraham/Appiah 2006; Fahmy/Cho/Wanta/Song 2006; Perlmutter 1998; Wanta 1988) Befunde, welche besagen, dass visuelle Medieninhalte deutlichen Einfluss, sowohl auf die individuelle Langzeiterinnerung der Rezipienten und Rezipientinnen, als auch auf die zugeschriebene Bedeutung von Ereignissen ausüben können (vgl. Fahmy/Cho/Wanta/Song 2006: 9; Wanta 1988: 111). Die dahinter stehende Agenda-Setting-Hypothese, die durch die Chapel-Hill-Studie[41] von McCombs und Shaw in den 1970er Jahren Berühmtheit erlangte, geht davon aus, dass Medien beeinflussen, welche Themen die Rezipienten und Rezipientinnen auf ihrer „Tagesordnung" haben, indem sie zwar nicht (mit) bestimmen, *was* die Rezipienten und Rezipientinnen denken, jedoch *worüber* sie nachdenken (vgl. McCombs/Shaw 1972: 177). Agenda-Setting-Prozesse sind dabei explizit als direkte massenmediale Effekte gedacht, die sich in unterschiedliche Effektebenen einteilen lassen (vgl. Eichhorn 2005: 14; Burkart 2002: 250f). Diese finden sich auch in der Literatur zu visuellem Agenda-Setting wieder. Gemeinsam ist allen visuellen Studien in der Tradition von Agenda-Setting, dass sie von sehr starken Bildwirkungen ausgehen und darauf hinweisen, dass Untersuchungen, die sich auf rein verbale Inhalte beschränken nur wenig Aussagekraft haben.

Dem *Awareness-Modell (Aufmerksamkeitsmodell)* zufolge führt die Betonung von Themen in der medialen Berichterstattung dazu, dass die Rezipienten und Rezipientinnen überhaupt erst auf diese Themen aufmerksam gemacht werden. Diesem Modell liegt, so Eichhorn (2005), die zunächst trivial erscheinende Annahme zugrunde, dass Rezipienten und Rezipientinnen durch Medien auf Dinge aufmerksam gemacht werden, die für sie – ohne Medien – nicht wahrnehmbar wären. Eichhorn betont jedoch, dass das Erwecken von Aufmerksamkeit bei Weitem nicht trivial ist, da die Rezipienten und Rezipientinnen eine bestimmte Auswahl aus einem sehr breiten Angebot an Medieninhalten treffen. „Nicht alle Themen können die Aufmerksamkeit der Leser und Zuschauer erwecken, aber welche sind es, die sich durchsetzen und warum? Sind es Eigenschaften des Themas, die Art und Weise, wie sie präsentiert werden, oder Charakteristika des Rezipienten?" (Eichhorn 2005: 15). Bilder eignen sich in besonderer Weise dafür, die Aufmerksamkeit der Betrachter und Betrachterinnen zu erwecken. Eine Vielzahl von Studien zeigt (siehe etwa Bucher/Schumacher 2006; Geise/Brettschneider 2010; Holsanova/Rahm/Holmqvist 2006), dass Bilder rascher rezipiert werden und oft als visueller Einstiegsreiz eines medialen Rezeptionsprozesses dienen. Das heißt, dass mitunter auf Basis eines Bildes, das die Aufmerksamkeit der Rezipienten und Rezipientinnen erweckt hat, entschieden wird, ob ein Beitrag weiter verfolgt wird oder nicht. Mediale Angebote mit visuellen Elementen haben damit

5.4 Erklärungsversuch zur Macht der Bilder und der Rolle verbaler Texte   89

eine höhere Rezeptionswahrscheinlichkeit als Angebote ohne bildliche Inhalte. Diese Überlegungen bedeuten, dass Bilder auch einen „Startvorteil" gegenüber rein verbalen Inhalten der Medienagenda haben und mit höherer Wahrscheinlichkeit Teil der Publikumsagenda werden können.

Das *Salience-Modell* baut auf dem Aufmerksamkeitsmodell auf und besagt zusätzlich: Je mehr über ein Thema berichtet wird, desto wichtiger wird es auch in der Einschätzung der Rezipienten und Rezipientinnen. Das bedeutet auch, dass nicht nur die Häufigkeit, sondern auch die unterschiedlich starke Hervorhebung (wie zum Beispiel durch Größe, Umfang), also unterschiedliche Salienz, gewisser Themen in den Medien dazu führt, dass die Rezipienten und Rezipientinnen diese auch für unterschiedlich wichtig halten (vgl. Eichhorn 2005: 15; Burkart 2002: 251; Wanta 1988: 108). Wanta (1988) konnte dieser These entsprechend in einem Experiment nachweisen, dass die Größe von Fotografien Agenda-Setting-Effekte hervorruft (vgl. Wanta 1988: 110f). Artikel mit größeren Bildern signalisieren eine größere Wichtigkeit der Inhalte als Artikel mit kleineren oder keinen Bildern. Eine wichtige Schlussfolgerung von Wantas Studie ist: „editors, through their gate-keeping function, have the power to raise their readers' salience on certain issues over a short period of time by merely increasing the size of photographs". (Wanta 1988: 111) Aber nicht nur formale Bildaspekte wie die Bildgröße können als Hinweise auf Themenbedeutung fungieren. Bestimmte Bildarten, wie zum Beispiel stark emotionalisierende Bilder, können die Bildung öffentlicher Meinung, wie Fahmy, Cho, Wanta und Song (2006) in Anlehnung an Perlmutter (1998) zeigen konnten, beeinflussen. Es ist anzunehmen, dass emotionale Bildinhalte, in dem sie das Involvement, die „Ich-Beteiligung", bezüglich eines Themas erhöhen, einen Einfluss auf die beurteilte Bedeutung der Medieninhalte sowie auf deren Erinnerung haben (vgl. Fahmy/Cho/Wanta/Song 2006: 13; Graber 1996: 88). Die Wirkung mancher Bilder kann so stark sein, dass sie sogar zu Bildikonen eines bestimmten Themas werden, die automatisch aktiviert werden, wenn Menschen an diese Themen denken (vgl Perlmutter 1998: 9).

Die dritte Effektebene, das *Priorities-Modell (Prioritätenmodell)* geht schließlich sogar davon aus, dass sich die Themenrangfolge der Medienagenda spiegelbildlich in der Rangordnung der Publikumsagenda wieder findet (vgl. Eichhorn 2005: 16; Burkart 2002: 251). Dieser Ansatz ist der am häufigsten kritisierte (vgl. etwa Erbring/Goldenberg/Miller 1980), da er von einer besonders starken Macht der Medien auf die Rezipienten und Rezipientinnen ausgeht ohne auf die Charakteristika des Publikums einzugehen (vgl. Erbring/Goldenberg/Miller 1980: 18). Für diese Ebene liegen keine bildwissenschaftlichen Studien vor. Dagegen wurden in den letzten Jahren vermehrt Beiträge publiziert, die sich mit

90   *5 Es gibt keine visuellen Medien!*

Framing und Second-Level Agenda-Setting als möglichem Framingeffekt beschäftigen.

Visuelles Second-Level Agenda-Setting & Visuelles Framing: Das erste Level des Agenda-Settings geht vom Transfer der Themenprioritäten der Medienagenda hinsichtlich von Objekten (zum Beispiel Themen oder Personen) auf die Publikumsagenda aus. Second-Level Agenda-Setting, oder Attribute-Agenda-Setting, behandelt die in diesem Prozess involvierten Attribute, die diesen Objekten in der medialen Berichterstattung zugeschrieben werden. Dies können kognitive Attribute (wie z.B. Vertrauenswürdigkeit) ebenso wie affektive Attribute sein (vgl. Döveling 2005: 62; Golan/Wanta 2001: 247; Scheufele 2003: 60).

> „Both the selection of objects for attention and the selection of attributes for thinking about these objects are powerful agenda-setting roles." (McCombs et al. 1997: 704)

Kurz zusammengefasst, dieser zweite Strang der Agenda-Setting-Forschung beschäftigt sich mit der Beziehung zwischen der Art und Weise, in der die Medien über ein Thema berichten und der Art und Weise, *wie* die Menschen darüber denken (vgl. McCombs et al. 1997: 703). Es stehen die Attribute, die bestimmten Personen oder Themen zugeschrieben werden im Vordergrund. So wie Themen der Medienagenda in ihrer Salienz variieren, so variiert auch die Salienz bestimmter Attribute. Das heißt, dass indem gewissen Personen bestimmte Eigenschaften in medialer Berichterstattung zugesprochen werden, andere Eigenschaften dieser Person in den Hintergrund rücken. Die Hypothese hinter dem Attribute-Agenda-Setting lautet daher – am Beispiel der Darstellung von Politikern im Wahlkampf –, dass die in den Medien präsentierte Agenda der Hauptattribute von Kandidaten und Kandidatinnen (zum Beispiel hinsichtlich ihrer Persönlichkeit oder ihrer Positionen zu bestimmten Themen) die Agenda der Attribute, welche das Image der Kandidaten und Kandidatinnen bei den Rezipienten und Rezipientinnen bestimmen, beeinflussen (vgl. McCombs et al. 1997: 704).

Coleman und Banning (2006) zufolge sind Emotionen die Hauptdimensionen des Second-Level Agenda-Setting-Prozesses (vgl. Coleman/Banning 2006: 314). Dies entspricht den Untersuchungsergebnissen von McCombs et al., denen zufolge die affektiven Dimensionen auch die größten Agenda-Setting-Effekte erbrachten (vgl. McCombs et al. 1997: 715f). Deshalb ist es für zukünftige Agenda-Setting-Studien wichtig, zu berücksichtigen, wie Medien emotional gewichten (vgl. Döveling 2005: 62). Eine der größten Stärken der Agenda-Setting-Forschung ist, so McCombs et al. (2006) ihre Kompatibilität und Komplementarität mit anderen sozialwissenschaftlichen Konzepten und Theorien, wie zum Beispiel der Gatekeeper-Theorie oder der Schweigespirale. Das Second-Level Agenda-Setting verbindet die Theorie nun mit einer weiteren sehr verbreiteten Konzept:

5.4 Erklärungsversuch zur Macht der Bilder und der Rolle verbaler Texte 91

dem Framing (vgl. McCombs et al. 1997: 704). Hier eröffnet sich eine gute Anschlussmöglichzeit zu visueller Kommunikation und in der Folge zu emotionaler Gewichtung, denn Bilder werden häufig unter dem theoretischen Aspekt des Framing-Ansatzes behandelt.

Coleman (2010) bezeichnet Framing sogar als eine der Lebenslinien der visuellen Forschung. In den letzten Jahren erschienen in der Tat zunehmend wissenschaftliche Artikel, welche die Framing-Theorie auf Bilder anwenden (siehe exemplarisch Borah 2009; Coleman/Banning 2006; Fahmy 2004; Fahmy/Kelly/ Kim 2007; Fahmy/Kim 2008; Messaris/Abraham 2003; Schwalbe/Silcock/Keith 2008)[42].

Fahmy (2004) untersuchte etwa die Darstellung von Frauen vor und nach dem Fall des Taliban Regimes in Afghanistan in Nachrichtenbildern der Associated Press. Sie konnte zeigen, dass die Frauen trotz visueller Unterordnung und stereotyper Frames nach dem Fall des Taliban Regimes als involvierter, interaktiver, sowie in geringerer sozialer Distanz und daher als den Betrachtern symbolisch ähnlicher dargestellt wurden (vgl. Fahmy 2004: 91). In anderen Worten konnten Unterschiede im visuellen Framing gezeigt werden. So wurden zum Beispiel andere Kameraeinstellungen und Einstellungen, die zu veränderter sozialer Distanz führten, verwendet. „This reflects more of a change in the attitudes of western media than in the situations of the Afghan women, as culturally rooted traditions are not easy to be changed." (Fahmy 2004: 106f)

Weitere Studien zum visuellen Framing untersuchten die Darstellung des Hurrikane Katrina im Jahr 2005 und/oder den Tsunami im Indischen Ozean im Jahr 2004 (Borah 2009; Fahmy/Kelly/Kim 2007), sowie visuelles Framing im Irakkrieg (Fahmy/Kim 2008). Messaris und Abraham (2003) fassen einige Untersuchungen zur visuellen Darstellung von Afroamerikanern und Afroamerikanerinnen in Nachrichtentexten zusammen. Es zeigt sich, dass die Berichterstattung sich stereotyper visueller Darstellungsmuster bedient, während der verbale Text ohne Stereotype auskommt. Die Autoren schließen daraus, dass das Framing sozialer Probleme auch durch die ausgewählten Bilder und nicht immer notwendigerweise durch Worte erfolgen kann (vgl. Messaris/Abraham 2003: 225), weshalb visuelle Frames insbesondere bei Fragen der Stereotypisierung genau betrachtet werden sollten.

Die Definition von Framing, die auf Entman zurückgeht, gilt in gleicher Form auch für bildliche Inhalte. Visuelles Framing in den Medien meint demnach „to select some aspects of a perceived reality and make them more salient in a communicating text, in such a way as to promote a particular problem definition, causal interpretation, moral evaluation, and/or treatment recommendation for the item described" (Entman 1993: 52) in Form visueller Stimuli. Kurz zusam-

92   *5 Es gibt keine visuellen Medien!*

mengefasst bezieht sich Framing beziehungsweise Rahmung in der Kommunikationsforschung darauf, dass Medien über ein Thema in verschiedener Art und Weise berichten, so werden etwa bestimmte Bewertungen und Sichtweisen eines Themas hervorgehoben und andere vernachlässigt (vgl. Schuck/de Vreese 2006: 5). Nach Scheufele sind Frames Deutungsmuster, mit deren Hilfe Informationen klassifiziert, eingeordnet und effizient verarbeitet werden (vgl. Scheufele 2004: 402). Dem Modell von Price, Tewksbury und Powers (1997: 486) zufolge aktivieren während der Nachrichtenrezeption saliente Attribute einer Nachricht (also das mediale Framing) gewisse Vorstellungen. Diese Schemata werden bei der Urteilsbildung während beziehungsweise unmittelbar nach der Rezeption herangezogen. Die Autoren bezeichnen diese Wirkungsart des Framings als Anwendbarkeits-Effekt oder Applicability Effect. Framing meint hier, dass die „salienten" Attribute der Nachrichten als Schlüsselreize dienen. Es werden jene Vorstellungen (Schemata) aktiviert, deren salienten Atrribute sich mit den medialen Schlüsselreizen am ehesten decken. Scheufele (2004: 408) bzw. Price, Tewksbury und Powers (1997: 486) bezeichnen dies als Fitting, also als einen Musterabgleich zwischen den salienten Attributen des Medienframes und den vorhandenen Schemata. Bilder sind, so Messaris und Abraham für mediales Framing besonders geeignet: „The special qualities of visuals – their iconicity, their indexicality, and especially their syntactic implicitness – makes them effective tools for framing and articulating ideological messages." (Messaris/Abraham 2003: 220) Auch Scheufele (2001) geht davon aus, dass Bilder generell salienter sind als verbaler Text, da eine ihrer großen Stärken die Generierung von Aufmerksamkeit ist, da sie unter anderem für „Augenzeugenschaft" stehen und die emotionale Beteiligung erhöhen. Dieses Argument spricht für die Annahme, dass kognitive Schemata durch visuelle Darstellungen leichter als durch verbale Texte aktiviert werden können (vgl. Scheufele 2001: 146f). Gibson und Zillmann (2000) ziehen die Accessibility-Theorie in Kombination mit dem Picture-Superiority-Effekt als Erklärung für die Effekte, die bestimmte Bild-Text-Verbindungen bei der Wahrnehmung von Themen hervorrufen können, heran: „If, at the times when judgments are to be made, images or image-text integrations avail themselves from memory more readily than text alone, images will exert a disproportional influence on judgment." (Gibson/Zillmann 2000: 357). Diese Ausführungen verdeutlichen die Wichtigkeit von Bildern bei der medialen Rahmung von Themen und deren eventuelle Auswirkung auf die öffentliche Meinungsbildung.

Wenn ein Schema einmal aktiviert wird, so behält es laut Price, Tewksbury und Powers (1997) auch für gewisse Zeit ein residuales Erregungsniveau. Es ist demnach wahrscheinlich, dass es bei ein einem Urteil nach der Rezeption wieder aktiviert und für die Urteilsbildung herangezogen wird (vgl. Scheufele 2003: 63)

5.4 Erklärungsversuch zur Macht der Bilder und der Rolle verbaler Texte   93

Dies bezeichnen Price, Tewksbury und Powers als Accessibilitiy Effekt (vgl. Price/Tewsksbury/Powers 1997: 486). Da der visuelle Anteil von Botschaften besonders gut erinnert wird, ist es wahrscheinlich, dass er stärker als der verbale Text auf die Urteilsbildung Einfluss nimmt. Der Accessibility Effekt lässt sich durch Priming erklären. Eine ausführliche Auseinandersetzung mit den Konzepten Framing, Priming und Agenda-Setting erfolgt bei Peter (2002). Mediales Priming wird dort als Prozess verstanden, in dem massenmedial vermittelte Informationen im Gedächtnis der Rezipienten und Rezipientinnen verfügbare Wissenseinheiten temporär leichter zugänglich machen, sodass diese auch bei der Rezeption, Interpretation und Beurteilung von nachfolgenden Informationen eher aktiviert und angewendet werden als andere, weniger leicht zugängliche, Wissenseinheiten. Die Aktivierung der Wissenseinheiten ist besonders dann wahrscheinlich, wenn der Medien-Prime zeitlich nicht lange zurückliegt, beziehungsweise öfter (konsonant) auftrat (vgl. Peter 2002: 23).

Zwischen dem Framing-Ansatz und dem Attribute-Agenda-Setting bestehen starke Berührungspunkte. Coleman (2010) behandelt im ihrem Beitrag *Framing the Pictures in Our Heads* die Verknüpfung dieser beiden Theorien in Hinblick auf bildliche Kommunikation. Coleman differenziert zunächst Rahmen und Attribute und meint „all frames have attributes, but not all attributes are frames" (Coleman 2010: 251). Coleman bezeichnet weiters Second-Level Agenda-Setting als einen möglichen Framingeffekt (vgl. Coleman 2010: 251).[43] Dabei ist es besonders fruchtbar, so Coleman (2010), das Konzept des *affektiven Framings* im Zusammenhang mit Agenda-Setting zu betrachten, welches eben mit Emotionen und Tonalität operiert, beides Aspekte, die besonders gut mit Bildern kommuniziert werden können. Döveling benennt dieses affektive Framing als „emotionale Agenda" (vgl. Döveling 2005: 67ff). Coleman und Banning (2006) führten dazu eine Untersuchung durch, die feststellen sollte, ob affektives Framing mit Bildern zu Second-Level Agenda-Setting Effekten führen kann (vgl. Coleman/Banning 2006: 313). Dieser Ansatz stellt eine Erweiterung der Agenda-Setting Theorie im Sinne des emotionalen Agenda-Settings (vgl. Döveling 2005) dar. Untersucht wurde die visuelle Darstellung von Bush und Gore in Fernsehnachrichten im Präsidentschaftswahlkampf 2000. Der klassischen Agenda-Setting-Forschungsemethodik folgend wurde diese Medienagenda Umfragedaten gegenüber gestellt. Tatsächlich lieferte die Untersuchung Ergebnisse, die für den vermuteten visuellen Agenda-Setting-Effekt sprechen. Eine Einschränkung der Studie ist jedoch, dass sie sich lediglich auf Bildmaterial bezog und verbales Framing völlig ausklammerte. Dies führt Coleman und Banning (2006) zur Erkenntnis, dass weder ihre Studie, noch bisherige Studien zu verbalen Framing-Effekten definitiv sagen können, ob die Effekte durch bildliche oder durch visuelle Medieninhalte hervorgerufen werden. Die Autoren kommen daher zu folgendem Schluss, der die Wichtigkeit multimodaler Analysen unterstreicht: „We believe that the two [Bild und Text, Anmerkung K.L.] work together to create agenda-setting effects. Our purpose here was to show that visuals can indeed contribute to that process." (Coleman 2010: 254) Colemans Ausführungen (2010) fassen pointiert zusammen, was dieses Kapitel zeigen sollte:

> „We propose that both channels of communication work together to contribute to agenda-setting effects, and that understanding of the process is possible only by studying both modes of communication." (Coleman/Banning 2006: 314)

Wie wichtig die Berücksichtigung beider Modi ist, unterstreicht auch die Analyse von Dobernig, Lobinger und Wetzstein (2010, 2009). Die Autorinnen fanden in ihrer Analyse der Berichterstattung über den Gaza-Konflikt 2009 heraus, dass die Darstellung der israelischen und der palästinensischen Konfliktpartei sich jeweils in Bild und Text unterscheiden. Generell ergab die Analyse, dass die palästinensische Konfliktpartei eher die Bildinhalte, die israelische hingegen die verbalen Texte dominierte. Auf bildlicher Ebene überwiegen dabei Darstellungen der palästinensischen Seite in Form von Bildern einzelner Zivilisten oder Opferdarstellungen, während die generell seltener visuell dargestellte israelische Seite bildlich durch Politikerdarstellungen repräsentiert wird (vgl. Dobernig/Lobinger/Wetzstein 2010: 98f). Das bedeutet auch, dass sich die verwendeten Frames zu ein und demselben Thema in Bild und Text unterscheiden. Gewisse Aspekte werden verbal hervorgehoben, gewisse Aspekte eignen sich dagegen eher zur Kommunikation in bildlicher Form und werden folglich bildlich betont. In einem Folgeexperiment zur genannten Inhaltsanalyse zeigte sich auch, dass durch die Bildverwendung durchaus die Beurteilungen des Themas beziehungsweise von Themenaspekten beeinflusst werden können. Je nachdem, welche visuellen Frames einem ausgewogenen Artikel beigestellt wurden, zeigten sich unterschiedliche Beurteilungen und emotionale Beurteilungen (vgl. Brantner/Lobinger/Wetzstein 2011).

Bild und Text vermitteln in medialer Kommunikation, entsprechend ihrer unterschiedlichen Leistungen, jeweils unterschiedliche Informationen und Aussagen. Deshalb ist Multimodalität nicht nur ein brennendes Thema der Visuellen Kommunikationsforschung, sondern jeglicher Form von Kommunikationsforschung. Eine Analyse isolierter Botschaftsmodi kann bestenfalls die halbe Wahrheit erbringen. In diesem Sinn lässt soll das Kapitel zu visuellem Agenda-Setting und visuellem Framing weniger als eine Empfehlung für die beiden Ansätze verstanden werden, sondern vielmehr als Plädoyer für verstärkte multimodale Forschung.

6 Visuelle Medienkompetenz

Zur weiteren Veranschaulichung der Eigenständigkeit des Bildtypus „Medienbild", der in den vorangegangenen Kapiteln von weiter gefassten Bildbegriffen abgegrenzt wurde, werden hier medienpädagogische Sichtweisen auf visuelle Kompetenz (*visual literacy*), Medienkompetenz (*media literacy*) und die Verschränkung der beiden zu einer Art visueller Medienkompetenz (*visual media literacy*) besprochen.[44] Denkt man Mitchells (1990, 1986) Ausführungen hinsichtlich der Familie der Bilder weiter, so liegt die Überlegung nahe, dass unterschiedliche Bildarten auch unterschiedliche visuelle Kompetenzen erfordern, denn die unterschiedlichen Bilder und Bildgattungen haben ja, so Mitchell (1986), weniger Ähnlichkeiten als ihr gemeinsamer Name vermuten lässt.

Hier wird deshalb argumentiert, dass das Verstehen von Medienbildern ein Bündel von Fähigkeiten von den Rezipienten und Rezipientinnen, ebenso wie von Produzenten und Produzentinnen, verlangt, welche sich unter dem Begriff *visuelle Medienkompetenz* fassen lassen. Diese visuelle Medienkompetenz umfasst einerseits jene Fähigkeiten, die für das Verstehen des visuellen Charakters von Botschaften erforderlich sind und andererseits auch mediale Kompetenzen (vgl. Chauvin 2003), also jenen Überschneidungsbreich, den Messaris (1998) in seinem Beitrag *Visual Aspects of Media Literacy* ausführlich bespricht. Damit ist visuelle Medienkompetenz keine rein visuelle Fähigkeit, sondern beinhaltet viele Aspekte, die dem Konzept der Medienkompetenz zuzuordnen sind. In anderen Worten, visuelle Medienkompetenz ist eine wichtige Teilkompetenz der Medienkompetenz in zeitgenössischen, von Medien durchdrungenen Gesellschaften (vgl. Chauvin 2003; Messaris 1998; Meyrowitz 1998; Lobinger 2008, 2010).

Heute ist visuelle Medienkompetenz deshalb äußerst wichtig, weil Medienbilder zu den wichtigsten Vermittlungsmodi unserer Zeit zählen. Walter Benjamin (1936) hat bereits in seinem Werk *Das Kunstwerk im Zeitalter seiner technischen Reproduzierbarkeit* auf die Wichtigkeit der visuellen Alphabetisierung in diesem Zusammenhang verwiesen. Er sprach dabei sowohl von der Alphabetisierung der Bildrezipienten und -rezipientinnen als auch der Bildproduzenten und -produzentinnen (vgl. Benjamin [1936] 1977: 64).

> „Nicht der Schrift-, sondern der Photographieunkundige wird, so hat man gesagt, der Analphabet der Zukunft sein. Aber muß nicht weniger als ein Analphabet ein Photograph gelten, der seine eigenen Bilder nicht lesen kann?" (Benjamin 1977: 64)

Das zweite Kapitel der vorliegenden Arbeit mit dem Titel *Das visuelle Medienzeitalter* setzte sich mit dem Stellenwert des Bildes in der visuellen Medienkultur auseinander und kam zu dem Schluss, dass Bilder nicht nur ubiquitäre Bestandteile massenmedialer Kontexte, sondern auch wichtige kommunikative Elemente des Alltag sind. Im vorangegangen Kapitel rückte die Bedeutung von Bildern in Bezug auf ihren Einfluss auf die Rezipienten und Rezipientinnen und deren kognitive Verarbeitung in den Vordergrund. Bezugnehmend auf eine Vielzahl von Studien wurde gezeigt, dass Bilder die Einstellungen und Beurteilungen der Rezipienten und Rezipientinnen hinsichtlich der medial vermittelten Sachverhalte beeinflussen können und mitunter sogar stärkere Wirkungen als Text erzielen. All diese Ausführungen und Argumente illustrieren, wie zentral Bilder in heutigen Mediengesellschaften sind, welche Wirkungen sie erzielen können und wie wichtig es in der Folge sein muss, Medienbilder entsprechend „kompetent" produzieren und auch verstehen zu können, denn visuelle Praktiken sind essenzielle kulturelle Praktiken in mediatisierten Lebenswelten.

Da es allerdings, wie Duncum (2004) formuliert, keine rein visuellen Medien gibt, kann Medienkompetenz auch keine rein visuelle Kompetenz sein (vgl. Duncum 2004: 258). Es ist somit präziser von Multiliteracy an Stelle von Visual Literacy zu sprechen.[45] Multiliteracy bezeichnet „the making of meaning through the interaction of different communicative modes" (Duncum 2004: 253) und wird von Mikos folgendermaßen skizziert:

> „Das Verstehen und das Interpretieren von Bildern werden zu einer zentralen Tätigkeit der menschlichen Informationsverarbeitung und -bearbeitung, neben dem Verstehen von Schrift und Sprache. Daher muss neben die bürgerliche Lesekompetenz die visuelle Kompetenz treten, die aber nicht nur getrennt von jener gedacht werden darf. Visuelle Kompetenz und Lesekompetenz ergänzen sich. In zahlreichen Alltagssituationen, in denen Menschen handeln müssen, treten sie nur kombiniert auf." (Mikos 1999: 17)

Medienkompetenz, als jene, der visuellen Medienkompetenz übergeordnete Fähigkeit, erfordert, nach Messaris' (1998) Kompetenzmodell, Wissen über die Funktions- und Arbeitsweisen der Medien in der Gesellschaft und setzt gute Kenntnis der ökonomischen Grundbedingungen, der medialen Organisationsstrukturen, der psychologischen Effekte und sozialen Konsequenzen von Medieninhalten ebenso wie ein Verständnis der Mediensprache voraus (vgl. Messaris 1998: 70).[46] Meyrowitz (1998) unterteilt das sehr umfassende Bündel von Wissen und Fähigkeiten, das dafür erforderlich ist, in drei Typen von Medien-

6 Visuelle Medienkompetenz

kompetenzen: (1) Kompetenzen in Hinblick auf *Medieninhalte*, (2) Kompetenzen in Hinblick auf die *Mediengrammatik* und (3) Kompetenzen in Hinblick auf das *Medium* (vgl. Meyrowitz 1998: 96).

Das Verständnis von Medienkompetenz bei Messaris (1998) und Meyrowitz (1998) betont unmissverständlich, dass visuelle Medienkompetenz mehr erfordert als die Fähigkeit, die (visuellen) Inhalte medialer Botschaften zu erkennen. Medienkompetenz betrifft also weit mehr als die bloß Analyse der Botschaften. Hinzu tritt das Erfordernis, zu verstehen und zu hinterfragen, weshalb bestimmte mediale Botschaften von bestimmten Absendern auf eine bestimmte Art und Weise produziert werden (vgl. Lewis/Jhally 1998: 111). Es ist also ein Rückschluss auf die Produktionsweisen medialer Botschaften erforderlich. Lewis und Jhally (1998) wenden sich hier explizit gegen ein textzentriertes Verständnis von Medienkompetenz und heben hervor, dass die Textanalyse um Fragen der Produktion und Rezeption erweitert werden muss. Medientexte sind schließlich keine isolierten, abgeschlossenen Botschaften, sondern „authored messages", also Botschaften mit einem bestimmten Absender, dessen Intentionen sich in der Botschaft wieder finden. Zu einem kritischen, Sinn erfassenden Verstehen gehört also auch, dass Bilder eben nicht als pure Abbildungen der Realität aufgefasst werden, sondern die kommunikativen Absichten, die hinter dem Bild stecken, überdacht werden.

> „Es gilt, *kritisch* zu sehen. Und kritisch zu sehen bedeutet [...], *mündig* zu sein und nicht blind auf Visuelles zu vertrauen und zu reagieren. Nicht nur *was* visuell präsentiert wird, auch *wie* und *von wem* es dargeboten wird, ist diesem Anspruch nach von Belang. (Halawa 2008: 38)

Der „visuelle Aspekt" der Medienkompetenz betrifft vornehmlich jenen Teilbereich, der die Kompetenzen hinsichtlich des Verstehens von Mediensprache beschreibt. Das entspricht der Ebene (2) „Mediengrammatik" bei Meyrowitz (1998). Empirische Forschungen zum Sehen und Verstehen von Bildern stimmen darin überein, dass Sehen ein konstruktiv aktiver und kein passiver Prozess ist, im Zuge dessen sich drei – aufeinander folgende – Hauptaspekte visueller Wahrnehmung isolieren lassen: Aufmerksamkeitserweckung, Figuren- und Musterinterpretation und die Ermittlung der globalen Bedeutung des Bildes (vgl. Schmidt 2003: 156).

Bildwahrnehmung als optische Wahrnehmung ist älter als die Entschlüsselung von linearen, verbalen Botschaften und funktioniert schneller und leichter und wird bei gleichzeitiger Darbietung mit verbalen Äußerungen deshalb vorrangig aufgenommen (vgl. Doelker 2002: 58; Schierl 2001: 228). Bilder werden aufgrund ihrer analogen Struktur also besonders rasch – „auf einen Blick" – identifiziert, sodass bereits nach einem Sekundenbruchteil eine grundlegende inhaltliche Orientierung im bildlichen Angebot erreicht wird.

Dieser Orientierung folgt eine Detailauswertung in Form von zielgerichteten Blicksprüngen und Augenfixationen, wie die Eye-Tracking Forschung veranschaulicht (vgl. Kroeber-Riel 1993: 63; Schmidt 2003: 156). Diese leichte und rasche Identifizierbarkeit von Bildern und ihrer Motive erklärt einerseits die Beliebtheit von bildlichen Inhalten und ist zugleich auch ein scheinbarer, wenn auch falscher Beleg dafür, dass visuelle Medien leichter zu verstehen seien, als schriftliche Medien (vgl. Doelker 2002: 58).

Die weitere Auswertung inhaltlicher Bilddetails und die eigentliche Bedeutungszuweisung wird schließlich durch eine Fülle von „Wissen", zum Beispiel in Form von Erwartungen, Absichten, Alter, kultureller Zugehörigkeit, Erfahrung mit Bildern oder Aufmerksamkeit gelenkt (vgl. Schmidt 2003: 156; Perlmutter/ Dahmen 2008: 245). All diese Vorbedingungen auf Seite der Rezipienten und Rezipientinnen haben Auswirkungen darauf, ob und wie ein Bild verstanden wird, wie Perlmutter und Dahmen (2008) in ihrer Analyse von unterschiedlichen Interpretationen der Mondlandungsbilder zeigen konnten. Personen, die überzeugt sind, dass die Mondlandung nie stattgefunden hat, also Anhänger der Moon-Hoax-Theorie, interpretieren die Bilder der Mondlandung als Beleg dafür, dass eine Täuschung vorliegt, während die Bilder üblicherweise als Beweis für die Landung dienen. Interessanterweise werden die Bilder von beiden Gruppen jeweils als äußerst stichhaltige Beweise für die eigene Sichtweise angeführt (vgl. Perlmutter/Dahmen 2008). Perlmutter und Dahmen kommen deshalb zu dem Schluss, dass die oftgenannte Phrase „seeing is believing" nicht zutrifft, sondern vielmehr gilt: „believing is seeing" (Perlmutter/Dahmen 2008: 245). Die Voreinstellungen der Betrachter und Betrachterinnen führten in diesem Beispiel tatsächlich zu gänzlich unterschiedlichen Lesarten ein und desselben Bildes.

Die „gelungene" Erkennung von Bildmotiven und -inhalten alleine kann demnach noch nicht als vollständiges Bildverstehen gewertet werden, denn Bildwahrnehmung kann nicht mit visueller Wahrnehmung im Allgemeinen gleich gesetzt werden. Zusätzlich ist das Erkennen des Bild- und Zeichencharakters essenziell; also die Identifizierung des Medienbildes als eigenständiges materielles Objekt mit seinem Verweis auf einen außerhalb liegenden Sachverhalt. Das heißt, dass Medienbilder als Abbildungen, die sich von der Realität unterscheiden, erkannt werden müssen und ihre ikonische Exaktheit in Frage gestellt wird. Entwicklungspsychologischen Befunden zufolge können Kinder bereits sehr früh Objekte oder bekannte Personen auf Bildern erkennen, was zunächst noch auf die Kompetenzen der natürlichen Wahrnehmung zurückzuführen ist. Des Weiteren können sie in der frühen Kindheit relativ bald zwischen Abbildung und Realität unterscheiden. Im Alter von vier Jahren machen sie bereits kaum noch Fehler bei

6 Visuelle Medienkompetenz

der Unterscheidung zwischen Bild und realem Objekt. Ab diesem Stadium wird der Bildcharakter visueller Darstellung erkannt.

Schwieriger fällt die Unterscheidung zwischen Fakt und Fiktion, also die Einschätzung, ob ein Bild auf eine reale Bedingung Bezug nimmt oder nicht. Dies wird im Alter zwischen Vorschulzeit und zehn Jahren erlernt. Es gibt verschiedene Kriterien, die einen Hinweis auf den Realitäts- oder Fiktionscharakter von Bildern geben. Einerseits sind dies Genrekonventionen und -darstellungsweisen, andererseits aber auch die zugeschriebene inhaltliche Plausibilität des Bildes, deren Bewertung bereits eine kritische Auseinandersetzung und somit Distanz zum Bild erfordert (vgl. Schwan 2005: 127ff). Diese Kompetenz betrifft das Wissen über den kommunikativen Status sowie über die Inszeniertheit des Gezeigten. Das Erkennen von Inszeniertheit alleine ist dabei nicht ausreichend. Vielmehr ist auch die Auseinandersetzung mit den kommunikativen Absichten, die hinter dem Bild und dessen Inszenierungsstrategien stecken, erforderlich.

Visuelle Medienkompetenz bedeutet also auch, den persuasiven Charakter beziehungsweise die Intentionen von Medienbildern zu erkennen. Empirische Studien deuten darauf hin, dass dies häufig nicht der Fall ist. Weidenmann (1989) beschreibt dieses Phänomen als ökologische „Normalisierung" und meint damit, dass – im Gegensatz zu den Lesern und Leserinnen von verbalen Texten – die Betrachter und Betrachterinnen von Bildern sich oft damit begnügen, eine abgebildete Szene in ihren Elementen zu identifizieren und mit den Wissensständen abzugleichen. Sie führen aber keine weitergehende Analyse des Bildes auf kommunikative Absichten hin durch (vgl. Weidenmann 1989[47], zit. nach Schwan 2005: 130). Die Betrachtenden beenden den Interpretationsprozess bereits nach dem Erkennen der Motive, was aufgrund der Exaktheit bildlicher Darstellungen meist sehr rasch erfolgt. Die semantische Offenheit und Komplexität des Bildes wird dabei nicht erfasst. Gerade der Schritt über das Motiverkennen hinaus wäre aber besonders wichtig, denn die intendierte Bedeutung eines Bildes, also die vom Sender forcierte Lesart bleibt nicht gänzlich dem Zufall überlassen. Häufig werden durch den Kontext Hinweise darauf gegeben, wie das Bild vom Publikum verstanden werden soll (vgl. Schwan 2005: 130f). Das heißt, dass die Bedeutung eines Bildes vom Bildkontext, also dem Umfeld, in dem uns das Bild begegnet, und seinen Aussagen entscheidend mitbestimmt wird. Es macht demnach einen Unterschied, ob ein Bild in einer Zeitung abgedruckt, in einem Museum ausgestellt ist, als Poster an der Wand hängt oder als Werbeanzeige präsentiert wird. Theoretisch könnte es sich um ein und dasselbe Bild handeln. Der Kontext liefert uns jedoch jeweils andere Interpretationshinweise bezüglich der Deutung des (polysemen) Bildes. Gerade deshalb erfordert Medienkompetenz über den kritischen Umgang mit Bildern hinaus auch eine Beachtung der medialen Rahmen, die starken Einfluss auf die Wahrnehmung der Inhalte haben. Susan Sontag beschrieb die Kontextabhängigkeit von Fotografien sehr treffend, indem sie diese mit Zitaten verglich, die nicht aus dem Zusammenhang gerissen werden dürfen: „Da jede Fotografie nur ein Fragment ist, hängt ihr moralisches und emotionales Gewicht von der Umgebung ab, in die sie gestellt ist." (Sontag 2006: 104)

Zusammenfassend lässt sich feststellen, dass mediale Kontexte wichtige Interpretationshilfen sind und die Lesart von visuellen und verbalen Medienbotschaften maßgeblich beeinflussen. Unterschiedlichen Kontexten kommen gleichzeitig unterschiedliche Funktionen und in der Folge unterschiedliche Erwartungshaltungen zu, welche ebenfalls Einfluss auf die Interpretation der Inhalte nehmen. So wird zum Beispiel Werbung als wenig glaubwürdig empfunden, während dem Journalismus generell eine höhere Glaubwürdigkeit zugesprochen wird (vgl. exemplarisch zur Glaubwürdigkeit des Werbebildes Calfee-Ringold 1994: 228ff; Soh/Reid/Whitehill King 2007: 455 und zur Glaubwürdigkeit des journalistischen Bildes Holicki 1993: 35f; Lasica 1989: 25; Tirohl 2000: 335ff). Das Wissen über diese unterschiedlichen Medienkontexte ist ein wichtiger Teilbereich von Medienkompetenz. Durch sich verändernde Medien und mediale Darstellungsformen kann die hier dargestellte kritische visuelle Medienkompetenz nicht ausschließlich im Zuge der Sozialisation erlernt werden, sondern ist ein lebenslanger dynamischer Lernprozess, da sich die erforderlichen Fähigkeiten und Wissensbestände ständig an medialen Neuerungen anpassen müssen (vgl. Duncum 2004: 255).

Im folgenden Kapitel wird der Aspekt der Medienkontexte aufgegriffen. Medienbilder werden in unterschiedlichen medialen Anwendungsfeldern (in Journalismus, Werbung, Public Relations, politischer Kommunikation und nicht professionalisierter Online-Kommunikation) behandelt. Ziel dieser Ausführungen ist es, zu zeigen, dass mitunter sehr große Unterschiede zwischen den Bildern der jeweiligen Felder und der damit verbundenen Rezeptionserwartungen auf Seiten der Betrachter und Betrachterinnen bestehen.

7 Visuelle Kommunikationsforschung und ihre Bilder

Der Bildbegriff wurde im Laufe dieser Arbeit bereits stark eingegrenzt. Wie das folgende Kapitel zeigen wird, ist auch der scheinbar kleine und klar beschriebene Objektbereich der Medienbilder durch hohe Heterogenität gekennzeichnet, denn wie die Definition „Medienbild", die in Kapitel 4 erarbeitet wurde, besagt, treten Bilder niemals isoliert auf, sondern werden durch ihre medialen Kontexte in hohem Maße mitbestimmt. In diesem Sinn sollen die folgenden Abschnitte einen Überblick über einige Anwendungsbereiche von Medienbildern mit ihren jeweiligen spezifischen Kontexteigenheiten geben.

Es ist dazu hilfreich, den Typus Medienbild für die weitere theoretische Verortung in einzelne Anwendungsbereiche zu unterteilen. Bilder werden im Journalismus in anderen Funktionen und mit anderen Zielen eingesetzt als in der Werbung. Es zeigt sich, dass auch die bereits sehr eingeschränkte Kategorie „Medienbild" bei genauerer Betrachtung ein sehr weites Feld bildlicher Inhalte umfasst. Zwar sind ihnen ihre semantische Zeichenbeziehungen sowie die Tatsache, dass sie an materielle Träger gebunden sind, gemeinsam, durch den Kontext ihres Auftretens werden sie aber unterschiedlich eingesetzt und rezipiert.

Folgende Bildarten werden in der Folge unterschieden: (1) das journalistische Bild, (2) das Werbebild, (3) das PR-Bild beziehungsweise das Bild in der Unternehmenskommunikation, (4) das Bild in der politischen Kommunikation und schließlich (5) das privat produzierte Bild in medial vermittelter Kommunikation (vor allem im Social Web).

Der Produktionskontext, mit den jeweiligen Werten, Vorstellungen und Arbeitsweisen beeinflusst dabei die Encodierungsprozesse, also die Produktion der Bedeutung all dieser Bildarten (vgl. Pirker 2010: 158, siehe auch Kapitel 4.4). So unterscheidet sich die Produktionskultur im Journalismus beispielsweise entscheidend von der Produktionskultur der Werbung. Beiden liegen systemeigene Recherche-, Selektions- und Darstellungsprogramme zugrunde, die auf bestimmten Vorstellungen und Leitideen basieren (vgl. Grittmann 2007: 399). Während im Journalismus der authentische, beziehungsweise „objektive" Abbildungscharakter von Bildern im Vordergrund steht, werden visuelle Elemente in der Werbung eingesetzt um Emotionen zu übertragen und um implizit persuasiv zu wirken. Im Bereich der Public Relations und der Unternehmenskommunikation sollen Bilder eingesetzt werden um Vertrauen zu Unternehmen aufzubauen und ein stimmiges Unternehmensimage zu erzeugen. In der politischen Kommunikation, besonders in Wahlkämpfen, wird Bildern eine besondere Leistung, oder – wie Kritiker meinen – eine besondere Dysfunktion zugesprochen: Sie tragen hier unter anderem wesentlich zur Personalisierung politischer Kommunikation bei. Schließlich wird das private Bild in seiner Verwendung im Online-Kontext im Hinblick auf Imagearbeit und Identitätsmanagement behandelt.

Die folgenden Kapitel präsentieren jeweils die dominanten Forschungsstränge zu den ausgewählten Bildkontexten, können aber keinesfalls eine vollständige und erschöpfende Darstellung liefern. Vielmehr ist dieser Abschnitt ein Parforceritt durch unterschiedlichste Bildkontexte mit dem Ziel, einen Überblick über Gemeinsamkeiten und Unterschiede der Forschungsobjekte der Visuellen Kommunikationsforschung zu geben. Für eine detaillierte Auseinandersetzung wird jeweils auf entsprechende Publikationen verwiesen.

7.1 Das Bild im Journalismus

Im Feld Journalismus finden sich zahlreiche Einsatzmöglichkeiten für visuelle Inhalte. Die Bandbreite reicht vom Einsatz als Eyecatcher oder als Designelement, das die Aufmerksamkeit der Rezipientinnen und Rezipienten erwecken soll, über den Einsatz zur unterstützenden Illustration von Themen bis hin zur eigenständigen Vermittlung „unsagbarer" Emotionen und Szenen, was mitunter in der Verselbstständigung der Bilder als fotografische Ikonen (siehe z.B. Perlmutter/Wagner 2004) gipfelt. Angesichts der Vielzahl möglicher Anwendungsformen versucht Knieper (1998) eine Kategorisierung der zentralen Funktionen von Medienbildern und unterscheidet darstellende Funktionen, wissensgenerierende Funktionen, erklärende Funktionen, dekorative Funktionen, organisierende Funktionen, authentisierende Funktionen, dokumentarische Funktionen, emotive Funktionen, kommentierende Funktionen, unterhaltende Funktionen, aktivierende Funktionen und ökonomische Funktion (vgl. Knieper 1998: 54f). Diese lange Auflistung zeigt, dass Bilder im journalistischen Feld vielfältigen Zwecken dienen können. Aufgrund ihrer verschiedenartigen Funktionen bestehen zwischen diesen Bildern mitunter gravierende Unterschiede. Dieses Kapitel versucht zu klären, was die übergeordnete Bildgattung „journalistisches Bild" ausmacht, kann daher aber nicht im Detail auf alle unterschiedlichen Bildfunktionen eingehen.

In den letzten Jahren hat sich eine Vielzahl von kommunikations- und medienwissenschaftlichen Beiträgen aus gänzlich unterschiedlichen Perspektiven mit journalistischen Bildinhalten auseinandergesetzt (siehe u.a. Fahmy/Cho/

7.1 Das Bild im Journalismus 103

Wanta/Song 2006; Grittmann 2007; Grittmann/Neverla/Ammann 2008a; Knieper 2005b, 2004; Schwartz 1992; Tirohl 2000; Wanta/Gao 1994), sodass der Literaturstand zum journalistischen Bild als durchaus sehr umfassend beurteilt werden kann. Einen besonders wertvollen Beitrag zur Etablierung des Themenbereiches Fotojournalismus in der Kommunikations- und Medienwissenschaft leistet *Das politische Bild. Fotojournalismus und Pressefotografie in Theorie und Empirie* von Elke Grittmann (2007), das durchaus bereits als Standardwerk zum Bild im Journalismus bezeichnet werden kann. Grittmann setzt sich darin mit Visualisierungsstrategien in politischer Berichterstattung auseinander und identifiziert visuelle Darstellungskonventionen.

Schon seit Langem wird die zunehmende Bedeutung von Bildern für den Journalismus thematisiert. „Vor allem die periodisch erscheinenden Printmedien, also die Zeitungen und Wochenzeitungen, die Zeitschriften und Magazine, sind ohne Bilder bzw. Fotos überhaupt nicht mehr vorstellbar." (Martin/Werner 1981: 38) Mit dieser Feststellung, die mittlerweile bereits fast 30 Jahre alt ist, rückten Martin und Werner, die Autoren der *Bildjournalistenenquete*, die Wichtigkeit von Bildern in Printmedien in den Vordergrund. Die *Bildjournalistenenquete* war die erste repräsentative Studie im deutschsprachigen Raum, die sich mit dem Bildjournalismus und dessen verbundenen Rollen- und Arbeitsbedingungen auseinander setzte. Sie gilt als Pionierstudie zum visuellen Journalismus im deutschsprachigen Raum. Trotz ihres Alters ist und bleibt sie eine zentrale Referenzstudie, welche auch Zeitvergleiche zu heutigem visuellen Journalismus möglich macht.

Seit den 1990-er Jahren hat sich der journalistische Visualisierungstrend weiter verstärkt und beschleunigt (vgl. Grittmann/Neverla/Ammann 2008b: 19ff).[48] Bilder erfüllen im journalistischen Kontext wichtige Funktionen. Nach Grittmann (2007) gibt es „wohl kein Genre, kein Medium und keine soziale Gebrauchsweise, denen eine vergleichbare allgegenwärtige, verlässliche und nachhaltige Dokumentationsleistung von Realität zugeschrieben wird wie dem Fotojournalismus und der Pressefotografie" (Grittmann 2007: 397), und auch Haas (1990) bezeichnet die Fotografie, trotz aller Skepsis aufgrund ihrer Manipulierbarkeit, als „ein ideales Medium zur Darstellung sozialer Wirklichkeit" (Haas 1990: 280).[49]

Während in der wissenschaftlichen Auseinandersetzung Einigkeit über die wichtige Rolle von Bildern im Journalismus besteht, so bleibt die journalistische bildschaffende Tätigkeit unscharf definiert. Im Folgenden soll daher zunächst identifiziert werden, wann von Bildjournalismus gesprochen wird und wann ein Medienbild überhaupt als journalistisches Bild bezeichnet werden kann.

104   *7 Visuelle Kommunikationsforschung und ihre Bilder*

Tätigkeitsbestimmung: Bildjournalismus – Bildjournalist

Bei der Beschäftigung mit „visuellem Journalismus", fällt zunächst die Vielfalt an unterschiedlichen Berufsbezeichnungen, wie zum Beispiel Foto- oder Bildjournalist, Pressefotograf, Bildredakteur, Bildberichterstatter, Fotoreporter, Bilddokumentar, Fotodesigner oder Bildchef, auf (vgl. Martin/Werner 1981: 18; Grittmann 2007; Sachsse 2003; DJU Bayern 2002). Tatsächlich existieren kaum wissenschaftliche Beschreibungen zu den einzelnen Berufsfeldern. Zudem werden die bildschaffenden journalistischen Tätigkeiten in Praxishandbüchern meist hauptsächlich in Hinblick auf die fotografische Darstellungsform definiert (siehe dazu Martin/Werner 1981; Rossig 2007; Sachsse 2003). Bildjournalismus ist aber ein sehr weit gefasster Begriff, der weit über die Beschäftigung mit Fotografie hinausgeht und vielfältige visuelle Elemente umfasst. Mit der Selbstbeschreibung fotojournalistischer Berufspraxis hat sich insbesondere Grittmann (2007: 35ff) auseinandergesetzt.

Der Vielfalt der Tätigkeiten entsprechend, ist auch das Verständnis bildjournalistischer Arbeitspraktiken sehr weit gefasst. Knieper (2004) versteht unter visuellem Journalismus zum Beispiel jegliche „journalistisch motivierte Produktion, Selektion, Bearbeitung und Distribution von Bildern" (Knieper 2004: 83). Der Deutsche Journalistenverband bezeichnet Bildjournalismus in *Berufsbild Journalist - Journalistin* als Vermittlung von Informationen „über Vorgänge, Ereignisse und Sachverhalte z.B. durch Fotos, bewegte Bilder, Informationsgrafiken, Pressezeichnungen und Karikaturen" (DJV 1996: 6f). Bildjournalistische Produkte können im Sinne dieser Definitionen also vielfältige Bildarten sein, wobei die Fotografie, die politische Karikatur und die Infografik, so Knieper, die tragenden Säulen des Bildjournalismus darstellen (vgl. Knieper 2005b: 29). Die deutsche Journalistinnen- und Journalistenunion Bayern verortet die Tätigkeit des Bildjournalisten beziehungsweise der Bildjounalistin aufgrund des vielschichtigen Tätigkeitsbereiches sowohl im Bereich der Bildproduktion als auch im Bereich der Bildselektion. Der Bildjournalist kann demnach entweder als Fotojournalist, Pressefotograf, Fotoreporter oder Bildberichterstatter im Außeneinsatz Bildmaterial produzieren, oder als Bildredakteur mit der kreativen Planung, Organisation und Auswahl in der Redaktion beschäftigt sein (vgl. DJU Bayern 2002). Bildjournalistische Tätigkeiten lassen sich dementsprechend anhand des Weges, den ein Bild von der Aufnahme bis zum Erscheinen durchläuft, unterscheiden in (1) Bildaufnahme, (2) Bildbeschaffung, -übermittlung, -verteilung, (3) Bildredaktion und (4) Bilddokumentation, -archivierung (vgl. Martin/Werner 1981: 41). Diese unterschiedlichen Etappen, welche die Bilder im journalistischen Produktionsprozess zurücklegen, sind jeweils mit unterschiedlichen Berufsrollen und Vor-

7.1 Das Bild im Journalismus

aussetzungen verbunden. Als kleinsten gemeinsamen Nenner bildjournalistischer Tätigkeit verstehen Martin und Werner (1981) „die Arbeit an und mit Fotos im publizistisch-journalistischen Bereich" (Martin/Werner 1981: 33). Auch hier zeigt sich der überwiegende Bezug auf Fotos und nicht auf Bilder allgemein. Tatsächlich schränkt Ludwig A.C. Martin in der Einführung in *Bildjournalisten-enquete* ein, dass sich die Studie aus forschungsökonomischen Gründen allein auf Fotografien beschränken musste. Er führt aber an, dass Bildjournalisten häufig auch mit anderen Bildarten zu tun haben (vgl. Martin/Werner 1981:1). Auch Sachsse beschäftigt sich mit Fotojournalisten, wenn er in *Bildjournalismus heute* von Bildjournalisten spricht. (Sachsse 2003: 14) Diese Beschränkung auf Fotojournalismus spiegelt auch die generelle Dominanz wissenschaftlicher Befassung mit fotografischen Bildern wider. Die vorliegende Arbeit versteht die Bildart Fotografie stellvertretend für jede Form visueller Inhalte im Journalismus. Daher ist Bildjournalismus, in der Weiterführung der Definition von Martin und Werner, die Arbeit an und mit bildlichen Inhalten im publizistisch-journalistischen Bereich (vgl. Martin/Werner 1981: 33).

Besonders hervorzuheben ist in dieser Definition die Betonung des publizistisch-journalistischen Kontextes, denn, wie auch Grittmann (2007) hervorhebt, ermöglicht erst der Produktions- und Verwendungskontext eine Einordnung der im Bildjournalismus verwendeten Bilder als journalistische Produkte. Auch Bilder, die zunächst beispielsweise als Kunstobjekte oder Privatbilder produziert wurden, werden, wenn sie journalistische Produktionsprozesse durchlaufen, auch als bildjournalistische Elemente bezeichnet, da anzunehmen ist, dass sie sich dann an journalistischen Programmen orientieren:[50]

> „Werden Fotos zur Berichterstattung von Fotojournalistinnen und -journalisten hergestellt und bzw. oder durch Redaktionen für die Berichterstattung ausgewählt, so orientieren sie sich [...] am Code der Aktualität. Das heißt, sie werden inhaltlich bzw. sachlich als relevant erachtet, ihnen kann ein Tatsachen- bzw. Realitätsbezug zugeschrieben werden und sie weisen Neuigkeit auf." (Grittmann 2007: 163f)

Grittmann (2007) verortet Bildjournalismus als wichtiges Subsystem des Journalismus, weshalb auch davon auszugehen ist, dass Fotojournalismus beziehungsweise Pressefotografie denselben Normen unterliegen wie der Wortjournalismus. Unterschiede ergeben sich bei den bildspezifischen Techniken und (Re)-präsentationsformen (vgl. Grittmann 2007: 17).

Grittmann, Neverla und Ammann nennen drei zentrale, die Entwicklung des Bildjournalismus und besonders des Fotojournalismus prägende Prozesse: Digitalisierung, Globalisierung und Beschleunigung bei gleichzeitiger Entschleunigung (vgl. Grittmann/Neverla/Ammann 2008b: 19ff). Die Digitalisierung hat

106　　　　　　　　*7 Visuelle Kommunikationsforschung und ihre Bilder*

einen Umbruch in den fotografischen Arbeitsprozessen des Journalismus bewirkt, da sie gemeinsam mit der zunehmenden Verbreitung des Internet zu einer Vereinfachung und Beschleunigung der Bildproduktion und Distribution geführt hat:

> „Der gesamte Produktionsablauf ist nunmehr geglättet, ohne Sprünge im Einsatz der Technik, ohne Zeitverluste und zusätzliche Kosten, die vormals durch die Einbindung der Fotolabors und des postalischen Transports noch nötig waren: Der ‚Workflow' verläuft nun in einem Guss von der Aufnahme der Fotos über deren Weitergabe, Auswahl und Gestaltung bis hin zu Verarbeitung im Ganzseitenlayout am Bildschirm in den Redaktionen und schließlich im Druck." (Grittmann/Neverla/Ammann 2008b: 20)

Durch die Digitalisierung erfuhr die Produktion journalistischer Bilder eine handwerkliche Vereinfachung und Automatisierung. Bilder können heute äußerst schnell und massenhaft erzeugt werden, was widersprüchliche Beurteilungstendenzen mit sich bringt: Einerseits kommt es durch Technisierung, Standardisierung, sowie durch das steigende Angebot auf dem digitalen Bildermarkt zu einem Werteverfall des Produktes „Bild" (siehe auch Kapitel 7.6). Andererseits nehmen Bilder aber auch einen immer zentraleren Platz in der massenmedialen Gestaltung ein.

Analog dazu ist der Beruf Bildjournalist durch eine gleichzeitige Auf- und Abwertung gekennzeichnet. Während die bildjournalistischen Tätigkeiten professionelle Voraussetzungen, wie etwa journalistisches Fachwissen, technisches Wissen und handwerkliches Können, welche durch Ausbildung und Erfahrung erlangt werden, erfordern, sind gleichzeitig Tendenzen der Deprofessionalisierung erkennbar: Die Zuständigkeit für und die Auswahl von Bildern wird zunehmend vom Bildjournalisten weg in die Redaktionen verlagert. Ein weiterer Indikator für Deprofessionalisierungstendenzen ist die Einbindung von Laienfotografie in die journalistische Produktion (vgl. Ammann/Krämer/Engesser 2010: 84ff; Engesser/Krämer/Ammann 2010: 129ff; Grittmann/Neverla/Ammann 2008b: 21ff).

Funktionsbestimmungen journalistischer Bilder:
Information und/oder Dekoration?

Wie in der Einleitung dieses Kapitels bereits ausgeführt wurde, erfüllen Bilder im Journalismus vielfältige Funktionen. Begründet wird der zunehmende Einsatz visueller Inhalte im Journalismus meist als nötige Reaktion auf ökonomische Faktoren, wie etwa die verstärkte Konkurrenz am Medienmarkt oder der Leserschwund (vgl. Bernhard/Scharf 2008: 231f; De Vries 2008: 5; Grittmann 2007: 15; Weichler 2005: 364). Journalistische Bilder erfüllen dieser Auffassung

7.1 Das Bild im Journalismus

nach zunächst wichtige wirtschaftliche Aufgaben und werden dafür eingesetzt, die Aufmerksamkeit potenzieller Leserinnen und Leser bzw. Käuferinnen und Käufer zu erwecken und das Trägermedium in der Folge zu verkaufen.

Das bedeutet, dass das visuelle Erscheinungsbild eines Printmediums als bedeutendes Verkaufsargument anerkannt werden muss (vgl. Sachsse 2003: 19), denn als optische Gestaltungsmittel tragen Bilder zum Erfolg eines printjournalistischen Produkts in einem harmonisch abgestimmten Konzept aus Text, Bild und Grafik sowie Layout und Design bei (vgl. Knieper 1995: 3). Das optische Erscheinungsbild eines Blattes ist, wie Renger und Rest unterstreichen, heute ebenso bedeutend wie die inhaltliche bzw. ideologische Blattlinie. Schließlich ist die „Gestaltungseinheit von Text, Bild und deren Visualisierung [...] selbst Kommunikation, transportiert Stimmungen, Motivationen, Gewichtungen, Informationen" (Renger/Rest 1996: 49).

Deshalb wird der Visualisierung von Tageszeitungen und der Veränderung der Optik heute auch hohe Aufmerksamkeit gewidmet. Einer Befragung von 84 leitenden Chefredakteuren deutscher Zeitungen im Jahre 1996 zufolge wurden an 52 Hauptausgaben kurz zuvor Veränderungen am Layout vorgenommen. 36 Zeitungen wurden mit Schmuckfarben und Farbfotos versehen. Mehr und größere Bilder, sowie kürzere Texte und eine übersichtliche Blattstruktur waren die wesentlichsten optischen Veränderungen (vgl. Möllmann 1998: 345f). Ein aktuelleres Beispiel für optische Veränderungen einer Tageszeitung ist der Relaunch der *Neuen Zürcher Zeitung*, der am 23. September 2009 erfolgte. Ziel der optischen Überarbeitung war es, „den Nutzungsgewohnheiten in der Leserschaft, den Veränderungen im Werbemarkt und den Herausforderungen durch neue Informationsträger noch besser [zu] entsprechen". (NZZ 2009) Das Motto der Überarbeitung lautete „Ästhetik für Substanz". In der entsprechenden Pressemitteilung werden die Überarbeitungen folgendermaßen beschrieben:

> „Die NZZ bleibt sich in ihrer Unaufgeregtheit und seriösen Ausstrahlung treu; beseitigt werden die Schwächen des derzeitigen Layouts, aufgewertet werden Typografie, Bild und Grafik. Redaktion und Produktion stellen sich fortan dem Anspruch, nicht nur beim Inhalt Herausragendes zu leisten, sondern auch höchste Qualität bei der Gestaltung zu bieten." (NZZ 2009)

Dieses Statement verdeutlicht, dass Qualitätsjournalismus heute Qualität in Wort und Bild bieten muss, um den Leseransprüchen zu genügen.

Zusätzlich dient die visuelle Aufmachung einer Zeitung oder eines Magazins auch der Wiedererkennbarkeit und erfüllt damit eine wichtige Orientierungsfunktion für die Leser und Leserinnen. Visuelle Hinweise signalisieren außerdem eine gewisse Relevanz und Hierarchie einzelner Themen beziehungsweise Berichte, weshalb ein sinnvolles „Corporate Design", ein unverwechselbares und einprägsames Erscheinungsbild, zum Standard jedes professionellen Printmediums gehört (vgl. Renger/Rest 1996: 55; Bucher/Schumacher 2006: 348). Der Titelseite kommt dabei besondere Bedeutung zu. Bucher und Schumacher (2006) zeigen in einer Eyetracking-Studie, dass die Blicke der Rezipienten und Rezipientinnen in den ersten 13 Sekunden zwischen dem Bild der Titelseite und der Headline hin und her wandern. Das Bild dient als Einstiegsreiz und die Headline wird quasi als Legende zum Bild gelesen (vgl. Bucher/Schumacher 2006: 359). Headlines und Bilder sind meist die Einstiegspunkte der Rezipienten und Rezipientinnen in einen journalistischen Artikel (vgl. Holsanova/Rahm/Holmqvist 2006: 84).[51]

Die bisher genannten Bildleistungen bezogen sich ausschließlich auf die formale Gestaltung und die formalen Funktionen und weniger auf den Inhalt der Bilder. Journalistische Bilder dienen jedoch keineswegs ausschließlich der optischen Aufwertung und Strukturierung von geschriebenem Inhalt, wie Holicki (1993) zeigt, indem sie folgende drei zentrale Funktionen von Bildern im Journalismus herausarbeitet (vgl. Holicki 1993: 33):

(1) *Dramaturgische Funktion*: Der Bildeinsatz zielt darauf ab, das Layout aufzulockern und die Seite übersichtlich zu strukturieren. Durch ansprechende Optik soll das Interesse für den Artikel aufgebaut werden.

(2) *Illustrative Funktion:* Diese Funktion beschreibt die Unterstützung des journalistischen Textes durch bildliche Mittel. Authentizität und Richtigkeit der textlichen Botschaft werden durch Bilder betont, Details und Einzelheiten hervorgehoben.

(3) *Journalistische Funktion*: Hier ist die eigenständige Vermittlung von Botschaften durch Pressefotos gemeint. Das Bild ergänzt den Text und kann dem Text entsprechende, widersprechende oder auch neue Botschaften hinzufügen.

Diese Unterteilung in verschiedene Bildfunktionen beschreibt, dass ein Bild im journalistischen Kontext entweder bloßes Dekorationselement zur Auflockerung der Seite, oder aber auch eine zentrale inhaltliche Botschaft sein kann. Eine Besonderheit des Bildes ist es nämlich, sowohl als Gestaltungselement als auch als Inhaltselement besonderes Wirkpotenzial zu besitzen, wie Macias in *Die Entwicklung des Bildjournalismus* feststellt: Pressefotos „können aussagekräftig sein, mal Illustration, mal Gestaltungsmittel zur Auflockerung der Seite, mal simpler optischer Anreiz – oder eine Mischung dieser Komponenten." (Macias 1990: 55) Macias prognostizierte einen Bedeutungsanstieg der Bilder für den Printjournalismus, da dieser sich aufgrund der visuellen Konkurrenz durch elektronische Medien mit visuellen Elementen beschäftigen muss. Um konkurrenzfähig zu bleiben, müssen die Printmedien, so Macias, ihre Inhalte stärken, und zwar in Wort und Bild (vgl. Macias 1990: 55f).

7.1 Das Bild im Journalismus 109

Renger und Rest (1996) kritisieren diesbezüglich, dass „Zeitungen und Zeitschriften [...] trotz der Emanzipation eines ernstzunehmenden ‚optischen Journalismus' jedoch oft zu sehr als reine Textmedien begriffen [werden] – und das sowohl von den Medienmachern als auch von einer traditionsverbundenen Publizistikwissenschaft" (Renger/Rest 1996: 49). Sie liefern damit auch eine Erklärung für die im Verhältnis zum geschriebenen Wort geringe Einbeziehung visueller Kommunikation im journalistischen Diskurs. Die abwertende Position gegenüber Bildern im Nachrichtenjournalismus kann zum Teil damit erklärt werden, dass die oftmals kritisierte Boulevardisierung beziehungsweise Popularisierung „seriöser" Berichterstattung, welche zentrale Ausprägungen der zunehmenden Unterhaltungsorientierung von elektronischen wie Printmedien darstellen, oftmals einhergehen mit einem hohen Bildanteil, wie dieser auch in Boulevardmedien vorliegt. So überrascht es auch nicht, dass Bernhard/Scharf (2008) bei der Operationalisierung des Begriffs Unterhaltung für ihre Längsschnittuntersuchung regionaler Tageszeitungen[52] Fotos als journalistisches Gestaltungsmittel mit erhöhtem Unterhaltungspotenzial anführen (vgl. Bernhard/Scharf 2008: 236):

> „Zum einen können Sachverhalte durch Bebilderung anschaulicher und lebhafter präsentiert werden. Vor allem lassen sich menschliche Emotionen durch Fotos direkter und authentischer vermitteln, als dies durch Sprache möglich ist. Dem Rezipienten werden Angebote gemacht, mit dargestellten Menschen mitzufühlen und parasoziale Interaktionen zu entwickeln. Zudem sind Bilder mit weniger kognitivem Aufwand zu rezipieren als Texte. Gerade farbige Fotos heben sich deutlich von der klassischen Schwarz-Weiß-Optik einer Tageszeitung ab, wirken besonders authentisch und abwechslungsreich." (Bernhard/Scharf 2008: 236)

Das Unterhaltungspotenzial und die Vermittlungsleistung von Emotionalität bildlicher Inhalte schließen jedoch nicht automatisch aus, dass Bilder hochwertige Elemente der journalistischen Informationsvermittlung sein können. Denn, wie Klaus' (2002) oft zitiertes Statement feststellt, ist der Gegensatz von Information Desinformation, wogegen der Gegensatz von Unterhaltung Langeweile ist (vgl. Klaus 2002: 619). Mit dieser Aussage kritisiert Klaus den vorherrschenden Dualismus von Information und Unterhaltung und spricht sich dafür aus, beide Konzepte als zusammengehörige Elemente im Journalismus neu zu bedenken (vgl. Klaus 2002: 620).

Authentizität und Objektivität von Nachrichtenbildern

Bilder im Journalismus sind, im Sinne der oben erarbeiteten Definition, visuelle Nachrichten, die im publizistisch-journalistischen Arbeitsprozess produziert,

110   *7 Visuelle Kommunikationsforschung und ihre Bilder*

bearbeitet oder verbreitet werden. Sie orientieren sich am Code der Aktualität, weshalb sie als inhaltlich bzw. sachlich relevant gelten. Außerdem wird ihnen ein Tatsachen- bzw. Realitätsbezug zugeschrieben, wodurch sie als veranschaulichende Belege für Ereignisse oder Handlungen gelten und Stimmungen sowie Hintergründe für Meinungen und Entscheidungen vermitteln (vgl. Grittmann 2007: 163f; Sachsse 2003: 16; DJV 1996: 3).

Zahlreiche Autoren, die sich mit dem Pressebild beschäftigen, führen Belege dafür an, dass die Rezipienten und Rezipientinnen fotografische Aufnahmen im Journalismus als „Zeugen" einer Situation und daher als „Zeugen der Wahrheit" betrachten (vgl. Holicki 1993; Huxford 2001; Lasica 1989; Tirohl 2000). Lasica (1989) geht beispielsweise davon aus, dass Bildern im Journalismus eine höhere Glaubwürdigkeit als dem Text zukommt: „People believe in news photography. They have more inherent trust in what they see than in what they read." (Lasica 1989: 25) Zudem wird eine Tendenz in verbalen Aussagen besser erkannt als die Tendenz visueller Ausdrucksformen, wie experimentelle Untersuchungen zur Wirkung von Pressefotos zeigten (vgl. Kepplinger 1987: 15). Holicki (1993) gelangt ebenfalls zu dem Schluss, dass die Wirkungsabsicht von Bildern im Journalismus bei der Rezeption nicht hinterfragt wird und dadurch die Tendenz der Darstellung nicht erkannt wird. Der Inhalt von Pressebildern wird, so Holicki, als „wahr" beurteilt (vgl. Holicki 1993: 35f). Die Betrachter und Betrachterinnen haben also offenbar starkes Vertrauen in den Wahrheitsgehalt von Fotografien und betrachten sie als direkten – sozusagen indexikalischen – Verweis auf eine Situation, wie sie in der Vergangenheit zu einem bestimmten Zeitpunkt tatsächlich existiert hat. Das Bild wird als Fenster zur Welt betrachtet, welches Erfahrungen zweifelsfrei und eindeutig wiedergibt (vgl. Tirohl 2000: 335ff). Der indexikalische Charakter, der Fotografien auch von zahlreichen Bildtheoretikern (vgl. etwa Barthes 1989: 12) zugeschrieben wird, kann als Erklärung für den scheinbar naiven Glauben an die Objektivität der Fotografie dienen.[53]

Fotografien galten aufgrund ihrer (chemischen) Produktionsweise als authentisch, weshalb die bisherige Bildgeschichte authentischer Darstellung, so Leifert, gleichzeitig die Geschichte indexikalischer Referentialität ist (vgl. Leifert 2007: 219). Durch diese (angenommene) codespezifische Indexikalität des fotografischen Prozesses werden die Betrachtenden quasi zur Situation selbst befördert. Dieser Vergegenwärtigungsprozess wirkt gänzlich unvermittelt und scheint deshalb unbeeinflusst von Konstruktionsprozessen zu sein. Dabei, argumentiert Huxford (2001: 51), weist der Begriff „Medium" schon darauf hin, dass Vermittlungsprozesse stattfinden und Lünenborg (2005: 170) konstatiert, dass es mittlerweile zum common sense der Kommunikationswissenschaft gehört, dass Journalismus kein Abbild von Wirklichkeit liefert und kein solches liefern kann

7.1 Das Bild im Journalismus   *111*

(vgl. auch Grittmann 2007; Leifert 2007; Lünenborg 2005). Auch wenn ein Foto eine gewisse Ähnlichkeit mit den dargestellten Objekten und Personen hat, so ist es niemals ein adäquater, unmanipulierter Realitätsersatz. Die Realität des Bildes kann sich deutlich von der direkten Wahrnehmung einer realen Begebenheit unterscheiden (vgl. Lockemann 2007: 143). Mit der Einführung und Verbreitung digitaler Fototechniken könnte nun aber, so Wortman (2003) bereits das Ende des Mythos „authentisches Bild" eingeläutet werden, denn bei digitaler Aufzeichnung werden keine Lichtstrahlen mehr auf chemisch präpariertem Papier festgehalten, was zuvor als „Realitätsabdruck" gewertet wurde. Es bleiben daher keine Spuren der Realität auf einem empfänglichen Bildträger. Im Gegenteil, jegliche Authentizitätsspuren der physischen Welt werden in den binären Code überführt und damit aufgehoben (vgl. Wortmann 2003: 220). Ob dies jedoch auch zu veränderten Rezeptionsgewohnheiten und kritischeren Beurteilungen hinsichtlich der Glaubwürdigkeit von Fotografien führen wird, ist anzuzweifeln.

Konstruktion erfolgt nicht nur im Moment der (technischen) Bildaufnahme. Im Ablauf der Nachrichtenproduktion durchläuft ein Bild mehrere Produktionsphasen, in denen, wie im Wortjournalismus, auch im Bildjournalismus zahlreiche Auswahl- und Bearbeitungsprozesse stattfinden, die sich an professionellen Regeln und Normen orientieren und durch ökonomische und rechtliche Rahmenbedingungen sowie durch kulturelle Konventionen beeinflusst werden. Dieser institutionelle Kontext determiniert die (bild-)journalistische Arbeitspraxis, weshalb jedes Nachrichtenbild schließlich ein sozial konstruiertes Produkt ist (vgl. Huxford 2001: 49ff; Lünenborg 2005: 170f; Schwartz 1992[54]; Fahmy/Kim 2008).

Es darf auch nicht unterschätzt werden, dass Informationen für die jeweilige medienspezifische Darbietung in textuelle, auditive oder visuelle Zeichen gebracht und somit mitunter von einem Code in den anderen „übersetzt" werden. All diese Bearbeitungen sind Bestandteile eines Prozesses, der als „Konstruktion von Medienwirklichkeit" verstanden werden kann (vgl. Lünenborg 2005: 170f). Durch die Unmittelbarkeit visueller Kommunikation bleiben diese Bearbeitungsschritte im Zuge der Rezeption jedoch unsichtbar (vgl. Huxford 2001: 48), wodurch sich eine Diskrepanz zwischen den Manipulationsmöglichkeiten und den Grenzen der Abbildungsleistung auf der einen Seite und dem starken Vertrauen in den Wahrheitsgehalt von journalistischen Bildern auf der anderen Seite ergibt.[55]

Tirohl (2000) erklärt dieses Phänomen dadurch, dass Bilder dem Objektivitätsanspruch, der an den Nachrichtenjournalismus gestellt wird, entgegenkommen und daher mit diesem verknüpft werden. Nachrichtenjournalismus soll neutral und „objektiv" über Tatsachen berichten. Gerade dies ist eine Funktion, die Bilder – scheinbar – in besonderer Weise erfüllen können: „[...] as photography has traditionally been seen als linked explicitly (though, it is widely argued erroneously) to objectivity, it presumes to be a tool ideally suited for the purpose of news reporting" (Tirohl 2000: 338). Folglich kommt journalistischen Bildern aufgrund ihres Kontexts in der Nachrichtenvermittlung eine zusätzliche Glaubwürdigkeit zu, die beispielsweise Werbebildern nicht entgegengebracht wird. Diese Annahme deckt sich mit der Argumentation Lünenborgs (2005), die besagt, dass der Journalismus formale und ästhetische Mittel wählt, die als solche nicht in Erscheinung treten.

> „Unauflöslich werden soziale Wirklichkeit und journalistisch produzierte Medienwirklichkeit miteinander verwoben. Doch der Journalismus maskiert dabei seine Konstruktionsleistungen, indem er sie zu naturalisieren versucht." (Lünenborg 2005: 16)

Im Journalismus werden also mediale Inszenierungsregeln angewendet, die durch ästhetische, formale und dramaturgische Aspekte den Eindruck erwecken, die Fotografie sei tatsächlich ein „Abbild von Wirklichkeit". Dies ist bei Werbebildern nicht der Fall. Sie wirken vielmehr künstlich und idealisierend. Nicht der tatsächliche Bezug zur Wirklichkeit vermittelt dem Publikum also den Eindruck des Wirklichen, sondern die Mittel, die zum Ausdruck von Authentizität im Journalismus eingesetzt werden (vgl. Lünenborg 2005: 176; Grittmann 2007). Dies gilt für die sprachliche Mittel ebenso wie für bildliche Ausdrucksformen (vgl. Grittmann 2007).

Aufgrund dieser authentisierenden Wirkung ist die Fotografie ein ideales Mittel zur Konstruktion von Authentizität und kann dafür eingesetzt werden, den Objektivitätscharakter – oder sogar den Wahrheitsanspruch – des Journalismus zu untermauern. Huxford unterstreicht die Bedeutung von journalistischen Bildern für den Objektivitätsanspruch folgendermaßen: „The indexicality of the photograph has long been a metaphor for, and a key component of, journalism's claims to professional objectivity." (Huxford 2001: 45) Hall geht sogar davon aus, dass Bilder im Journalismus als Rückbestätigung für die Objektivität der Zeitung verwendet werden. Das Nachrichtenbild unterstützt nicht nur die Glaubwürdigkeit der Zeitung als ein genaues, exaktes Medium, sondern es garantiert und unterstreicht dessen Objektivität (vgl. Hall 1973: 241, zit. nach Huxford 2001: 48)[56].

Im Zusammenhang mit der Glaubwürdigkeit, die journalistischen Bildern zugesprochen wird, werden auch häufiger Qualitätsanforderungen an die visuelle Berichterstattung diskutiert. Die generelle Frage, was nun ein qualitätsvolles journalistisches Bild tatsächlich ausmacht und welche Bedingungen es erfüllen muss, ist ebenso schwer zu beantworten, wie die generelle Frage nach den Bedingungen für Qualitätsjournalismus (siehe dazu exemplarisch Arnold 2009; Rau 2007; Rössler 2004; Ruß-Mohl 1992). An dieser Stelle kann aus Platzgründen keine detaillierte Auseinandersetzung mit den Qualitätsdimensionen im Journa-

7.1 Das Bild im Journalismus 113

lismus beziehungsweise im Bildjournalismus (siehe dazu etwa Knieper 2004) erfolgen. Ein Aspekt soll jedoch hervorgehoben werden: Nicht alle Qualitätskriterien für verbalen Text können auch als Kriterien zur Beurteilung von Bildqualität herangezogen werden, wie Holicki (1993) beschreibt:

> „Vor allem dramaturgische Momente wie ein spannungsreicher Bildaufbau, ein spektakulärer Augenblick, die Konzentration auf ein rührendes, erschütterndes, belustigendes oder ästhetisch bildwirksames Detail entsprechen nicht der im Wortjournalismus verankerten Vorstellung von Sachlichkeit und Ausgewogenheit, weil sie Einzelheiten überbetonen und an Gefühle zu appellieren suchen. Ein in solcher Weise ‚objektives Pressefoto' wäre langweilig." (Holicki 1993: 35f)

Weiters ist zu berücksichtigen, dass Bilder immer in Abhängigkeit ihrer Funktion und ihres Kontexts beurteilt werden müssen. Ein dramaturgisches Bild mit journalistischen Qualitätskriterien messen zu wollen, stellt sich beispielsweise als wenig sinnvoll heraus.

Da Medienbilder, wie Kapitel 5 gezeigt hat, fast ausschließlich in multimodalen Settings auftreten, kann das formale und inhaltliche Zusammenspiel mit den Begleitmodi als Qualitätskriterium gesehen werden. Dieses Verständnis legt nahe, dass Bild und verbaler Text eines journalistischen Beitrages idealerweise auch gemeinsam produziert werden sollten, was aufgrund der arbeitsteiligen Spezialisierung im Journalismus oft nicht der Fall ist. Gleichzeitig wächst das Angebot am „Bild-Markt" rasant. Damit stehen kommerzielle Bildagenturen als Quellen günstigen und rasch verfügbaren Bildmaterials zur Verfügung. Als weitere Anforderungen an „guten Bildjournalismus" sieht Knieper (2004) die Offenlegung und Beschreibung des Entstehungskontexts der Bilder, also die Produktionsbedingungen des Fotografen, ebenso wie des Bearbeitungskontextes in Form von Auswahlentscheidungen der Fotoredaktion. Dies könne im Printjournalismus in der Bildunterschrift oder im Artikel geschehen, was ebenfalls eine enge Zusammenarbeit von Bild- und Textjournalisten erfordert (vgl. Knieper 2004: 91).[57] Auch hier ist wieder einen Differenzierung nach Bildfunktionen vorzunehmen.

Zweifellos kommt der Bildunterschrift eine wichtige Rolle zu. Ihre wichtigste Aufgabe, so Beifuß, Evers und Rauch (1994) ist es zu informieren. In diesem Sinne sollte auch der bildjournalistische Beitrag den journalistischen „Ws" folgen, was vor allem in der Praktikerliteratur hervorgehoben wird. Als die fünf journalistischen „Ws" gelten die Fragen „Wer, was, wann, wo, wie?" Diese Fragen sollten bei der Recherche bedacht und möglichst am Anfang jeder Nachricht beantwortet werden. Das heißt, dass die Leserinnen und Leser einem informierenden Bild auch entnehmen können sollten, wer, was, wann, wo, wie getan hat (vgl. Beifuß/Evers/Rauch 1994: 115).[58] Diese Fragen lassen sich idealerweise in

114 7 Visuelle Kommunikationsforschung und ihre Bilder

der Bildunterschrift, welche die „Ws" explizit konkretisieren und das Bild somit genauer bestimmen kann, klären (vgl. Rossig 2007: 190). Bild und Bildunterschrift eines Bildes mit journalistischer Funktion sind demnach fest miteinander verbundene Artikelbestandteile. Die Aufgabe der Bildunterschrift ist es, eine Brücke zwischen Bild und Text herzustellen (vgl. Rossig 2007: 190). Die zwei weiteren „Ws", „Warum" und „Mit welchen Folgen" werden üblicherweise im Artikel behandelt und geben vertiefende Hinweise zu den Geschehnissen.

Dieses enge Verhältnis von Bild, Bildunterschrift und Artikel hebt erneut die Wichtigkeit hervor, Bilder in ihren medialen Kontexten und nicht als isolierte Elemente zu betrachten. Darüber hinaus gibt es jedoch Bilder, die besonders im Gedächtnis bleiben, eine besondere ästhetische Qualität aufweisen und somit über eine besondere Bildqualität verfügen. Sie sind, selbst ohne Kontext, sehr ausdrucksstark und wirkungsmächtig, denn sie liefern ihren eigenen Kontext mit. Mit dieser speziellen Bildart, den Bildikonen, beschäftigt sich der folgende Abschnitt.

News Icons und prämierte Pressefotos

News Icons, oder journalistische Bildikonen, sind Bilder, die besonders stark im Gedächtnis verankert sind und in der Erinnerung der Rezipienten und Rezipientinnen völlig mit einem Ereignis verschmelzen und dieses sogar ersetzen können. Diese News Icons repräsentieren dann ein gesamtes Ereignis, weshalb sie auch als „historische Referenzbilder" bezeichnet werden (vgl. Hellmold 1999: 36). In anderen Worten, sind sie Bilder, die zu Symbolen für ein historisches Ereignis geworden sind, also Schlüsselbilder mit denen bestimmte Erinnerungsinhalte aktualisiert werden (vgl. Hellmold 1999: 36; Paul 2005a). Eine Bilderstrecke von solchen Ikonen der Pressefotografie zeigen Haller (2008: 54ff) und Perlmutter (1998).

Eine Erklärung für die „Macht" der Bildikonen ist, dass sie besonders klare Denkbilder[59] generieren, die stets aktivierbar sind und, so Knieper (2008), sogar eine Art kollektiver Identität der Betrachter und Betrachterinnen erzeugen (vgl. Knieper 2008: 59).

Perlmutter (1998) weist drauf hin, dass nicht alle Nachrichtenbilder diese Macht besitzen, sondern nur einige wenige, welche ganz bestimmte Merkmale aufweisen: „Pictures may be iconic, but not all pictures are icons in that few in the news stream achieve fame and attention." (Perlmutter 1998: 11) Einige Fotografien, die es schafften, zu solch globalen Ikonen und dadurch zu kollektiven Erinnerungsmomenten zu werden, sind zum Beispiel Nick Úts Fotografie eines

7.1 Das Bild im Journalismus

nackten vietnamesischen Mädchens, das durch einen Napalmangriff in Südvietnam schwer verletzt wurde[60], die Aufnahmen der Zerstörung der World Trade Center-Zwillingstürme (die selbst ein Symbol des Kapitalismus waren) oder die Folterbilder aus Abu Ghraib (vgl. Andén-Papadopoulos 2008; Bennett/Lawrence/ Livingston 2006; Grittmann/Ammann 2008; Knieper 2008; Paul 2005a; Perlmutter 1998; Weibel 2005).

Dies sind nur einige Beispiele, es lassen sich unzählige weiteren Beispiele aufzählen, wie zum Beispiel die Fotografie von Eddi Addams (1. Februar 1968), die zeigt, wie der südvietnamesische Polizeichef Nguyen Ngoc Loan einen Vietkong kurz nach dessen Verhaltung auf offener Straße und aus nächster Nähe erschießt, oder die Bilder der Mondlandung. Aber auch Bilder aus anderen Kontexten können zu Bildikonen werden, wie zum Beispiel die Fotografie von Marilyn Monroe in einem weißen Kleid über einem Lüftungsschacht der New Yorker U-Bahn (1. September 1954, Matthew Zimmermann).

Nach der folgenden Auseinandersetzung mit zwei Bildikonen werden typische „Ikonisierungsmerkmale" genauer behandelt, also Bildeigenschaften, die dazu führen, dass ein Bild zu einer kollektiven Ikone werden kann.

Napalmmädchen und Abu Ghraib - zwei Beispiele journalistischer News Icons

Bildikonen werden hier aus journalistischer Perspektive behandelt, denn wie Grittmann und Ammann (2008) feststellen, ist der Journalismus heute der Hauptlieferant von globalen Bildikonen:

> Im Zeitalter der Massenmedien ist der Journalismus die entscheidende Institution, aus der Bildikonen erst hervorgehen – und nicht mehr die Kunst. Bei den heutigen Ikonen handelt es sich fast ausschließlich um journalistische Produkte." (Grittmann/Ammann 2008: 298)

Nick Úts Bild (siehe Abbildung 6) gilt als eine zentrale fotografische Ikone des 20. Jahrhunderts. Die Fotografie wurde am 8. Juni 1972 erzeugt und 1973 mit dem Pulitzer-Preis ausgezeichnet. Sie zeigt das nackte vietnamesische Mädchen Phan Thi Kim Phúc, das gemeinsam mit anderen Kindern nach einem Napalmangriff schreiend aus seinem Dorf flüchtet (vgl. Haller 2008: 55). Bereits am nächsten Tag erschien das Bild auf der Titelseite der New York Times. Die große Ausdruckskraft, die von diesem Bild ausgeht, schildert Út selbst folgendermaßen:

> „That photo showed the world what the war in Viet Nam was about. People, regardless in their nationality or language, could understand and relate to the tragedy. [...] The picture for me and for many others could not have been more real. It was as authentic as the war itself." (Interview mit Nick Út, zit. nach Paul 2005a).

Abbildung 6: Bildikone „Napalmmädchen" Phan Thi Kim Phúc
(© Associated Press/Nick Út)

Das Bild erschien auf unzähligen Titelseiten von Tageszeitungen und trug damit wesentlich zur Verstärkung der öffentlichen Debatte über die Legitimation der Aktivitäten von US-Truppen in Südostasien bei. Durch die prominente Positionierung des Bildes auf den Titelseiten und die hohe Frequenz der Darstellung konnte das Bild einerseits Agenda-Setting-Funktionen übernehmen und wurde, nicht zuletzt aufgrund der emotionalen Inhalte und Bildkomposition, zu einer fotografischen Ikone, die auch heute noch fest in den Gedächtnissen verankert ist.

Ein aktuelleres Beispiel, das nicht nur die „Macht der Bilder" verdeutlicht, sondern auch in Form von „Bildern der Macht" an die Öffentlichkeit gelangte, sind die Folterbilder aus Abu Ghraib, die US-amerikanische Militär- und Geheimdienstmitarbeiter und -mitarbeiterinnen beim Misshandeln irakischer Gefangener zeigen (vgl. Andén-Papadopoulos 2008; Bergem 2006).[61] Diese speziellen Bildikonen stammten nicht von außergewöhnlichen Bildjournalisten, sondern es handelte sich um Amateurfotos, so genannte „trophy shots", die von US-Militärs während der Folterungen geschossen wurden (vgl. Andén-Papadopoulos 2008; Bergem 2006; Hersh 2004a, 2004b):

7.1 Das Bild im Journalismus

> „Few photographs in recent years have been deemed so ‚shocking' and ‚compelling' as the amateur snapshots of US soldiers torturing Iraqi prisoners at the Abu Ghraib prison west of Baghdad. They instantly rose to iconic status after being broadcast by CBS 60 Minutes II at the end of April 2004, and came to the forefront of political debate both inside and outside the United States." (Andén-Papadopoulos 2008: 5).

Dem Pentagon sollen über 2.600 Folterbilder aus Abu Ghraib vorliegen. Die US-Soldatin Lynndie England wurde zu einer der Schlüsselfiguren im Folterskandal. Sie war unter anderem auf Fotos zu sehen, in denen sie sich über die Nacktheit der irakischen Männer lustig macht oder einen Gefangenen, wie einen Hund an der Leine hält (vgl. Bergem 2006: 5ff). Die Folter der irakischen Inhaftierten im Gefängnis Abu Ghraib hätte ohne bildliche Dokumentation nicht für derartiges weltweites Aufsehen und Empörung gesorgt, denn bereits Monate zuvor lagen schriftliche Berichte über die Foltervorfälle im US-Militärgefängnis (u.a. von Amnesty International) vor, die kaum Resonanz in den Medien fanden. Erst die Medientauglichkeit des Ereignisses aufgrund vorliegenden Bildmaterials führte zu einer breiten öffentlichen Debatte über die Bedingungen in den Militärgefängnissen und schließlich über den Folterskandal (vgl. Bergem 2006: 4ff). Die beiden Medieninstitutionen, die die Berichterstattung über den Abu Ghraib Skandal initiierten und damit die öffentliche Debatte in Gang setzten, waren *CBS 60 Minutes II* und *The New Yorker* mit den Artikeln von Seymour Hersh im Mai 2004, die wesentlich zur Aufdeckung des Skandals beitrugen. Andén-Papadopoulos (2008) analysierte die Berichterstattung durch CBS und kam zu dem Ergebnis, dass die Handlungen nicht als Problem des militärischen Systems, sondern als Fehlverhalten von „a few bad apples" dargestellt wurden. Damit spiegelte der CBS-Bericht auch den News Frame, der durch die Bush-Administration bezüglich des Skandals forciert wurde, wider (vgl. Andén-Papadopoulos 2008: 12). Hersh, mittlerweile selbst eine Ikone des investigativen Journalismus[62], dagegen dokumentiert, dass die Kamera gezielt zur Demütigung der Gefangenen eingesetzt wurde, um sie zur Kooperation zu bewegen und daher Teil einer vom US-Militärgeheimdienst und der CIA angeordneten Strategie waren (vgl. Andén-Papadopoulos 2008: 5; Bergem 2006: 4f; Hersh 2004b).

> „Gegen die These, dass die Folter irakischer Gefangener in Abu Ghraib nur auf individuellem Fehlverhalten beruhte und nicht von den in der Militärhierarchie Vorgesetzten gedeckt oder sogar angeordnet wurde, spricht zudem, dass sich die Täter gegenseitig fotografiert und gefilmt und damit identifizierbar gemacht haben. Das wäre kaum vorstellbar, wenn die Täter hätten annehmen müssen, hiermit eklatantes Fehlverhalten zu dokumentieren." (Bergem 2006: 8)

Bennett, Lawrence und Livingston (2006) beschäftigen sich in ihrem Beitrag *Non Dare Call it Torture. Indexing and the Limits of Press Independence in the Abu*

118   7 Visuelle Kommunikationsforschung und ihre Bilder

Ghraib Scandal mit den Nachrichtenframes, die von amerikanischen Nachrichtenorganisationen in der Berichterstattung über die Folterbilder eingesetzt wurden. Die Ergebnisse zeigen, dass die führenden nationalen Nachrichtenmedien keinen Gegenframe einsetzten, der die Aussage der Bush Administration, Abu Ghraib sei ein isolierter Fall von Missbrauch durch einzelne Soldaten und Soldatinnen, stark in Frage stellte. Dies war überraschend, da klare Beweise und Quellen vorlagen, die eine Rahmung als „policy of torture" durchaus unterstützt hätten. Der häufigste Frame bezeichnete den Fall aber als Missbrauch (vgl. Bennett/Lawrence/Livingston 2006: 467). Die Indexing-These (Bennett 1990) geht davon aus, dass kritische oppositionelle Frames[63] zu- oder abnehmen je nachdem, wie offizielle Stellen sich bezüglich eines Ereignisses verhalten. Genauer gesagt, wird mit der Indexing-These davon ausgegangen, dass die Medienberichterstattung (besonders in der Berichterstattung über Kriege) der Meinungsverteilung in Parlament und Regierung folgt und somit die Meinungskonstellationen im politischen System indiziert. „Im Falle eines parlamentarischen Konsenses äußern die Medien – folgt man dieser These – keine Kritik am Regierungskurs." (Eilders/Hagen 2005: 209). Kritische Berichterstattung findet nur dann statt, wenn auch kritische Argumente durch die Diskurse der Eliten vorgegeben werden (vgl. Bennett/Lawrence/Livingston 2006: 470; Eilders/Hagen 2005: 214):

> „If officials present a unified front, critical counterframes may be curtailed; on the other hand, if serious official debate breaks out, particularily with policy-making implications, counterframes may expand." (Bennett/Lawrence/Livingston 2006: 470).

In der Untersuchung zeigte sich, dass die Artikel von Hersh, die mit Sicherheit in Washington heftig diskutiert wurden, keine besonders wichtige Rolle für die meisten nationalen Medien spielten, in denen sich der Frame „Folter" nicht durchsetzen konnte (vgl. Bennett/Lawrence/Livingston 2006: 479). Bennett, Lawrence und Livingston (2006) erklären dies durch die Indexing-These, weshalb sich in den Augen der Autoren und Autorinnen in der Berichterstattung auch deutliche Grenzen der Pressefreiheit manifestieren:

> „Even when provided with considerable photographic and documentary evidence and the critical statements of governmental and nongovernmental actors, the nation's leading media proved unable or unwilling to construct a coherent challenge to the administration's claims about its policies on torturing detainees. As it turned out in this case, the photos may have driven the story, but the White House communication staff ultimately wrote the captions." (Bennett/Lawrence/Livingston 2006: 482).

Dieses Beispiel veranschaulicht wiederum, dass multimodale Medientexte mit allen beteiligten Botschaftsmodi betrachtet werden müssen, da sie sich gegenseitig

7.1 Das Bild im Journalismus

bestimmen. Die Bilder können je nach verbalem Frame als Missbrauch einzelner oder als Folterpolitik gelesen werden.

Die hier beschriebene Rahmung als Missbrauchseinzelfall bedeutet jedoch nicht, dass der Abu Ghraib-Skandal nicht als Krise der US-Administration und der Aktivitäten im Irak diskutiert wurde. Außerhalb der USA berichteten die Medien deutlich kritischer. Darüber hinaus wurden die Abu Ghraib-Bilder nicht nur in den Medien gezeigt, sondern vielfach auch von Kunst, Werbung und Alltagskultur aufgenommen und in diesen Kontexten thematisiert (vgl. Andén-Papadopoulos 2008: 16; Grittmann/Ammann 2008: 297f). Eine der bekanntesten Anspielungen auf den „hooded man", der zu einem Schlüsselbild des Skandals wurde, erfolgte durch die Grafikgruppe Forkscrew Graphics. „Hooded man" meint ein besonders weit verbreitetes Foto. Es zeigt einen Gefangenen in einem weiten blauen Gewand mit Kapuze über dem Kopf, der mit ausgebreiteten Armen auf einer Kiste steht. An seinem Körper sind Drähte befestigt. Dem Gefangenen wurde gesagt, dass er einen tödlichen Stromschlag bekäme, wenn er von der Kiste fiele, weshalb er stundenlang in dieser Position verharren musste (vgl. Bergem 2006: 13).[64] Dieses Bild wurde, so Bergem (2006), zum globalen visuellen „icon" für den Konflikt im Irak (vgl. Bergem 2006: 13) und damit zu einem Visiotyp (vgl. Pörksen 1997).

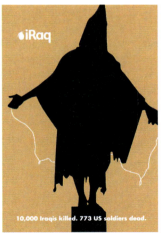

Abbildung 7: In iRaq Protestbild umgewandeltes iPod Silhouette Kampagnenbild (Forkscrew Graphics 2004)

120　　　　　　　　7 *Visuelle Kommunikationsforschung und ihre Bilder*

Die Grafikgruppe Forksscrew Graphics konvertierte die Sujets der „iPod Silhouette-Kampagne" von Apple in „iRaq Protestplakate" und plakatierte damit die U-Bahnen und Straßen von Los Angeles und New York (vgl. Andén-Papadopoulos 2008: 17, siehe Abbildung 7). Die Gestalter des Forkscrew Projektes iRaq erklären, „the desired effect of this particular project is to shift the focus from products to people, from consumers to concerned citizens." (Forkscrew Graphics 2004, zit. nach Cooper 2009: 95ff).[65]

Die Hauptkritik der Protestkampagne prangert die Konsumorientierung der US-Kultur an, welche die Aufmerksamkeit von wichtigen Dingen, wie dem Krieg im Irak und der Folterung der Inhaftierten, ablenkt. Gleichzeitig promotet die Kampagne eine Anti-Kriegseinstellung (vgl. Cooper 2009: 95ff). Damit unterlaufen die Bildikonen von Abu Ghraib die Bildpolitiken der Bush-Administration, die davor ebenfalls versucht hatte, militärische Handlungen durch gezieltes Framing und durch die Suggestivkraft von Bildern zu unterstützen. Dazu wurde zum Beispiel der Sturz der Saddam-Statue in Bagdad im April 2003 als symbolische Entthronung Saddams und Sturz des Regimes für die Kameras inszeniert (vgl. Fahlenbrach/Viehoff 2005: 375). Auch die Rede von Präsident Bush auf dem Flugzeugträger „Abraham Lincoln" am 1. Mai 2003 war als Medienereignis geplant. Bush wurde vor einem großen Banner mit der Aufschrift „Mission Accomplished" gezeigt. Das Weiße Haus wollte damit das Ende des Krieges gegen den Irak symbolisieren, was Bush aufgrund der kritischen Situation im Irak ein halbes Jahr später relativieren musste (vgl. Bergem 2006: 12).

Dies sind nur einige wenige Beispiele für strategischen Bildeinsatz und strategisches Bildframing. Gemeinsam ist diesen Beispielen aus dem aktuellen politischen Geschehen, dass versucht wird, durch bestimmte Kontextualisierungsmaßnahmen (wie zum Beispiel verbales Framing) eine bestimmte Lesart zu forcieren um politische beziehungsweise ideologische Positionen und Handlungen zu legitimieren. Zum Machterhalt ist eben auch die Macht und Deutungshoheit über Bilder erforderlich.

Ikonisierungsmerkmale

Diese Beispiele sollen nun mit theoretischen Ansätzen zu Bildikonen verknüpft werden. Grittmann und Ammann (2008) setzen sich in ihrem Beitrag Ikonen der Kriegs- und Krisenfotografie mit journalistischen Bildikonen, ihren Voraussetzungen und ihrer kulturellen Bedeutung auseinander (vgl. Grittmann/Ammann 2008). Die Autorinnen gehen dabei von den Ansätzen David D. Perlmutters (1998) aus, der sich ausführlich mit *Ikonen der Kriegs- und Krisenfotografie* be-

7.1 Das Bild im Journalismus

fasst hat. Perlmutter (1998) unterscheidet zwischen dem „discrete icon" und dem „generic icon" (vgl. Perlmutter 1998: 11).

Wenn Perlmutter vom „generic icon" spricht, beschreibt er Bildtypen, also Bilder, in denen das Motiv dasselbe bleibt, während die Akteure, die dargestellten Orte und die dargestellte Situation sich verändern. Als Beispiel nennt er den Bildtypus „hungerndes Kind in Afrika", der sich auf kein bestimmtes Bild bezieht, sondern auf die vorherrschenden typischen Darstellungen hungernder Kinder in Afrika im Allgemeinen.

Im Gegensatz dazu ist ein „discrete icon" ein bestimmtes einzelnes Bild mit ganz besonderen Bildelementen (vgl. Perlmutter 1998: 11), wie die beiden oben angeführten Beispiele.

Perlmutter unterscheidet weiters bestimmte Kriterien, die Bildikonen von anderen Bildern unterscheiden. Zu den Standardelementen einer fotojournalistischen Ikone zählen nach Perlmutters (1998) Typologie unter anderem: (1) Wichtigkeit des dargestellten Ereignisses (2) Metonymie: Der Moment eines Ereignisses wird verdichtet und steht symbolisch für das ganze Geschehen. (3) Berühmtheit: Das Bild wird von vielen Menschen, mitunter mehr als einer ganzen Generation, erkannt. (4) Darstellungsprominenz: Das Bild wird zum Beispiel auf Titelseiten abgedruckt. „In this sense, an icon is a picture that is much more visible than any other. Its greater likelihood to achieve a higher rank in out collective memory is influenced by its place order in the agenda of media." (Perlmutter 1998: 13) (5) Frequenz der Darstellung: Das Bild wird häufig abgedruckt. „A flood of repetitious, similar images may have more of an influence than a single non-recurring one." (Perlmutter 1998: 13) (6) „Primordiality" und/oder kulturelle Resonanz: Ikonen beziehen sich oft auf ältere Bilder, zum Beispiel aus Religion oder Geschichte und nehmen deshalb Bezug auf frühere Ikonen. (vgl. Perlmutter 1998: 11; Perlmutter/Wagner 2004: 98).[66] Paul (2005a) verweist bespielsweise auf die Verbindung zwischen Nick Úts „Napalmmädchen" und einem Vor-Bild aus der Kunst, nämlich Edvard Munchs Gemälde „Der Schrei" aus dem Jahr 1893.

> „Kaum ein anderes Bild der Kunstgeschichte hat das Phänomen der Angst als eines existenziellen menschlichen Zustandes so unmittelbar zum Ausdruck gebracht wie dieses Gemälde. Auch hier [in der Fotografie von Út] kommt ein völlig verängstigter, schreiender, Hilfe suchender Mensch mit weit geöffnetem Mund in fast identischer Laufrichtung direkt auf den Betrachter zu. Wie wir aus der Kunstgeschichte wissen, haben aktuelle Bilder eine größere Aufmerksamkeitschance, wenn sie an solche Vor-Bilder anzuknüpfen vermögen." (Paul 2005a)

Eines der zentralsten Merkmale von journalistischen Bildikonen ist ihre Leistung, Ereignisse auf einen inhaltsstarken Schlüsselmoment zu verdichten (vgl.

Knieper 2008: 59). Zudem muss eine Fotografie um eine Bildikone werden zu können, eine auffällige Komposition besitzen und aus einem relevanten Ereignis hervorgehen (vgl. Grittmann/Ammann 2008: 299). Wichtig ist zusätzlich auch die wiederholte Verwendung, die dazu führt, dass die Bilder einen „Kanonisierungsprozess" durchlaufen und in unterschiedlichen Kontexten rituell verwendet werden (vgl. Viehoff 2005: 117, zit. nach Grittmann/Amman 2008: 299).[67] Diese Ikonisierungsbedingungen treffen auf die angeführten Beispiele zu. Die Bilder von Abu Ghraib etwa repräsentieren einerseits ein wichtiges Ereignis – die Rolle der USA im Irakkrieg, sowie die Rolle der Soldaten und Soldatinnen im Kriegsgebiet – und wurden besonders stark zirkuliert. Die Darstellungsprominenz und die hohe Frequenz der Darstellungen zählen vermutlich zu den zentralen Ikonisierungsmerkmalen der Folterbilder. Sie wurden in einem eigenen Schwerpunkt von CBS gesendet und in zahllosen Medienberichten aufgegriffen. Die *Washington Post* wurde rasch zu einer der Hauptquellen in Bezug auf das Thema und brachte um die 1.000 Fotos, die nach und nach veröffentlicht und immer wieder diskutiert wurden (vgl. Bennett/Lawrence/Livingston 2006: 473).

Interessant ist dabei, dass die schockierenden Bildinhalte zwar teilweise nicht gezeigt wurden, aber in jedem Fall über sie berichtet wurde. Besonders auffällig war diese Zurückhaltung bei der Bebilderung der Enthüllungsartikel von Hersh. „Am liebsten hätte ich den gesamten New Yorker mit diesen Fotos zugepflastert. Das wollten sie aber nicht. Also musste die Geschichte das meiste erzählen." (Hersh 2010) Es lässt sich also vermuten, dass nicht nur die reine Abbildungsfrequenz, sondern auch die Häufigkeit der verbalen Thematisierung der Bilder zur Ikonisierung beitragen. Bei den Abu Ghraib-Bildern waren es dann aber insbesondere die Verwendungen in Kunst- und Protestprojekten, also die kulturelle Zirkulation, wie zum Beispiel in der iRaq Kampagne der Forkscrew Graphics, welche die Berühmtheit des Bildes und damit seine Bedeutung verstärkten.

Eine weitere Leistung von Bildikonen liegt in der Art und Weise der Rezeption: Den durch Digitalisierung beschleunigten Produktions- und Distributionsweisen von Bildern steht im Moment der Rezeption eine Entschleunigung gegenüber. Die Betrachtung eines unbewegten Bildes, besonders bei emotional aufrüttelnden Bildern, ist ein Moment des Innehaltens. Ein flüchtiger Augenblick wird künstlich verlängert. Ein Bild kann also entweder flüchtig, mit einem Blick überflogen und erfasst werden, oder, wenn es die Aufmerksamkeit des Betrachters oder der Betrachterin erst erregt hat, länger und intensiv betrachtet werden. Der Bildunterschrift, und generell der Kontextualisierung, kommt in diesem Fall eine bedeutende Rolle zu, da es den eingefrorenen Moment beschreiben und in einen Kontext setzen muss.

7.1 Das Bild im Journalismus

> „Genau hierin [im Moment der Entschleunigung] liegt überhaupt das pressefotografische Potenzial der Bild-Ikonen. Sie können nur durch Aufmerksamkeit und längere Betrachtung entstehen. Durch den Moment der Verlangsamung und der Außerkraftsetzung von Zeit im Stillstand eines Bildes hat der Fotojournalismus Bild-Ikonen hervorgebracht." (Grittmann/Neverla/Ammann 2008b: 29)

Awardisierung als Ikonisierungsmerkmal

Mit dem Faktor „Awardisierung" bezeichnet Knieper (2008) ein weiteres Ikonisierungsmerkmal. „Mit jeder Auszeichnung erhöht sich die Wahrscheinlichkeit, dass ein Foto zur Ikone wird." (Knieper 2008: 66) Er geht davon aus, dass Fachleute den herausragenden Charakter einer Fotografie erkennen können und diese deswegen auszeichnen. Die Auszeichnung selbst regt in der Folge eine weitere Auseinandersetzung des Publikums mit den prämierten Bildern an (vgl. Knieper 2008: 66). Einer der heute berühmtesten Foto-Awards ist der *World Press Photo Award*. World Press Photo ist eine unabhängige Non-Profit-Organisation mit Sitz in Amsterdam, wo sie 1955 gegründet wurde (vgl. World Press Photo 2010). Der jährliche Bewerb, der das beste Pressefoto auszeichnet, gilt als der größte und prestigeträchtigste Fotowettbewerb. Die prämierten Bilder werden in einer Wanderausstellung gezeigt, die von über zwei Millionen Menschen in 45 Ländern besucht wird. Zusätzlich wird ein Jahrbuch mit allen gekürten Bildern in sechs Sprachen herausgegeben (vgl. World Press Photo 2010). Somit ergeben sich für die Bilder durch den Wettbewerb neue Chancen, von größeren Öffentlichkeiten wahrgenommen zu werden. Dieser Ikonisierungsweg widerspricht jedoch der Annahme Perlmutters (1998), dass Bildikonen über „Augenblicklichkeit" verfügen, was bedeutet, dass sie typischerweise sofort Berühmtheit erlangen und nicht erst mit der Zeit zu wichtigen Bildern werden (vgl. Perlmutter 1998: 14).

Die hier beschriebenen Bildikonen und prämierten Bilder im Journalismus stellen freilich nicht den Normalzustand dar, vielmehr dürfte es sich nach De Vries (2008) wohl eher wie folgt verhalten:

> „Everybody agrees that we are living in an increasingly visualized world, yet few newspapers seem interested in understanding how to really harness modern visual communication. They are most likely to still think of the visual as a decorative afterthought to the content." (De Vries 2008: 5)

Folgt man diesem Gedankengang, wonach die Potenziale des Bildes im Journalismus nur selten zur Gänze ausgeschöpft werden, so lässt sich bezugnehmend auf den folgenden Abschnitt, der sich mit dem Bild in der Werbung auseinandersetzt, ein grundlegend anderer Zugang zur Thematik erkennen. In der Werbung wird

124   *7 Visuelle Kommunikationsforschung und ihre Bilder*

Bildern eine zentrale Rolle als strategische Botschaftselemente zur Erreichung der Werbeziele zugesprochen.

7.2 Das Bild in der Werbung

Bilder sind äußerst wirkungsmächtige Botschaften, die sich ideal für Werbekommunikation eignen und dabei anderen Kommunikationsmodi überlegen sind (vgl. Kroeber-Riel 1996; Krzeminski 2001; Schierl 2005). Auf diese Weise könnte man den Forschungsstand zu Funktionen und Wirkungen von Werbebildern zusammenfassen, denn Bilder bekommen einen Aufmerksamkeitsbonus, sie werden besonders schnell erfasst, eignen sich gut für die Übertragung von Emotionen und werden auch besser behalten als andere Modi (vgl. Schierl 2001: 196ff). Es liegt daher nahe, Bilder als ideale Werbebotschaften, sozusagen als „Lieblinge der Werbung" zu bezeichnen. Diese Leistung ist vor dem Hintergrund, dass Bilder, wie Kapitel 7.1 zeigte, auch die journalistischen Anforderungen an Authentizität auf ideale Weise erfüllen können, bemerkenswert. Tatsächlich sind Bilder nämlich auch äußerst effiziente Werbebotschaften, allerdings mit gegensätzlichen Anforderungen hinsichtlich der Authentizität beziehungsweise des Grades an Inszenierung sowie ihrer stilistischen Gestaltung. Diese Ausführungen zeigen die vielfältigen Einsatzmöglichkeiten von Bildern, deren Wirkungsweise und Ausdruckskraft dabei aber immer stark von ihren Kontexten abhängig ist.

Bilder – Advertising's Darlings

Werbung muss effizient konstruiert werden, um in kurzer Zeit ein Maximum an Informationen und Bedeutungen zu übertragen, denn Zeit und Aufmerksamkeit sind nach Francks aufmerksamkeitsökonomischem Ansatz (siehe Franck 1993) knappe Güter. Dazu muss die Botschaft zunächst einmal auffallen, denn Werbung die keine Aufmerksamkeit erregt und deshalb nicht wahrgenommen wird, kann auch keine Wirkung erzielen (vgl. Schierl 2001: 79) – sie würde damit bereits sehr früh die Chance verlieren, ihr Ziel, nämlich in Form von strategischer Kommunikation Rezipienten und Rezipientinnen im Sinne privater Interessen zu manipulieren, verfehlen (vgl. Zurstiege 2002: 127). Deshalb „setzt die Werbung auf besonders komprimierte Darstellungen und auffällige Inszenierungsformen" (Zurstiege 2002: 130), welche selbst unter Low-Involvement-Bedingungen noch eine gewisse Chance auf Wahrnehmung haben. Die Aktivierungskraft von Anzeigen kann insbesondere durch ihre Größe und Farbigkeit, sowie durch die Auswahl

7.2 Das Bild in der Werbung

bestimmter Bildmotive (z.B. Personendarstellungen, emotionale Bildinhalte und -gestaltung) erreicht werden. Kurz gesagt, visuelle Elemente sichern Aufmerksamkeit (vgl. Kroeber-Riel 1996: 10). Empirische Ergebnisse, wie zum Beispiel von Kroeber-Riel (1996), belegen, dass 60-90% der Leser und Leserinnen einer Zeitschrift Kontakt mit dem Bild einer Anzeige haben, wogegen nur 10-20% auch den verbalen Text betrachten beziehungsweise wahrnehmen. Eine Schlussfolgerung daraus ist, dass Bilder eine höhere Betrachtungswahrscheinlichkeit haben als verbale Texte. Da sie besonders rasch wahrgenommen werden, sind Bilder üblicherweise auch die Einstiegsreize in einen Werbetext. Von jenen Personen, die Kontakt mit der Anzeige haben, betrachtet die Mehrheit (ca. 60-80%) zuerst das Bild. Zusätzlich lässt sich feststellen, dass ein Großteil der Betrachtungszeit einer Anzeige (ca. 50-80%) auf das Bild entfällt, wobei die durchschnittliche Betrachtungsdauer einer Anzeige zwischen ein und zwei Sekunden beträgt (vgl. Kroeber-Riel 1996: 53ff). Bilder dienen also eher als Text dazu, die Aufmerksamkeit der Rezipienten und Rezipientinnen zu erlangen. Auf Basis des Einstiegsreizes Bild entscheiden die Rezipienten und Rezipientinnen in der Folge, ob die Anzeige weiter betrachtet wird oder nicht (vgl. Schierl 2005: 16f). Weitere Vorteile des Bildes sind die Schnelligkeit, mit der dieses rezipiert werden kann und der emotionale Mehrwert, also die Leistungen Emotionen darzustellen und zu evozieren. Emotionen können dabei sowohl von der ästhetischen Qualität des Bildes, als auch von den dargestellten Inhalten ausgehen (vgl. Doelker 2002: 57, siehe auch Kapitel 5.3). Kroeber-Riel formulierte deshalb sogar die gewagte These, „dass die Bildwirkungen den Werbeerfolg weitgehend bestimmen" (Kroeber-Riel 1996: 18).

Ein weiterer für die Werbung wichtiger Vorteil, der Bildern gelegentlich zugesprochen wird, ist ihre „universelle Bildsprache", die eine standardisierte Bildverwendung in globalen Werbekampagnen ermöglichen soll. Unter anderem aus Kostengründen versucht Werbung heute nationale und kulturelle Grenzen zu überwinden. „Today, advertising is one of the most pervasive forms of global communication and a significant site of cultural production. As it crosses physical borders, advertising attempts to transcend ideological boundaries." (Tinic 1997: 3) Der Versuch, ideologische Grenzen zu überschreiten, erfolgt sehr häufig über visuelle Kommunikationsmittel. Es wird dabei argumentiert, dass Werbebilder global verständlich seien (vgl. die Ausführungen in Bulmer/Buchanan-Oliver 2006: 50). Allerdings besteht im bildwissenschaftlichen Diskurs weitgehende Übereinstimmung darin, dass Bilder kulturell gebunden sind und das Verständnis ihrer teilweise symbolischen Aussagen und Stile in starkem Maße von der Interpretation der Rezipienten und Rezipientinnen abhängig ist. Die globale Verständlichkeit von Bildern betrifft hauptsächlich die Motiverkennung (auf denotativer Ebene), während darüber hinausgehende Konnotationen und Bedeutungszuwei-

126   7 Visuelle Kommunikationsforschung und ihre Bilder

sungen stärker kulturell gebunden sind. Die Bezeichnung von werbebildlichen Darstellungen als eine mögliche Form von „visual Esperanto" tritt in der Literatur zwar immer wieder auf (vgl. Bulmer/Buchanan-Oliver 2006; Callow/Schiffman 1999), wird aber meist sogleich stark relativiert. Usunier (2000) bringt es auf den Punkt und betont, dass die Tatsache, dass Bilder überall verstanden werden den Werbeschaffenden eigentlich nicht weiterhilft. Die große Frage ist nämlich nicht „*whether* pictures are understood but *how* they are understood" (Usunier 2000: 471, zit. nach Bulmer/Buchanan-Oliver 2006: 52)[68]. Diese Gegenüberstellung des konsensualen Erkennens des Denotats eines Bildes und den darüber hinausgehenden Konnotationen, die je nach Rezipient oder Rezipientin stark divergieren können, findet sich auch bei Perlmutter und Dahmen (2008: 231): „In most cases [...] we generally agree what a famous picture *shows* (the identity and actions of the objects within the frame) but not necessarily what it means".[69]

Die Bedeutungen visueller Zeichen der Werbung entfalten sich, wie die Semiotik beschreibt, durch ikonische, indexalische und symbolische Zeichenbeziehungen. Daher sind Werbebilder mehr als naturalistische Realitätsrepräsentationen, die Motiverkennen erfordern. Im Gegenteil, häufig werden unkonventielle Metaphern und visuelle rhetorische Strategien verwendet, um die kognitive Verarbeitung der Betrachter und Betrachterinnen herauszufordern (vgl. Callow/ Schiffman 1999: 18ff), sodass der Werbestil auch nicht als naturalistisch, sondern sogar als konstruiert und unnatürlich empfunden wird. Dies hat auch Folgen für die Beurteilung der Werbeinhalte. Anders als bei journalistischen Bildern hat das Publikum hinsichtlich der Werbung ausreichend Persuasionswissen, um die Bilder als Konstrukte erkennen zu können, wie der nächste Abschnitt beschreibt.

Unnatürlichkeit als visueller Code der Werbung

Ganz im Gegensatz zu journalistischen Bildern, finden sich in Werbebildern meist keine authentisierenden Darstellungstechniken. Im Gegenteil, der konventionelle Werbestil, so Warlaumont (1997), verzerrt die Realität eher als sie abzubilden. Häufig zeigt Werbung eine glamourösere Welt, die suggeriert, wie das Leben nach dem Kauf des Produkts sein könnte. Werbebilder haben daher zunächst relativ wenig mit dem Leben, wie wir es kennen und jeden Tag erleben, gemeinsam (vgl. Warlaumont 1997: 39). Diese unrealistischen Darstellungsformen haben sich seit dem Beginn des 20. Jahrhunderts entwickelt und die wiederholte Anwendung dieser Werbestrategie hat mittlerweile dazu geführt, dass Rezipienten und Rezipientinnen sich von der Werbung auch unrealistische Darstellungsformen erwarten, die somit zu Werbeschemata geworden sind (vgl. Rosenblum

7.2 Das Bild in der Werbung   *127*

1978: 424; Warlaumont 1997: 39). Der Stil von Bildern liefert den Rezipienten und Rezipientinnen Hinweise auf das Genre und dessen Intentionen, sodass die meisten Menschen Nachrichtenbilder sehr rasch erkennen und diese klar von Werbebildern oder Kunstbildern unterscheiden können (vgl. Rosenblum 1978: 424). „Advertising photography [...] depicts extraordinary people or objects in extraordinary situations *presented in visually extraordinary ways*". (Rosenblum 1978: 424, Hervorheb. K.L.) Die visuelle Unnatürlichkeit kann, so Rosenblum, als die zentrale ästhetische Komponente der Werbefotografie bezeichnet werden (vgl. Rosenblum 1978: 424).[70]

Bezugnehmend auf die Schema-Theorie vermutet Warlaumont (1997) sogar, dass Realismus in Werbungen schemainkonsistent sein könnte und sie geht weiters davon aus, dass die Werte, die mit den beiden gegensätzlichen Formaten – Realität und Werbung – assoziiert werden, nicht vereinbar sind. Betrachten Rezipienten und Rezipientinnen Werbung, so erwarten sie, unabhängig von den dargestellten Personen und Objekten, Übertreibung und Persuasion (vgl. Warlaumont 1997: 41). Demnach stellt genau diese Darstellungsform die typische Werbeästhetik dar. Hier wurden typische – stark ästhetisierende – Bildstile der Werbung angesprochen. Der Vollständigkeit halber muss jedoch angemerkt werden, dass auch durchaus realistischere Darstellungsformen möglich sind, etwa dann, wenn die Werbung Stilmittel aus anderen Bereichen, wie zum Beispiel der Dokumentarfotografie entlehnt, um Werte, die mit den anderen Genres verbunden werden, anzunehmen. Zur Anwendung von fotodokumentarischem Stil in der Werbung siehe beispielsweise Warlaumont (1995).

Grabers (1996) Aussage „seeing is believing" gilt, wie die bisherigen Ausführungen zum Werbebild zeigen, nicht für alle Bilder. Vielmehr bestimmt der Kontext entscheidend mit, welche Erwartungen an visuelle Medieninhalte herangetragen werden und wie viel Glaubwürdigkeit ihnen zugesprochen wird. Tatsächlich leidet Werbung, wie mehrere empirische Studien belegen (vgl. z.B. Calfee/Ringold 1994; Soh/Reid/Whitehill King 2007, 2009; Zurstiege 2001) per se unter einem Vertrauensdefizit. Es ist die deutliche Tendenz der Konsumenten und Konsumentinnen zu bemerken, der Werbung generell zu misstrauen und ihr – zu Recht – Manipulationsabsichten zu unterstellen (vgl. Calfee/Ringold 1994: 228ff; Soh/Reid/Whitehill King 2007: 455). Das Werbepublikum erkennt somit die eigentliche Funktion der Werbung, die als kommunikativer Beeinflussungsprozess das Ziel verfolgt, mithilfe von (massen)medialer Kommunikation „gezielt Wissen, Meinungen, Einstellungen und/oder Verhalten über und zu Produkten, Dienstleistungen, Unternehmen, Marken oder Ideen [zu] beeinflussen". (Siegert/ Brecheis 2005: 26)

128   *7 Visuelle Kommunikationsforschung und ihre Bilder*

Dieser Kritik an Werbung im Allgemeinen, steht jedoch ein deutliches Faszinationspotenzial „gut gemachter" Werbung und spezieller Markenwerbungen gegenüber (vgl. Zurstiege 2005: 26f, 2001). Calfee und Ringold (1994) sowie Soh, Reid und Whitehill King (2007) fanden heraus, dass Konsumenten und Konsumentinnen Werbung generell als nicht sehr vertrauenswürdig beurteilen. Sie stehen der Webung also skeptisch gegenüber, während sie Werbung gleichzeitig dennoch eher mögen als nicht mögen. Sie beurteilen Werbung zum Beispiel als informativ und nützlich, um Kaufentscheidungen zu treffen (vgl. Fabris 2002: 535f; Soh/Reid/Whitehill King 2007: 468f). Weiters verweisen Rezipienten und Rezipientinnen gerne auf das Unterhaltungspotenzial der Werbung. Werbung präsentiert sich als „entspannte und unterhaltsame Mini-Show mit sofortigem und einfachem Genuss" (Fabris 2002: 535). Dies spricht unter anderem für die ästhetische Qualität von Werbung, die zu einem Großteil visuellen Darstellungen geschuldet ist. Werbung mit ihrer typisch unnatürlichen Bildsprache wird also einerseits als nicht glaubwürdig gesehen, andererseits aber sehr positiv beurteilt.

Das folgende Kapitel setzt sich damit auseinander, warum Werbung dennoch persuasive Wirkungen erzielen kann, obwohl ihre Glaubwürdigkeit gering ist und die persuasiven Intentionen bekannt sind.

Bildliche Persuasion, Imagery & Involvement in der Werbung

Persuasion erfolgt sehr häufig mittels der Anwendung rhetorischer Stilmittel. Immerhin ist Rhetorik die Kunst beziehungsweise die Wissenschaft des schönen Redens (ars/scientia bene dicendi) (vgl. Plett 2001: 1ff) und gilt es doch in der Werbung „die Einstellungen und das Verhalten des Publikums bzw. bestimmter Zielgruppen zu beeinflussen" (Schenk 2009: 443). In der Literatur finden sich Hinweise darauf, dass sich die besondere Wirksamkeit von Werbebildern durch unterschwellige Beeinflussung bei niedrigem Involvement entfaltet. Daraus ergibt sich die Notwendigkeit sich kritisch mit Werbebildern im Zusammenhang mit Persuasion auseinander zu setzten: „The visual elements of advertisements need to be closely monitored. Powerful yet subtle product claims can be made visually." (Wilkes/Bell 2000: 124)

Wilkes und Bell (2000) haben sich mit dem heiklen Thema der Bewerbung verschreibungspflichtiger Medikamente auseinander gesetzt. Sie fanden heraus, dass, wenn in der direkten Bewerbung von verschreibungspflichtigen Medikamenten, die durch rechtliche Rahmenbedingungen stark eingeschränkt ist, Täuschungen erkennbar waren, diese oft durch visuelle Botschaften, die weniger starken Reglementierungen unterliegen beziehen sich nicht so leicht reglementieren

7.2 Das Bild in der Werbung

lassen, erfolgte (vgl. Wilkes/Bell 2000: 124). Werbung manipuliert per definitionem und das auch – auf subtile Art und Weise – durch Bilder.

Werbung operiert oft auf der peripheren Route der Persuasion.[71] Während die zentrale Route der Persuasion eine aktive Auseinandersetzung der Rezipienten und Rezipientinnen und ein Abwägen der Botschaftsinhalte voraussetzt, beschreibt die periphere Route der Persuasion einen Überzeugungsprozess mit einem geringeren Elaborationslevel auf Seiten der Rezipierenden (vgl. Schenk 2009: 453ff). Bildkommunikation, so die theoretische Annahme, ist der Textkommunikation bei peripherer Informationsverarbeitung überlegen, da Bilder eine rasche und einfache Informationsaufnahme ermöglichen und dennoch sowohl gedankliche als auch emotionale Wirkungen hervorrufen können (vgl. Schenk 2009: 456).

Miniard et al. (1991) untersuchten, von dieser Annahme ausgehend, bildbasierte Persuasionsprozesse bei hohem und niedrigem Involvement und konnten in zwei Experimenten feststellen, dass die Produktbeurteilungen der Probanden durch affektgeladene periphere bildliche Reize bei niedrigem Involvement beeinflusst werden konnten. Diese Effekte verschwanden jedoch bei höherem Involvement (vgl. Miniard et al. 1991: 104).

In einer weiteren Untersuchung wurden von Miniard et al. (1991) auch Bilder mit produktrelevanten Informationen und Bilder ohne solche Informationen unter unterschiedlichen Involvement-Bedingungen getestet. Dies diente dazu, herauszufinden, wie Bilder wirken, wenn sie nicht als periphere Reize, sondern als Informationsbotschaften eingesetzt werden. Es stellte sich heraus, dass bildliche Stimuli, die produktrelevante Informationen beinhalten, die Beurteilungen der Produktattribute und des Produktes insgesamt beeinflussen. Jedoch konnte dieser Effekt nur bei hohem Involvement festgestellt werden. Bei niedrigem Involvement haben informationsgeladene Bilder keine Auswirkungen auf die Produktbeurteilung (vgl. Miniard et al. 1991: 99ff). Bloße Erinnerung von Elementen der Botschaft alleine ist nicht automatisch gleichbedeutend mit gelungener Persuasion (vgl. Schenk 2009: 452). Erfolgreiche Persuasion ist erst dann erreicht, wenn tatsächlich Einstellungs- oder Beurteilungsveränderungen erkennbar werden.

Die Ergebnisse dieser Experimente sprechen dafür, dass Bilder als periphere Reize tatsächlich wirksam sein können. Allerdings ist die bildliche Persuasionskraft vom Involvement der Rezipienten und Rezipientinnen abhängig. Ist das Involvement höher, so wirken Bilder eher dann, wenn sie auch produktrelevante Informationen übertragen. Attraktive Bilder mit starker Imagery-Funktion alleine wirken bei hohem Involvement nicht mehr.[72]

130   7 *Visuelle Kommunikationsforschung und ihre Bilder*

Persuasion durch implizite syntaktische Verknüpfungen

Die persuasive Leistung von Bildern (besonders unter Low-Involvement-Bedingungen) wird oft auf das Fehlen der expliziten Syntax bildhafter Zeichensysteme zurückgeführt (vgl. etwa Messaris 1997; Messaris/Abraham 2003, siehe Kapitel 4.3). Mit der Syntax visueller Kommunikation sind die Verbindungen zwischen zwei oder mehreren Bildern, die entweder sequentiell (wie z.b. im Film) oder auch simultan innerhalb eines Bildes (z.B. Montagen in Printwerbungen) auftreten können, gemeint (vgl. Messaris 1998: 75). Messaris (1998, 1997) beschäftigte sich intensiv mit visueller Syntax und geht davon aus, dass es gerade die syntaktische Unbestimmtheit von Bildern ist, die eine besondere Stärke im Persuasionsprozess der Werbung entfaltet: „In fact in the context of advertising this seeming ‚deficiency' of visual syntax is arguably one of its principal strenghts." (Messaris 1997: xiii) Er widmet deshalb einen ganzen Abschnitt seines Buches *Visual Persuasion. The Role of Images in Advertising* ausschließlich der Persuasion mittels visueller Syntax (vgl. Messaris 1997: 161-264.)

> „As soon as we go beyond the spatiotemporal interpretations, the meaning of visual syntax becomes fluid, indeterminable, and more subject to the viewer's interpretational predispositions than is than case with a communicational mode such as verbal language, which possesses an elaborate set of explicit indicators of analogy, causality, and other kinds of connections between two or more concepts." (Messaris 1997: xiii).

Die relative Unbestimmtheit propositionaler visueller Syntax mit ihrem Potenzial, implizit Bedeutungen zu übertragen, spielt eine zentrale Rolle im Persuasionsprozess, denn Werbebotschaften weisen ein eigentümliches Spannungsverhältnis auf. Einerseits muss ein Werbetext möglichst eindeutig sein, da er in möglichst kurzer Zeit auf effiziente Weise eine bestimmte Botschaft übermitteln muss. Gleichzeitig sind Werbetexte aber äußerst komplex und beinhalten zusätzliche verborgene Botschaften (vgl. Nöth 2000: 508). Moriarty (1987) konnte zeigen, dass symbolische Bilder in der Werbung häufiger verwendet werden als reine Abbildungen (wie z.B. Abbildungen um sachliche Informationen über das Produkt und seine Anwendung zu geben) (vgl. Moriarty 1987: 550ff). Es ist davon auszugehen, dass sich der Trend in Richtung symbolische Bilder noch verstärkt, da die Abgrenzung von Produkten (und Marken) immer weniger aufgrund tatsächlicher Produktunterschiede erfolgt, sondern zunehmend durch Abgrenzung ihre Images. Dazu wird in der Printwerbung meist ein Produkt gemeinsam mit einem positiven visuellen Element gezeigt, wobei eine kausale Verbindung zwischen den beiden Elementen suggeriert wird. Die positive Bedeutung des Bildes soll sich in der

7.2 Das Bild in der Werbung 131

Folge auf das Produkt übertragen, es sozusagen „aufladen" (vgl. u.a. Eco 2002: 270; Griesbeck 1998: 63; Messaris 1997: 184; Page 2006: 94).

Einige Beispiele für implizite Syntax in der Werbung

Messaris (1998) zeigte in seinen Analysen, dass das Fehlen einer expliziten Syntax der bildlichen Kommunikation durchaus Vorteile bieten kann, vor allem dann, wenn eine explizite Formulierung politisch nicht korrekt wäre oder auf Ablehnung stoßen würde. In einigen Werbungen wurde ein positiver Zusammenhang von Alkohol und sexuellem Erfolg durch die Bildsprache suggeriert. Eine derartige Aussage kann in einem Werbebild durch entsprechende Bildstrategien angedeutet werden, während sie in expliziter verbaler Form als ablehnenswert betrachtet werden würde (vgl. Messaris 1998: 75f). Ähnliche Bildassoziationen werden erreicht, wenn ein Nahrungsprodukt im Setting unberührter Natur gezeigt wird. Die Natürlichkeit der Umgebung überträgt sich durch die simultane Darstellung auf das Produkt.

Als ein Beispiel für eine Werbebotschaft, die besonders viele implizite Botschaften beinhaltet, gilt der einminütige Werbespot „1984" von Apple (vgl. Messaris 1997: 165; Stein 2002: 169). Der Spot wurde 1984 während des Super Bowl gezeigt und bewarb den ersten Macintosh Computer, der kurz vor der Markteinführung stand. Der Spot gilt als Meilenstein der Werbebranche (vgl. Stein 2002: 169). Die verantwortliche Werbeagentur war TBWA, die Regie führte Ridley Scott, der zuvor bereits Regisseur der Filme *Alien* (1979) und *Blade Runner* (1982) war. Der Werbesport gewann unzählige Preise, wie zum Beispiel den Cannes Grand Prix (1984), den Clio Award (1984), aber auch später den Preis für den Besten Super Bowl Spot aller Zeiten (2007). Die Bedeutung des Spots lässt sich auch an der ihm gewidmeten wissenschaftlichen Aufmerksamkeit messen. Mehrere Wissenschaftler und Wissenschaftlerinnen haben sich mit der Gestaltung und den Bedeutungen dieser Werbebotschaft beschäftigt, unter ihnen zum Beispiel Messaris (1997), Moriarty und Sayre (1992), Sayre, Wells und Moriarty (1996), Scott (1991) und Stein (2002).

Der Spot „1984" ist an den gleichnamigen Roman von George Orwell angelehnt. Die Handlung spielt in einem düsteren, futuristischen Gebäude, das ein Gefängnis oder eine große Fabrik sein könnte. Zwei parallele Handlungsstränge werden durch den Schnitt des Spots gegenübergestellt. Einer davon zeigt eine Menschenmasse, offenbar uniforme Arbeiter oder Gefangene, alle in der gleichen grauen und trostlosen Kleidung und mit kahl geschorenen Köpfen. Sie marschieren im Gleichschritt in eine große Halle und versammeln sich dort um die Ansprache eines Mannes auf einem großen Bildschirm zu verfolgen (siehe Abbildung 9). Parallel dazu läuft eine athletische Frau mit orangefarbener kurzer Hose und einem weißen Tanktop bekleidet in Richtung der Halle. Sie ist mit einem großen Hammer bewaffnet und wird von uniformierten Männern verfolgt (vgl. Abbildung 8). Schließlich erreicht sie die Halle und läuft im Mittelgang der Sitzreihen, auf denen die Arbeiter oder Gefangenen Platz genommen haben, auf den Bildschirm zu. In einiger Distanz bleibt sie stehen, dreht sich wie eine Hammerwerferin im Kreis und wirft den Hammer in Richtung des Bildschirms. Durch den Aufprall des Hammers explodiert der Bildschirm und unterbricht die ideologische Rede des Mannes. Das helle, durch die Explosion erzeugte Licht durchflutet den Raum. Die Gefangenen blicken mit staunenden Gesichtern in das Licht. Der Spot endet mit den Worten: „On January 24th, Apple Computer will introduce Macintosh. And you will see why 1984 won't be like ‚1984'."

Abbildung 8: „Laufende Frau" im Apple Spot „1984" (© Apple Inc./Regie:Ridley Scott)

Abbildung 9: „Big Brother" im Apple Spot „1984" (© Apple Inc./Regie:Ridley Scott)

Wie bereits erwähnt, ist dieser Spot voll von verborgenen Bedeutungen, welche vom Publikum auf unterschiedlichste Art und Weise interpretiert werden können. Eine spezifische implizite Anspielung hebt Messaris (1997) besonders hervor: Die Bilder des Spots weisen einen deutlichen Blaustich auf, besonders bei der visuellen Darstellung der Menschenmassen und des Gesichtes auf dem Bildschirm. Im Businessjargon wird IBM gerne unter anderem aufgrund des vormals blauen Logos als „Big Blue" bezeichnet. Durch die Anspielung auf George Orwells *1984* wird der Sprecher als „Big Brother" identifiziert. Die syntaktische Kombination der visuellen Elemente innerhalb des Werbespots liefert damit eine zusätzliche, implizite Bedeutungsebene mit, welche, so Messaris (1997) in der Folge die Assoziation erlaubt, IBM sei dieser „Big Brother":

7.2 Das Bild in der Werbung

> „If the woman in the ad represents the new Macintosh and the ad's factory- or prisonlike setting is IBM, then the implied overall message could be seen as a prediction that the flexible, dynamic Apple Computer is going to shatter the dominance of its rigidly bureaucratic rival." (Messaris 1997: 167)

Messaris' (1997) Interpretation zufolge ist die syntaktische Unklarheit des Apple Spots also in zweifacher Weise vorteilhaft: Einerseits konnte implizit eine Botschaft ausgedrückt werden, die in offen ausgedrückter Form nicht möglich gewesen wäre. Zusätzlich regte der Spot die Betrachter und Betrachterinnen dazu an, der Botschaft mehr Zeit zu widmen und sich genauer mit ihr auseinander zu setzen (vgl. Messaris 1997: 167).

Dieser Abschnitt befasste sich mit der Persuasionsweise, die auf impliziten visuellen Botschaftsaspekten beruht. Im Folgenden wird auf einen anderen, gesellschaftlich äußerst relevanten Aspekt visueller Kommunikation in der Werbung eingegangen: ihr Vergleichs- beziehungsweise Identifikationspotenzial.

Social Learning und Social Comparison – Der Vergleich mit Idealen der Werbung

Viele Studien, die sich mit dem Bild in der Werbung beschäftigen, beziehen sich auf die Social Learning Theory beziehungsweise die Social Comparison und Social Cognitive Theory (vgl. u.a. Goodman/Morris/Sutherland 2008; Luther 2009; Pompper/Koenig 2008; Sung/Hennink-Kaminski 2008)

Die sozial-kognitive Lerntheorie (Social Cognitive Theory) wurde 1978 von Albert Bandura entwickelt und dient als theoretischer Rahmen vieler Lerntheorien. Sie geht davon aus, dass das Erlernen sozialen Verhaltens zu einem Großteil auf dem Beobachten des Verhaltens anderer Personen und dessen Konsequenzen basiert (vgl. Bandura 2001: 270f). In starkem Zusammenhang mit der sozial-kognitiven Lerntheorie kann die Social Comparison Theory gesehen werden. Sie geht auf Festinger (1954) zurück und besagt, dass Menschen persönliche Bewertungen auf der Grundlage sozialer Standards durchführen. Durch den Vergleich mit anderen Menschen, gewinnen sie Informationen darüber, wo sie im Vergleich zu anderen stehen (vgl. Luther 2009: 282). Auch hier kommt den medial vermittelten Standards eine große Rolle zu, denn „even if individuals do not seek to compare themselves with others, if idealized images are presented, they might begin to make comparisons" (Luther 2009: 282). Den beiden Theorien zufolge neigen Menschen dazu, ihre Einstellungen, Meinungen und Fähigkeiten zu evaluieren, indem sie sich mit anderen vergleichen. Die Vergleichspersonen können dabei aus dem direkten, oder aber aus dem medialen Umfeld stammen, wobei der Einfluss des Letzteren vermutlich durch die Mediatisierung des Alltags zunimmt. Mit den

134 7 *Visuelle Kommunikationsforschung und ihre Bilder*

Worten Banduras (2001) lässt sich demnach feststellen: „a vast amount of information about human values, styles of thinking, and behavior patterns is gained from the extensive modeling in the symbolic environment of the mass media." (Bandura 2001: 271) Insbesondere die Werbung, so Bandura (2001), bietet einen reichen Fundus an „idealen" Verhaltensmodellen, die Erfolg, Liebe und Zufriedenheit garantieren:

> „Because the potency of vicarious influences can be enhanced by showing modeled acts bringing rewards, vicarious outcomes figure prominently in advertising campaigns. Thus, drinking a certain brand of wine or using a particular shampoo wins the loving admiration of beautiful people, enhances job performance, masculinizes self-conception, actualizes individualism and authenticity, tranquilizes irritable nerves, invites social recognition and amicable reactions from total strangers, and arouses affectionate overtures from spouses." (Bandura 2001: 282f)

Es herrscht weitgehend Konsens darüber, dass Werbung keine realistischen Verhältnisse zeigt (vgl. Richins 1991: 71). Werbebilder zeigen aber, wie die Realität sein könnte und sind damit besonders erstrebenswerte Ideale. Zahlreiche Untersuchungen beschäftigen sich damit, herauszufinden, welche Wirkung die Darbietung einer fiktiven, aber perfekten Realität auf ihre Betrachter und Betrachterinnen ausübt. Die Ergebnisse reichen dabei, vom Befund, dass diese den idealisierten Zustand nicht anstreben, da sie den fiktiven Werbecharakter erkennen, bis hin zur empirischen Messung von werbebedingtem verminderten Selbstwertgefühl oder Unzufriedenheit bei den Rezipienten und Rezipientinnen, was teilweise sogar zum Auftreten von Essstörungen, insbesondere angesichts der unerreichbaren Perfektion der Körper und Menschen in der Werbung, führt (vgl. Richins 1991: 71ff, siehe auch Goodman/Morris/Sutherland 2008; Luther 2009 und Thomsen 2002). Es ist daher auch naheliegend, dass Forschungen zu Werbebildern in starkem Zusammenhang mit der Körperbildforschung stehen (vgl. exemplarisch Pompper/Koenig 2004; Pompper/Soto/Piel 2007).

Die besondere Macht von Werbebildern und deren Identifikationspotenzial kann nun dadurch erklärt werden, dass erstrebenswerte Konzepte durch visuelle Darstellung besonders konkret und gegenständlich gezeigt werden. Die Rezipienten und Rezipientinnen können idealtypische Repräsentationen mit eigenen Augen sehen, wodurch diese an Realitätsbezug gewinnen.

Visuelle Stereotypisierung in Werbebotschaften

Nicht zuletzt aufgrund des permanenten Zeitdrucks operiert Werbung sehr häufig mit stereotypen Darstellungen. Die zentralen wissenschaftlichen Forschungs-

7.2 Das Bild in der Werbung

stränge zu Stereotypenforschung in der Werbung befassen sich mit der Darstellung von Frauen (vgl. exemplarisch Holtz-Bacha 2008a, 2008b; Jäckel/Derra/Eck 2009; Lafky et al. 1996; Schmerl 2006a, 2006b) und in letzter Zeit auch vermehrt mit der Darstellung von Männern (vgl. exemplarisch Pompper/Soto/Piel 2007; Zurstiege 1998). Außerdem kann die Darstellung von ethnischen Minderheiten in der Werbung als ein gut beforschtes Gebiet betrachtet werden (vgl. exemplarisch Knobloch-Westerwick/Coates 2006; Lee/Joo 2005; Taylor/Bang 1997).

Werbung erfüllt in Bezug zur Gesellschaft eine Doppelrolle. Einerseits reflektiert Werbung gesellschaftliche Verhältnisse, andererseits wirkt sie auf diese zurück (vgl. Holtz-Bacha 2008b: 9). So kann Werbung nach Schmidt und Zurstiege (2002) als Spiegel beziehungsweise Barometer der Gesellschaft betrachtet werden, oder eben als aktiver Interaktionszusammenhang, sozusagen als Motor, der als Abbild und Vorbild zugleich, gesellschaftlichen Wandel mitgestaltet (vgl. Schmidt/Zurstiege 2002: 174, Zurstiege 2002: 135).[73] Vor diesem Hintergrund wird auch klar, weshalb die Werbeforschung sich so stark und kritisch mit stereotypen Darstellungsmustern beschäftigt: Werbung kann eine Sozialisierungsfunktion übernehmen. Werbung zeigt, so Holtz-Bacha (2008b), „was eine Gesellschaft für typisch weiblich oder auch typisch männlich hält, welche Rollen den Geschlechtern zugewiesen werden, welche Erwartungen an sie herangetragen werden, welches Verhalten bei Frauen oder Männern akzeptiert bzw. abgelehnt wird." (Holtz-Bacha 2008b: 9f) Allerdings warnt Zurstiege (1998) zugleich vor einer einseitig negativen Konnotierung des Begriffs Stereotyp, „weil dabei die positiven Leistungen von Stereotypen für die Ökonomie der Wahrnehmung von Individuen und für die Strukturierung von Kommunikation übersehen werden" (Zurstiege 1998: 33). Stereotypisierung dient nämlich zunächst der Vereinfachung von Kommunikation. Damit Werbung sich gegen begrenzte Zeit und gegen begrenzte Aufmerksamkeit auf Seite der Rezipienten und Rezipientinnen durchsetzen kann, sind klare, prägnante Botschaften erforderlich. Dem Bild kommt dabei eine zentrale Rolle zu: Bei aller bildinhärenter Ambiguität, ist ein Werbebild stets klar intentional, denn um ein Produkt verkaufen zu können, muss die Botschaft klar (visuell und/oder verbal) formuliert sein (vgl. Avraham/First 2003: 283). „Die Bilder der Werbung sind folglich immer Bilder, die für eine bestimmte Aussage geschaffen wurden und eine konkrete kommunikative Funktion erfüllen sollen. Sie sind Mittel zum Zweck, nie Selbstzweck." (Bishara 2006: 78) Die einfache und rasche Kommunikationsweise von Bildern, gemeinsam mit ihrer impliziten Syntax, erfüllt die Anforderungen der Werbung, vereinfachte Kommunikation zu bieten, auf ideale Weise, weshalb die Werbung auch besonders häufig visuelle Stereotype einsetzt. Visuelle Stereotype sind dabei relevante alltagskulturelle Elemente, welche gesellschaftliche Verhältnisse und Normen mitbestimmen beziehungsweise rückbestätigen. Schon deshalb ist eine grundlegende und kritische Auseinandersetzung mit visuellen Darstellungsformen und ihren potenziellen Wirkungen essenziell.

Das Kapitel hat auch gezeigt, dass sich nicht nur die Medienbilder und ihre Funktionen in Werbung und Journalismus deutlich voneinander unterscheiden, sondern auch die damit verbundenen Forschungstendenzen in der Kommunikations- und Medienwissenschaft.

7.3 Das Bild in den Public Relations beziehungsweise in der Unternehmenskommunikation

Die bisherigen Abschnitte dieses Kapitels zeigten, dass sowohl zum journalistischen, wie auch zum kommerziellen Werbebild zahlreiche wissenschaftliche Befunde vorliegen. Für das Bild in den Public Relations beziehungsweise in der Unternehmenskommunikation trifft dies dagegen nicht zu. Das „PR-Bild" kann durchaus als vernachlässigtes Forschungsthema bezeichnet werden (vgl. Hoffjann 2009: 26). Dieses Kapitel setzt sich daher zunächst mit der Frage auseinander, was ein PR-Bild ist, und wie es sich von den bisher besprochenen Medienbildarten abgrenzen lässt.

Während visuelle Elemente in den Public Relations bisher kaum systematisch wissenschaftlich bearbeitet wurden, wird ihre Rolle in der Praxis durchaus anerkannt und honoriert. Bereits seit 2007 wird jährlich der obs-Award verliehen, der die besten PR-Bilder des Jahres in Österreich, Deutschland und der Schweiz kürt. Mittlerweile wurde der Bewerb in „PR-Bild Award" umbenannt. Die Siegerbilder werden auf der Website http://www.pr-bild-award.de präsentiert.[74] Als Einstieg in die Beschreibung der Bildart „PR-Bild" wird dieser Bewerb nun kurz vorgestellt, denn es ist anzunehmen, dass die zentralen Leistungen, die Bilder in den Public Relations erbringen sollen, von prämierten Bildern in besonderer Weise erfüllt werden.

Die besten PR-Bilder – Awardisierung als Leistungsdiagnose

Mögliche Einreichungen für den obs-Award sind laut Teilnahmebedingungen des Bewerbs ausschließlich Bilder, die für den Einsatz in der Pressearbeit und PR produziert wurden. Bilder können von Unternehmen und PR-Agenturen eingereicht werden. Werbebilder und Bilder, die für den unternehmensinternen Ge-

7.3 Das Bild in Public Relations bzw. Unternehmenskommunikation

brauch hergestellt werden, werden dagegen dezidiert ausgeschlossen (vgl. obs-Award 2010).[75] Diese klare Abgrenzung von PR- und Werbebild innerhalb des Bewerbs legt nahe, das PR-Bild als eigene Bild-Gattung (wie das journalistische Bild oder das Werbebild) zu verstehen, wobei die Grenzen dabei oft fließend sind (vgl. obs-Award 2010).

Abbildung 10 zeigt das Siegerbild 2009 in der Kategorie „Produktbild". Den Preis erhielt Panasonic Marketing Europe für das Produktbild des „Panasonic Toughbooks CF-30" vom Fotografen Mert Dürümoglu (vgl. obs-Award 2009). Das Bild zeigt einen Laptop, der den Belastungen im Outdoor-Einsatz standhalten muss. Er wurde von einem Fahrzeug überrollt und ist dennoch unbeschädigt. Das Bild repräsentiert die besonderen Produktleistungen „belastbar" und „robust" in einer orignellen Bildidee mit besonderer visueller Ästhetik.

Abbildung 10: Siegerbild des obs-Award 2009 in der Kategorie „Produktbild"(© Panasonic Marketing Europe GmbH)

Der zweite Platz (siehe Abbildung 11) in der Kategorie „Portrait" ging an die Robert Bosch Stiftung für das Portraitbild von María Cecilia Barbetta, der Förderpreisträgerin des Adelbert-von-Chamisso-Preis der Robert Bosch Stiftung 2009. (Fotograf: Yves Noir, vgl. obs-Award 2009) Auch dieses Bild überzeugt durch eine äußerst künstlerische Bildsprache und unterscheidet sich somit klar von journalistischen Bildern, deren Bildstil als naturalistisch bezeichnet wurde und zugunsten der authentischen Realitätsabbildung in den Hintergrund tritt. Hier geht es natürlich weniger um eine realitätsgetreue Abbildung der Preisträgerin, sondern um eine visuelle Darstellung ihrer Kreativität als Schriftstellerin.

Abbildung 11: Zweiter Platz des obs-Award 2009 in der
Kategorie „Portrait"(© Panasonic Marketing Europe GmbH)

Beide Bilder wurden speziell für PR-Zwecke produziert. Unklar dabei ist jedoch noch immer, welche inhaltlichen Charakteristika ein PR-Bild tatsächlich ausmachen und wie es sich etwa von einem Werbebild unterscheiden lässt, denn der ästhetische Bildstil beider Fotografien ähnelt dem typischer Werbefotografien. Folgt man den Ausführungen zum PR-Award, so wird ein Bild offenbar durch seine Verwendung im Kontext der Public Relations zu einem PR-Bild. Die kontextbezogene Einschränkung des Bildbegriffs wurde auch bereits bei der Beschreibung des journalistischen Bildes besprochen (siehe Kapitel 7.1) und erwies sich dort als sehr tauglich, da die journalistische Bildpraxis ganz eigene, nämlich authentisierende, Darstellungskonventionen mit sich bringt.

In Bezug auf das PR-Bild lassen sich durch die bloße Verortung im Feld der Public Relations noch keine klaren Konventionen entdecken, da die wissenschaftliche Diskussion um mögliche Bildfunktionen und -leistungen hier noch nicht so weit fortgeschritten ist.

7.3 Das Bild in Public Relations bzw. Unternehmenskommunikation 139

PR-Bilder in der PR-Praxis

Geht man davon aus, dass Forschungsrelevanz erst durch Anwendungs- und Praxisrelevanz eines Phänomens in besonderer Weise erzeugt wird, so erscheint ein Blick in „How-to"-Bücher lohnenswert.

In Degs (2009) *Basiswissen Public Relations*, welches sich als „handfester Wegweiser für die praktischen Fragestellungen im PR-Alltag" (Deg 2009: 11) positioniert, finden sich tatsächlich einige Hinweise auf die Rolle des Bildes in den Public Relations. Zusammenfassend besagt dieses Handbuch, dass Pressemitteilungen und Pressetexte nach Möglichkeit mit Bildern und Grafiken angeboten werden sollten, um deren Abdruckwahrscheinlichkeit zu erhöhen, denn – in Degs Worten – „Journalisten mögen Bildmaterial" (Deg 2009: 78) und Redaktionen sind immer auf der Suche nach gutem Bildmaterial (vgl. Deg 2009: 117).

Hoffjann (2009) beschäftigt sich ebenfalls mit der Frage, wie Visualisierung zur Aufmerksamkeitsgewinnung in der Pressearbeit eingesetzt werden kann und kommt zu dem ähnlichen Fazit, dass PR-Bilder in der Pressearbeit zunächst einmal die Aufmerksamkeit der Journalisten und Journalistinnen sichern können. Bilder in der Pressearbeit sind insbesondere Fotos, Filmmaterial und Infografiken, die Journalisten und Journalistinnen oder Redaktionen als Pressematerial zur Verfügung gestellt werden (vgl. Hoffjann 2009: 26). Das hängt einerseits mit der Aufmerksamkeitsstärke von Bildern generell zusammen, andererseits aber auch damit, dass PR-Bilder in der Pressearbeit noch eher selten sind und deshalb per se auffallen (vgl. Hoffjann 2009: 26). Hoffjann beschreibt die Visualisierbarkeit von Themen als ein journalistisches Selektionskriterium, weshalb Bilder in einigen Fällen „die *Voraussetzung* für Berichterstattung" (Hoffjann 2009: 31, Hervorheb. i. Original) sind. In Kapitel 7.1. wurde bereits dargestellt, dass Visualisierung bereits als Nachrichtenfaktor im Journalismus gilt. Dies trifft somit auch auf Bilder in der Pressearbeit zu (vgl. Hoffjann 2009: 27).

Als inhaltliche Leitlinie für Pressbilder gilt folglich, dass sich PR-Bilder, ebenso wie PR-Texte, an den journalistischen Codes orientieren müssen, um ihre Funktion zu erfüllen. Für Bilder bedeutet dies: „Keine Werbebildchen" (Deg 2009: 118). Sind die werblichen Intentionen stark erkennbar, eignet sich das Bild nicht für eine Verwendung im journalistischen Kontext, der am Code der Aktualität, Relevanz und Authentizität orientiert ist. Auch Sadler-Trainor (2005) betont die Wichtigkeit, Bilder dem Anwendungkontext anzupassen. Public Relations Praktiker müssen die journalistischen Darstellungskonventionen präzise berücksichtigen, um nicht der werblichen oder unterhaltenen Kommunikation zugeordnet zu werden, was in der Auffassung Sadlor-Trainors nämlich zu einem erheblichen Glaubwürdigkeitsverlust führen würde (vgl. Sadler-Trainor 2005: 9).

140   *7 Visuelle Kommunikationsforschung und ihre Bilder*

All diese Ausführungen beziehen sich auf das Tätigkeitsfeld der Pressearbeit. Betrachtet man dagegen die Beispielbilder des PR-Bild Awards, so fällt ihr Bildstil auf, der ästhetisiert, wie beim Werbebild, und nicht naturalisiert, wie beim journalistischen Bild. Diese Diskrepanz zwischen gefordertem und prämiertem Bildstil lässt sich damit erklären, dass Public Relations beziehungsweise Unternehmenskommunikation weitaus mehr umfassen als die bisher besprochene Pressearbeit. Dies wird durch die Schwierigkeit einer klaren Begriffsdefinition unterstrichen, denn Public Relations, Öffentlichkeitsarbeit und manchmal auch Unternehmenskommunikation sind Begriffe die mitunter synonym verwendet werden.

Der Public Relations Verband Austria (PRVA) definiert Public Relations als

> „alle konzeptiven und langfristigen Maßnahmen eines PR-Trägers zur Wahrnehmung seiner Verpflichtungen und Rechte gegenüber der Gesellschaft beziehungsweise Öffentlichkeit mit dem Ziel, gegenseitiges Vertrauen aufzubauen und zu fördern" (PRVA 2009).

Public Relations ist strategische Organisationskommunikation zur Erreichung ihrer Ziele und „understood broadly as encompassing all communication efforts of an organization to negotiate its relations with actors in the field(s) where it itself is an actor" (Ihlen 2004: 4). Kunczik und Weber verstehen PR weiters als „sämtliche Versuche von zweckgerichteten sozialen Systemen [...], die Öffentlichkeit oder bestimmte Teilöffentlichkeiten durch Selbstdarstellungen zu beeinflussen", um „die jeweils eigenen Interessen unter Berücksichtigung der öffentlichen Meinung so weit wie möglich durch[zu]setzen." (Kunczik/Weber 1993: 46).

Einige Autoren und Autorinnen bezeichnen den Begriff der Public Relations als überholt und sprechen stattdessen von Unternehmenskommunikation. Dies hat mitunter zu einer Gleichsetzung von unternehmerischer PR und Unternehmenskommunikation in einigen Publikationen geführt (vgl. dazu exemplarisch die Ausführungen von Beger/Gärtner/Mathes 1989: 32; Kunczik 2002: 332). Zerfaß (2004) bezeichnet „alle kommunikativen Handlungen von Organisationsmitgliedern, mit denen ein Beitrag zur Aufgabendefinition und -erfüllung in gewinnorientierten Wirtschaftseinheiten geleistet wird" als Unternehmenskommunikation (Zerfaß 2004: 287). Tatsächlich ist diese Definition fast ident mit den oben angeführten Public Relations-Begriffen. Zerfaß (2004) spricht sich jedoch gegen eine undifferenzierte Gleichsetzung von Unternehmenskommunikation und PR aus (vgl. Zerfaß 2004: 290) und plädiert in seinem Ansatz für eine Integration aller kommunikativen Aktivitäten in und von Unternehmen. Dabei ist es besonders wichtig, dass ihre Teilaspekte aufeinander abgestimmt sind.[76] Zerfaß unterscheidet zwischen drei Hauptaufgabenfeldern der Unternehmenskommunikation, (1) Public Relations, (2) Martkkommunikation und (3) Organisationskommunikation

7.3 Das Bild in Public Relations bzw. Unternehmenskommunikation 141

(interne Unternehmenskommunikation) (vgl. Zerfaß 2004: 289). Alle drei Felder tragen in unterschiedlicher Weise zur Realisierung und Durchsetzung der strategischen Konzepte der Unternehmenskommunikation bei (vgl. Zerfaß 2004: 307f).

Alexander Berzler (2009a, 2009b, 2007) stellt ein Modell der Visuellen Unternehmenskommunikation vor, das auf dem Ansatz der integrierten Kommunikation (vgl. auch Bruhn 2006) basiert. Dieses Modell stellt die breitest mögliche Definition eines „PR-Bildes" dar und wird hier in der Folge genauer behandelt, um dem Konzept im Anschluss die vorherrschende Auseinandersetzung mit visueller Unternehmenskommunikation, die im Wesentlichen auf die bloße Gestaltung der Visual Corporate Identity beschränkt bleibt, gegenüberzustellen.

Visuelle Unternehmenskommunikation

In seiner Dissertation *Visuelle Unternehmenskommunikation* definiert Berzler Visuelle Unternehmenskommunikation folgendermaßen:

> „Visuelle Unternehmenskommunikation umfasst die strategische Botschaftsvermittlung mittels sämtlicher dem Unternehmen zur Verfügung stehender visueller Kommunikationsformen, welche eingesetzt werden, um kurz-, mittel- oder langfristigen ökonomischen oder außerökonomischen Zielen zu dienen." (Berzler 2009a: 241)

„Visuelle Unternehmenskommunikation", die sich aus den Begriffen „Visuelle Kommunikation" und „Unternehmenskommunikation" zusammensetzt, umfasst bei Berzler (2009b) sämtliche visuelle Stimuli, die einem Unternehmen zur Verfügung stehen. Das sind etwa Bilder, grafische Zeichen, visuelle Kommunikationsmittel (wie z.B. Plakate, Imagebroschüren, Werbespots), architektonische Elemente, Webauftritt, Kleidung der Mitarbeiter und Mitarbeiterinnen, Fahrzeuge und vieles mehr (vgl. Berzler 2009b: 7). Alle visuell wahrnehmbaren Elemente eines Unternehmens sind auch als Instrumente der visuellen Unternehmenskommunikation zu betrachten. In Berzlers (2009a) Modell ist die Corporate (Brand) Identity (CBI) die Ausgangsbasis der Visuellen Unternehmenskommunkation (VUK) (siehe Abbildung 12).

Im Zentrum des Modells steht der Transformationsprozess der Visuellen Unternehmenskommunikation. In diesem Prozess wird der zu vermittelten Kommunikationsinhalt entsprechend den Vorgaben der Unternehmensstrategie, welche sich aus der Definition der Corporate (Brand) Identity ableitet, in eine visuelle Form überführt. Berzler spricht sich in diesem Zusammenhang für eine Lockerung beziehungsweise sogar für eine Aufhebung der Grenzen zwischen Branding, Corporate Identity und Corporate Design, Werbung und Public Relations aus.

Deshalb fügt er die Konzepte zur „Corporate (Brand) Identity" als Ausgangspunkt seines Modells zusammen. Es soll das Konzept einer identitätsorientierten Unternehmensführung in einem Ausdruck inhaltlich vereint werden „um eine Trennung von Markenführung (Branding) und Unternehmensphilosophie (Corporate Identity) bewusst entgegen zu wirken" (Berzler 2009b: 9).

Das Ergebnis dieses visuellen Konzeptionsprozesses stellen die zwei formalen Hauptkomponenten in Berzlers Modell dar: (1) Das Corporate Design und (2) das Kommunikationsdesign.

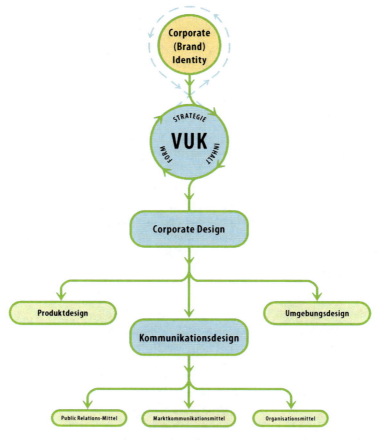

Abbildung 12: Modell „Visuelle Unternehmenskommunikation" (Berzler 2009a: 237).

7.3 Das Bild in Public Relations bzw. Unternehmenskommunikation 143

Im Corporate Design wird das visuelle Erscheinungsbild in Form von Regeln und Normen definiert. Es liefert Designvorgaben für *alle* kommunikativen Handlungen des Unternehmens. Diese Vorgaben müssen im Produktdesign, im Umgebungsdesign und im Kommunikationsdesign eingehalten werden. Nur dann ist eine konsistente und konsequente integrierte Visuelle Unternehmenskommunikation möglich.

Das Kommunikationsdesign setzt je nach Handlungsarena unterschiedliche Mittel ein: (1) Public Relations-Mittel, (2) Marktkommunikations- bzw. Werbemittel und (3) Organisationsmittel. Diese Differenzierung übernimmt Berzler (2009b) von Zerfaß (2004). Die visuellen Kommunikationsmittel einer Unternehmens müssen daher folgenden Aufgaben erfüllen:

> Sie sollen nicht nur (1) ästhetisch anmuten, sondern auch (in der vorherrschenden Informations- und Werbeflut) (2) auffallen, sich (3) von jenen der Konkurrenz abheben, (4) die festgelegten Botschaften visuell derart vermitteln, dass diese auch für die Rezipienten dechiffrierbar sind, (5) zum Aufbau des gewünschten Soll-Images beitragen und (6) stets die Marken und/oder Kommunikationsphilosophie kommunizieren." (Berzler 2009b: 14)

Mit diesem Verständnis wird die Bedeutung von visueller Kommunikation für die Unternehmenskommunikation entscheidend gestärkt. Visuelle Botschaften sind demnach nicht als rein ästhetische, dekorative Elemente, sondern als strategische Instrumente der Unternehmenskommunikation zu betrachten. Deshalb spricht sich Berzler auch dafür aus, das Firmen das visuelle Differenzierungspotenzial unter anderem durch „Corporate Identity-Fotografie", also durch die Entwicklung eines eigenen bildlichen beziehungsweise fotografischen Stils besser ausschöpfen sollten. Die Entwicklung eines visuell-fotografischen Stils wird von Unternehmen bisher kaum forciert (vgl. Berzler 2009a: 260). Die oben angeführten PR-Award-Preisträger können dagegen als Best-Pratice-Bespiele für bildliche PR dienen.

Betrachtet man „PR-Bilder" nicht ausschließlich als Bilder für die Pressearbeit, sondern vielmehr als visuelle Elemente der strategischen Unternehmenskommunikation, so lässt sich der „werbliche" Bildstil der PR-Award-Bilder erklären. Allerdings bringt diese Auffassung andere Definitionsprobleme mit sich: „PR-Bilder", beziehungsweise Bilder der Unternehmenskommunikation, müssen demnach je nach dem, ob sie als Public Relations-Mittel, als Marktkommunikationsmittel oder als Organisationsmittel eingesetzt werden, grundlegend unterschiedliche Aufgaben erfüllen. Sie lassen sich nicht durch ihren Bildstil bestimmen, was beim journalistische Bild und beim Werbebild aufgrund ihrer sehr gegensätzlichen Produktionskontexte teilweise möglich war. Beim PR-Bild wandelt sich der Kontext dagegen je nach Einsatz des Bildes. Es ist dann der spe-

144   7 Visuelle Kommunikationsforschung und ihre Bilder

zifische Kontext, der das Bild bestimmt und nicht der Bildinhalt beziehungsweise Bildstil selbst.

Corporate Visual Identity

Die meisten wissenschaftlichen Auseinandersetzungen mit bildlichen Aspekten der Unternehmenskommunikation gehen, im Gegensatz zu Berzlers (2009b) Modell, jedoch nicht über die Beschäftigung mit Corporate Visual Identity, also der visuellen Unternehmensidentität, in einem sehr engen Sinne hinaus.[77] Dabei wird meist auf die Rolle von grafischem Design, Firmennamen, Logo, Slogan, Farbe und Typografie eingegangen (vgl. van den Bosch/de Jong/Elving 2006: 138), was im Wesentlichen dem Corporate Design eines Unternehmens entspricht. Dementsprechend erschöpft sich die Auseinandersetzung mit visueller Unternehmenskommunikation in der strategischen Planung einiger weniger Symbole und visueller Elemente, die das Unternehmen repräsentieren. „Guidelines for the use of the name, logo, colors, and typeface of the organization must result in a consistent set of visual cues that express the essence of an organization." (van den Bosch/de Jong/Elving 2006: 139)

Diese Beschränkung auf wenige Elemente hängt mit der Verortung visueller Elemente und ihrer Rolle bei der Bildung von Unternehmensidentität in manchen Modellen zusammen. Unternehmensidentität ist ein sehr weit gefasstes Konzept und bezeichnet „the set of meanings by which an object allows itself to be known and through which it allows people to describe, remember and relate to it" (van Rekom 1997: 411).[78]

Die Corporate Identity ist mit dem Image und der Reputation eines Unternehmens verknüpft. Die Bestandteile, die zum Aufbau dieser Identität beitragen, sind (bei van den Bosch/de Jong/Elving 2006: 139) (1) Verhalten des Unternehmens, (2) Kommunikation des Unternehmens und (3) Corporate Symbolism. Van den Bosch, de Jong und Elving (2006) bezeichnen die Corporate Visual Identity als den Hauptausdruck von Corporate Symbolism, einem eigenen, vom Feld der Kommunikation getrennten, Bereich, der weitestgehend dem Coporate Design (wie oben angeführt) entspricht. Die Ausführungen von Berzler (2009b) zeigen dagegen deutlich, dass mit einigen Grafikelementen noch keine stimmige Visuelle Unternehmenskommunikation erzeugt werden kann, sondern, dass vielmehr alle visuellen Elemente im Unternehmen auch als strategische Elemente der Unternehmenskommunikation eingesetzt werden können. Auch Melewar und Saunders (2000) betonen, dass die Unternehmensidentität keine reine Designangelegenheit ist: „Being more complicated that ‚just design', corporate identity embraces all

7.3 Das Bild in Public Relations bzw. Unternehmenskommunikation 145

the facets of an organisation that influence the way people see and think about them." (Melewar/Saunders 2000: 538) All diese Facetten, welche in Form von kommunikativen Handlungen erfolgen (vgl. Zerfaß 2004: 287), können visuell vermittelt werden.

Ein Blick in die Forschungspraxis zum PR-Bild

Bisher gibt es sehr wenige wissenschaftliche Arbeiten, die sich mit Bildern in der Unternehmenskommunikation auseinander setzen. Ein rares Beispiel ist der Beitrag von Kunczik und Weber (1993), die sich mit der Bildanwendung zu PR-Zwecken beschäftigen. In diesem Beitrag werden PR-Anzeigen ausländischer Staaten in deutschen Zeitungen und Zeitschriften inhaltsanalytisch untersucht (vgl. Kunczik/Weber 1993). Staatliche PR sind auch eine Form der Organisationskommunikation (vgl. van den Bosch/de Jong/Elving 2006: 140). PR sind ein Mittel der Vertrauensbildung, die mitunter auch klassische Werbemittel zur Erreichung der Ziele einsetzen. Allerdings unterscheiden sich die formalen Gestaltungsmuster von PR-Anzeigen von herkömmlichen Werbeanzeigen (vgl. Kunczik/Weber 1993: 51). Da PR-Anzeigen informationsorientiert sind, ist ihr Aufbau textlastig, wogegen Werbeanzeigen stark auf die Visualisierung der Inhalte setzen.

Müller (2009) setzt sich mit der Verbindung von Produktwerbung und politischer Kommunikation auseinander und kommt zu dem Schluss, dass die Produktwerbung auch die Politik durchdringt. „Die Politik setzt ihre Botschaften mittels professioneller Marketing- und PR-Strategien um und reduziert politische Komplexität mittels aus der Produktwerbung bekannter Darstellungsstrategien." (Müller 2009: 188) Trotz der Wichtigkeit von Bildern im Kommunikationsalltag wurden die visuellen Kommunikationsmittel, die in der politischen PR eingesetzt werden, in der Wissenschaft noch kaum behandelt (vgl. Müller 2009: 188).

Dies gilt, wie dieser Abschnitt zeigte, nicht nur für politische PR, sondern generell für das Forschungsfeld der PR und Unternehmenskommunikation.

Public Relations verfolgen das Ziel, Vertrauen aufzubauen und zu fördern. Gerade die Glaubwürdigkeit, die entscheidend zum Vertrauensaufbau beiträgt, ist eine der zentralen Bildleistungen mancher, aber nicht aller, Medienbilder. Es liegt also nahe Bilder in der Öffentlichkeitsarbeit zum Vertrauensaufbau einzusetzen, wozu jedoch praktische Expertise nötig ist (vgl. Sadler-Trainor 2005: 8). „In fact, this emphasis on visual communications means that public relations professionals must learn as much about the paint brush as the pen." (Sadler-Trainor 2005: 7) Dies gilt auch für die Kommunikationsforschung, die sich zukünftig verstärkt mit

146   *7 Visuelle Kommunikationsforschung und ihre Bilder*

den Visualisierungstendenzen in den Public Relations und der Unternehmens-kommunikation auseinander setzen muss. Der nächste Abschnitt beschäftigt sich mit politischer Kommunikation und skizziert überblickshaft die Rolle des Bildes in diesem Themenbereich. In der politischen Kommunikation finden sich sowohl Bildanwendung aus dem Bereich des Journalismus, der Werbung und der Public Relations. In diesem Sinne kann der Abschnitt zum politischen Bild als Zwischenfazit und Überblick über die drei zuvor skizzierten Bildkontexte gelesen werden.

7.4   Das Bild in der politischen Kommunikation

Politik präsentiert sich heute, so Sarcinelli (1998), als ein überwiegend massenmedial vermitteltes Geschehen (vgl. Sarcinelli 1998: 702), deren mediale Darstellung bestimmt, ob politische Entscheidungen von bestimmten Zielgruppen als legitim beurteilt werden, oder nicht (vgl. Scheufele/Gasteiger 2007: 534). Mediale Kommunikation, so das aktuelle Verständnis, ist in einer hoch differenzierten und komplexen Gesellschaft der einzige Ort, an dem Politik die für das politische System erforderliche Öffentlichkeit herstellen kann (vgl. Hofmann 2008: 278). Mediale Visualisierungstrends wirken sich deshalb auch auf die politische Kommunikation aus, weshalb die mediale Politikvermittlung, so Knieper und Müller, kaum mehr „logozentriert", sondern primär „ikonozentriert" stattfindet (Knieper/ Müller 2004: 7). In diesem Zusammenhang wird auch von einer zunehmenden Visualität von Politik gesprochen (vgl. Hofmann 2008: 272; Knieper/Müller 2004: 7f).

Hofmann (2008) geht davon aus, dass Veränderungen im Kommunikationssystem aller Wahrscheinlichkeit nach auch zu Auswirkungen und Veränderungen der jeweiligen Möglichkeiten demokratischer Entscheidungsfindung und ihrer theoretischen Reflexion führen (vgl. Hofmann 2008: 271). Aus diesem Grund ist eine entsprechende wissenschaftliche Auseinandersetzung mit der visuellen Vermittlung von Politik und ihren Auswirkungen erforderlich.

Politische Bilder werden dabei als jene Medienbilder, „die einen politischen Gehalt, eine politische Aussage oder Funktion haben oder als politische Bilder wahrgenommen oder rezipiert werden" (Müller 1997a: 12), verstanden. Müllers (1997a) Definition politischer Bilder basiert damit auf einem sehr flexiblen Verständnis. Im Beitrag *Die Macht der Bilder als Ohnmacht der Politikwissenschaft* kommt Drechsel (2005), ähnlich wie Müller (1997a), zu dem Schluss, dass starre Definitionen von Bildgattungen einer kritischen Betrachtung kaum standhalten können. Die Definition von „politischen Bildern" als „Abbildungen staats- bzw.

7.4 Das Bild in der politischen Kommunikation

parteipolitischer Themen" würde beispielsweise viel zu kurz greifen und viele Bilder als nicht politisch ausschließen. Drechsel erläutert treffend:

> „Das liegt an einem Phänomen, welches für die Kunstgeschichte längst ein alter Hut ist. Die Bedeutung eines Bildes ist nämlich niemals von vornherein durch sein Sujet festgelegt. Bilder sind vieldeutig, Bilder sind polyvalent." (Drechsel 2005: 6)

In der Definition der Gattung „Medienbild" wurde daher bewusst versucht, eine dynamische Beschreibung zu finden. Ein Medienbild ist auch niemals nur ein Medienbild, sondern darüber hinaus mit hoher Wahrscheinlichkeit auch ein politisches Bild, oder ein Werbebild, beziehungsweise im Falle eines Wahlkampfsujets sogar beides gleichzeitig, denn „Bilder existieren nicht an und für sich, sondern lediglich als interaktive Prozesse, an denen Blicke, Trägermedien und Bedeutungen beteiligt sind." (Drechsel 2005: 10) Ob ein Bild nun ein Medienbild ist und welcher Medienbildgattung es zuzuordnen ist, hängt demnach stark von seinen variablen Kontexten ab. In diesem Kapitel werden daher, nachdem kurz die Chancen und Risiken ikonozentrierter Politikvermittlung vorgestellt werden, politische Bilder in den unterschiedlichen Anwendungsbereichen Journalismus, Werbung und Public Relations betrachtet.

Ikonzentrierte Politikvermittlung als Chance und Risiko

Während Bilder in der Werbung, wie beschrieben wurde, als ideale Gestaltungs- und Kommunikationselemente gelten, werden sie in der politikwissenschaftlichen Behandlung bislang gerne als gänzlich ungeeignet für politische Kommunikation bezeichnet, da sie per se unterkomplex und lediglich unterhaltend seien, wie sich auch der berühmten These von Postman entnehmen lässt (vgl. Hofmann 2004: 313; Postman 1985). Hofmann (2008, 2006a, 2006b, 2004) hat sich intensiv mit der Visualität der Politik und auch mit der Kritik an ihr auseinandergesetzt. Er fasst die dominierenden Kritikpunkte an bildlicher politischer Kommunikation folgendermaßen in drei Punkten zusammen:

> „- Bilder sind, weil sie auf Wahrnehmung aufbauen, oberflächlich reflexionslos und daher prä destinierte Medien der Unterhaltung
> - Bilder sind unterkomplex und vermögen politische Interessen und Entscheidungen nicht angemessen darzustellen
> - Bilder weisen, obwohl sie hochgradig konstruiert sind, ein hohes Maß an Evidenz aus, weil sie mit Wahrnehmung kommunizieren und eignen sich daher besonders zu ideologischen Zwecken." (Hofmann 2006b: 158)

148　　　　　　　*7 Visuelle Kommunikationsforschung und ihre Bilder*

Diesen Kritikpunkten zufolge sind Bilder im politischen Kontext deshalb problematisch, weil sie wirkungsmächtig für ideologische Zwecke und unverdächtig zugleich erscheinen. Das Manipulationsinstrument Bild wäre demnach ideal zur Erreichung von Werbezielen, für politische Kommunikation dagegen aber ungeeignet. Hofmann (2006b) entlarvt diese Sichtweise von Bildern letztlich als eine „spezielle Variante des Logozentrismus", welche alle nicht-verbalen Formen politischer Kommunikation als defizitär betrachtet (vgl. Hofmann 2006b: 158). Gleichzeitig wirft Hofmann (2008, 2004) die entscheidende Frage auf, ob Bilder nicht doch eine andere, über den unterhaltenden Aspekt hinausgehende, Bedeutung für die politische Kommunikation haben oder haben können. Immerhin muss man von einem engen Zusammenhang zwischen Demokratie und Kommunikation in demokratischen Gesellschaften ausgehen. Politische Herrschaft kann in einer repräsentativen Demokratie nur durch öffentliche Kommunikation kontrolliert werden.

> „Weil in der liberalen Demokratie potenziell alle Entscheidungen im Medium der öffentlichen Kommunikation gefällt und gerechtfertigt werden müssen, können die am Diskurs beteiligten Bürger ihre Interessen wahren und zugleich ihren Beitrag zur sachlichen Ausrichtung der Politik leisten." (Hofmann 2008: 270)

In diesem Zusammenhang konstatiert Hofmann (2008) schließlich die Unverzichtbarkeit politischer Bilder: „Diskutiert man die Risiken der Bilder für die Demokratie zusammen mit den Funktionen, die sie in einer massenmedialen Demokratie erfüllen, dann wird deutlich, dass visuelle Medien riskant sind, weil sie unverzichtbar sind." (Hofmann 2008: 275)

Unverzichtbar sind politische Bilder deshalb, weil sie aufgrund ihrer Wahrnehmungsnähe einfach rezipiert werden und so eine große Reichweite erzielen können. Sie reduzieren weiters Komplexität und stellen Orientierungsmodelle bereit. Bilder erlauben also in einem gewissen Maße die Beobachtung von Beobachtung und, so Hofmann (2008), die Kontrolle von Politik (vgl. Hofmann 2008: 282). Damit Politik öffentliches Ansehen erringen kann, muss sie, wie Bernhardt, Hadj-Abdou, Liebhart und Pribersky (2009) ausführen, auch sichtbar werden. Da sich die elektronischen Medien und auch die aktuellen Printmedien als Bildmedien präsentieren, ist die Frage danach, was die Rezipienten und Rezipientinnen von der Politik zu sehen bekommen, eine besonders dringliche. „Politische Bilder müssten demnach zentrale Elemente in der öffentlichen Diskussion ebenso wie in der Analyse des politischen Feldes sein." (Bernhardt/Hadj-Abdou/Liebhart/Pribersky 2009: 11). Der zunehmende Trend zum Bild in unterschiedlichen medialen Kontexten wirkt dabei auch auf die Politik und die politischen Akteure, deren

7.4 Das Bild in der politischen Kommunikation 149

politischer Stil sich an die Medienlogik anpassen muss, zurück (vgl. Ballensiefen 2009: 29; Sarcinelli 1998: 547).[79]

> „Aufgrund der medieneigenen Darstellungsspezifika stellt die Visualisierung der (politischen) Botschaften – neben den klassischen Nachrichtenwerten – eine Grundvoraussetzung zum Zugang zur Medienbühne dar." (Ballensiefen 2009: 29)

In den folgenden Abschnitten wird auf die unterschiedlichen Anwendungskontexte politischer Bilder – in Journalismus, Werbung und Public Relations – eingegangen. Es handelt sich dabei keinesfalls um eine detaillierte Ausarbeitung des Themenfeldes. Vielmehr soll auf einige zentrale Arbeiten und Forschungsaktivitäten in den jeweiligen Bereichen verwiesen werden.

Politische Repräsentationsformen im Journalismus

Da die öffentliche Kommunikation über politische Themen als Grundvoraussetzung für Kontrolle und Partizipation in demokratischen Systemen gilt, kommt der journalistischen Behandlung von Politik eine zentrale Rolle zu. Die Bildart, die in diesem Feld eingesetzt wird, lässt sich als journalistisches politisches Bild charakterisieren. In letzter Zeit haben sich vermehrt Arbeiten mit dem politischen Bild im Journalismus auseinander gesetzt. Exemplarisch soll hier etwa auf die umfassenden Arbeiten von Grittmann (2007) und Ballensiefen (2009) verwiesen werden.

Grittmann (2007) untersucht in *Das politische Bild. Fotojournalismus und Pressefotografie in Theorie und Empirie* den Einsatz und Stellenwert von Bildern in politischer Berichterstattung in der überregionalen Tagespresse. Besonderen Fokus legt die Autorin dabei auf die Untersuchung der spezifischen Darstellungsstrategien und der spezifischen politische Ikonografie, die sich im untersuchten Material beobachten lässt. Hier soll ein spezieller Teilaspekt der Ergebnisse herausgegriffen werden: Von den 1171 untersuchten Fotos[80] zeigen immerhin 997 Fotos Personen. Dabei lassen sich Porträts, bei denen eine Person oder eine Gruppe von Personen in den Mittelpunkt gestellt werden, und Ereignisfotografie mit stärker situativen Aufnahmen unterscheiden. Grittmann kommt zu dem Schluss, dass, obwohl die Ereignisfotografie den größten Anteil der visuellen politischen Berichterstattung ausmacht, fast jedes zweite Bild, mit dem die Zeitungsleser und -leserinnen konfrontiert werden, eine Person in den Mittelpunkt stellt. Sachaufnahmen kommen dagegen relativ selten, in nur etwa 9% der Fälle, vor (vgl. Grittmann 2007: 364f). Auch Wilke (1998) zufolge zeigen etwa 96% der politischen Fotografien in deutschen Zeitungen fast ausschließlich Personen (Wilke

150   7 Visuelle Kommunikationsforschung und ihre Bilder

1998: 165). Einen Überblick über die generelle Entwicklung der Visualisierung der deutschen Wahlkampfberichterstattung in Tagezeitungen von 1949 bis 2002 sowie den dabei verwendeten Bildtypen und Darstellungsmodi gibt der Beitrag von Wilke (2004).

Ballensiefen (2009) beschäftigt sich in *Bilder machen Sieger – Sieger machen Bilder*. Die Funktion von Pressefotos im Bundestagswahlkampf 2005 mit der Kandidaten- und Kandidatinnendarstellung in der medialen Berichterstattung. Da diese journalistischen Personenrepräsentationen den medialen Produktionsbedingungen unterliegen, lassen sie sich nicht, beziehungsweise nur in geringem Maße, von Wahlstrategen beeinflussen. Im Gegenteil, die Auswahl der Bilder liegt in der Hand der Journalisten und Journalistinnen (vgl. Ballensiefen 2009: 21). In seiner Studie fand Ballensiefen (2009) ebenfalls Belege für mediale Personalisierungstendenzen in der visuellen Berichterstattung mit besonderer Konzentration auf die beiden Spitzenkandidaten Merkel und Schröder. Dabei ist die visuelle Medienrealität, wie Ballensiefen (2009) zeigen konnte, geprägt von einer durchgängig negativen Politikdarstellung. Die untersuchten Tageszeitungen vermittelten einen deutlich erkennbaren Negativ-Bias, besonders hinsichtlich der Darstellung von Schröder und Merkel (vgl. Ballensiefen 2009: 400). In vielen Bildern konnte Ballensiefen (2009) eine klare, oft negative Tendenz, feststellen. Es zeigte sich, dass das Bild im Vergleich zur rein verbalen Berichterstattung häufig und intensiv dafür genutzt wird, eine Tendenz auszudrücken:

> „Nicht die Information selbst bildet demnach die Nachricht, sondern ihre entsprechende Visualisierung. Das Bild eines politischen Ereignisses und dessen Aussage ersetzt damit die ursprüngliche Kommentarfunktion der Journalisten." (Ballensiefen 2009: 401)

Jene Medienbilder, die während eines Wahlkampfes in der Berichterstattung gezeigt werden, sind als besondere politische Bilder zu bewerten. Immerhin entstehen sie zu Zeiten, in denen politischer Berichterstattung besondere mediale Aufmerksamkeit gewidmet wird. Es sind jedoch nicht alle politischen Bilder so inhaltsstark wie die Bilder zur Wahlkampfzeit. In der Tagespresse wird täglich über die politische Routine berichtet, wobei die Visualisierung dieser Tagespolitik sich eindeutig weniger spektakulär darstellt. Bernhardt, Hadj-Abdou, Liebhart und Pribersky (2009) setzen sich mit unterschiedlichen Bildtypen der politischen Kommunikation auseinander. Sie vermuten dabei, dass ein Großteil der visuellen politischen Darstellungen der zeitgenössischen Demokratie kaum in das Bewusstsein der Rezipienten und Rezipientinnen dringt, weil die ritualisierte Formensprache die politischen Akteure austauschbar erscheinen lässt. Typische visuell repräsentierte Szenen sind unter anderem Begrüßungen und Empfänge,

7.4 Das Bild in der politischen Kommunikation 151

Sitzungen, Pressekonferenzen, Begegnungen mit der Bevölkerung oder Handshake-Aufnahmen (vgl. Bernhardt/Hadj-Abdou/Liebhart/Pribersky 2009: 11).

Politische Prozesse sind an sich unsichtbare Vorgänge, weshalb sie meist über ritualisierte Porträts und Ereignisaufnahmen von politischen Akteuren dargestellt werden. Man könnte in diesem Zusammenhang sogar ein defizitäres Abbildungspotenzial politischer Prozesse vermuten, denn Politik lässt sich nun einmal äußerst schwer im Bild darstellen (vgl. Müller 2009: 185). So ist es auch nur wenig verwunderlich, dass die visuelle Herstellung von Öffentlichkeit über die oft personalisierte Darstellung von politischen Akteuren erfolgt. Daraus ergibt sich, Fleissner (2004) folgend, automatisch eine „Verquickung von Personalisierung und Visualisierung" (Fleissner 2004: 129), denn „eine stärkere Visualisierung der Politikberichterstattung bedingt zwangsläufig eine stärkere Sichtbarkeit der politischen Entscheidungsträger und damit eine stärkere Personalisierung der jeweiligen Inhalte" (Fleissner 2004: 129). Aufgrund der starken Fokussierung auf die Akteure im politischen Feld, die diese Visualisierungsproblematik mit sich bringt, hat sich ein lebhaftes Forschungsfeld rund um die Darstellung von Politikern und Politikerinnen in der Berichterstattung herausgebildet, welches im Folgenden kurz skizziert werden soll.

Personendarstellung in politischer Berichterstattung

Wenn Politiker und Politikerinnen in den Medien dargestellt werden, so können sie die Art der Darstellung nicht, beziehungsweise nur in geringem Maße, kontrollieren, denn die Bilder durchlaufen mediale Produktions- und Selektionsprozesse. Dabei haben die folgenden Faktorengruppen Einfluss auf die Personendarstellung und ihre Effekte (vgl. etwa Fleissner 2004: 133):

(1) *Nonverbale und körpersprachliche Kommunikation*: Diese Faktorengruppe betrifft die unmittelbar an die dargestellte Person gebundenen individuellen Merkmale. Diese Faktoren werden oft auch als Figurenaspekte bezeichnet (vgl. etwa Holtz-Bacha/Koch 2008; Kinnebrock/Knieper 2008). Sie beschreiben unter anderem die Mimik und Gestik sowie das Aussehen, die Kleidung, die Dynamik oder die Interaktion der abgebildeten Personen.[81]

(2) *Technische und formale Darstellungsaspekte*: Diese Aspekte betreffen die technische und formale Darstellungsweise von Personen, wie etwa ein bestimmter Kamerawinkel oder die Bildeinstellung, die ebenfalls Einfluss darauf haben, welche Eigenschaften einer Person zugeschrieben werden. Pionierarbeit für die Analyse dieser Faktoren, aber auch generell für die Auseinandersetzung mit Personenrepräsentationen und deren Wirkungen, den so genannten Darstellungsef-

152   7 Visuelle Kommunikationsforschung und ihre Bilder

fekten beziehungsweise der „optischen Kommentierung", erbrachte Kepplingers (1980, 1987) heftig und kontrovers diskutierte Studie zum deutschen Wahlkampf 1976. Ausgangspunkt der Theorie der Darstellungseffekte ist die Beobachtung, dass die Art und Weise der Darstellung von Personen mit den jeweiligen Darstellungs-, Aufnahme- und Editiertechniken Einfluss darauf hat, wie die dargestellten Personen von den Rezipienten und Rezipientinnen beurteilt werden (vgl. Wolf 2006: 52). Kepplinger definiert den Begriff „Darstellungseffekt" wie folgt:

> „Als Darstellungseffekte werden alle Wirkungen von Fernsehfilmen und Pressefotos betrachtet, die auf der nonverbalen Selbstdarstellung der abgebildeten Person sowie ihrer visuellen Darstellung durch Fotografen, Kameraleute, Beleuchter, Tontechniker, Cutter, Monteure und Journalisten beruhen. Im wesentlichen handelt es sich dabei um die Vorstellung, die die Betrachter von den Eigenschaften der Abgebildeten gewinnen und die Folgerungen, die sie daraus ziehen." (Kepplinger 1987: 9)

Es soll an dieser Stelle angemerkt werden, dass, dem Ansatz Kepplingers (1987) folgend, Darstellungseffekte natürlich nicht lediglich durch technische und formale Darstellungsaspekte erzielt werden. Auch der nonverbale Ausdruck der Kandidaten und Kandidatinnen wirkt sich, wie die Definition besagt, natürlich auf die Beurteilung aus. Kepplinger (1980, 1987) gab mit seiner Studie jedoch einen besonders starken Impuls für die wissenschaftliche Auseinandersetzung mit formalen und technischen Darstellungsmitteln und deren Wirkungen, weshalb die vorliegende Arbeit Kepplingers Studie auch zunächst in diese Faktorengruppe einordnet. Eine aktuelle Zusammenfassung von Kepplingers Studien zu den Darstellungseffekten und zur nonverbalen Kommunikation findet sich in Kepplinger (2010).

(3) Kontextbezogene und inhaltliche Eigenschaften des Bildes müssen zunächst in bildimmanenten und inhaltlichen externen Bildkontext getrennt werden. Der *bildimmanente Kontext* bezeichnet, was neben einer dargestellten Person noch auf dem Bild zu sehen ist, also den Handlungskontext (z. B. beruflicher oder privater Kontext), in dem eine Person abgebildet wird und dessen Funktionen (z.B. damit verbundene soziale Rollen) sowie weitere abgebildete Personen.

Des Weiteren sind für die Darstellung von Personen aber auch die *Eigenschaften des Fotos als Medium der Abbildung an sich* (Fleissner 2004: 139) von Relevanz. Damit sind insbesondere die Größe des Bildes, seine Schärfentiefe oder Farbigkeit gemeint. All diese Aspekte können die Beurteilung eines Sachverhaltes beeinflussen. Wanta (1988) und Huh (1994) konnten zum Beispiel einen Zusammenhang zwischen der Größe eines Bildes und der zugeschriebenen Wichtigkeit des dargestellten Themas feststellen (vgl. Huh 1994: 15; Wanta 1988: 111).

7.4 Das Bild in der politischen Kommunikation

Der dritte Aspekt kontextbezogener Darstellungseffekte betrifft den *inhaltlichen Zusammenhang*, in dem ein Medienbild gezeigt wird, also die mediale Umgebung, die es kontextualisiert. Man könnte diese Faktoren auch als intramedialen Kontext bezeichnen. Wie im Laufe der vorliegenden Arbeit immer wieder angemerkt wurde, kommen Bilder in medialer Kommunikation nie alleine und isoliert vor, sondern sind stets in Bild-Text-Gefüge eingebettet. Der verbal übermittelte thematische Kontext wirkt sich dabei ebenso auf die Beurteilung eines Bildes und der darauf abgebildeten Personen aus, wie die Platzierung oder das Ressort, in dem das Foto abgedruckt wird (vgl. auch Grittmann/Lobinger 2011).

Aufgrund der Personalisierung durch zunehmende Visualisierung ist die Darstellung von Politikern und Politikerinnen ein aktuelles Forschungsproblem. Hier können aus Platzgründen nur einige exemplarische Studien vorgestellt werden.

Fleissner (2004) operationalisierte einige der oben angeführten Aspekte für die inhaltsanalytische Untersuchung von Pressebildern zur Diskussion der Kandidatenfrage. Damit ist die mediale Diskussion, ob Stoiber oder Merkel als Kandidat beziehungsweise Kandidatin in die Bundestagswahl geschickt werden sollten, gemeint. Untersucht wurden zwei deutsche Tageszeitungen und zwei Nachrichtenmagazine (Zeitraum Oktober 2001 bis Februar 2002). Die Studie ergab, dass Stoiber, der schließlich die Stoiber-Merkel-Debatte auch gewann, im Hinblick auf die meisten der untersuchten Faktoren positiver dargestellt wurde als Merkel (vgl. Fleissner 2004: 140ff).

Moriarty und Popovich (1991) analysierten die Personendarstellung von Politikern im amerikanischen Präsidentschaftswahlkampf 1988. Sie erhoben 15 visuelle Attribute und kategorisierten sie als vorteilhaft, neutral oder unvorteilhaft. Die Studie kam zu dem Ergebnis, dass die untersuchten Nachrichtenmagazine ausgewogen über den Wahlkampf berichteten (vgl. Moriarty/Popovich 1991: 379). Allerdings erhielten die republikanischen Kandidaten etwas mehr Aufmerksamkeit. George H.W. Bush wurde häufiger visuell dargestellt und auch in durchschnittlich größeren Bildern gezeigt als sein demokratischer Kontrahent Michael Dukakis. Beiden kamen jedoch gewisse Darstellungsweisen zu Gute: Während Bush als fröhlicher und zuversichtlicher dargestellt wurde, profitierte Dukakis von einem respektvolleren Aufnahmewinkel (vgl. Moriarty/Popovich 1991: 380).

Verser und Wicks (2006) führten, auf das Forschungsdesign von Moriarty und Popovich (1991) aufbauend, eine Untersuchung zum Einsatz von Bildern auf den Webseiten der US-amerikanischen Präsidentschaftskandidaten 2000 durch. Da die Kandidaten auf ihren Websites durch den Wegfall zusätzlicher medialer Filter die volle Kontrolle über ihre Personendarstellung haben, ist ein gezielter Imageaufbau im Sinne des Impression Managements möglich.[82] Die Studie ergab,

154 7 Visuelle Kommunikationsforschung und ihre Bilder

dass die Fotos von Al Gore ihn als einen leger gekleideten, volksnahen und aktiv mit der Bevölkerung interagierenden Kandidaten präsentierten, was Verser und Wicks (2006) als eine visuelle Gegenstrategie zum steifen Image von Gore in der Öffentlichkeit interpretieren. Im Gegensatz dazu präsentierte sich George W. Bush als würdiger Staatsmann. Dies steht im Kontrast zur medialen Berichterstattung, die ihn oft als unbeholfen und inkompetent darstellte (vgl. Verser/Wicks 2006: 194). In beiden Fällen ist eine klare visuelle Positionierung zur Imagekorrektur erkennbar, was die Wichtigkeit visueller Kampagnenelemente unterstreicht.

Ein Schwerpunkt im Themenfeld der Personendarstellungen wird seit Kurzem auch auf die genderspezifischen Darstellungsstrategien gelegt (vgl. Holtz-Bacha/Koch 2008; Kinnebrock/Knieper 2008; Konrath/Schwarz 2007). Als ein besonderer genderspezifischer Darstellungsaspekt in der politischen Berichterstattung hat sich die Kopf- oder Körperbetonung in der Darstellung von Politikern und Politikerinnen erwiesen, die mit Hilfe des Face-ism-Indexes erhoben wird. Auf den Face-ism-Index, als eine mögliche Variable quantitativer Bildinhaltsforschung, wird in Kapitel 10 detaillierter eingegangen.

Politische Karikaturen

Im Zusammenhang mit der Darstellung von Politikern und Politikerinnen sind auch politische Karikaturen für die Visuelle Kommunikationsforschung von Interesse, denn die politische Karikatur nimmt im Kontext der Politikvermittlung über Massenmedien, so Beisswänger (2004), eine besondere Rolle ein: Sie präsentiert – auch in der tagesaktuellen Berichterstattung – meist keine neuen Informationen, sondern sie ist vielmehr eine – oft humoristische – Form visueller Kommentierung von Themen und Ereignissen. Grundlagen einer Theorie der politischen Karikatur wurden insbesondere von Dammer (1994) und Knieper (2002) erarbeitet.

Mit ihrer Kommentarfunktion kann die Karikatur die Rezipienten und Rezipientinnen dazu anregen, über ein Thema intensiver nachzudenken (vgl. Beisswänger 2004: 76). Die politische Karikatur wird somit als meinungsbetonte journalistische Darstellungsform, welche die subjektive Meinung des Karikaturisten oder der Karikaturistin widerspiegelt, charakterisiert (vgl. Knieper 2002: 79). Deshalb muss sie sich auch nicht an den Grundsätzen der Objektivität beziehungsweise der Authentizität orientieren (vgl. Conners 2005: 479). Gleichzeitig ist die Karikatur aber auch ein nicht zu unterschätzendes Werkzeug der Politikvermittlung, dem auch eine wichtige Kritik- und Kontrollfunktion innewohnt, wie Knieper (2002: 98) betont. In der Karikatur werden komplexe Zusammenhänge

7.4 Das Bild in der politischen Kommunikation 155

in eine zeichnerische Form gebracht, die häufig Symbole und Personifikationen verwendet. Die humoristische Darstellung äußert sich oft in Form von Spott-bildern, die in vielen Fällen Politiker und Politikerinnen mit anderen Figuren, Symbolen oder Anekdoten in Beziehung setzen um sie näher zu charakterisieren. Conners (2005) untersuchte beispielsweise die Karikaturen in amerikanischen Zeitungen zur Zeit des Präsidentschaftswahlkampfes 2004, in dem George W. Bush und John Kerry kandidierten. Im Untersuchungsmaterial fanden sich unter anderem Darstellungen von Bush und Kerry als Comicfiguren, die Rückschlüsse auf die Persönlichkeit und die Charakterzüge der beiden Kandidaten erlauben sollen. Bush wurde dabei etwa als Tigger aus Winnie Pooh charakterisiert, wäh-rend Kerry als Esel Eeyore karikiert wurde (vgl. Conners 2005: 485). Damit diese symbolischen Ausdrücke auch entsprechend der intendierten Lesart verstanden werden können, müssen die populärkulturellen Figuren, auf die verwiesen wird, ebenso bekannt sein, wie die politischen Kandidaten und ihre Handlungsweisen und Positionen. Für das Verständnis von Karikaturen ist entsprechendes Kontext-wissen daher unbedingt erforderlich.

Dass Kontextinformationen oft mitgeliefert werden, zeigt die Studie von Beisswänger (2004). Sie untersucht die politischen Karikaturen zur Zeit des deutschen Bundestagswahlkampf 2002 in vier überregionalen Tageszeitungen und stellt fest, dass in beinahe 70% der untersuchten Karikaturen das dargestell-te Thema auch in derselben Zeitungsausgabe behandelt wird (vgl. Beisswänger 2004: 83).

Weitere Beiträge, die sich mit der politischen Karikatur befassen, sind zum Beispiel die Studien von Becker (1996), Müller, Özcan und Seizov (2009) oder Vultee (2007).

Visuelle Kriegsberichterstattung

Ein besonders wichtiges Einsatzgebiet für journalistische, politische Bilder ist die Berichterstattung über Kriege und Konflikte. „Nur Kriege, die massenmedia-le Bilderzeugnisse hinterlassen, sind Kriege, die im Gedächtnis haften bleiben", wie Müller und Knieper (2005: 7) beschreiben. Dementsprechend ist auch hier rege Forschungsaktivität in der Visuellen Kommunikationsforschung erkennbar (vgl. etwa Andén-Papadopoulos 2008; Fahlenbrach/Viehoff 2005; Fahmy 2005; Fahmy/Kim 2008; Griffin 2004; King/Lester 2005; Knieper/Müller 2005; Kons-tantinidou 2008; Lester 2005, 1996a; Paul 2005b, 2004; Perlmutter 1998).

Knieper und Müller veröffentlichten 2005 den Tagungsband der Fachgrup-pe Visuelle Kommunikation mit dem Titel *War Visions. Bildkommunikation und*

156   7 Visuelle Kommunikationsforschung und ihre Bilder

Krieg (Knieper/Müller 2005). Darin heben Müller und Knieper (2005) die Wichtigkeit, sich mit bildlichen Darstellungen des Krieges auseinander zu setzen, hervor, da Bilder sowohl emotionalisieren als auch politische Handlungen legitimieren oder delegitimieren können.

> „Bilder von Terror, Krieg und Zerstörung sind nicht nur Träger von Erinnerungen, sie sind Waffen in der Strategie der kriegsführenden Parteien und der Terroristen, aber auch Instrument im Antiterrorkampf der Regierungen." (Müller/Knieper 2005: 11).

In der Berichterstattung über Kriege und militärische Konflikte dienen Bilder der Gewinnung von Aufmerksamkeit, der Übermittlung von Emotionen, dem Beleg von Geschehnissen sowie der Legitimierung von politischen Handlungen. Für die meisten Rezipienten und Rezipientinnen sind Kriege heute weit entfernte Ereignisse, mit denen sie nur über die mediale Berichterstattung in Kontakt kommen (vgl. Dobernig/Lobinger/Wetzstein 2010: 89f). Bilder, allen voran Fotografien von Opfern, sind auf ideale Weise dafür geeignet, emotionale Inhalte zu erfassen und zu übertragen. Sie erfassen Tragödien, die mit Worten kaum übermittelbar sind, und wirken dadurch oft als ein „denunciation mode of emotional commitment in relation to distant suffering" (Boltanski 1999: 91, zit. nach Konstantinidou 2008: 150).[83] So sind es meist Bilder, die das Kriegsgeschehen ins heimatliche Wohnzimmer bringen. Wie bereits im Kapitel zum Bild im Journalismus ausführlich dargestellt wurde, kommt journalistischen Bildern gleichzeitig besondere Glaubwürdigkeit zu:

> „The photograph therefore is intended, first of all, to be read as a piece of objective, factual information, and in this way to set in motion the actual process of being an eyewitness of the distant war." (Konstantinidou 2008: 151)

In den „Neuen Kriegen" (Münkler 2002) hat die Bedeutung von Bildern stark zugenommen, sodass sie als strategische Waffen gelten (vgl. Fahmy/Kim 2008: 444, Konstantinidou 2008: 145). Kriegsbilder können gezielt dazu eingesetzt werden, die öffentliche Meinung bezüglich eines Krieges zu beeinflussen indem militärische Handlungen legitimiert oder delegitimiert werden (vgl. Fahmy/Wanta 2007: 20; Müller/Knieper 2005: 11). Deshalb ist es für die kriegsführenden Parteien immens wichtig auch über die Macht über die Bilder zu verfügen, denn ein „Kontrollverlust über die Bilder des Krieges kommt im Zeitalter der Massenmedien einem Kriegsverlust gleich" (Lohoff 2007: 112). Die symbolische Selbstinszenierung der kriegsführenden Parteien und die gezielte Feindbildkonstruktion sind somit wichtige Instrumente der Kriegsführung (vgl. Lohoff 2007: 112). Als Beispiel für einen misslungenen Versuch symbolischer Selbstinszenierung kann die Rede von Präsident Bush auf dem Flugzeugträger „Abraham Lincoln" am 1. Mai

7.4 Das Bild in der politischen Kommunikation 157

2003 bezeichnet werden, bei der Bush vor einem großen Banner mit der Aufschrift „Mission Accomplished" abgebildet wurde. Das Weiße Haus wollte damit das Ende des Krieges gegen den Irak visuell symbolisieren. Die Rede war als Medienereignis gedacht, das auch den medialen Hunger nach Bildern befriedigen sollte. Jedoch war die Ankündigung des Kriegsendes voreilig, wie die übrige Berichterstattung zeigte, weshalb Bush seinen Vorstoß bald relativieren musste (vgl. Bergem 2006: 12).

Mit diesem Beispiel für Image-Politik lässt sich eine direkte thematische Verbindung zu den nächsten beiden Abschnitten herstellen, die sich mit politischer Werbung und politischer PR in Form von Impression Management befassen.

Politische Werbung – Visuelle Wahlkampfkommunikation

Iyengar und Prior (1999) konnten in einer Experimentalstudie klare Beurteilungsunterschiede von Produktwerbung und politischer Werbung nachweisen. „Im Unterschied zu kommerzieller Werbung, die als akzeptierter Bereich populärer Kultur angesehen wird, ist politische Werbung zuweilen negativ konnotiert." (Bernhardt/Hadj-Abdou/Liebhart/Pribersky 2009: 25) Die Probanden im Experiment beurteilten Produktwerbung als interessant und wahrheitsgetreu, während politische Werbung als unehrlich, nicht informierend und nicht ansprechend abgelehnt wurde (vgl. Iyengar/Prior 1999). Ein Erklärungsansatz dafür besagt:

> „public distaste for political advertisements may stem from the belief that electoral choice and consumer choice are not equivalent activities. Purchasing a particular brand of soap or cereal is one thing, selecting the next president or senator quite another. The fact that voting is a 'serious' task tends to undermine the legitimacy of 'non-serious' forms of political communication." (Iyengar/Prior 1999)

Visueller Wahlkampfkommunikation kommt dennoch eine besonders wichtige Rolle für die Präsentation von Kandidaten und Kandidatinnen und die Mobilisierung der Wähler und Wählerinnen vor Wahlen zu. Das Feld der politischen Werbung ist auch von der Visuellen Kommunikationsforschung bereits mehrfach behandelt worden (vgl. etwa Demarmels 2009, 2006; Knieper/Müller 2004; Müller 1997a, 1997b; Seizov/Müller 2009), wenn auch der Fokus generell stärker auf das Bewegtbild gelegt wird.

Im deutschsprachigen Raum hat sich Müller (1997a) umfassend mit politischen Plakaten im Wahlkampf auseinandergesetzt. In *Politische Bildstrategien im amerikanischen Präsidentschaftswahlkampf 1828-1996* untersuchte sie politische Plakate mit Hilfe der ikonografischen Methode. Müller arbeitet dabei unterschiedliche Strategien von Image-Making im visuellen Wahlkampf heraus, wie zum Beispiel die Heldenstratgie, die Common-Man-Strategie oder die Strategie des Schweigens (vgl. Müller 1997a: 151ff).

Demarmels (2006) beschäftigt sich mit Schweizer Abstimmungsplakaten, denn das politische Plakat ist nach wie vor ein wichtiges Kommunikationsmittel im Wahlkampf (besonders in Deutschland, Frankreich und Österreich), wenn auch Online Campaigning zunehmend an Relevanz gewinnt. Das politische Plakat hat dabei, wie auch das herkömmliche Werbeplakat, zum Ziel, die Rezipienten und Rezipientinnen, in diesem Fall die potentiellen Wählerinnen und Wähler, zu beeinflussen und stellt somit ein klassisches Werbemittel dar. Für die Visuelle Kommunikationsforschung sind vorrangig die visuellen Persuasions- und Darstellungsstragien von Interesse. Teilweise zeigen sich beim politischen Plakat, wie Demarmels (2006) ausführt, deutliche Unterschiede zum Plakat der Produktwerbung:

> „Die ‚Produkte', die es bewirbt, sind aber ungleich weniger attraktiv für den Einzelnen und vor allem meist viel abstrakter, weshalb in größerem Masse (sic!) und auf eine andere Art und Weise emotionalisiert wird. Im Gegensatz zur Produktwerbung, wo negative Emotionalisierung möglichst vermieden werden soll, ist das Auslösen von Verunsicherung, Angst oder auch Wut eine gängige Strategie auf politischen Plakaten." (Demarmels 2006)

Während die Beschäftigung mit visueller Wahlkampfkommunikation im deutschsprachigen Raum noch relativ am Anfang steht, ist das Forschungsfeld im englischsprachigen Raum unter dem Stichwort „Visual Campaigning" bereits stärker etabliert (vgl. etwa Jamieson 1984). Dies kann unter anderem auf die Vorreiterrolle, die US-amerikanischen Wahlkämpfe bei Branding, Image-Konstruktion und der Nutzung innovativer Kommunikationskanäle für Wahlkampfkommunikation einnehmen, zurückgeführt werden. Die Präsidentschaftskandidatur von Barack Obama im Jahr 2008 repräsentiert dabei einen erneuten Wandel der Wahlwerbung, die stark auf social Networks und visuelles Design setzte. Seidman (2010) setzt sich in *Barack Obama's 2008 Campaign for the U.S. Presidency and Visual Design* mit Obamas visueller Wahlkampfkommunikation auseinander. Seidman kommt dabei zur folgendem Ergebnis:

> „There have been candidates, as well as parties in the United States and other countries, who viewed visual design as important, but the integrated approach of the Obama campaign took the strategic visual campaign to new heights. So, too, did the contributions of independent designers and artists, whose mainly positive imagery supported the campaign's themes, which were particularly attractive (as were many of the graphic designs) to young voters." (Seidman 2010: 23)

7.5 Das private Bild in medial vermittelter Kommunikation 159

Obama wurde, wie diese Aussagen zeigen, mit perfekter Corporate Visual Identity in einer höchst professionellen visuell dominierten PR-Kampagne präsentiert. Der *Newsweek*-Journalist Andrew Romano beschreibt Obamas visuelle Wahlkampfkommunikation treffenderweise mit folgenden Worten:„Reinforced with a coherent, comprehensive program of fonts, logos, slogans and web design, Obama is the first presidential candidate to be marketed like a high-end consumer brand." (Romano 2008)

Aber auch in Europa kommt es zu einer wechselseitigen Durchdringung von Politik und PR und Produktwerbung (vgl. Müller 2009: 192). Müller vergleicht Politik sogar mit Parfum und erklärt: „Beide richten sich an bestimmte Zielgruppen und werden trotz ihrer Immaterialität als Ware vermarktet." (Müller 2009: 185). Damit sich Politik jedoch auch als Ware vermarkten lässt, muss sich die Kommunikation von Politik auch mit dem Maßstäben für professionelle Marketingstrategien messen lassen (vgl. Müller 2009: 192) und damit sich Politiker und Politikerinnen auf professionelle Weise visuell darstellen können, ist gute Selbst-PR gefragt. Dabei wird auch das sogenannte Impression Management zunehmend wichtig. Impression Management, das theoretisch auf Goffman (1959, 2004) zurückgeht, beschäftigt sich mit den von politischen Akteuren angewandten Strategien zur Erzielung der angestrebten Fremdwahrnehmung der eigenen Person (vgl. Hoffmann/Raupp 2006: 461).[84] In der visuellen politischen Kommunikation ist dazu eine Kontrolle der fotografischen Selbstdarstellung erforderlich. Dabei wird besonders die Rolle nonverbaler Kommunikation von Politikern und Politikerinnen in den Vordergrund gerückt, wie etwa die bereits dargestellte Studie von Verser und Wicks (2006), aber auch der Beitrag von Seiter, Weger, Kinzer und Jensen (2009) zeigen.

Der nächste Abschnitt der Arbeit widmet sich einem weiteren defizitär behandelten Thema der Kommunikationsforschung, dem privaten Bild im medial vermittelten Kontext. Dieses Kapitel zeigt auch, dass Impression Management nicht nur für politische Akteure entscheidend ist, sondern auch der Selbstpräsentation von Userinnen und Usern in social Networks zugrunde liegt.

7.5 Das private Bild in medial vermittelter Kommunikation

Die Mediatisierung des Alltags und die parallel dazu ablaufende zunehmende Visualisierung von Kommunikationsprozessen lässt sich auch an den Formen der Bildproduktion und des Bildhandelns in alltäglicher, oft mediatisierte Kommunikation erkennen. Dadurch verändert sich auch die Bedeutung dieser visuellen Praktiken.

160   *7 Visuelle Kommunikationsforschung und ihre Bilder*

Privat produzierte Fotografien dienen heute beispielsweise nicht mehr hauptsächlich Erinnerungszwecken, wie Bourdieu (1965/1990) noch konstatierte: „Apart from a tiny minority of aesthetes, photographers see the recording of family life as the primary function of photography." (Bourdieu 1990: 30) Fotos werden heute in vermehrtem Maße als zirkulierende Botschaften für „Live"-Kommunikation eingesetzt. Die leichte Übertragbarkeit von digitalen Bildern und die Zunahme von „Handheld-Geräten" mit Internetzugang haben Bilder zu einer vor allem von Jugendlichen präferierten medial vermittelten Ausdrucksweise gemacht (vgl. van Dijck 2008: 58f). Visuelle Alltagspraktiken mischen sich dabei zunehmend mit medialen Praktiken, was nicht zuletzt durch die Digitalisierung und die Konvergenz von Medientechnologien erleichtert wird (vgl. etwa Gye 2007; Meier 2009; Nightingale 2007; Pauwels 2009; van Dijck 2008).

Das klassische Familienalbum wird nun häufig als Web-Album realisiert (vgl. Pauwels 2009) und Schnappschüsse aus dem Alltagsleben werden häufig mit dem Mobiltelefon mit Kamerafunktion (vgl. Nightingale 2007) aufgenommen und von dort direkt in soziale Netzwerke wie *Flickr* oder *Facebook* geladen, wo Bilder dann der raschen Kommunikation mit mehr oder weniger großen Publika dienen.

Photo-Sharing-Praktiken sind besonders bei Jugendlichen äußerst beliebt (vgl. van Dijck 2008: 58ff; Nightingale 2007: 287; Stefanone/Lackaff 2009). Diese Praktiken des Online-Bildaustausches erfolgen nicht ausschließlich online, sondern wirken auch auf den Alltag der User zurück, besonders wenn es darum geht, die „Offline-Identität" glaubwürdig oder auch idealisiert online zu präsentieren. Der kommunikative Austausch von und durch Fotografien läuft dabei zunehmend webbasiert ab, weshalb private Bilder in einem (zumindest teilweise) öffentlichen Kontext zirkulieren und die Grenzen zwischen privater und öffentlicher Kommunikation teilweise aufgelöst werden.[85]

Mit dem Themenfeld des privaten Bildes im medialen beziehungsweise (semi-)öffentlichen Kontext und seinen charakteristischen fotografischen Gestaltungsformen beschäftigt sich dieser Abschnitt, der jedoch, aufgrund der relativen Neuartigkeit des Themas und des damit verbundenen geringen kommunikations- und medienwissenschaftlichen Forschungsstandes, eher kurz ausfällt. Die Kürze des Abschnitts soll jedoch nicht darüber hinwegtäuschen, dass es sich bei diesem Themenbereich um ein äußerst aktuelles Forschungsfeld handelt. Gerade in den letzten Jahren entstehen mehr und mehr Studien zu Bildpraktiken in sozialen Netzwerken. Ein aktuelles Beispiel ist das Themenheft der Fachzeitschrift *Visual Studies* mit dem Titel *New Visual Technologies: Shifting Boundaries, Shared Moments*, in dem sich Beiträge zu privater Fotografie beziehungsweise Amateurfotografie (vgl. Pink 2011; Van House 2011), visueller Mobilkommunikation (vgl.

7.5 Das private Bild in medial vermittelter Kommunikation   161

Villi/Stocchetti 2011) und den Bildpraktiken in sozialen Netzwerken finden (vgl. Herrema 2011; Durrant/Frohlich/Sellen/Uzzell 2011).

Flickr und die Ästhetik des Alltäglichen

Meier (2009) setzt sich im Beitrag *„Pimp your profile" – Fotografie als Mittel visueller Imagekonstruktion im Web 2.0* mit der kommunikativen Fotopraxis in kooperativ-kollaborativen Netzanwendungen (auch social Networks oder social Web genannt) auseinander und rekonstruiert mögliche Konventionalisierungspraktiken (vgl. Meier 2009). Dabei zeigen sich deutliche Unterschiede zwischen auf Fotografie spezialisierten Plattformen und allgemeinen social Networks.

Flickr, im Jahr 2002 in Kanada gegründet, ist heute die bekannteste Online-Plattform für Fotografie und Bildaustausch. Meier (2009) konnte in seiner Untersuchung Divergenzen zwischen den Fotokonventionen auf *Flickr* und jenen anderer social Networks feststellen (vgl. Meier 2009). *Flickr* ist eine Plattform, die auf Fotografie spezialisiert ist. Im Hintergrund der Anwendung läuft ein äußerst komplexes Ratingsystem ab, welches zur Ausbildung eines Wertekonsenses hinsichtlich fotografischer Stile geführt hat. So wird Fotografie auf *Flickr* vordergründig als ästhetische Ausdrucksform begriffen. Dieser besondere Blick auf Fotos beeinflusst auch die alltägliche Wahrnehmung der Userinnen und User, wie Davies (2007) herausfand:

> „Not only is Flickr dynamic online, but it exits offline; photo sharing practices are influencing what people do, how they interact with their surroundings and the way they view the ,everyday'." (Davies 2007)

Davies (2007) berichtet, dass viele *Flickr*-User, so genannte „Flickrites", das Haus selten ohne Kamera verlassen und unaufhörlich Fotos schießen (vgl. Davies 2007: 555). Dabei kann jeder noch so unwichtige Alltagsgegenstand als Motiv für eine künstlerische Aufnahme, die es wert ist, geteilt zu werden, dienen. Van House et al. (2005, 2004) beschäftigten sich mit dem sozialen Nutzen von persönlicher Fotografie und der Produktion und dem Austausch von Bildern über Handykameras. Auch sie bestätigen Davies (2007) Ergebnisse bezüglich der Fotopraktiken im Alltag und heben den Blick auf die Welt als Bild beziehungsweise als potenzielles Bildmotiv hervor:

> „Ready access to imaging encourages people to see the world ,photographically' – as images, and to see beauty and interest in the everyday. And easy internet-based sharing creates an an audience." (Van House et al. 2005: 4)

162   *7 Visuelle Kommunikationsforschung und ihre Bilder*

Online Photo-Sharing-Praktiken führen aber auch zu neuen soziale Interaktionsformen, die in der Folge in das Offline-Verhalten eingebettet werden, wie sich am Beispiel der „Snaprs" verdeutlichen lässt. Die Snaprs sind eine besondere Usergruppe, die von Miller und Edwards (2007) identifiziert wurde. Sie unterscheiden sich deutlich von jenen Bildaustauschsprozessen, die in empirischen Forschungen vor der Etablierung des social Webs identifiziert wurden, wie etwa den Praktiken der Kodak Culture (vgl. Chalfen 1987). Die Kodak Culture User teilen Bilder typischerweise mit ihrer Familie und Freunden, die auch die auf dem Bild dargestellten Personen kennen. In sozialen Interaktionsprozessen wird also vorrangig *über* die Bilder kommuniziert; die ästhetische Qualität der Bilder ist dabei nachrangig (vgl. Miller/Edwards 2007: 347). In den Worten von Miller und Edwards (2007: 248): „Kodak Culture photographers share oral stories around the images with others who can share and build on their narratives". Diese Usergruppe lässt sich auch in den sozialen Netzwerken identifizieren. Sie nutzt die neuen Austauschformen für etablierte visuelle Kommunikationspraktiken und verwendet Bilder zum Festigen oder Aufrechterhalten bestehender sozialer Beziehungen.

Zusätzlich kommen aber neue Nutzungstypologien hinzu, wie eben die Snaprs. Diese kommunizieren nicht *über*, sondern *mit* Bildern. Die Hauptinteraktionspartner sind hier auch nicht Freunde und Familie, sondern andere Nutzer und Nutzerinnen einer Bild-Interessensgemeinschaft, die über *Flickr* gebildet wird. Die sozialen Interaktionen dieser Gruppe bleiben dabei nicht auf die Aktivität des Fototeilens im online-Kontext beschränkt, sondern beinhalten auch soziale Interaktionsprozesse rund um die Produktion von Bildern. Die User treffen sich häufig mit anderen Mitgliedern der Community um gemeinsam Fotos zu machen. Dies erfolgt etwa im Rahmen von „photo-strolls", also Foto-Spaziergängen, die über die Website angekündigt werden (vgl. Miller/Edwards 2007: 350).

Visuelle Identitätsarbeit in social Networks

Auch in den nicht auf Fotografie fokussierten social Networks werden in intensivem Maße Fotos eingesetzt, allerdings dienen sie hier anderen Zwecken. Es steht, so Meier (2009) die Imagepflege, Beziehungsstiftung und Beziehungsarbeit der User im Vordergrund. Fotos dienen daher

> „als kommunikative Mittel zur visuellen Charakterisierung des dargestellten Selbst. Dabei ist weniger die ästhetische Umsetzung der Bilder entscheidend, auch wenn dies ebenfalls als Mittel der Imagearbeit eingesetzt werden kann, sondern die glaubhafte Vorführung einer bestimmten Persönlichkeit in authentisch anmutenden Offline-Situationen." (Meier 2009)

7.5 Das private Bild in medial vermittelter Kommunikation   163

Die Selbstdarstellung über unbewegte und bewegte Bilder ist ein wesentlicher Bestandteil der digitalen Jugendkultur (vgl. Richard 2010: 55). Die Nutzerinnen und Nutzer von social Networks produzieren diese Bilder hauptsächlich um zu kommunizieren, also um soziale Begegnungen zur ermöglichen. Richard bezeichnet diese Fotos und Videoclips daher als „fluiden Kommunikationsschmierstoff" (Richard 2010: 56). Viele der Bilder, die in social Networks geteilt werden, zeigen die User und Userinnen in Alltagssituationen, weshalb sie zwar weniger künstlerisch als die typischen *Flickr*-Bilder sind, dafür aber der Herstellung von Authentizität unter den Nutzerinnen und Nutzern dienen (vgl. Meier 2009). Meier (2009) geht sogar davon aus, dass das Fehlen eben dieser künstlerischen Bildstile die identitäts- und imagestiftende Funktion noch zusätzlich unterstützt: „Gerade wenig gestaltete Fotos können für diese dokumentarische Wirkung zweckdienlicher sein, da ihnen höhere Evidenz, Situativität und konkrete Verortung zugeschrieben werden kann." (Meier 2009) Diesen Aspekt hebt auch Richard (2010) hervor. Sie beschreibt außerdem, dass gerade „low-tech" Aufzeichnungs- und Ausgabemedien mit geringer Auflösung als authentisch gelten (vgl. Richard 2010: 56) und unterstreicht damit den Konstruktionscharakter von Authentizität.

Erdmann (2009) setzt sich in *My body Style(s) – Formen der bildlichen Identität im Studivz* mit „Ich-Alben" auseinander, also mit jenen Fotoalben, in denen User Bilder von sich selbst, meist in Form von Selbstportraits posten. Diese Bilder werden auch als „ego shots" bezeichnet (vgl. Richard 2010: 55). Ein solches „Ich-Album" beinhaltet typischerweise mehr als fünf „ego shots" und liefert unterschiedliche Perspektiven auf den eigenen Körper. Erdmann (2009) zeigt an Beispielen von Nutzern und Nutzerinnen aus der Emo-Subkultur, dass in diesen „Ich-Alben" keine zufälligen Schnappschüsse veröffentlicht, sondern – im Gegenteil – speziell für soziale Netzwerke erstellt Selbstportraits eingesetzt werden (vgl. Erdmann 2009). Diese Bilder dienen neben der Vermittlung von Glaubwürdigkeit und Authentizität, was generell eine zentrale Funktion der Bilder in social Networks ist (vgl. Diemand 2007b: 74; Meier 2009), der gezielten (virtuellen) Identitätskonstruktion (vgl. Erdmann 2009). Die Darstellung des Körpers dient dabei weiters nicht exhibitionistischen Zwecken, sondern der Visualisierung einer Gruppenzugehörigkeit, wie folgendes Beispiel veranschaulicht:

> „Jedoch wird der Mund nicht nur abgebildet, weil man ihn als schön empfindet, sondern er dient der Fokussierung subkultureller Merkmale, was sich in einem bestimmten Lippenstift oder, stärker noch, in einem Zungenpiercing ausdrückt. Die stark vergrößerte, fokussierte Aufnahme solcher Symbole legt damit einen Akzent auf die von ihm ausgewählten Identitätsmerkmale des Nutzers." (Erdmann 2009)

Mediale Posen sind, so Richard (2010), in diesen „ego shots" selbstverständlich und alltäglich. Das Verhalten der Jugendlichen vor der Kamera ist professionell und orientiert sich an Vor-Bildern von Stars und den medialen Konventionen. Es entwickeln sich dabei typische Motive und Darstellungskonventionen im Photo-Sharing, wie zum Beispiel „Pärchen- und Friendsshots" auf Partyportalen, oder aber auch die charakteristischen „One Arm Length Shots", also Selbstportraits bei denen die Kamera eben eine Armlänge weit vom Körper weg gehalten wird (vgl. Richard 2010: 55, siehe Abbildung 13).

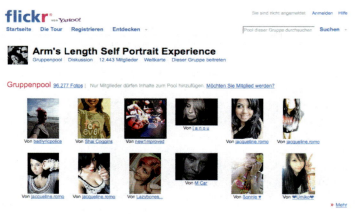

Abbildung 13: One Arm Length-Selbstportraits (Flickr 2010)

Viele Arbeiten, die sich mit visuellem User Generated Content in sozialen Netzwerken beschäftigen, betrachten diese Form kommunikativen Austausches als einen Aspekt von Imagearbeit beziehungsweise als Impression Management (vgl. Hancock/Toma 2009, Meier 2009). Die theoretischen Wurzeln dieser Ansätze gehen zurück auf Erving Goffmans *The Presentation of Self in Everyday Life* aus dem Jahr 1959, das in der deutschen Übersetzung den Titel *Wir alle spielen Theater* trägt (vgl. Goffman 2004). Goffman geht davon aus, dass Menschen den Eindruck, den sie anderen gegenüber vermitteln, kontrollieren wollen und befasst sich mit den Techniken, die dazu eingesetzt werden, solche Eindrücke aufrecht zu erhalten sowie mit häufigen Folgeerscheinungen, die mit der Anwendung dieser Techniken verbunden sind (vgl. Goffman 1959: 17; Abels/König 2010b: 128). In Anlehnung an die Identitätstheorie Goffmans versteht Meier (2009) das Bildhandeln in social Networks als „eine kontextabhängige, performative Aufführung eines Selbst [...] in Webkontexten" (Meier 2009). Meier geht weiters davon aus,

7.6 Der globale Markt der Bilder 165

dass gerade in sozialen Netzwerken die kommunikative Imagearbeit, die einer Art Selbst-PR gleichkommt, im Vordergrund steht (vgl. Meier 2009). Die visuellen Praktiken in social Networks sind demnach eine aktuelle Form des Theaterspielens in einer Mediengesellschaft.

Ein wesentlicher Aspekt der Selbstdarstellung im Web erfolgt über Profilbilder. Profilbilder werden meist in Form eines Porträts realisiert, in denen der User beziehungsweise die Userin im Vordergrund steht. Sie sind besonders wichtige Elemente des Impression Managements, da das Profilbild gemeinsam mit dem Usernamen in vielen Netzwerken die Kurzrepräsentation der User darstellt. Ein Klick auf eines der Elemente erlaubt anderen Usern mehr über die dargestellte Person zu erfahren und/oder mit ihr in Kontakt zu treten.

Hancock und Toma (2009) befassen sich mit Profilbildern in einem Feld, vom dem anzunehmen ist, dass die Selbst-PR unter besonders stark kontrollierten, weil selektiv gesteuerten Bedingungen abläuft: den Online Dating-Anwendungen. Da eine Motivation für die Nutzung von Online Dating-Plattformen ist, auch „offline" mit potentiellen Partnerinnen und Partnern in Kontakt zu treten, stehen die User vor einer besonderen Herausforderung. Einerseits, so Hancock und Toma (2009) sind deutliche Bemühungen der User erkennbar, sich auf ihren Profilbildern vorteilhafter und attraktiver als in Wirklichkeit darzustellen, während andererseits der Bildmanipulation auch klare Grenzen gesetzt sind: Die Bilder müssen authentisch bleiben und auch der direkten face-to-face Überprüfung standhalten können (vgl. Hancock/Toma 2009: 383).[86] Die Studie zeigt, dass gesteuertes und gezieltes Impression Management besonders stark in den visuellen Komponenten der Selbstdarstellung erfolgt, da Fotografien einfach zu bearbeiten und zu manipulieren sind. Diese Selbst-PR muss aber genauso wie die PR von Organisationen bestimmte Grenzen einhalten. Ist sie zu perfekt, zu sehr an den (unnatürlichen) Codes der Werbung orientiert, so verliert sie ihre Glaubwürdigkeit.

7.6 Der globale Markt der Bilder: Symptom des medialen Bildbedarfs

Der Aufnahmemoment gilt als besonders wichtiger Aspekt der Bildästhetik. Henri Cartier-Bresson spricht in diesem Zusammenhang vom „decisive moment" (Cartier-Bresson 1983: 80), dem besonderen Augenblick, der die Spannung und die besondere Ausdruckskraft des Moments einfängt. Inhaltliche wie kompositorische Aspekte kommen gleichermaßen zum Tragen. Bilder, die diesen entschei-

166   *7 Visuelle Kommunikationsforschung und ihre Bilder*

denden Moment einfangen, sind besonders ausdrucksstark und wirkungsmächtig. In der alltäglichen Medienproduktion steht jedoch nicht immer das ideale Bild zur Verfügung. Zeit- und Kostendruck stehen einem „Zwang zur Bebilderung" gegenüber, denn die Bildbeschaffung und -vermarktung ist ein zunehmend wichtiger Bestandteil publizistischer Leistungen. Diese Rahmenbedingungen haben zur Entwicklung eines riesigen Bildermarkts auf Anbieterseite geführt. Allerdings sind dessen Arbeitsweisen, Akteure und Produkte bisher kaum kommunikationswissenschaftlich untersucht worden (vgl. Wilke 2008a: 36).

Unter Bildermarkt versteht Wilke „die ökonomischen Beziehungen, die sich auf den Austausch von Bildern erstrecken" (Wilke 2008a: 36). Die Produkte, die auf diesem Bildermarkt gehandelt werden, sind alle Arten von Bildern, in erster Linie Fotos, aber auch Infografiken und Karikaturen. Die am Bildmarkt handelnden Akteure sind *Bildurheber* (z.B. Fotografen und Grafiker), *Bildnutzer* (z.B. Massenmedien, Buchverlage, Werbeagenturen, Internetportale) und *Bildanbieter bzw. -vermarkter* (z.B. Bild- und Nachrichtenagenturen, Bilderdienste). Bildanbieter sind dabei sozusagen die Zwischenhändler zwischen Bildurhebern und Bildnutzern (vgl. Wilke 2008a: 36f). In den 1990er Jahren fanden starke Konzentrations- und Kommerzialisierungsentwicklungen in der Bildagenturbranche statt. Beeinflusst wurde diese Entwicklung vor allem durch das Entstehen riesiger Agenturen. *Corbis* (1989 von Bill Gates gegründet) und *Getty Images* (1995 von Mark Getty gegründet) begannen viele kleine spezialisierte Agenturen aufzukaufen und wuchsen so zu enormen Bildsammlungen heran (vgl. Ullrich 2008: 52). Die beiden Bildagenturen sind heute Marktführer für Bilder unterschiedlichster Art.

Ein außergewöhnlich lukratives Geschäftsfeld am Bildermarkt stellt die zeitlose *Stock Photography*, auch *Vorratsfotografie* genannt, dar (vgl. etwa Bruhn 2003; Ullrich 2008). An dieser Stelle wird etwas genauer auf die Stock Photography eingegangen, da sie einen Sonderfall der Bildproduktion darstellt, wie im Folgenden gezeigt wird.

Vorratsbilder stellen im Zuge von Kommerzialisierungs- und Globalisierungstendenzen am Bildermarkt ein immer wichtigeres Angebot dar, das von Redaktionen und Werbe- und PR-Agenturen gern genutzt wird. Unter Stock Photography versteht man die Sammlung von Bildern mit zeitlosen Motiven, unter anderem aus Natur und Kunst, oder von alltäglichen Stimmungsbildern. Gemeinsam ist diesen Bildern, dass sie immer wieder verwendet werden können und keinen (tages-)aktuellen Bezug benötigen. „Bildagenturen stellen Fotos auf Vorrat und Verdacht her" (Ullrich 2008: 51) und versuchen zu antizipieren, welche Bilder von Zeitungs- oder Zeitschriftenredaktionen oder Werbe- und PR-Agenturen benötigt werden könnten. Deshalb sind die Bildagenturen im Falle der Nachfrage

7.6 Der globale Markt der Bilder

im Stande, sofort bereits fertige Bilder anbieten zu können. Die Stock Photography lebt davon, dass auf Seiten der Medienproduzenten vielfach nicht die Zeit und/oder das Equipment vorhanden sind, um themenspezifische Bilder selbst zu produzieren. In diesem Sinne ist die Stock Photography, wie Ullrich (2008: 51) es bezeichnet, ein „visueller Notvorrat im Zeitalter der Massenmedien".

Der Handel mit diesen Standardmotiven erlaubt eine Mehrfachverwertung von Bildern auf Anbieterseite und hat in den letzten Jahren enorm an Bedeutung gewonnen. Beim Bilderdienst der *Deutschen Presse Agentur* macht der Mehrfachverkauf von Bildern inzwischen etwa 50 % des Umsatzes aus (vgl. Wilke 2008a: 38). Ein besonderes Ziel, auch bei *Corbis* und *Getty Images*, ist es daher, „dieselben Fotos oft, über lange Zeit hinweg und weltweit abzusetzen und sich strikt nachfrageorientiert zu verhalten" (Ulrich 2008: 52).

Das Geschäft mit den Bildern wird über das Internet, in Form von Selbstbedienung durch die Nachfragenden, abgewickelt; dabei ermöglicht die komplexe und genaue Verschlagwortung der Bildarchive den Kunden und Kundinnen eine rasche und vereinfachte Bildrecherche (vgl. Bruhn 2003: 39ff). Die Bilddatenbanken leisten somit auch einen Beitrag zur Bildarchivierung, denn die handwerkliche Vereinfachung der Produktion und der leichte Transport von Fotos ermöglichen die Produktion einer großen Anzahl von Bildern, die auch in entsprechender Weise verwaltet und gespeichert werden müssen.[87]

Des Weiteren zeichnet die Stock Photos ihre relativ hohe und gleich bleibende Qualität aus. Da die Bilder nicht exklusiv produziert und verkauft werden, sondern nur – mit unterschiedlichen zeitlichen oder einsatzbezogenen Einschränkungen – vermietet werden, ist für die Bildabnehmer und Bildabnehmerinnen eine hohe Bildqualität zu einem moderaten Preis verfügbar (vgl. Bruhn 2003: 35). Das Vorratsbild ist eine hochwertige Ware, die sich idealerweise global zu unterschiedlichsten Themen verkaufen lassen soll (vgl. Ullrich 2008: 55).

Diese Entwicklungen auf dem Markt der Stock Photography sind bemerkenswert. Einerseits erleichtern Stock Photos die Bildbeschaffung und -recherche auf Seiten der Bildnutzer, andererseits stellen sie eine besondere Form von Bildern dar. Während Konkretheit als typisches Merkmal der Fotografie gilt, ist im Falle der Stock Photography gerade diese Bildleistung nicht erwünscht. Im Gegenteil, diese Form der Vorratsfotografie erfordert eine besondere Kontextoffenheit der Bilder, oder wie Ullrich (2008: 55) es formuliert: „Statt Spezifischem und Individuellem zeigen sie nur Allgemeines." Es sollten keine konkreten Motive in spezifischen Situationen dargestellt werden, sondern vielmehr allgemein gehaltene offene Bilder. Der Referent muss deshalb austauschbar bleiben und in beliebige Kontexte gesetzt werden können. Selbst ein markanter Bildstil wird mitunter als kontraproduktiv betrachtet.

168   7 Visuelle Kommunikationsforschung und ihre Bilder

Ullrich führt weiter aus, dass sogar die Models für Stock Photos danach ausgewählt werden, dass ihre Bilder möglich durchschnittlich sind. Er geht in der Folge davon aus, dass Stock Photos eigentlich „Bilder zum Vergessen" (Ullrich 2008: 51) sind, denn da sie, so Ullrich, neutral und unspezifisch sind, werden sie auch nicht in Erinnerung behalten.

7.7   Fazit: Das heterogene Bündel der Medienbilder

Medienbilder sind lediglich eine kleine Unterkategorie der Bildkategorie „grafisches Bild" (vgl. Mitchell 1992). Dennoch umfassen „Medienbilder", also materielle, medial verbreitete Abbilder, die in Form von Kommunikaten (vgl. Doelker 2002) in gesellschaftlicher Kommunikation auftreten, sehr heterogene Bildphänomene, was im Besonderen ihren jeweiligen medialen Kontexten geschuldet ist.

Im Journalismus etwa werden Bilder vor allem aufgrund ihres Tatsachen- und Realitätsbezugs geschätzt. Indem Medienbilder journalistische Arbeitsprozesse durchlaufen werden sie zu journalistischen Bildern, welche sich am Code der Aktualität orientieren und deshalb als sachlich und inhaltlich relevant betrachtet werden (vgl. etwa Grittmann 2007; Sachsse 2003). Sie dienen als veranschaulichende Beweise für Ereignisse. Der Begriff Beweis scheint hier durchaus angebracht, da zahlreiche Studien belegen, dass journalistischen Bildern hohe Glaubwürdigkeit zukommt. Ihr Wahrheitsgehalt wird als sehr hoch eingeschätzt; mitunter werden Bilder im Journalismus von den Rezipienten und Rezipientinnen sogar als objektive Fenster zur Welt gesehen (vgl. Huxford 2001; Lasica 1989; Tirohl 2000). In anderen Worten, die naturalisierenden visuellen Konstruktionsmechanismen im Journalismus haben sich als Darstellungskonventionen etabliert, die nicht als Konstruktion wahrgenommen werden (vgl. etwa Grittmann 2007; Huxford 2001; Lünenborg 2005).

Ganz anders im Feld der Werbung: Hier ist Unnatürlichkeit bereits zum Werbeschema, zum visuellen Code der Werbung, geworden (vgl. Callow/Schiffman 1999; Richins 1991; Rosenblum 1978; Warlaumont 1997). In diesem Fall ist es nicht der Bezug zu einem tatsächlichen Ereignis oder einer realen Person, der im Vordergrund steht, sondern die ästhetische Qualität, die besondere Modalität (vgl. Kress/van Leeuwen 2006) der Darstellung. Der Werbestil, oft sehr glamourös und extrem unnatürlich, dient nicht der Realitätsabbildung, sondern der ästhetisierenden Inszenierung der dargestellten Personen und Objekte. Die dadurch entstehende Unnatürlichkeit, die von den Rezipienten und Rezipientinnen auch als solche enttarnt wird, schützt jedoch nicht vor Werbewirkungen, wie Studien aus dem Bereich der Social Comparison-Forschung (vgl. Goodman/Morris/Sutherland

7.7 Fazit: Das heterogene Bündel der Medienbilder 169

2008; Luther 2009; Pompper/Koenig 2004) oder der Stereotypenforschung (vgl. exemplarisch Holtz-Bacha 2008a, 2008b) belegen. Somit stehen einander das typische journalistische Bild und das typische Werbebild (Ausnahmen gibt es natürlich auf beiden Seiten), was ihre Funktionsbestimmung, ihre Gestaltungsweise und vor allem ihren wahrgenommenen Realitätsbezug betrifft, diametral gegenüber: Auf der einen Seite das „objektive" und authentische journalistische Bild; auf der anderen Seite das ästhetisierende, unrealistische und manipulierende Werbebild.

Das Bild in den Public Relations oszilliert je nach Anwendung zwischen diesen beiden Extremen. Mal orientiert sich das PR-Bild am Code der Aktualität und deshalb auch an journalistischen Darstellungskonventionen, wenn es als Pressebild in der Pressearbeit eingesetzt wird; mal steht die ästhetische Komponente im Vordergrund. Dies ist besonders dann der Fall, wenn Bilder in visueller Unternehmenskommunikation eingesetzt werden und die Werte eines Unternehmens visuell (re)präsentieren sollen.

Im wissenschaftlichen Diskurs zur politischen Kommunikation werden, anders als in den bisherigen, die visuellen Darstellungsformen hochschätzenden Feldern, besonders (eventuelle) Dysfunktionen bildlicher Kommunikation hervorgehoben. Es wird beanstandet, visuelle Kommunikation sei nicht im Stande logische Argumente in diskursiver Form auszudrücken, weshalb sie als rein unterhaltend, gleichzeitig aber ideologisch geladen gilt. Hofmann (2008) begegnet diesem „Verbalsnobismus" kritisch und betont die Wichtigkeit bildlicher Darstellungen, da sie unter anderem zur Kontrolle von Politik beitragen. Vielleicht gerade aufgrund der kritischen Haltung der Kommunikations- und Medienwissenschaft politischen Bildern gegenüber, präsentiert sich visuelle politische Kommunikation als besonders lebhaftes Forschungsfeld, sowohl hinsichtlich politischer Repräsentationsformen im Journalismus, als auch hinsichtlich visueller Personendarstellung, politischer Karikaturen, visueller Kriegsberichterstattung und politischer Werbung.

Eine besondere Form von Medienbildern, der bisher noch keine umfassende Aufmerksamkeit gewidmet wurde, ist das privat produzierte, medial vermittelte Bild. In diesem Bereich kam es, begünstigt durch Digitalisierungsprozesse, zu einer umfassenden Funktionsverschiebung. Bilder, allen voran Fotografien, dienen nicht mehr hauptsächlich der Erinnerungsfunktion und dem Festhalten besonderer Momente. Vielmehr wurden sie zu wichtigen Elementen der „live-Kommunikation", besonders von Jugendlichen. Damit gewinnen bildliche Ausdrucksformen auch in der Alltagskommunikation zunehmend an Bedeutung und mischen sich mit medialen Praktiken (vgl. Gye 2007; Meier 2009; Nightingale 2007; Pauwels 2009; van Dijck 2008). Für die Visuelle Kommunikationsforschung sind hier zum

170 7 Visuelle Kommunikationsforschung und ihre Bilder

Beispiel Photo-Sharing-Praktiken von Interesse. Darüber hinaus widmet sich dieses Forschungsfeld aber auch der visuellen Identitätsarbeit, die zu einem großen Anteil über soziale Netzwerke erfolgt, denn die Selbstdarstellung über Bilder ist zu einem essentiellen Bestandteil digitaler Jugendkulturen geworden (vgl. Richard 2010: 55). Aber es gibt noch eine weitere Komponente: Bilder regen auch die Bildung von Gemeinschaften an. So entstehen über *Flickr* Photo Communities, die sich „online" über das gemeinsame Interesse am Bild bilden und schließlich „offline" in Form gemeinsamer Bildpraktiken weitergeführt werden. Als Beispiel soll hier auf Photo-Strolls verwiesen werden. Dies sind Foto-Spaziergänge, die über Photo-Sharing Websites angekündigt und organisiert werden (vgl. Miller/Edwards 2007: 350). Im Zuge dieser fotografischen Spaziergänge werden, gemeinsam mit anderen Mitgliedern der visuellen peer-Group, Fotos produziert.

Die zunehmende Bedeutung von Bildern in den unterschiedlichsten Medienund Alltagsbereichen hat zur Entwicklung eines riesigen Bildermarkts und Bildangebots geführt, der sich am besten an der Stock Photography, der Vorratsfotografie, erkennen lässt: Bilder zu jedem Thema und jedem vorstellbaren Stichwort werden relativ kostengünstig und leicht auffindbar angeboten. Einerseits sind Stock Photos somit ein Symptom des immensen medialen Bildbedarfs, andererseits aber auch ein Indiz für einen Werteverfall des Produktes „Bild", das in diesem Fall nicht mehr ein konkretes Ereignis oder eine konkrete Person vergegenwärtigt, sondern vielmehr eine unspezifische Repräsentation einer Ereignisklasse oder eines Personentyps ist. Somit sind die Bilder der Vorratsfotografie eigentlich als die Anti-Bilder zum journalistischen Bild, welches ja Tatsachen- und Realitätsbezug (vgl. Grittmann 2007: 163) aufweist, zu verstehen. Gleichzeitig ist der Journalismus natürlich ein wichtiger Abnehmer von Vorratsbildern.

Hier schließt sich der Kreis der Ausführungen: Medienbilder unterscheiden sich sehr stark aufgrund der Kontexte, in denen sie auftreten: Die Kontexte verlangen bestimmte visuelle Darstellungsweisen und es entwickeln sich kontextspezifische Bildkonventionen. Gleichzeitig können Bilder aber zwischen diesen Kontexten hin und her wandern, werden in der Folge aber je nach ihrem modalen oder medialen Kontext verschieden interpretiert. Somit ist die Bildkategorie „Medienbilder" nicht nur sehr heterogen, sondern auch nur in ihren jeweiligen Kontexten zu verstehen.

In der weiteren Folge befasst sich die vorliegende Arbeit mit der wissenschaftlichen Auseinandersetzung mit eben diesen komplexen Forschungsobjekten. Zur Beantwortung der Frage, wie die Visuelle Kommunikationsforschung Medienbilder untersucht, kommt eine Metaanalyse von Journalartikeln zum Einsatz, die im folgenden Kapitel vorgestellt wird.

8   Visuelle Kommunikationsforschung in der Entwicklung kommunikations- und medienwissenschaftlicher Publikationen: eine Metaanalyse

Trotz der zunehmenden Institutionalisierung der Visuellen Kommunikationsforschung scheint sie, folgt man der Argumentationsweise einer Vielzahl visueller Forscher und Forscherinnen, ihr Methodenrepertoire betreffend noch in den Kinderschuhen zu stecken. Das folgende Kapitel geht den Gründen dafür nach und entwickelt ein Instrument zur Untersuchung der wissenschaftlichen Beschäftigung mit Medienbildern.

Kress und van Leeuwen (2006) sowie Coleman (2010) führen die mangelnde Beschäftigung mit bildhaften Inhalten beziehungsweise die Defizite und Probleme visueller Forschung auf die Dominanz verbaler Repräsentationen in der Wissenschaft und hochkulturellen Kontexten zurück, in denen Bilder meist als dem Text untergeordnet aufgefasst und daher nicht als gleichwertige „Sprache" anerkannt werden, was sich der Ansicht der Autoren und der Autorinnen nach auch auf die Entwicklung der Analyseinstrumente zur Untersuchung visueller Inhalte auswirkte:

> „The problem which we face is, that literate cultures have systematically suppressed means of analysis of the visual forms of representation, so that there is not, at the moment, an established theoretical framework within which visual forms of representation can be discussed." (Kress/ van Leeuwen 2006: 23)

> „Still, one can't help but wonder if the continuing paucity of visual studies is connected to latent beliefs within academia that words are more important than pictures, over and above the daunting obstacles engendered by coding visual images." (Coleman 2010: 234)

Bohnsack (2003) sieht wiederum einen Grund für die Vernachlässigung des Bildes in der Wissenschaft darin, dass soziale Wirklichkeit um Gegenstand empirischer Forschung werden zu können, in Form von Beobachtungssätzen oder Protokollsätzen – und daher in Textform – vorliegen muss: „Jegliche Beobachtung, die wissenschaftlich relevant werden soll, muss also durch das Nadelöhr

172   8 Visuelle Kommunikationsforschung: eine Metaanalyse

des Textes hindurch." (Bohnsack 2003: 241) Dabei haben sich, so Bohnsack, auch die qualitativen Methoden „den Herausforderungen, mit denen der enorme Bedeutungszuwachs der Bildmedien sie konfrontiert hat, nicht gestellt." (Bohnsack 2008a: 155) Mit der Analyse von Bildern befasste Wissenschaftler und Wissenschaftlerinnen kritisieren insbesondere die Tatsache, dass Bilder lange Zeit nicht als vollwertige Kommunikationselemente wahrgenommen wurden und sich eine systematische methodologische Auseinandersetzung mit bildlichen Inhalten in den Sozialwissenschaften daher erst jetzt zu entwickeln beginnt. Lange Zeit stand das Bild sprichwörtlich im Schatten von Sprache und Text und wurde von der empirischen Forschung vernachlässigt (vgl. Boehm 2005; Przyborski 2008; Bohnsack 2003). Was für die Sozialwissenschaft generell gilt, trifft auch auf die Kommunikations- und Medienwissenschaft zu, wie Ayaß (2006) betont:

> „Ausgerechnet in der empirischen Medienforschung ist die Bereitschaft mit visuellen Inhalten zu arbeiten, nicht sehr ausgeprägt, was angesichts der besonderen visuellen Qualität vieler untersuchter Medien und ihrer Kontexte bemerkenswert ist." (Ayaß 2006: 64)

Die Vernachlässigung des Bildes in der kommunikations- und medienwissenschaftlichen Auseinandersetzung ist tatsächlich äußerst bemerkenswert, weil Bilder, so Przyborski (2008: 82), als Teil des empirischen Materials eine große Rolle spielen. Während über die unterschiedlichsten Medienformen hinweg deutliche Visualisierungstendenzen bemerkbar sind, bleiben die Untersuchungsmethoden oft sprachorientiert oder vernachlässigen überhaupt den visuellen Anteil des Materials. Dies drückt sich auch in den empirischen Herangehensweisen an typisch bildliche Themen aus. Verser und Wicks (2006) stellten für den Bereich der immer stärker visualisierten Wahlkampfkommunikation beispielsweise einen Reichtum an textlichen Inhaltsanalysen bei gleichzeitigem Fehlen einer systematischen Auseinandersetzung mit visuellen Wahlkampfinhalten fest. Auch sie führen den Mangel inhaltsanalytischer Bildanalysen auf die schwierige Codierbarkeit analoger oder symbolischer Formen im Vergleich zu Worten zurück (vgl. Verser/Wicks 2006: 179).

Eine weitere Begründung für die anscheinend problematische Auseinandersetzung mit visuellen Inhalten findet sich bei Przyborski (2008). Die schwierige Erfassbarkeit visueller Medieninhalte ergibt sich der Autorin zufolge dadurch, dass die Kommunikations- und Medienwissenschaft noch über zu wenig Grundlagenwissen über die visuelle Form verfügt. Przyborski (2008) spricht sich deshalb dafür aus, das Bild zunächst grundlagentheoretisch zu erfassen. Es muss also zunächst danach gefragt werden, was den visuellen vom verbalen Modus unterscheidet. Erst danach können konkrete (visuelle) Untersuchungsgegenstände erforscht werden (vgl. Przyborski 2008: 77). Przyborski liefert damit ein Proargu-

8 Visuelle Kommunikationsforschung: eine Metaanalyse 173

ment für die Bestrebungen der Allgemeinen Bildwissenschaft, deren grundlagentheoretische Erkenntnisse wichtigen Input für spezialisierte wissenschaftliche Herangehensweisen, wie etwa der Visuellen Kommunikationsforschung, liefern können.

Ein Ausgangspunkt für die vorliegende Arbeit war zunächst die Alltagsbeobachtung, dass entgegen der hier angeführten Probleme und Defizite, die Beschäftigung mit visuellen Inhalten insbesondere in den letzten Jahren deutlich zugenommen hat. Diese subjektiv wahrgenommene Zunahme der Publikationstätigkeit zur visuellen Forschung deckt sich mit den Befunden hinsichtlich des bildwissenschaftlichen Forschungsstands (vgl. etwa Barnhurst/Vari/Rodríguez 2004; Griffin 2001; Müller 2007), steht aber in einem deutlichen Widerspruch zu den oben angeführten Argumenten, die das Fehlen adäquater Methoden hervorheben. In der vorliegenden Arbeit wird deshalb untersucht, wie Forscherinnen und Forscher unter erschwerten Bedingungen – aufgrund mangelhafter beziehungsweise noch nicht ausgereifter Methoden, wie entsprechend der vorangegangen Argumentation unterstellt wird – Visuelle Kommunikationsforschung betreiben. Dieser Widerspruch führt zu folgender Vermutung: In einem Forschungsfeld mit, wie es scheint, lebhafter Forschungstätigkeit kann nicht von einem grundsätzlichen Methodendilemma ausgegangen werden. Um diese Annahme in empirisch fundiertes Wissen zu überführen, wird eine Metaanalyse zur Visuellen Kommunikationsforschung vorgenommen.

Ziel der Arbeit ist es also, unabhängig von der genannten methodologischen Kritik, zu untersuchen, wie die Visuelle Kommunikationsforschung in den letzten 20 Jahren tatsächlich das Feld der visuellen Kommunikation erforscht hat und wie sich die Forschungsaktivitäten entwickelt haben. Als Analysemethode kommt eine quantitative Metaanalyse zur Systematisierung des Forschungsstandes zum Einsatz. Zusätzlich werden jene Beiträge, in denen Bildinhaltsanalysen verwendet werden, in einem qualitativen Mapping nach Themen und Theoriebezügen systematisiert.

Diesbezüglich ist zunächst von Interesse, ob die *Bedeutung der Visuellen Kommunikationsforschung* in den letzten Jahren zugenommen hat. Die Bedeutung eines Themas für ein Fach drückt sich neben der Institutionalisierung auch in dessen Produktivität und Publikationsoutput aus. Um diese Frage beantworten zu können, wird die Häufigkeit von Beiträgen, die sich mit Medienbildern beschäftigen, in kommunikationswissenschaftlichen und visuellen Fachzeitschriften erfasst. Es wird dabei untersucht, ob ein Anstieg der Publikationstätigkeit feststellbar ist und wenn ja, in welchen Fachzeitschriften er auftritt.

Weiters wird betrachtet, welchen *Forschungsgebieten* die Beiträge zur Visuellen Kommunikationsforschung zuzuordnen sind. Mit Forschungsgebieten sind

174   *8 Visuelle Kommunikationsforschung: eine Metaanalyse*

hier die zentralen Frage- und Problemstellungen der Publizistik- und Kommunikationswissenschaft gemeint (vgl. Bonfadelli/Jarren/Siegert 2005b), die unter anderem Kommunikatorforschung, Inhaltsforschung, Rezeptions- und Nutzungsforschung und Wirkungsforschung umfassen. Von Interesse ist dabei vor allem die Frage nach dem Anteil visueller Inhaltsforschung.

Da die methodische Auseinandersetzung mit bildlichen Medieninhalten, wie bereits ausführlich diskutiert wurde, eine der zentralen Herausforderungen des Forschungsfeldes zu sein scheint, interessiert selbstverständlich auch, welche *wissenschaftliche Herangehensweise* in den Artikeln gewählt wird. Dazu wird zunächst die Beitragsart unterschieden, also ob es sich um theoretische oder empirische Beiträge handelt. Bei empirischen Beiträgen wird des Weiteren erhoben, welche *Methoden und Datenerhebungsverfahren* zum Einsatz kommen. Die Ergebnisse werden in der Folge mit den metaanalytischen Referenzstudien zur generellen empirischen Forschungspraxis in der Kommunikations- und Medienwissenschaft verglichen.

Jene Artikel, die *Bildinhaltsanalysen* anwenden, werden in der Folge in einem eigenen Kapitel genauer behandelt, da inhaltsanalytische Anwendungen im Zentrum der Methodenkritik stehen. Dabei wird erhoben, ob die Analyse auf die *visuelle Modalität* eingeht, und inwieweit der *Bildkontext* mitberücksichtigt wird, also inwiefern die Multimodalität von Medientexten berücksichtigt wird. Es wird ein Mapping unterschiedlicher inhaltsanalytischer Verfahren durchgeführt. In anderen Worten, es wird ein Überblick darüber gegeben, bei welchen Themen und in welchen theoretischen Perspektiven bestimmte Arten der Inhaltsanalyse typischerweise zum Einsatz kommen. Dieser teilweise qualitativ arbeitende Auswertungsschritt, in dem auch mit offenen Kategorien gearbeitet wird, dient dazu, einen Überblick über typische Anwendungsfelder unterschiedlicher Arten von Inhaltsanalysen zu geben. Er versteht sich dabei nicht als Methodenanleitung, sondern als Dokumentation der Anwendungspraxis von Inhaltsanalysen in der Visuellen Kommunikationsforschung.

Zentral ist aber auch die Frage nach den Gegenstandsbereichen, die in Visueller Kommunikationsforschung untersucht werden. Analysiert wird, in welchem Ausmaß unterschiedliche *Bildgattungen* (z.B. Fotografie, Infografik, Karikatur) behandelt werden. Welche Bildgattungen werden also besonders häufig erforscht, welche *Mediengattungen* und *Kontexte* (z.B. Journalismus, Werbung, PR) dominieren?

Ein Indikator für die Institutionalisierung eines Forschungsfeldes ist auch die *institutionelle Verankerung* der Forscherinnen und Forscher. Im Sinne einer Forschungstopografie wird deshalb zusätzlich erhoben aus welchen *geografischen Räumen* die visuellen Forscherinnen und Forscher, die in den gewählten

8.1 Vor- und Nachteile einer Metaanalyse *175*

Journals publizieren, stammen. Die geografische Zuordnung ermöglicht zusätzlich eine Einschätzung der Internationalität der Fachzeitschriften in Hinblick auf das Forschungsfeld der visuellen Kommunikation. Zusätzlich kann die Anzahl von *Koautorenschaften* Hinweise auf Forschungsnetzwerke geben.

8.1 Vor- und Nachteile einer Metaanalyse

Die Kommunikationswissenschaft ist, so Bonfadelli und Meier (1984), ein unscharf formulierter, interdisziplinärer Forschungsbereich mit engen Verbindungen in andere Wissenschaftsgebiete. Deshalb werden kommunikations- und medienwissenschaftlich relevante Studien häufig auch in fachfremden Publikationsforen veröffentlicht. Die „systematische Aufarbeitung und Akkumulation der vielfach weit verstreuten Forschungsergebnisse ist deshalb eine absolute Notwendigkeit", wie Bonfadelli und Meier (1984) in ihrem Beitrag *Meta-Forschung in der Kommunikationswissenschaft. Zur Problematik der Synthese von empirischer Forschung* betonen (vgl. Bonfadelli/Meier 1984: 538).

Was hier für die Kommunikationswissenschaft allgemein formuliert wird, gilt in besonderer Form auch für die Visuelle Kommunikationsforschung. Die Erarbeitung der Bilddefinition „Medienbild" und der unterschiedlichen Arten von Medienbildern zeigt, unter welchen vielfältigen Gesichtspunkten und in welchen unterschiedlichen Disziplinen visuelle Phänomene behandelt werden. Die vorliegende Analyse versucht eine systematische Erfassung des Forschungsstandes zum Themenbereich Visuelle Kommunikationsforschung.

Mittels einer quantitativen Metaanalyse wird untersucht, wie sich das heterogene Forschungsfeld entwickelt hat.

Die quantitative Metaanalyse kann in diesem Zusammenhang als „die zuverlässigste Form von Meta-Forschung bezeichnet werden" (Bonfadelli/Meier 1984: 548), denn durch die Anwendung eines quantitativen inhaltsanalytischen Verfahrens gewinnt diese Art der Literaturanalyse an Intersubjektivität und Systematik (vgl. Bonfadelli/Meier 1984: 543). Eine Metaanalyse wird dementsprechend dazu eingesetzt „alle Aktivitäten, die Ergebnisse verschiedenster Einzelstudien in einem Forschungsbericht oder bezüglich eines bestimmten Forschungsproblems systematisch zusammenfassen und zu evaluieren, und zwar mit dem Ziel, den Stand der Forschung auf einer höheren Ebene der Generalisierung als der der Einzelstudie zu synthetisieren." (Bonfadelli/Meier 1984: 537)

Metaanalysen waren aber auch starker Kritik ausgesetzt (vgl. Fricke/Treinies 1985: 169), wobei ein häufiges Argument ist, dass sie nicht vergleichbare Untersuchungen zusammenführen. Diese Kritik wird auch als das „Äpfel und

176   *8 Visuelle Kommunikationsforschung: eine Metaanalyse*

Birnen"-Argument bezeichnet (vgl. Fricke/Treinies 1985: 169f). Weitere Kritik bezieht sich darauf, dass gute, wie schlechte Forschungsergebnisse gleichermaßen berücksichtigt werden und durch die Selektivität der Forscher und Forscherinnen zudem nicht der wahre Forschungsstand wiedergegeben wird. Zum „Äpfel und Birnen"-Argument führen Glass, McGaw und Smith (1981) stichhaltige Gegenargumente an, denn ob Forschungsarbeiten metaanalytisch integriert werden können, hängt ausschließlich von der jeweiligen Forschungsfrage ab. Diese entscheidet schließlich mit der gewählten Perspektive darüber, ob Studien ähnlich oder verschieden sind. (vgl. Glass/McGaw/Smith 1981: 218ff, zit. nach Fricke/Treinies 1985: 170)[88].

Die vorliegende Metastudie erhebt den Stand der Beschäftigung und Analyse mit bildlichen Medieninhalten in kommunikations- und medienwissenschaftlichen Journals sowie in bildwissenschaftlichen Journals und vergleicht die gewonnenen Ergebnisse mit bestehenden Metaanalysen. Die vorliegende Studie vergleicht dabei aber keine Forschungsergebnisse, sondern untersucht die Häufigkeit und Verbreitung wissenschaftlicher Herangehensweisen, Methoden und Forschungsgebiete im gewählten Forschungsfeld.

Als Untersuchungsmaterial dienen Artikel in unterschiedlichen wissenschaftlichen Fachzeitschriften. Sie gelten als besonders geeignete Untersuchungsobjekte zur Einschätzung der Relevanz eines Forschungsthemas.

8.2   Fachzeitschriften - ein Blick in die Nervenbahnen der Disziplin

In aktuellen Metaanalysen wird zur Annäherung an den Stand eines Forschungszweiges häufig die systematische Analyse führender Fachzeitschriften empfohlen. Seethaler (2006) schlägt dabei vor, jene Fachzeitschriften als Untersuchungsmaterial zu wählen, die alle Forschungsfelder eines Faches berücksichtigen und auch kontinuierlich erscheinen (vgl. Seethaler 2006: 245). Diese Auswahlstrategie soll einen guten Überblick über die Forschungsaktivitäten einer Disziplin ermöglichen.

Ein Problem dieser Herangehensweise ist zwar, dass Monografien, Sammelbände und Konferenzartikel ausgeschlossen werden, die führenden Zeitschriften bilden jedoch die „Nervenbahnen einer Disziplin" (Kamhawi/Weaver 2003: 7; Weaver/Wilhoit 1988)[89] und sind damit eine Art Barometer für die Aktualität von Forschungsthemen und für den Fokus der Disziplin. Die Beiträge in diesen Fachzeitschriften sind also wichtige Indikatoren für theoretische und methodische

8.2 Fachzeitschriften - ein Blick in die Nervenbahnen der Disziplin 177

Zugänge zum Untersuchungsgegenstand, weshalb ihre Analyse eine Standortbestimmung des Faches erlaubt (vgl. Brosius/Haas 2009: 170; Riffe/Freitag 1997: 515).

„Viewing this literature from a distance, one can discern lager patterns and trends in mass communication research." (Kamhawi/Weaver 2003: 7) Durch die Betrachtung von zentralen Fachzeitschriften können also Muster und Trends der kommunikations- und medienwissenschaftlichen Forschung identifiziert werden. Zusätzlich garantieren Fachzeitschriften eine hohe Beitragsqualität, denn vor allem in internationalen Fachzeitschriften haben sich hohe Qualitätsstandards etabliert, die durch Review-Verfahren und geringere Akzeptanzraten gewährleistet werden. Die Selektion durch „Peer-Review-Vefahren" soll garantieren, dass die publizierten Artikel einerseits eine gesicherte Mindest-Forschungsqualität erfüllen und zusätzlich auch als relevant für das jeweilige Fach erachtet werden (vgl. Chang et. al. 2001: 417; Lauf 2001: 370; Schönbach/Lauf 2006: 447). Die Bedeutung einzelner Journals wird auch durch deren „Impact-Factor" ausgedrückt, der die relative Häufigkeit, mit der Beiträge aus einem Journal zitiert werden, angibt.

Dieser Faktor wird in zunehmendem Maße auch zur akademischen Beurteilung von Forscherinnen und Forscher herangezogen, was mit unter als äußerst problematisch beurteilt wird. Zur Kritik an „evaluativer Szientometrie" und deren bekanntester Kennziffer „Impact-Faktor" siehe exemplarisch Fröhlich (2003). Lauf (2001) weist beispielsweise darauf hin, dass diese Qualitätsindikatoren nicht einfach auf die deutschsprachige Kommunikationswissenschaft übertragbar sind, da hier eigene Publikationsstrategien vorherrschen und auch Festschriften, Tagungs- und Themenbänden und Monographien eine hohe Bedeutung zukommt (vgl. Lauf 2001: 370). Allerdings hat sich in den letzten Jahren auch im deutschsprachigen Raum die Bewertung von Kommunikationswissenschaftlern und Kommunikationswissenschaftlerinnen in Richtung amerikanische Beurteilungsstandards entwickelt, weshalb sich Journals auch in der deutschsprachigen Wissenschaftskultur zunehmend zu einem Forschungsbarometer entwickeln. Brosius (2008) beispielsweise rät jungen Wissenschaftlerinnen und Wissenschaftlern deshalb: „Publiziert, soviel ihr könnt! Dies aber bitte in möglichst hochkarätigen Zeitschriften." (Brosius 2008: 15) Er verweist dabei auf das „Kaskadenmodell", das von amerikanischen Forscherinnen und Forschern als Publikationsstrategie angewendet wird: Diese versuchen zuerst, ihren Beitrag in einem besonders prestigevollen, also gut gerankten, Journal unterzubringen. Wird der Beitrag abgelehnt, so wird er in einer Zeitschrift auf einer darunter liegenden Stufe eingereicht und so weiter, bis er schließlich in einer Fachzeitschrift angenommen wird (vgl. Brosius 2008: 15). Und auch die Broschüre der DGPuK *How to go international*, die sich insbesondere an Nachwuchswissenschaftler und Nachwuchswissen-

178   8 Visuelle Kommunikationsforschung: eine Metaanalyse

schaftlerinnen wendet, rät dazu in englischer Sprache und außerhalb der deutschen Zeitschriften zur publizieren (vgl. Bildandzic/Lauf/Hartmann 2004).

Trotz der Eigenheiten der deutschsprachigen Kommunikations- und Medienwissenschaft ist davon auszugehen, dass auch hier Fachzeitschriften den Stand und die internationalen Entwicklungen des Faches adäquat abbilden können. Aufgrund dieser Entwicklungen der Forschungslandschaft und der Veränderung der Publikationsstrategien auch im deutschsprachigen Raum, sind Beiträge in Fachzeitschriften ein geeignetes Untersuchungsmaterial zur Erreichung des Forschungsziels. Die Arbeit orientiert sich damit an einer Reihe von Referenzstudien, die ebenfalls Journalbeiträge analysierten. In der kommunikations- und medienwissenschaftlichen Literatur finden sich bereits einige Metaanalysen mit unterschiedlichen Schwerpunkten. Diese stammen insbesondere aus den 1970er und den 1990er Jahren. Allerdings wurden in diesen Untersuchungen oftmals nur bestimmte Themen oder ein bestimmtes Journal untersucht.[90] Für die vorliegende Arbeit sind insbesondere jene Metaanalysen relevant, die sich auch mit der Anwendung von Methoden auseinander setzen, wie zum Beispiel bei Cooper, Potter und Dupagne (1994), bei Trumbo (2004) oder bei Kamhawi und Weaver (2003). Diese Vergleichsstudien und ihre zentralen Resultate werden im Folgenden umrissen.

8.3   Metaanalytische Referenzstudien

Eine besonders prominente und oft zitierte Metaanalyse ist *A Status Report on Methods Used in Mass Communication Research* aus dem Jahre 1994 (Cooper/ Potter/Dupagne 1994). Gemeinsam mit zwei weiteren Analysen (Kamhawi/Weaver 2003 und Trumbo 2004) dient sie der vorliegenden Arbeit als Referenzstudie bezüglich der Methodenanwendung in der Kommunikations- und Medienwissenschaft. Die Studie von Cooper, Potter und Dupagne (1994) untersucht Journalartikel zwischen 1965 und 1989. Kamhawi und Weaver (2003) schließen mit *Mass Communication Reserach Trends From 1980 to 1999* zeitlich an. Noch aktueller ist die Studie *Research Methods in Mass Communication Research: A Census of Eight Journals 1990-2000* von Trumbo, der zudem die gleichen Journals wie die Vorgängerstudie von Kamhawi und Weaver (2003) heranzog. Diese drei Studien beschäftigen sich besonders mit der Verteilung quantitativer und qualitativer Forschungsmethoden im Zeitverlauf, den verwendeten Erhebungsmethoden und der Theoriebezogenheit von empirischen Studien.

Mit Inhaltsanalysen im Speziellen befassen sich des Weiteren Riffe und Freitag (1997) in *A Content Analysis of Content Analyses: Twenty-Five Years of Jour-*

8.3 Metaanalytische Referenzstudien 179

nalism Quarterly. Untersucht wurden Inhaltsanalysen, die zwischen 1971 und 1995 in *Journalism & Mass Communication Quarterly* erschienen. Insbesondere die Variablen zum Theoriebezug sowie zur Qualität der Methode dienten der vorliegenden Arbeit als Vorlage (vgl. Riffe/Freitag 1997: 517).

Hinweise auf die kommunikations- und medienwissenschaftlichen Forschungstrends im deutschsprachigen Raum liefern zudem die Untersuchungen von Brosius und Haas (2009), Schweiger, Rademacher und Grabmüller (2009) sowie Lauf (2001).

Brosius und Haas (2009) untersuchen in *Auf dem Weg zur Normalwissenschaft. Themen und Herkunft der Beiträge in ,Publizistik' und ,Medien & Kommunikationswissenschaft'* die Themen der Beiträge, die Merkmale der Autoren und Institutionen sowie die Publikationshäufigkeit unterschiedlicher Institute in den genannten Fachzeitschriften zwischen 1983 und 2007. Diese Arbeit orientiert sich insbesondere an den Kategorien zu Themen beziehungsweise Forschungsfeldern (vgl. Brosius/Haas 2009: 176f).

Womit befassen sich kommunikationswissenschaftliche Abschlussarbeiten? Eine Inhaltsanalyse von DGPuK-TRANSFER als Beitrag zur Selbstverständnisdebatte (Schweiger/Rademacher/Grabmüller 2009) ist eine Metaanalyse, welche die Forschungsgebiete und Mediengattungen in kommunikationswissenschaftlichen Abschlussarbeiten untersucht und sich damit auseinander setzt, welche Theoriebezüge und Methodenanwendungen dominieren (vgl. Schweiger/Rademacher/Grabmüller 2009: 539). Die vorliegende Arbeit orientiert sich zum Teil am Kategoriensystem dieser Analyse (2009).

Lauf (2001) beschäftigt sich in *„Publish or perish?" Deutsche Kommunikationsforschung in internationalen Fachzeitschriften* damit, in welchem Ausmaß und in welchen nicht-deutschsprachigen Fachzeitschriften deutsche Kommunikationsforschung publiziert und rezipiert wird. Lauf (2001) kommt diesbezüglich zu dem Schluss, dass viele „high ranked" Journals der Kommunikations- und Medienwissenschaft fast ausschließlich Beiträge US-amerikanischer Autoren veröffentlichen und deshalb eigentlich gar nicht als international zu bezeichnen sind (vgl. Lauf 2001: 379). Diese Ergebnisse sind deshalb von Interesse, weil auch in der vorliegenden Studie einige hoch gerankten Fachzeitschriften als Untersuchungsmaterial ausgewählt wurden. Dabei muss folglich kritisch hinterfragt werden, ob diese Journals wirklich als Barometer für internationale Forschungsaktivitäten gelten können oder lediglich, wie von Lauf (2001) diagnostiziert, die US-amerikanisch dominierte Forschungspraxis repräsentieren. In die vorliegende Metaanalyse wurden auch europäische und deutschsprachige Journals aufgenommen, um die europäische (und deutschsprachige) Forschungslandschaft keinesfalls aus dem Blick zu verlieren.

180   *8 Visuelle Kommunikationsforschung: eine Metaanalyse*

Weitere Arbeiten, die wichtige Impulse für den methodischen Aufbau dieser Metaanalyse lieferten, stammen von Bonfadelli und Meier (1984), Chang et al. (2001), Machill, Beiler und Fischer (2006) sowie Seethaler (2006).

Einige Vergleichsdaten für die vorliegende Untersuchung werden im Folgenden dargestellt.

Zur Verteilung qualitativer und quantitativer Verfahren in der Kommunikationsforschung

Trumbo (2004) untersucht in *Reserach Methods in Mass Communication Research: A Census of Eight Journals 1990-2000* die Methodenanwendung in kommunikationswissenschaftlichen Journalartikeln. Insbesondere die Häufigkeit von quantitativen und qualitativen Methoden, sowie deren gemeinsame Verwendung und Triangulation stehen im Analysefokus. Trumbo stellt eine Verteilung von 57% quantitativen zu 41% qualitativen Methoden fest. Eine Kombination quantitativer und qualitativer Methoden kommt in nur 2% der untersuchten Artikel zur Anwendung (vgl. Trumbo 2004: 423f).

Trumbos (2004) Metaanalyse schließt an die Studie *A Status Report on Methods Used in Mass Communication Research* von Cooper, Potter und Dupagne (1994) an. Beide Studien untersuchen die gleichen 8 Fachzeitschriften.[91] In der Studie aus 1994, welche Journalartikel zwischen 1965 und 1989 analysiert, dominieren ebenfalls quantitative Herangehensweisen (58%). Qualitative Methoden werden in 35% der Artikel eingesetzt. Interessanterweise fanden Cooper, Potter und Dupagne einen höheren Anteil an qualitativ-quantitativer Methodenkombinationen: 7% im Vergleich zu 2% bei der Folgestudie von Trumbo (vgl. Cooper/Potter/Dupagne 1994: 57; Trumbo 2004: 421).

Auch Kamhawi/Weaver (2003) führten eine thematische Metaanalyse der Forschungstrends in wichtigen Journals der Kommunikationsforschung durch. In *Mass Communication Research Trends from 1980 to 1999* wurden die Beiträge in 10 Journals untersucht.[92] Zwischen 1980 und 1999 lag die Verteilung der Zugänge bei 72% quantitativen zu 26% qualitativen Methodenanwendungen. Eine Kombination von qualitativen und quantitativen Methoden konnte in 3% der Analysen festgestellt werden. Diese Studie kommt zu einer ungefähren 70:25 Verteilung, während die Analysen von Cooper, Potter und Dupagne (1994) sowie Trumbo (2004) eine 60:35 bzw. 60:40 Verteilung quantitativer und qualitativer Methoden ergaben. Diese Unterschiede sind vermutlich auf die Journalauswahl zurückzuführen.[93] Die Studie von Kamhawi/Weaver (2003) spricht für eine zunehmende

8.3 Metaanalytische Referenzstudien

Bedeutung von quantitativen Methoden in der Kommunikationswissenschaft, während die qualitativen Methoden annähernd auf gleichem Niveau bleiben.

Tabelle 1 gibt einen Überblick über die Ergebnisse hinsichtlich der Methodenanwendung dieser drei Studien. Die Daten für die Jahre 1965-1989 basieren auf den Ergebnissen von Cooper, Potter und Dupagne (1994), für 1980-1999 auf Kamhawi und Weaver (2003) und für 1990-2000 auf Trumbo (2004).

Jahr	Quantitativ	Qualitativ	Kombination	Anzahl
1965	43%	50%	7%	68
1968	38%	59%	2%	86
1971	42%	39%	19%	100
1974	63%	29%	8%	158
1977	63%	29%	8%	187
1980	57%	38%	5%	184
1983	57%	36%	7%	169
1986	66%	30%	4%	182
1989	64%	28%	8%	192
Gesamt	58%	35%	7%	1326
1980-1984	74%	24%	1%	221
1985-1989	72%	25%	3%	239
1990-1994	71%	26%	3%	249
1995-1999	69%	28%	2%	180
Gesamt	72%	26%	3%	889
1990	59%	38%	3%	288
1991	54%	41%	5%	291
1992	52%	45%	3%	253
1993	48%	51%	1%	280
1994	61%	37%	2%	241
1995	55%	44%	1%	229
1996	57%	39%	4%	208
1997	65%	33%	2%	194
1998	50%	49%	1%	219
1999	61%	38%	1%	216
2000	65%	34%	2%	320
Gesamt	57%	41%	2%	2649

Tabelle 1: Überblick über quantitative und qualitative Forschungsmethoden im Zeitverlauf

182   8 Visuelle Kommunikationsforschung: eine Metaanalyse

Ein Überblick über die Methodenanwendung in der Kommunikationswissenschaft

Die Metaanalysen von Trumbo (2004) und die Vorgängerstudie von Cooper, Potter und Dupagne (1994) zeigen folgende Ergebnisse bezüglich der verwendeten Methoden in der kommunikations- und medienwissenschaftlichen Forschung:
    Die häufigsten Methoden der quantitativen Forschung sind Befragungen (33%; 48%[94]), Inhaltsanalysen (28%; 25%) und Experimente (26%; 15%). Bei qualitativen Methoden überwiegen dagegen Sekundäranalysen (42%[95]), Inhaltsanalysen (38%) und Beobachtungen (21%). Allerdings sind qualitative Untersuchungen, wie in Tabelle 1 gezeigt wurde, weit weniger verbreitet. Diese Ergebnisse decken sich weitgehend mit den Resultaten der Metaanalyse von Kamhawi und Weaver (2003). Dieser Studie zufolge sind Befragungen (33,3%), Inhaltsanalysen (30%) und Experimente (13,3%) die häufigsten Methoden.

Der Forschungsstand der visuellen Kommunikation in der Kommunikations- und Medienwissenschaft

Forschungsüberblicke werden nicht nur zur Analyse der Forschungspraxis einer gesamten Disziplin herangezogen, sondern können auch einen Überblick über gewisse thematische Schwerpunkte und Forschungsfelder geben. Seethaler (2006) führte zum Beispiel eine Metaanalyse zum Stand der kommunikationswissenschaftlichen Forschung zum Thema „europäische Öffentlichkeit" durch. Machill, Beiler und Fischer (2006) untersuchten Inhaltsanalysen, die sich ebenfalls mit europäischer Öffentlichkeit auseinandersetzten und Schramm (1957) befasste sich mit der Journalismusforschung. Auch die Forschungstätigkeit im Feld der visuellen Kommunikation wurde bereits untersucht und zwar von Griffin (2001) sowie von Barnhurst, Vari und Rodríguez (2004).
    Im Jahre 2001 veröffentlichte Michael Griffin den Artikel *Camera as Witness, Image as Sign: The Study of Visual Communication in Communication Research.* Er fasst in diesem Beitrag, der im *Communication Yearbook* publiziert wurde, den Forschungsstand der Visuellen Kommunikationsforschung zusammen. Griffin (2001) behandelt die Haupteinflüsse der Geschichte der Visuellen Kommunikationsforschung, die dazu beitrugen, das Forschungsfeld zu einem, wie er es nennt „distinct subfield of communication research" (Griffin 2001: 435) zu machen. Allerdings bezieht er sich ausschließlich auf den US-amerikanischen Raum.
    Gleich zu Beginn seiner Ausführungen verweist Griffin (2001) auf die dringend erforderliche Einschränkung des Bildbegriffes und des Feldes, da visuelle

8.3 Metaanalytische Referenzstudien

Kommunikation in das Fachinteresse vieler Disziplinen fällt und der Bildbegriff an sich sehr weitreichend ist. Griffin beschreibt die von ihm gewählte Einschränkung folgendermaßen: „For purposes of manageability, I have chosen to focus this discussion on the study of the *picture* rather than the broader concept of the *visual*, and with a bent toward the study of 20th-century mass communication media rather than the larger history of art and visual representation." (Griffin 2001: 434) Beide Einschränkungen sind mit dem Medienbildbegriff der vorliegenden Studie kompatibel. Allerdings wird in der vorliegenden Abeit noch eine weitere Einschränkung vorgenommen, indem nur Beiträge, die das *unbewegte Medienbild* behandeln, aufgenommen werden.

Barnhurst, Vari und Rodríguez (2004) erarbeiten in *Mapping Visual Studies in Communication* eine Forschungssynopse für das Feld der visuellen Kommunikation, ebenfalls im US-amerikanischen Raum. Sie dokumentieren dabei die Hauptströmungen visueller Forschung sowie die Geschichte des Forschungsfeldes. Dies erfolgt mittels einer sehr komplexen und vielschichtigen qualitativen Systematisierung von Büchern, Fachzeitschriften, darin publizierten Artikeln, sowie Konferenzvorträgen zwischen 1999 und 2003. Zusätzlich zur Literaturstudie sammelten die Autoren auch die Expertenmeinungen visueller Forscherinnen und Forscher hinsichtlich der bisherigen und zukünftigen Entwicklung der „visual studies in communication". Auch die Institutionalisierung, in Form von Fachgruppen, im Forschungsfeld wird ausführlich behandelt.

Die Autoren zeigen unter anderem, dass die Anzahl der publizierten Bücher, die dem Feld der visuellen Kommunikation zugerechnet werden können, in der untersuchten Zeit drastisch anstieg, was als ein Indikator für die zunehmende Relevanz eines Feldes gilt (vgl. Barnhurst/Vari/Rodríguez 2004: 618). Interessante Ergebnisse erbrachte außerdem die Untersuchung der Institutionalisierungstendenzen des jungen Forschungsfeldes hinsichtlich seiner interdisziplinären Bezüge. „The new field does not threaten the lager communication discipline, and the topics of study often cross into other disciplines. Scholars [...] seem deeply aware of (and even celebrate) the interdisciplinary quality of visual studies." (Barnhurst/Vari/Rodríguez 2004: 633)

Die starke interdisziplinäre Verortung der wissenschaftlichen Auseinandersetzung mit visueller Kommunikation führt, wie die Autoren zeigen konnten, jedoch zu einigen Problemen. Sie resultiert beispielsweise in einer geringen Sichtbarkeit des Forschungsfeldes als akademische Einheit und in einer generell geringeren Akzeptanz visueller Forschung in der Wissenschaft. Zudem wird die Vernetzung der Forscherinnen und Forscher erschwert. Demgegenüber steht jedoch die steigende Anzahl von visuellen Fachgruppen und Sektionen der großen

184   8 *Visuelle Kommunikationsforschung: eine Metaanalyse*

kommunikationswissenschaftlichen Organisationen (vgl. Barnhurst/Vari/Rodrí-guez 2004: 633ff, siehe Kapitel 3).

Insgesamt kommen die Autoren deshalb zu dem Schluss, „visual studies in communication is an expanding field" (vgl. Barnhurst/Vari/Rodríguez 2004: 636). Diese Forschungssynopse ist mit der Herangehensweise der vorliegenden Arbeit nicht direkt vergleichbar, da sie sich hauptsächlich auf den US-amerikanischen Raum bezieht und in Form eines qualitativen Mappings erfolgte. Allerdings lassen sich aus den Ergebnissen, ebenso wie aus den Problemen, die sich beim Mapping ergaben, wichtige Schlussfolgerungen für die vorliegende Arbeit ableiten. Einen besonders wichtigen Impuls liefert die Analyse unterschiedlicher Journalarten. Barnhurst, Vari und Rodríguez (2004) erfassten kommunikationswissenschaftliche Journals sowie die visuellen Fachzeitschriften angrenzender Fächer. Die Untersuchung konnte eindeutig zeigen, dass diese Art der Materialauswahl aufgrund der interdisziplinären Ausrichtung des Faches unerlässlich ist. Die Neugründungen der visuellen Journals sind deshalb wichtige Indikatoren für die Entwicklung des Forschungsfeldes und müssen in jedem Fall berücksichtigt werden. Gleichzeitig sind die zentralen Journals des Faches aber wichtige Forschungsbarometer für den Stellenwert von Forschungsfeldern in der Kommunikations- und Medienwissenschaft. Die interdisziplinäre Ausrichtung des Feldes bringt deshalb auch Probleme für die Materialauswahl mit sich: Die Untersuchung von Barnhurst, Vari und Rodríguez (2004) zeigt sehr deutlich, dass viele visuelle Journals kaum Artikel publizieren, die für die Kommunikations- und Medienwissenschaft relevant sind. Barnhurst, Vari und Rodríguez (2004) identifizierten beispielsweise sehr wenige relevante Artikel, also Artikel die dem gewählten Bildbegriff entsprachen, in *Visual Studies, Visual Anthropology, Visual Anthropology Review, Journal of Visual Literacy* (vgl. Barnhurst/Vari/Rodríguez 2004: 626). Diese Fachzeitschriften konnten daher von vorne herein aus dem Untersuchungsmaterial der vorliegenden Arbeit ausgeschlossen werden. Andere, wie zum Beispiel *Visual Communication Quarterly* und *Visual Communication*, wurden dagegen als relevante Publikationen identifiziert. Eine weitere Herausforderung, die Barnhurst, Vari und Rodríguez (2004) begegnete, war die Tatsache, dass viele Artikel, beurteilt man sie lediglich anhand ihres Titels und Abstracts, den Anschein erwecken, sich mit visueller Kommunikation zu befassen, was bei genauerer Betrachtung aber nicht zutrifft. „We call their approach nominal to indicate that they appear to study the visual without studying it." (Barnhurst/Vari/ Rodríguez 2004: 624) Die Autoren kommen zu folgendem Schluss: „Finally, the journal literature contains studies that are only nominally visual, examining a medium, activity, or phenomenon that is inherently visual without observing its visual aspects with consistency or rigor." (Barnhurst/Vari/Rodríguez 2004: 626)

8.4 Aufbau der Studie 185

Artikel dieser Art, die zwar visuelle Medien untersuchen, dabei aber nicht analytisch auf visuelle Vermittlungsmodi eingehen, werden aus der vorliegenden Untersuchung ausgeschlossen, was allerdings eine genaue vorausgehende Beurteilung der vollständigen Artikelinhalte erfordert.

Die genannten Metaanalysen und Forschungssynopsen liefern einige wichtige Vorgaben für die Auswahl des Untersuchungsmaterials, die im Folgenden dargestellt und begründet wird.

8.4 Aufbau der Studie

Das *Untersuchungsmaterial* der vorliegenden Arbeit unterteilt sich in zwei unterschiedliche Journalarten: Als Stichprobe wurden (1) Beiträge aus sieben fachumspannenden internationalen, europäischen und deutschsprachigen kommunikationswissenschaftlichen Journals und (2) aus vier thematischen, auf visuelle Themen spezialisierten, Journals ausgewählt.[96]

(1) Kommunikationswissenschaftliche Journals: In der systematisierenden Metaanalyse zur Erhebung des Forschungsstandes werden zunächst Studien erfasst, welche in den zentralen internationalen Journals des Faches publiziert wurden, um die generelle Bedeutung des Bildes in der kommunikationswissenschaftlichen Forschung und seine Entwicklung im Untersuchungszeitraum zu erheben. In Anlehnung an europäische und US-amerikanische Metaanalysen (vgl. Seethaler 2006; Kamhawi/Weaver 2003) und nach Besprechung der Relevanz unterschiedlicher Journals mit Kommunikationswissenschaftlerinnen und Kommunikationswissenschaftlern beziehungsweise mit Bildforscherinnen und Bildforschern[97] wurden folgende Journals als Untersuchungsmaterial ausgewählt: *Journal of Communication, Communications: The European Journal of Communication Research, European Journal of Communication, International Communication Gazette, Journalism and Mass Communication Quarterly, Publizistik* sowie *Medien & Kommunikationswissenschaft.* Die Auswahl der Fachzeitschriften soll einen internationalen sowie einen europäischen Blick auf die Visuelle Kommunikationsforschung zulassen. Die Kurzcharakteristik der einzelnen Journals ist in Anhang 1 nachzulesen.

(2) Visuelle Journals: Als stärker bildwissenschaftlich orientierter Teil der Stichprobe werden Beiträge aus Journals aufgenommen, die sich spezieller mit der Erforschung bildlicher Inhalte auseinander setzen. Diese Journals werden im Folgenden als „Visual Journals", „visuelle Journals" oder „bildwissenschaftliche Journals" bezeichnet. Bei den visuellen Journals wird besonders darauf geachtet, nur jene Artikel in die Analyse einzubeziehen, die sich auch mit Medienbildern

186 8 Visuelle Kommunikationsforschung: eine Metaanalyse

(im Sinne der in Kapitel 4 erarbeiteten Definition) und nicht mit anderen visuellen Phänomenen auseinander setzen. Für diesen Schritt wurden *Visual Communication*, das *Journal of Visual Culture*, *Visual Communication Quarterly* und die elektronische Zeitschrift *IMAGE. Journal of Interdisciplinary Image Science* ausgewählt.

Als *Untersuchungszeitraum* der Metaanalyse wurde eine Zeitspanne von 20 Jahren, von 1990 bis einschließlich 2009, gewählt. Der Zeitraum setzt kurz vor der Ausrufung des *pictorial turn* durch Mitchell (1992) beziehungsweise des *visual turn* durch Boehm (1994b) ein und verfolgt die Veränderung des Publikationsaufkommen und der Publikationsschwerpunkte seit der von den Autoren geforderten „Wende zum Bild".

Als *Codiereinheit* wurde der wissenschaftliche Journalartikel gewählt. In das Untersuchungsmaterial wurden all jene Artikel aus den genannten Fachzeitschriften aufgenommen, die sich mit unbewegten Medienbildern beschäftigen und demnach der Visuellen Kommunikationsforschung als spezieller Bildwissenschaft zugeordnet werden können. Es wurden dabei sowohl theoretische, methodologische als auch empirische Beiträge erfasst.

Die *Auswahl der Artikel* erfolgte zunächst über die Sichtung der Titel und Untertitel. Es wurden in einem ersten Schritt all jene Beiträge ausgeschieden, deren Titel bereits klar ausdrückte, dass im Artikel keine visuellen Aspekte der Massenmedien behandelt werden. Bei Artikeln, deren genaue Einschätzung aufgrund der Titels nicht möglich war, wurde auf das Abstract – falls vorhanden – zurückgegriffen. Ein Abstract hat die Funktion, in Form einer zusammenfassenden Vorschau einen Überblick über die Arbeit zu geben. Jedoch ermöglichten die Abstracts oft keine klare Beurteilung der Inhalte und Herangehensweisen der wissenschaftlichen Beiträge. In vielen Fällen war daher der Rückgriff auf den Gesamtartikel erforderlich. Dies betraf vor allem die visuellen Journals, da aufgrund der Abstracts nicht immer ersichtlich war, ob die behandelten visuellen Phänomene auch der eng gefassten Definition „Medienbild" entsprachen.

Generell wurden nur „Full Articles" aufgenommen, also keine „Research in Brief"-Beiträge, Vorschauen oder Buchbesprechungen. Kommentare und Essays wurden ebenfalls ausgeschlossen. Diese Auswahlstrategie orientierte sich an den kommunikationswissenschaftlichen Metaanalysen, die als Vergleichswert dienen sollen (vgl. Cooper/Potter/Dupagne 1994: 56; Kamhawi/Weaver 2003: 10; Riffe/Freitag 1997: 516; Trumbo 2004: 420).

Photoessays, die häufig in den visuellen Journals vorkommen, wurden ebenso aus dem Untersuchungsmaterial ausgeschlossen wie Artikel in denen Visualität lediglich ein Randthema darstellte. In einer Vielzahl von kommunikationswissen-

8.4 Aufbau der Studie

schaftlichen quantitativen Inhaltsanalysen wird beispielsweise lediglich erhoben, ob ein Bild vorhanden ist oder nicht, ohne auf Bildlichkeit in der Forschungsfrage beziehungsweise im Rahmen der theoretischen Fundierung einzugehen. Derartige Artikel werden ausgeschlossen. Ebenfalls ausgeschlossen werden jene „nominalen" Beiträge, die sich, wie bezüglich der Studie von Banhurst, Vari und Rodríguez (2004) argumentiert wurde, nur scheinbar mit Bildern beschäftigen, auf diese aber nicht näher eingehen. In das Untersuchungsmaterial aufgenommen wurden jedoch Essays, in denen Fallbeispiele anhand kleiner Analysen dargestellt wurden. Diese Ergänzung ist nötig, da sich bei der Sichtung des Materials herausstellte, dass kritisch-kulturelle Essays mit Analysen[98] eine verbreitete Form der wissenschaftlichen Themenbearbeitung in den visuellen Journals sind.

Das Untersuchungsmaterial wurde von zwei Codiererinnen, die auch das Erhebungsinstrument gemeinsam entwarfen, erfasst. Nach mehreren Trainingsrunden lag der Reliabilitätskoeffizient nach Holsti (1969) in einem zufällig ausgewählten Subsample (ca. 10% des Materials) zwischen rH=0,88 und rH=1.00. Die durchschnittliche Intercoderreliabilität über alle Kategorien gerechnet erreichte den sehr hohen Wert von rH=0,96, was vermutlich auf die zahlreichen Trainingssessions und Abstimmungen während der Designerstellung zurückzuführen ist.

Kategoriensystem

Um eine Vergleichbarkeit mit bereits durchgeführten Metaanalysen zu ermöglichen, orientiert sich das gemeinsam mit Elke Grittmann entworfene Kategoriensystem an den Gliederungen und Instrumenten von Alexander und Potter (2001), Cooper, Potter und Dupagne (1994), Kamhawi und Weaver (2003), Seethaler (2006), Trumbo (2004) sowie Riffe und Freitag (1997). Bei einigen Variablen mussten jedoch zum Teil erhebliche Modifikationen vorgenommen werden, um dem interdisziplinären Charakter Visueller Kommunikationsforschung gerecht zu werden. Die Beiträge selbst werden mittels quantitativer Inhaltsanalyse analysiert und zwar in Hinblick auf fünf zentrale Dimensionen, die jeweils mehrere Variablen umfassen. Hier können nur Auszüge dargestellt werden.

Formale Kategorien umfassen die Identifikationsnummer des Beitrages, die Codiererin des Datensatzes, das Journal, in dem der Beitrag publiziert wurde, das Erscheinungsjahr, sowie die Seitenzahlen des Beitrages.

Die beiden Variablen zum *Forschungsgebiet* orientieren sich an den Frage- und Problemstellungen der Publizistik- und Kommunikationswissenschaft nach Bonfadelli, Jarren und Siegert (2005b) sowie an den Themen der Beiträge der Metaanalyse von Brosius und Haas (2009). Es wird erhoben, ob sich der Artikel mit Fragen der (1) Bildwirkung[99], (2) Bildnutzung[100], (3) mit visuellen Inhalten und Aussagen oder mit (4) Kommunikatorforschung, also den Prozessen der Produktion von Medienbildern auseinander setzt. Weitere Ausprägungen umfassen: (5) Markt und Ökonomie, da Bilder häufig als Verkaufsargumente betrachtet werden und der Handel mit Bildern (siehe Kapitel 7.6) zur Etablierung eines wirtschaftlich relevanten „Bildermarktes" geführt hat. Diese Ausprägung erfasst daher Beiträge, die sich mit ökonomischen Rahmenbedingungen medialer Bilder beschäftigen. Die Ausprägung (6) Geschichte codiert historische Betrachtungen von Medienbildern und die Entwicklung visueller Medien in der Gesellschaft. Ausprägung (7) erfasst rechtliche Rahmenbedingungen und (ethische) Normen[101], (8) methodologische Beiträge und (9) sonstige Forschungsgebiete. Für jeden Beitrag wurden, falls vorhanden, zwei Forschungsgebiete codiert. In der ersten Variable wird jenes Gebiet erfasst, dem im Artikel das meiste Gewicht zukommt. Die beiden Variablen zum Forschungsgebiet sollen eine erste Einordnung des Artikels bezüglich der Frageperspektive ermöglichen.

Die *wissenschaftliche Herangehensweise* wird mit mehreren Variablen erfasst. Zunächst wird die Beitragsart des Artikels bestimmt und schließlich die Methoden der empirischen Beiträge in zwei Variablen erfasst:

Unter der Variable „Theorie-Empirie" wird die *Art der wissenschaftlichen Beiträge* codiert. Es werden (1) theoretische und methodologische Beiträge, (2) kritisch-kulturelle Essays mit Analysen, (3) qualitative empirische Studien, (4) quantitative empirische Studien, (5) Kombinationen aus qualitativen und quantitativen empirischen Methoden, (6) Forschungsüberblicke und (7) Sonstiges unterschieden. Die Variable orientiert sich an der Einteilung der Beitragsart wissenschaftlicher Publikationen von Alexander und Potter (2001), Seethaler (2006) sowie Kamhawi und Weaver (2003). Der kritisch-kulturelle Essay, der hier unter (2) codiert wird, argumentiert mit Ansätzen der Kritischen Theorie (Frankfurter Schule) bzw. den Cultural Studies (vgl. Christians 2001: 117ff) und wird in Alexander/Potter (2001) als wichtige Beitragsart wissenschaftlicher Publikationen verstanden (Alexander/Potter 2001). Für diese Analyse wurden nur jene kritisch-kulturellen Essays erfasst, welche bestimmte wissenschaftliche Kriterien (z.B. wissenschaftliche Argumentation, Zitation) erfüllen und ihre Argumente mit kleinen Fallbeispielen oder mit Beispielanalysen veranschaulichen. Essays in Form persönlicher, subjektiver Erfahrungsberichte wurden nicht berücksichtigt. Eine genauere Beschreibung der Beitragsart „Essay mit Analysen" und die Diskussion ihrer Relevanz für die vorliegende Untersuchung erfolgt weiter unten im Zuge der Datenauswertung und -interpretation.

Die *Methodenerfassung* basiert weitgehend auf den Metastudien von Cooper, Potter und Dupagne (1994) und Trumbo (2004). Das Methodendesign erlaubt

8.4 Aufbau der Studie

Mehrfachantworten für die Art der Methoden. Sie wird in zwei Variablen, also als Methode 1 und Methode 2 erhoben. Als Ausprägung werden (1) unterschiedliche (quantitative und qualitative) Befragungsarten (z.B. Befragungen, Interviews, Gruppendiskussionen) erfasst. Weitere Ausprägungen sind (2) Beobachtungen, (3) Inhaltsanalysen (4) Experimente, (5) Sekundäranalysen, (6) sonstige qualitative Methoden und (7) sonstige quantitative Methoden. Die Kategorien zu Methoden werden nur dann codiert, wenn bereits zuvor bei der Art des Beitrags eine empirische Herangehensweise vorlag. Die Methodenvariable ist wiederum eine Filtervariable. Nur wenn eine Inhaltsanalyse vorliegt, werden weitere Variablen, die sich auf die Art und Weise der Inhaltsforschung beziehen, codiert.

Falls als Methode eine Inhaltsanalyse eingesetzt wird, werden zusätzliche Variablen erfasst. Zunächst wird die *Art der Inhaltsanalyse* in einer offenen Variable erfasst. Sie wird entsprechend der Bezeichnung, die im Artikel verwendet wird, angegeben. Die Variablen zur Codierung der Inhaltsanalysen basieren teilweise auf Riffe und Freitag (1997) wurden jedoch um bildspezifische Kategorien ergänzt. So erhebt eine Variable, ob die Untersuchung explizit an die Medialität „Bild" angepasst wurde (bildspezifische Kategorien). In einer weiteren Variable wird hinterfragt, ob Bild, Text oder beides untersucht wird, also inwieweit multimodale Bezüge berücksichtigt werden. Die Auswertung der inhaltsanalytischen Artikel erfolgt in einem eigenen Abschnitt, siehe Kapitel 9.

Die *Unterscheidung von Bildern* anhand ihrer Bildkontexte (siehe Kapitel 7) hat gezeigt, wie sehr der Anwendungskontext die Bedeutung von Bildern, ihre Beurteilung und die damit verbundenen Fragestellungen prägt. Daher werden zur näheren Bestimmung der Art des Bildes drei Kategorien herangezogen:

(1) Zunächst wird der *Bildgegenstand* beziehungsweise die *Bildgattung* des Beitrags erfasst. Dies entspricht der klassischen Erfassung der Bildart, wie sie in vielen empirischen Studien zur Bildfrequenz erfolgt (vgl. etwa Grittmann 2007: 415). Als Bildgegenstand oder Bildgattung wird das Genre codiert, das im Mittelpunkt der Untersuchung oder der theoretischen Betrachtung steht. Das gilt auch dann, wenn im Beitrag Schlüsse auf Bilder allgemein gezogen werden. Mögliche Ausprägungen sind: (1) Bild allgemein oder mehrere Genres, (2) Anzeigen oder Plakate, (3) Fotografie (dokumentarisch, journalistisch oder ethnografisch), (4) Privatfotos, Bilder der Individualkommunikation, wenn diese im Kontext medial vermittelter beziehungsweise öffentlicher Kommunikation (z.B. social Networks) eingesetzt werden, (5) Comics, (6) Karikaturen, Zeichnungen und (7) Infografiken. Unter (9) werden sonstige Bildgattungen erfasst, und (99) codiert nicht bestimmbare Bildarten.

(2) Zusätzlich wird der *Bildkontext*, der durch die Mediengattung gebildet wird, erhoben. Es handelt sich dabei um den direkten, manifesten Kontext des

190 *8 Visuelle Kommunikationsforschung: eine Metaanalyse*

Bildes. Mögliche Ausprägungen dieser Kategorie sind: (1) Medien allgemein, wenn kein spezifischer medialer Kontext vorhanden ist. Dies wird codiert, wenn ein Bild ohne direkten medialen Kontext behandelt wird, weil das Bild zum Beispiel in verschiedenen Mediengattungen, die für die Fragestellung des Artikels aber nicht relevant sind und auch nicht genannt werden, vorkommt. Weiters wird erfasst, ob das Bild in (2) Tages- oder Wochenzeitungen, Nachrichtenmagazinen oder (3) Zeitschriften, (4) Online-Medien, (5) bei Nachrichtenagenturen, (6) in Film oder (7) Fernsehen (als Standbild oder Hintergrundbild) oder auf (8) öffentlichen Werbeträgern vorkommt. Weitere Ausprägungen sind (9) sonstige Mediengattungen, (10) mehrere Mediengattungen, wenn diese explizit genannt werden, oder (99) nicht bestimmbar/nicht vorhanden.

(3) Anschließend wird der *Anwendungskontext* in Form von Mehrfachantworten bestimmt. Es wird dabei erfasst, ob es sich um ein journalistisches Bild, ein Werbebild, PR-Bild oder weitere Anwendungsbereiche des Bildes handelt. Unter der Bezeichnung „Anwendungskontext" werden also die Subsysteme des publizistischen Teilsystems der Medienkommunikation (vgl. Weber 2002: 6) erfasst: (1) Journalismus, (2) Werbung, (3) PR und Öffentlichkeitsarbeit, sowie (4) Unterhaltung und Fiktion. Zusätzlich wird (5) mediatisierte Privat- und Individualkommunikation erfasst. In diese Ausprägung fallen zum Beispiel Photo-Sharing Praktiken auf *Flickr* oder *Facebook*, sowie die Selbstdarstellung auf Userfotos diverser Internetplattformen. (9) erfasst sonstige Anwendungskontexte, (99) wird codiert, wenn der Anwendungskontext nicht bestimmbar ist. Der Anwendungskontext wird mit zwei Variablen in Form von Mehrfachcodierungen erfasst. Es wird keine hierarchische Anordnung bezüglich der Dominanz eines Kontextes vorgenommen; beide Variablen sind gleichwertig.

Die letzte Variablengruppe der Untersuchung umfasst die *Autorenvariablen* mit denen die *Anzahl der Autoren und Autorinnen* eines Beitrags sowie die *geografische*, die *institutionelle* und die *disziplinäre Verortung* der Forschenden erfasst werden.

8.5 Ergebnisse der Metaanalyse

In den elf untersuchten Fachzeitschriften wurden zwischen 1990 und 2009 insgesamt 268 wissenschaftliche Beiträge, die sich theoretisch oder empirisch mit den Inhalten von unbewegten Medienbildern, im Sinne der in Kapitel 4 erarbeiteten Definition, beziehungsweise mit deren Produktions-, Rezeptions-, oder Wirkungsprozessen beschäftigen, publiziert. 125 (46,6%) dieser Artikel stammen

8.5 Ergebnisse der Metaanalyse

aus den untersuchten kommunikationswissenschaftlichen Fachzeitschriften, 143 (53,6%) aus den visuellen Fachzeitschriften (siehe Tabelle 2).

Journalarten		
	Häufigkeit	Prozent
kommunikationswissenschaftliches Journal	125	46,6
visuelles Journal	143	53,4
Gesamt	**268**	**100**

Tabelle 2: Beitragshäufigkeit nach Journalart

Auf den ersten Blick sieht es so aus, als wäre das Publikationsausmaß zu visueller Forschung in den kommunikationswissenschaftlichen und in den visuellen Fachzeitschriften des Untersuchgsmaterials annähernd gleich groß. Die Anteile der beiden Journalarten an der Gesamtzahl der publizierten Artikel lassen sich jedoch nicht einfach in Relation setzen, da die visuellen Journals erst nach und nach ab der Mitte des Untersuchungszeitraumes, das heißt ab Mitte beziehungsweise Ende der 1990er Jahre, gegründet wurden und erst in der Folge zu relevanten (interdisziplinären) Publikationsforen heranwuchsen. Alle kommunikationswissenschaftlichen Journals bestanden dagegen schon vor Beginn des Untersuchungszeitraumes. Der generelle Anstieg der Beiträge in den letzten Jahren lässt sich deshalb auch nicht als Zunahme der kommunikations- und medienwissenschaftlichen Publikationstätigkeit zu visuellen Themen interpretieren, sondern zunächst als ein Anstieg an Publikationsmöglichkeiten für visuelle Forschung generell.

Wie in Abbildung 14 ersichtlich, beträgt die durchschnittliche Häufigkeit von Artikeln, die sich mit unbewegten Medienbildern beschäftigen, in kommunikationswissenschaftlichen Fachzeitschriften 6,25 Artikel pro Jahr mit einem Minimum von einem Artikel im Jahr 2001 und dem Maximum von elf Artikeln im Jahr 1995. Die Häufigkeit der kommunikations- und medienwissenschaftlichen Beiträge steigt auch im neuen Jahrtausend nicht merklich an, sondern bleibt konstant bei durchschnittlich sechs Artikeln pro Jahr. Die vermutete starke Zunahme an visueller Forschung zeigt sich also in der kommunikations- und medienwissenschaftlichen Literatur wider Erwarten nicht.

Die generelle Zahl der visuellen Beiträge im Untersuchungsmaterial steigt jedoch mit der Etablierung neuer visueller Journals deutlich an. Wichtige Eckpfeiler dieser Entwicklung sind die Jahre der Neugründungen: Die älteste visuelle Fachzeitschrift, *Visual Communication Quarterly*, wurde 1994 gegründet und markiert einen neuen Abschnitt visueller Forschung mit besonders hohem Publikationsoutput in den Jahren 1994 und 1995. *Visual Communication Quarterly* erschien elf Jahre lang als Beilage zu *News Photographer*. Aufgrund der zunächst stark fokussierten Ausrichtung auf Fotojournalismus und das journalistische Bild, insbesondere in den ersten Erscheinungsjahren, sind fast alle Artikel der ersten Ausgaben für diese Untersuchung relevant. In den darauf folgenden Jahren wurde „Bildlichkeit" dann etwas weiter gefasst, weshalb die Zahl der hier untersuchten Artikel wieder zurückgeht.

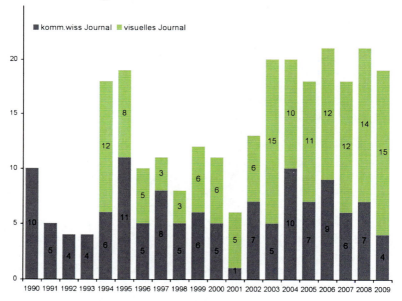

Abbildung 14: Entwicklung der Visuellen Kommunikationsforschung 1990-2009

Im Jahr 2002 hatten zwei weitere Journals ihre Erstausgaben: *Visual Communication* und das *Journal of Visual Culture*. 2005 kam die vierte der hier untersuchten visuellen Fachzeitschriften hinzu: das elektronisch erscheinende *Image. Journal of Interdisciplinary Image Science*.[102]

Beitragshäufigkeit - Manche Journals sind „visueller" als andere

Die Verteilung der insgesamt 268 Artikel auf die unterschiedlichen Fachzeitschriften variiert sehr stark. Tabelle 3 zeigt die Anzahl der publizierten visuellen

8.5 Ergebnisse der Metaanalyse

Beiträge pro Journal und illustriert, dass einige kommunikationswissenschaftliche Journals, wie zum Beispiel *Journalism & Mass Communication Quarterly*, „visueller" orientiert sind als andere, wie beispielsweise die beiden europäischen Fachzeitschriften *Communications* und das *European Journal of Communication*.

Journals im Untersuchungsmaterial		
	Häufigkeit	Prozent
Journal of Communication	25	9,3
Communications	5	1,9
European Journal of Communication	7	2,6
International Communication Gazette	13	4,9
Journalism & Mass Communication Quarterly	60	22,4
Publizistik	11	4,1
Medien & Kommunikationswissenschaft	4	1,5
Visual Communication Quarterly	87	32,5
Journal of Visual Culture	8	3
Visual Communication	36	13,4
Image	12	4,5
Gesamt	**268**	**100**

Tabelle 3: Beitragshäufigkeit pro Journal

Diese Diskrepanz zwischen den Journals findet sich auch bei den visuellen Fachzeitschriften. Während in *Visual Communication Quarterly* viele relevante Beiträge gefunden wurden, erwies sich das *Journal of Visual Culture* als wenig ergiebig in Hinblick auf die Auseinandersetzung mit unbewegten Medienbildern. Hier steht ein anderes Verständnis von „Bildlichkeit" im Fokus des Fachzeitschrifteninteresses, welches nicht mit dem Medienbild-Konzept kompatibel ist.

Die kommunikationswissenschaftlichen und die visuellen Journals sind aufgrund ihrer unterschiedlichen Bestehensdauer sowie aufgrund ihrer fachlichen Ausrichtung nicht direkt miteinander vergleichbar. Deshalb werden die beiden Journalarten in den folgenden Abschnitten getrennt ausgewertet und gegenübergestellt.

Beitragshäufigkeit in kommunikationswissenschaftlichen Journals: Die meisten Artikel innerhalb der fachumspannenden kommunikationswissenschaftlichen Journals wurden in *Journalism & Mass Communication Quarterly* publiziert. Zwischen 1990 und 2009 wurden dort 60 Artikel, die sich mit dem unbewegten Medienbild auseinander setzen, veröffentlicht. Das entspricht mit 48% nahezu der Hälfte aller kommunikationswissenschaftlichen Beiträge (siehe Abbildung 15).

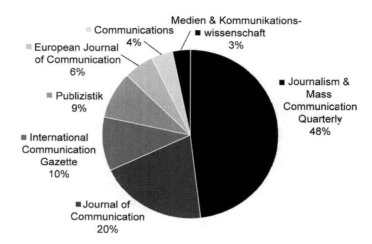

Abbildung 15: Beitragsverteilung in kommunikationswissenschaftlichen Journals

Dieses Ergebnis deckt sich weitgehend mit den Beobachtungen von Barnhurst, Vari und Rodríguez (2004). Die Autoren untersuchten bedeutende kommunikationswissenschaftliche Journals hinsichtlich der Frequenz „visueller Artikel", wobei alle Artikel, die sich im weitesten Sinne mit Visualität auseinandersetzen, erfasst wurden. *Journalism & Mass Communication Quarterly* gibt dieser Studie zufolge zwei bis drei Artikel pro Jahr heraus, während sich in den übrigen untersuchten Journals weit weniger Artikel zur Bildlichkeit finden (vgl. Barnhurst/ Vari/Rodríguez 2004: 624).[103] Auch in der vorliegenden Untersuchung erweist sich *Journalism & Mass Communication Quarterly* als wichtigste Arena der kommunikations- und medienwissenschaftlichen Publikationstätigkeit zu medial vermittelten Bildern.

Mit 25 visuellen Beiträgen (20%) liegt das *Journal of Communication* an zweiter Stelle der kommunikationswissenschaftlichen Fachzeitschriften in dieser Untersuchung. Im Mittelfeld liegen die *International Communication Gazette* (13 Beiträge) und *Publizistik* (11 Beiträge). Wenige Artikel finden sich in den europäischen Fachzeitschriften *Communications* (5 Beiträge) und dem *European Journal of Communication* (3 Beiträge), sowie in *Medien & Kommunikationswissenschaft* (4 Beiträge).[104] Mehr als zwei Drittel aller Artikel entfallen somit

8.5 Ergebnisse der Metaanalyse

auf die beiden Zeitschriften *Journalism & Mass Communication Quarterly* und *Journal of Communication*.

Beitragshäufigkeit in visuellen Journals: Die visuellen Journals unterscheiden sich ebenfalls sehr stark in Bezug auf die Anzahl der ausgewählten Beiträge (siehe Abbildung 16).

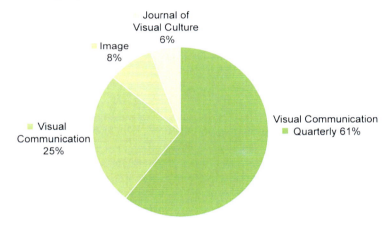

Abbildung 16: Beitragsverteilung in visuellen Journals

Diese ungleiche Verteilung ist nicht nur darauf zurückzuführen, dass die Journals zu unterschiedlichen Zeitpunkten gegründet wurden und somit auf unterschiedlich lange Traditionen zurückblicken können, sondern auch auf die unterschiedlichen Selbstbilder der Journals und die damit verbundenen grundlegend verschiedenen Bildbegriffe. Deshalb passen je nach Selbstbild und Verortung mehr oder weniger große Anteile der publizierten Artikel auf die hier gewählte Definition des unbewegten Medienbildes, welche in der Folge in diese Analyse aufgenommen wurden.

In *Visual Communication Quarterly* wurden 87 Beiträge publiziert, was einem Anteil von 61% der Beiträge aller visuellen Fachzeitschriften entspricht. *Visual Communication Quarterly* gibt im Schnitt 5,4 Beiträge pro Jahr zu unbewegten Medienbildern heraus. Im *Journal of Visual Culture* finden sich dagegen nur 8 Beiträge (5,6%), was durchschnittlich einem für diese Studie relevanten Artikel pro Jahr entspricht. 36 Artikel zum visuellen Medienbild finden sich in *Visual Communication* (25%), mit einer durchschnittlichen Frequenz von 4,5 Artikeln pro Jahr, und 12 in *Image* (8,4%) (2,4 Artikel pro Jahr).[105]

196   *8 Visuelle Kommunikationsforschung: eine Metaanalyse*

Der große Anteil an relevanten Beiträgen in *Visual Communication Quarterly* ist auf die stark kommunikations- und medienwissenschaftlich orientierte Verortung der Fachzeitschrift, die von der *Association for Education in Journalism and Mass Media* herausgegeben wird, zurückzuführen. Es ist somit jenes visuelle Journal, das am stärksten mit der Visuellen Kommunikationsforschung, im Verständnis als Subdisziplin der Kommunikations- und Medienwissenschaft, verbunden ist. Das *Journal of Visual Culture* dagegen ist, trotz seiner offenen interdisziplinären Selbstbeschreibung, thematisch eher der Kunst beziehungsweise den Kunstwissenschaften zuzuordnen. Barnhurst, Vari und Rodríguez (2004) konnten ebenfalls nur geringe Überlappungen mit einer kommunikations- und medienwissenschaftlichen Bildbehandlung feststellen. Dieser Eindruck wird durch die vorliegende Studie bestätigt. *Visual Communication* ist wiederum, dem Mapping in Barnhurst, Vari und Rodríguez (2004) zufolge, ebenfalls thematisch stark mit den Kunstwissenschaften verbunden, weist aber auch starke Bezüge zur Kommunikations- und Medienwissenschaft auf. Die Fachzeitschrift kann als Vermittler zwischen den beiden Disziplinen gesehen werden. Diese Positionierung wird auch durch die vorliegende Metaanalyse bestätigt. *Image* ist die Publikation der interdisziplinären Bildwissenschaft in der Tradition der Magdeburger Schule (siehe Kapitel 3.1) und deshalb ein stark interdisziplinär ausgerichtetes Publikationsforum. Seit 2005 wurden hier immerhin 12 Beiträge, die sich mit dem unbewegten Medienbild auseinander setzen, veröffentlicht, was 2,4 Beiträgen pro Jahr entspricht. Im Vergleich dazu findet sich im *Journal of Visual Culture*, das 2002 gegründet wurde, nur ein für diese Untersuchung relevanter Beitrag pro Jahr.

Schlussfolgert man ausschließlich aus der Anzahl relevanter Beiträge, so lässt sich *Visual Communication Quarterly* als das wichtigste visuelle Journal für die wissenschaftliche Auseinandersetzung mit dem unbewegten Medienbild unten den untersuchten Publikationen identifizieren, gefolgt von *Visual Communication*.

Nachdem hier die Verteilung und die Häufigkeit der Beiträge besprochen wurden, geht der folgende Abschnitt auf die Inhalte der Beiträge ein und gibt zunächst einen Überblick über die visuellen Forschungsgebiete, bevor dann in der Folge die methodische Auseinandersetzung im Fokus steht.

Die Forschungsgebiete in den Beiträgen der Visuellen Kommunikationsforschung

Das Forschungsgebiet, mit dem die Beiträge befasst sind, wurde in Form von Mehrfachantworten codiert. So konnten jedem Artikel bis zu zwei Forschungsge-

8.5 Ergebnisse der Metaanalyse

biete, orientiert an den Frage- und Problemstellungen der Publizistik- und Kommunikationswissenschaft, zugeordnet werden.

Von 268 Artikeln trafen auf 43 Artikel zwei Gebiete zu. Tabelle 4 gibt einen Überblick über die behandelten Forschungsgebiete in beiden Journalarten, die aufgrund der unterschiedlichen Ausrichtung weiterhin getrennt voneinander behandelt werden, sowie über die Anteile über beide Journalarten hinweg.[106]

Forschungsgebiete / Journalart			
	komm.wiss. J.	visuelles J.	Gesamt
Bildwirkung	30	19	49
	24,0%	13,3%	18,3%
Bildrezeption	11	20	31
	8,8%	14,0%	11,6%
Inhalte und Aussagen	75	78	153
	60,0%	54,5%	57,1%
Kommunikatoren	5	24	29
	4,0%	16,8%	10,8%
Markt, Ökonomie	3	0	3
	2,4%	0,0%	1,1%
Geschichte	9	10	19
	7,2%	7,0%	7,5%
Bildrechte, Ethik, etc.	3	11	14
	2,4%	7,7%	5,2%
Methoden	1	2	3
	0,8%	1,4%	1,1%
Sonstiges	2	8	10
	1,6%	5,6%	3,7%
Gesamt	**139**	**172**	**311**

Tabelle 4: Visuelle Forschungsgebiete

Wie in der Tabelle deutlich zu erkennen ist, liegt der Schwerpunkt der Beschäftigung mit visueller Kommunikation in beiden Journalarten eindeutig auf der Auseinandersetzung mit visuellen Inhalten und Aussagen im Sinne der Inhaltsforschung (siehe auch Abbildung 17). In welcher Form – ob die Auseinandersetzung mit Inhalten und Aussagen also theoretisch oder empirisch erfolgt – wird weiter unten genauer betrachtet.

In den kommunikationswissenschaftlichen Fachzeitschriften steht die Beschäftigung mit visuellen Medieninhalten in 60% der Artikel im Vordergrund. An zweiter Stelle, in 24% der Beiträge, wird Bildwirkungsforschung betrieben. 84% aller Beiträge aus den kommunikationswissenschaftlichen Fachzeitschriften beschäftigen sich also mit medialen Inhalten und Aussagen und/oder deren Wirkung. Die Prozesse der Bildrezeption werden dagegen in nur 8,8% der Artikel behandelt, Kommunikatorforschung tritt ebenfalls äußerst selten, in nur 4 % aller Beiträge auf.

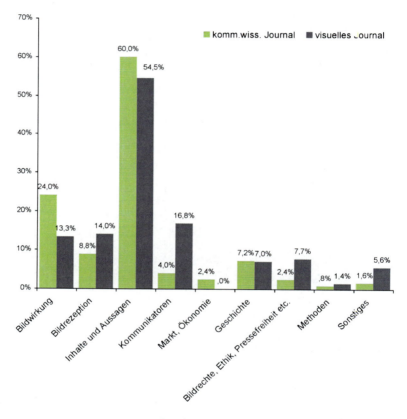

Abbildung 17: Visuelle Forschungsgebiete

Auch bei den visuellen Journals steht die Inhaltsforschung an erster Stelle (54,5% der Beiträge). Bei den weiteren Forschungsgebieten zeigen sich jedoch deutliche Unterschiede zur Forschungspraxis in den kommunikationswissenschaftlichen Fachzeitschriften. An zweiter Stelle folgt nämlich die Kommunikatorforschung mit 16,8% (die in den kommunikationswissenschaftlichen Zeitschriften nur in

8.5 Ergebnisse der Metaanalyse 199

4% der Beiträge vorkommt). Weitere ähnlich oft behandelte Forschungsgebiete der Artikel in visuellen Journals sind Bildrezeption (14%) und Bildwirkung (13,3%).

In 42 Artikeln (16%) wurden zwei unterschiedliche Forschungsgebiete codiert. Inhaltsforschung tritt auch in diesen Fällen als häufigste Herangehensweise auf. In insgesamt 23 Artikeln wurde Inhaltsforschung gemeinsam mit einem weiteren Forschungsgebiet angewandt: Als häufigste Kombinationen wurde Inhaltsforschung mit Rezeptionsforschung (8 Beiträge), Inhaltsforschung mit Geschichte (6 Beiträge) und Inhaltsforschung mit Kommunikatorforschung (5 Beiträge) kombiniert. Weitere Paarungen traten in zwei oder weniger Beiträgen auf.

Insgesamt lässt sich feststellen, dass in den kommunikationswissenschaftlichen Zeitschriften Bildinhalte und deren Wirkung klar im Zentrum stehen, während in den visuellen Journals auch verstärkt Fragen des „Bildhandelns", also Produktions- sowie Rezeptions- und Aneignungsprozesse untersucht werden. Konstruktionsprozessen auf Sender und Empfängerseite wird somit stärkeres Gewicht beigemessen. Allerdings steht auch in den visuellen Journals die Beschäftigung mit visuellen Inhalten und Aussagen klar an erster Stelle.

In Hinblick auf die häufig artikulierten Defizite und Probleme visueller Forschung, im Speziellen jene der Inhaltsforschung, überrascht dieses Ergebnis, das in dieser ersten Grobanalyse der visuellen Forschungsgebiete eine klare Fokussierung auf Inhaltsforschung nahelegt. Die nächsten Abschnitte sollen nun klären, in welcher Art diese Auseinandersetzung mit visuellen Medieninhalten erfolgt.

Beitragsart der visuellen Artikel

In den kommunikationswissenschaftlichen Fachzeitschriften ist, wie in Abbildung 18 und Tabelle 5 ersichtlich, eine deutliche Ausrichtung der Beitragsart auf empirische Forschungsartikel, mit einem besonderen Schwerpunkt auf quantitativen empirischen Herangehensweisen, erkennbar.

64,2% der Artikel sind quantitative, 18,7% qualitative empirische Studien. In 5,7% der Fälle werden qualitative und quantitative Methoden verknüpft. Essays und theoretische oder methodologische Artikel machen gemeinsam nur 7,3% der kommunikationswissenschaftlichen Beiträge aus. Insgesamt sind 115 Artikel, die in den Fachzeitschriften der Kommunikationswissenschaft publiziert wurden, empirische Beiträge, was einem Anteil von 93% aller kommunikations- und medienwissenschaftliche Artikel entspricht.

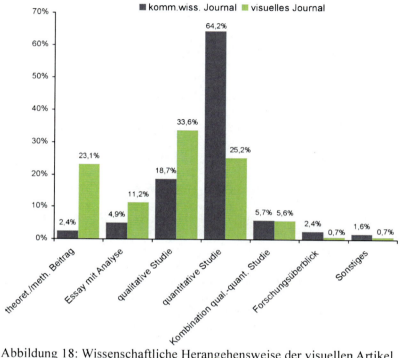

Abbildung 18: Wissenschaftliche Herangehensweise der visuellen Artikel

In den visuellen Journals zeigt sich – ebenfalls sehr deutlich – ein gänzlich anderes Bild: Hier sind die unterschiedlichen Herangehensweisen gleichmäßiger auf mehrere Bereiche verteilt. Es gibt keine Herangehensweise, die so dominant vertreten ist wie die quantitative empirische Studie in den kommunikationswissenschaftlichen Fachzeitschriften. Am häufigsten (33,6%) werden hier in der Bildforschung qualitative Methoden eingesetzt. An zweiter Stelle liegen quantitative empirische Studien, die mit Abstand die häufigste Herangehensweise in den kommunikationswissenschaftlichen Journals darstellen, mit einem Anteil von 25,2%. Theoretische oder methodische Beiträge, die in nur 2,4% der kommunikationswissenschaftlichen Artikel eingesetzt werden, kommen in den visuellen Journals mit 23,1% fast ebenso oft vor wie quantitative empirische Studien. Die Kombination aus qualitativen und quantitativen empirischen Studien kommt in beiden Journalarten in etwa gleichem Maße zum Einsatz (5,7% der Artikel in kommunikationswissenschaftlichen und 5,6% der Artikel in visuellen Journals).

8.5 Ergebnisse der Metaanalyse

Wissenschaftliche Herangehensweise / Journalart			
	komm.wiss. J.	visuelles J.	Gesamt
theor./meth. Beitrag	3	33	36
	2,4%	23,1%	13,5%
Essay mit Analysen	6	16	22
	4,9%	11,2%	8,3%
qual. empirische Studie	23	48	71
	18,7%	33,6%	26,7%
quant. empirische. Studie	79	36	115
	64,2%	25,2%	43,2%
Kombination qual.-quant. emp. Stud	7	8	15
	5,7%	5,6%	5,6%
Forschungsüberblick	3	1	4
	2,4%	0,7%	1,5%
Sonstiges	2	1	3
	1,6%	0,7%	1,1%
Gesamt	**123**	**118**	**266**

Tabelle 5: Wissenschaftliche Herangehensweise[107]

Empirische Beiträge der Visuellen Kommunikationsforschung im Vergleich mit den Referenz-Metaanalysen

Um eine Vergleichbarkeit hinsichtlich der anteilsmäßigen Verteilung qualitativer und quantitativer Beiträge, mit den oben angeführten Studien von Cooper, Potter und Dupagne (1994), Trumbo (2004) sowie Kamhawi und Weaver (2003) zu ermöglichen, wurde eine zweite Auswertung mit eingeschränkten Ausprägungen durchgeführt. Bei den genannten Analysen wurden nur empirische Studien herangezogen. Deshalb werden hier nun auch theoretische und methodologische Beiträge und jene Beiträge, bei denen Empirie nur beispielhaft zur Anwendung kommt, ausgeschlossen. Ausgewertet werden also nur quantitative empirische Studien, qualitative empirische Studien und Beiträge, in denen eine Kombination beider Verfahren vorkommt.[108] Diese drei Ausprägungen wurden in 201 Beiträgen codiert, davon 109 Mal in kommunikationswissenschaftlichen Journals und 92 Mal in visuellen Journals (siehe Tabelle 6). Die Ergebnisse werden weiterhin unterteilt nach Journalart angegeben, denn wie schon aufgrund der wissenschaftlichen Herangehensweise (siehe Tabelle 5) erkennbar war, treten bei der empirischen Herangehensweise besonders deutliche Unterschiede zwischen den Journalarten hervor (siehe auch Abbildung 19).

8 Visuelle Kommunikationsforschung: eine Metaanalyse

Empirische Herangehensweise			
	komm.wiss. J.	visuelles J.	Gesamt
qual. empirische Studie	23 21,1%	48 52,2%	71 35,3%
quant. empirische. Studie	79 72,5%	36 39,1%	115 57,2%
Kombination qual.-quant. emp. Studie	7 6,4%	8 8,7%	15 7,5%
Gesamt	**109**	**92**	**201**

Tabelle 6: Empirische Herangehensweise

Kamhawi und Weaver (2003) stellten eine 70:25 Verteilung von quantitativen zu qualitativen Herangehensweisen der Kommunikations- und Medienwissenschaft fest, die Analyse von Cooper, Potter und Dupagne (1994) ergab eine 60:35 Verteilung, jene von Trumbo (2004) eine 60:40 Verteilung (siehe auch Kapitel 8.3).

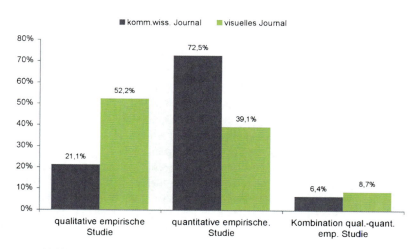

Abbildung 19: Empirische Herangehensweise

In der vorliegenden Untersuchung ergibt sich in den kommunikationswissenschaftlichen Journals ebenfalls eine 70:20 Verteilung von quantitativen und qualitativen Methoden. Die für die sozialwissenschaftliche Forschung typische Vorherrschaft der quantitativen empirischen Forschung findet sich also auch bei

8.5 Ergebnisse der Metaanalyse

Visueller Kommunikationsforschung. Allerdings nur, wenn diese in kommunikationswissenschaftlichen Journals stattfindet.

In den visuellen Journals zeigt sich ein völlig anderes Bild. Hier kehrt sich das Verhältnis um; in den visuellen Journals dominieren qualitative empirische Studien. Die Verteilung von quantitativen und qualitativen Herangehensweisen entspricht dem Verhältnis von 40:50 von quantitativen zu qualitativen Verfahren. Dies ist auf den interdisziplinären Charakter der bildwissenschaftlichen Journals zurückzuführen, in denen typisch quantitativ-sozialwissenschaftliche Herangehensweisen auf anderen Traditionen, wie beispielsweise auf Kunstgeschichte, oder Kunstwissenschaft treffen. Visuelle Journals präsentieren sich als Publikationsforen unterschiedlicher Disziplinen mit einem gemeinsamen Forschungsinteresse an Visualität beziehungsweise dem für die vorliegende Studie daraus ausgewählten Teilbereich der medial vermittelten Bilder.[109]

Empirische Beiträge inklusive Essays mit Analysen

Bezieht man die Essays, deren Analysen fast ausschließlich in qualitativer Weise erfolgen, in diese Berechnung mit ein, so ergibt sich für die kommunikationswissenschaftlichen Fachzeitschriften noch immer eine quantitativ/qualitativ-Verteilung von 70:25 (die nun noch klarer der Verteilung in Kamhawi/Weaver 2003 entspricht). Die Beitragsart „Essay mit Analysen" wird von im Kategoriensystem anderen Herangehensweisen unterschieden, da sie sich bei der Probecodierung als verbreitete Artikelart der visuellen Journals erwies. Sie ist charakterisiert durch hohen Theoriebezug, der durch beispielhafte Einzelanalysen veranschaulicht wird, oder aber die bildwissenschaftliche Auseinandersetzung erfolgt in Form von werksbiographischen Bildinterpretationen und -beschreibungen. In kommunikationswissenschaftlichen Fachzeitschriften ist diese Art des Beitrages eher untypisch und kommt in nur sechs Beiträgen vor. Diese Beiträge stammen fast ausschließlich aus den 1990er Jahren. Lediglich ein Beitrag wurde nach der Jahrtausendwende, im Jahr 2002, publiziert. In den visuellen Journals zeigt sich kein zeitlicher Trend. Essays mit Analysen kommen seit 2000 in konstantem Ausmaß vor und verteilen sich auf die unterschiedlichen Journals.

Die Verteilung der quantitativ/qualitativ-Verteilung in den kommunikationswissenschaftlichen Journals ändert sich nach Miteinbezug der Essays mit Analysen nur geringfügig. Deutlicher macht sich der Unterschied bei den visuellen Journals bemerkbar. Inklusive der Essays mit Analysen ergibt die Gegenüberstellung der quantitativen zu qualitativen Herangehensweisen ein 30:60-Verhältnis und lässt sich als invertierte Verteilung der kommunikations- und medienwis-

204   *8 Visuelle Kommunikationsforschung: eine Metaanalyse*

senschaftlichen Herangehensweisen interpretieren (vgl. Cooper/Potter/Dupagne 1994: Verteilung 60:35 und Trumbo 2004: Verteilung 60:40).

Zwei Aspekte sollen hier besonders hervorgehoben werden:

Die Visuelle Kommunikationsforschung in den kommunikationswissenschaftlichen Zeitschriften folgt der sozialwissenschaftlich orientierten stark empirisch quantitativen Herangehensweise, die, wie andere Metaanalysen zeigen konnten, generell die kommunikations- und medienwissenschaftliche Forschung dominiert.

Visuelle Forschung, die in visuellen Fachzeitschriften publiziert wird, ist stärker qualitativ ausgerichtet und bringt neue Beitragsformen, wie Essays mit Analysen, mit sich, die in kommunikationswissenschaftlichen Zeitschriften kaum vorkommen. Eine mögliche Erklärung dafür findet sich bei Bohnsack (2009b). Er erklärt, dass der methodisch kontrollierte Zugang zum Bild eine der größten Herausforderungen der sozialwissenschaftlichen Forschung der Gegenwart ist.

> „Während im Bereich der Geisteswissenschaften, insbesondere der Philosophie und Kunstgeschichte, wesentliche Vorarbeiten in der Auseinandersetzung mit dem Bild geleistet worden sind, steht die sozialwissenschaftlichen Analyse, die ja grundlegend eine empirisch fundierte zu sein hat, noch ganz am Anfang. Zugleich ist evident, dass der hier notwendige empirisch-methodische Zugang nicht – oder allenfalls am Rande – auf der Basis standardisierter Verfahren zu bewältigen ist." (Bohnsack 2009b: 25)

Nach Bohnsacks Ansicht sind es insbesondere die qualitativen oder rekonstruktiven Verfahren, die sich den Herausforderungen des Bildes an die Analysemethoden stellen müssen (vgl. Bohnsack 2009b: 25). Dies ist eine Erklärung für die Dominanz qualitativer Methoden der Bildforschung in den visuellen Fachzeitschriften.

Offen bleibt allerdings, weshalb sich die Herangehensweise der kommunikationswissenschaftlichen Beiträge auch beim Thema Bildforschung mit seinen besonderen Herausforderungen nicht von der üblichen Herangehensweise unterscheidet. Um dieser Frage genauer nachzugehen, beschäftigt sich Kapitel 9 detaillierter mit inhaltsanalytischen Herangehensweisen und Verfahren beider Journalarten.

Die Methoden der Visuellen Kommunikationsforschung

Nachdem das Forschungsgebiet und die Art der Beiträge betrachtet wurden, interessiert in der Folge der Methodeneinsatz in den 226 (das entspricht 84,3% der 268 Beiträge) mit empirischen Methoden arbeitenden Beiträgen.[110]

8.5 Ergebnisse der Metaanalyse

In 28 (10,4%) Beiträgen werden zwei oder mehrere Methoden angewandt. Es gab keine Beiträge in denen drei oder mehrere Methoden zum Einsatz kamen. 8,8% der Beiträge in kommunikationswissenschaftlichen Zeitschriften wenden zwei Methoden an, in den visuellen Journals sind es 11,9% der Beiträge. Die Kapitel zur Beitragsart haben gezeigt, dass deutliche Unterschiede zwischen den beiden Journalarten bestehen, weshalb diese auch die Methodenwahl betreffend getrennt ausgewertet werden.

Wenig überraschend ergibt die Analyse der Methodenanwendung eine Dominanz inhaltsanalytischer Verfahren (siehe Abbildung 20). Dies war zu erwarten, da, wie die vorangegangenen Auswertungen zeigen konnten, die empirische Beschäftigung mit visuellen Inhalten und Aussagen die dominierende Herangehensweise Visueller Kommunikationsforschung ist. Dementsprechend wird in 61,9% der Artikel aus kommunikationswissenschaftlichen Fachzeitschriften und in 63% der Artikel aus visuellen Fachzeitschriften eine Inhaltsanalyse eingesetzt. Der durchschnittliche Wert über alle Journals liegt dabei bei 62,4%. Interessant ist die Beobachtung, dass die inhaltsanalytische Auseinandersetzung mit visuellen Medieninhalten in beiden Journalarten mit großem Abstand die dominierende methodische Herangehensweise darstellt und es diesen Aspekt betreffend, keinen deutlichen Unterschied zwischen den Journaltypen gibt.

In den kommunikationswissenschaftlichen Fachzeitschriften folgen an zweiter Stelle Experimente mit 20,3% und an dritter Stelle Befragungen mit 17,8%. Die Beiträge in visuellen Journals verwenden als zweithäufigste Methode Befragungen (25,9%), an dritter Stelle folgen Experimente mit 14,8%. Die experimentellen Anlagen der visuellen Forschung waren in hohem Ausmaß Befragungsexperimente. Um eine Vergleichbarkeit mit bestehenden Studien herstellen zu können, wurden Methodensettings unter Experimentalbedingungen auch als Experimente und nicht als Befragungen codiert. Sonstige qualitative Methoden kommen in 9,3% der visuellen Artikel vor. Als sonstige qualitative Methoden wurden insbesondere werkbiographische Analysen und hermeneutische, kontextualisierende Analysen gewertet. Beide kamen insbesondere in „Essays mit Analysen" in visuellen Journals vor. Als werkbiographische Analysen werden jene Beiträge erfasst, die Bilder weniger auf ihren Inhalt hin, sondern in Bezug zur Biographie eines Fotografen beziehungsweise einer Fotografin erklären und interpretieren. Hermeneutisch kontextualisierende Analysen sind Interpretationen von Bildern in Hinblick auf ihre soziale, politische oder kulturelle Bedeutung. Beide Beitragsarten könnten auch als Inhaltsanalysen im weiteren Sinne codiert werden. Da sie sich aber stark von den üblichen inhaltsanalytischen Verfahren der Kommunikations- und Medienwissenschaft unterscheiden, ließen sie sich nach Meinung der Codiererinnen dieser Kategorie nicht eindeutig zuteilen und wurden deshalb als „sonstige qualitative Methoden" erfasst. Dies ist möglicherweise eine Schwäche des Messinstrumentes, welches – obwohl es bewusst bildspezifische Betrachtungsweisen integriert – noch immer stark an den sozialwissenschaftlichen Verfahren orientiert ist.

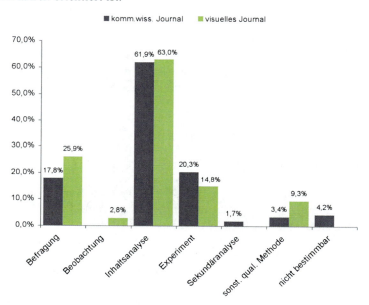

Abbildung 20: Verwendete Methoden in der Visuellen Kommunikationsforschung

Diese Ergebnisse decken sich, was die Häufigkeit der Methoden betrifft, nicht mit den Analyseergebnissen von Kamhawi und Weaver (2003). Laut Kamhawi und Weaver (2003) sind Befragungen (33,3%), vor Inhaltsanalysen (30%) und Experimente (13,3%) die häufigsten Methoden. In der vorliegenden Auswertung zeigt sich dagegen, dass Inhaltsanalysen in 61,9% der Studien zum unbewegten Medienbild vorkommen, gefolgt von Befragungen mit 17,8% und Experimenten mit 20,3%.

Es kann daher die Vermutung formuliert werden, dass sich der Methodeneinsatz in der Beschäftigung mit unbewegten Medienbildern von der generellen kommunikations- und medienwissenschaftlichen Forschung unterscheidet. Hervorzuheben ist insbesondere die deutliche Dominanz von Inhaltsanalysen in beiden Journalarten. Inhaltsanalysen sind ganz im Gegensatz zur Methodenkritik

8.5 Ergebnisse der Metaanalyse

keine seltenen Herangehensweisen, sondern viel eher die „Lieblingsmethode" der visuellen Forschung.

Die Häufigkeit von Bildinhaltsanalysen alleine sagt jedoch noch nichts über deren Qualität aus, weshalb den inhaltsanalytischen Methoden auch eigene Kapitel gewidmet werden. In diesen Kapiteln werden die unterschiedlichen Arten von Inhaltsanalysen, die behandelten Fragestellungen und die Anpassung der Methode an die visuelle Modalität genauer behandelt (siehe Kapitel 9, 10, 11).

Bestimmung der Bildart – die Forschungsobjekte der Visuellen Kommunikationsforschung

Bisher wurde die wissenschaftliche Herangehensweise und Auseinandersetzung mit unbewegten Medienbildern untersucht. In den folgenden Kapiteln wird darauf eingegangen, welchen Bildern aus welchen Bereichen und Kontexten dabei besondere Aufmerksamkeit gewidmet wird. Es stehen also die Forschungsobjekte der Visuellen Kommunikationsforschung im Zentrum.

Bildgattung: Zur Bestimmung der Bildart interessiert zunächst die Bildgattung, also ob es sich um eine Fotografie, eine Karikatur, Zeichnung oder Infografik handelt. Bei der Analyse zeigte sich die Notwendigkeit, journalistische, dokumentarische oder ethnografische Fotografien klar von Werbebildern zu unterscheiden. Werbebilder werden im Untersuchungsmaterial äußerst selten als „Fotografien" bezeichnet und zudem üblicherweise als Bild-Text-Botschaften betrachtet, während bei der journalistischen Fotografie die bildliche Botschaft, meist in Form von Fotografie, im Zentrum steht. Aus diesen Gründen wurde bei der Codierung zwischen journalistischer, dokumentarischer oder ethnografischer Fotografie einerseits und Anzeigen beziehungsweise Plakaten andererseits unterschieden. Beide sind zwar der fotografischen Bildgattung zuzuweisen, ihre Behandlung erfolgt jedoch auf unterschiedliche Art und Weise, weshalb hier getrennte Ausprägungen eingefügt wurden.[111]

Die Fotografie ist (siehe Tabelle 7) die Bildart, mit der sich die meisten Beiträge (42,9%) beschäftigen; in 115 der 268 Artikel steht eine Form der Fotografie im Mittelpunkt. Weitere 67 Artikel (25%) beschäftigen sich mit mehreren Bildgenres oder mit Medienbildern im Allgemeinen ohne auf spezifische Bildgattungen einzugehen. Dies sind vielfach theoretische Beiträge, die sich mit Medienbildern generell auseinander setzen, oder eben Beiträge, die sich mit mehr als einer Bildgattung befassen, wie zum Beispiel der Artikel *Effects of Color and Complexity in Still Photographs on Mental Effort and Memory* von Gilbert und Schleuder (1990). Die Autorinnen befassen sich mit den Effekten von Farbwahl

208   8 Visuelle Kommunikationsforschung: eine Metaanalyse

und Bildkomplexität auf die mentale Verarbeitung und Erinnerung. Dabei untersuchten sie sowohl journalistische Bilder als auch Werbebilder, weshalb die Bildgattung „mehrere Genres" codiert wurde.

An dritter Stelle, in 49 Artikeln (25%), folgt die Beschäftigung mit Anzeigen, Plakaten oder ähnlichen kommerziellen Bild-Text-Kombinationen. Karikaturen oder Zeichnungen wurden in 12 Beiträgen (4,5%) behandelt, Infografiken werden, gleich oft wie sonstige Bildgattungen, in 8 Artikeln (3%) behandelt; Privatfotos im öffentlichen Kontext, wie zum Beispiel Privatfotos, die in social Networks oder auf Websites eingesetzt werden, in 7 Artikeln (2,6%).

Es zeigt sich insgesamt eine klare Dominanz von Fotografien als Forschungsobjekte der Visuellen Kommunikationsforschung. Fasst man Fotografie und Anzeige/Plakate zusammen, ergibt sich sogar ein Prozentsatz von 61%, in denen die – weiter gefasste – Bildgattung Fotografie behandelt wird.

Bildgattung		
Fotografie	115	42,9%
Bild allg./mehrere Genres	67	25,0%
Anzeigen/Plakate	49	18,3%
Karikatur/Zeichnung	12	4,5%
Infografiken	8	3,0%
Sonstiges	8	3,0%
Privatfotos i. öffentl. Kontext	7	2,6%
Comics	2	0,7%
Gesamt	**268**	**100,0%**

Tabelle 7: Die häufigsten Bildgattungen im Untersuchungsmaterial

Zwischen den beiden Journalarten zeigen sich auch bei den Bildgattungen Unterschiede. Fotografien (in Form von journalistischen Bildern sowie Werbebildern) kommen bei beiden Journalarten in etwa 61% der Artikel vor. Unterschiede zeigen sich jedoch in der Verteilung der beiden fotografischen Bildgattungen: In den visuellen Journals beschäftigen sich 49% der Artikel mit dokumentarischer, journalistischer oder ethnografischer Fotografie und 11,9% mit Anzeigen, während sich die kommunikationswissenschaftlichen Zeitschriften in 36% der Beiträge mit der journalistischen Fotografie und in 25% mit Anzeigen/Plakaten befassen. In den visuellen Journals ist die Beschäftigung mit journalistischer, dokumentarischer und ethnografischer Fotografie also anteilsmäßig stärker ausgeprägt als in den kommunikationswissenschaftlichen Journals.

8.5 Ergebnisse der Metaanalyse

Weiters lässt sich beobachten, dass die drei Hauptbildgattungen (Fotografie, Anzeige/Plakate, Bild allgemein bzw. mehrere Genres) 91,2% der Beiträge in den kommunikationswissenschaftlichen Fachzeitschriften abdecken. Etwas weniger als 9% der Artikel befassen sich mit weiteren Bildarten. In den visuellen Journals befassen sich immerhin fast 19% der Beiträge mit Privatfotos, Comics, Karikaturen, Infografiken und weiteren Bildern. Aber auch in den visuellen Fachzeitschriften sind 81% mit den drei genannten Hauptausprägungen befasst.

Bildkontext „Mediengattung": Als zweite Kategorie zur näheren Bestimmung der Bildart wurde der Bildkontext in Form der Bestimmung der Mediengattungen, in der das Bild vorkommt, erhoben. In 242 der 268 Artikel finden sich Angaben zur Mediengattung, die den direkten medialen Kontext eines Bildes bildet (siehe Tabelle 8).[112]

Die Beiträge der untersuchten Fachzeitschriften setzen sich am häufigsten, das heißt 84 Mal (34,7%), mit Tages/Wochenzeitungen oder Nachrichtenmagazinen auseinander. 54 Mal (22,3%) wird keine spezifische Mediengattung codiert. In diesen, oftmals theoretischen, Beiträgen werden Medienbilder allgemein, unabhängig von ihren Kontexten behandelt.[113] Typische Beispiele für Artikel, in denen „Medien allgemein" codiert wurde, sind zum Beispiel Messaris (1998): *Visual Aspects of Media Literacy*, Iedema (2003): *Multimodality, Resemiotization: Extending the Analysis of Discourse as Multi-Semiotic Practice* oder Drechsel (2005): *Die Macht der Bilder als Ohnmacht der Politikwissenschaft: Ein Plädoyer für die transdisziplinäre Erforschung visueller politischer Kommunikation*. In diesen Beiträgen werden Medienbilder allgemein hinsichtlich bestimmter Aspekte wie Medienkompetenz (vgl. Messaris 1998), den Bezug zu anderen semiotischen Modi und den sich daraus ergebenden Konsequenzen für die Analyse (vgl. Iedema 2003) oder der Bedeutung von Bildern in bestimmten Disziplinen und Fachbereichen (vgl. Drechsel 2005) beschrieben. In einigen Beiträgen, die „Medien allgemein" zuzuordnen sind, wird zusätzlich eine Einschränkung in Hinblick auf den Anwendungskontext, zum Beispiel in Journalismus oder Werbung vorgenommen, jedoch nicht in Hinblick auf die Mediengattung. Ein Beispiel dafür ist der Beitrag *Importance Placed on Physical Attractiveness and Advertisement-Inspired Social Comparison Behavior Among Japanese Female and Male Teenagers* von Luther (2009). Dieser Artikel beschäftigt sich mit Werbebildern und deren Wirkung generell, ohne auf bestimmte Anwendungskontexte der Werbung, wie zum Beispiel in Magazinen oder aber in Plakatform auf öffentlichen Werbeträgern, einzugehen.

An dritter Stelle der häufigsten Mediengattungen folgen Zeitschriften mit 42 Artikeln (17,4%). In weiteren 16 (6,6%) Beiträgen, in denen Angaben zum Kontext gemacht werden, stellen Online-Medien das direkte Bildumfeld dar. In

210   *8 Visuelle Kommunikationsforschung: eine Metaanalyse*

jeweils 7 Artikeln (17%) werden Medienbilder mehrerer Gattungen oder aber Bilder aus sonstigen Mediengattungen thematisiert. Als sonstige Mediengattungen wurden unter anderem Schulbücher und Bücher, Werbe-Flyer, politische Flugblätter oder Reise- und Modekataloge codiert. Keine dieser sonstigen Gattungen kam mehr als drei Mal vor.

Bildkontext - Mediengattung		
Tages/Wochenzeitung, Nachrichtenmagazin	84	34,7%
Medien allgemein	54	22,3%
Zeitschrift	42	17,4%
Sonstiges	17	7,0%
mehrere Gattungen	17	7,0%
Online-Medien	16	6,6%
öffentl. Werbeträger	6	2,5%
Nachrichtenagentur	5	2,1%
Fernsehen	1	0,4%
Gesamt	**242**	**100%**

Tabelle 8: Bildkontext „Mediengattung" - das direkte Medienumfeld der Bilder

Bilder in Printmedien sind somit mit 52,1% die am häufigsten behandelte Bildart in den Fachzeitschriften. Gemeinsam mit der Ausprägung „Medien allgemein" sind 74,4% der Beiträge abgedeckt. Online-Medien, öffentliche Werbeträger und sonstige Gattungen werden vergleichsweise selten behandelt. Hier besteht noch deutliches Entwicklungspotenzial. Vor allem Bilder in Online-Medien werden angesichts des Booms von social Networks und Web 2.0 Anwendungen vergleichsweise selten behandelt. Wie in Kapitel 7.5 beschrieben, ist aber gerade in diesem Bereich gerade in den letzten Jahren eine deutliche Zunahme von Forschungsaktivitäten bemerkbar.

Bildkontext „Anwendungskontext": Die dritte Aspekt zur Präszisierung der Bildart ist der Anwendungskontext des Medienbildes. Angaben zum Anwendungskontext werden in 237 Artikeln gemacht.[114]

Auch hier dominieren wieder die klassischen kommunikations- und medienwissenschaftlichen Forschungsfelder, wie etwa Journalismus in 142 Artikeln (59,9%) und Werbung in 71 Artikeln (30%). Fiktionale Bilder, Bilder in den Public Relations und medial vermittelte private Bilder werden jeweils in weniger als 5% der Beiträge behandelt (siehe Tabelle 9).

8.5 Ergebnisse der Metaanalyse

Bildkontext - Anwendungskontext		
Journalismus	142	59,9%
Werbung	71	30,0%
PR	10	4,2%
fiktional/Unterhaltung	10	4,2%
Individualkommunikation i. öffentl. Kontext	7	3,0%
Sonstiges	20	8,4%
Gesamt	**260**	**109,7%**

Tabelle 9: Bildkontext „Anwendungskontext" - Felder der Kommunikations- und Medienwissenschaft

Diese Ergebnisse reflektieren auch den Literaturstand, der bereits in Kapitel 7 diskutiert wurde. Das journalistische Bild stellt jenen Anwendungskontext von Medienbildern dar, dem die meiste wissenschaftliche Aufmerksamkeit geschenkt wird. Zu diesem Themenbereich liegen umfassende Quellen vor weshalb der Forschungsstand zum journalistischen Bild insgesamt als äußerst umfassend bezeichnet werden kann. Zum Bild in der Werbung kann ebenfalls auf einen soliden Literaturstand zurückgegriffen werden. Bei weiteren Bildkontexten, wie zum Beispiel bei Bildern in den Public Relations beziehungsweise der Unternehmenskommunikation oder, den bereits mehrfach angesprochenen, Privatbildern, die im medialen Kontext verhandelt werden, ist die wissenschaftliche Auseinandersetzung noch überschaubar. Hier sind weitere, insbesondere theoretische Auseinanderstzung, erforderlich.

Autorinnen und Autoren im Feld der Visuellen Kommunikationsforschung

Die institutionelle Zugehörigkeit der Autorinnen und Autoren gibt weitere Einblicke in die Forschungsaktivitäten und Institutionalisierungsprozesse des Forschungsfeldes der visuellen Kommunikation. 417 Autorinnen beziehungsweise Autoren wurden erfasst; die durchschnittliche Zahl der Autoren und Autorinnen pro Artikel lag bei 1,6, mit einem Minimum von 1 und einem Maximum von 11. 96% der an Bildthemen Forschenden arbeiten an Universitäten oder Fachhochschulen. Nur etwa 2% sind außeruniversitären Forschungseinrichtungen oder sonstigen Unternehmen zuzuordnen.

212   8 Visuelle Kommunikationsforschung: eine Metaanalyse

Zwischen den Journalarten zeigen sich, wie in Tabelle 10 ersichtlich, auch hier deutliche Unterschiede, etwa hinsichtlich des wissenschaftlichen Backgrounds der Forscherinnen und Forscher. 88,7% der Verfasserinnen und Verfasser in den kommunikationswissenschaftlichen Fachzeitschriften stammen aus Kommunikations- und Medienwissenschaft oder verwandten Mediendisziplinen, während ein vergleichsweise hoher Anteil (21,1%) in den visuellen Journals sonstigen Geisteswissenschaften zuzuordnen ist, was die Interdisziplinarität der Auseinandersetzung mit Medienbildern, wie sie auch von Barnhurst, Vari und Rodríguez (2004) angenommen wird, bestätigt.

Fachrichtung der AutorInnen			
	komm.wiss. J.	visuelles J.	Gesamt
Publizistik, Kommunikationswissenschaft, Journalistik, Medienwissenschaft	181 88,7%	123 66,5%	304 78,1%
Sonst. Sozialwissenschaften	10 4,9%	8 4,3%	18 4,6%
Sonst. Geisteswissenschaften	4 2,0%	39 21,1%	43 11,1%
Sonstige Fächer	8 3,9%	10 5,4%	18 4,6%
Praxis Journalismus/Medien	1 0,5%	4 2,2%	5 1,3%
Sonstige Praxis	0 0,0%	1 0,5%	1 0,3%
Autoren gesamt	**204**	**185**	**389**

Tabelle 10: Disziplinäre Verortung der Forscherinnen und Forscher

Weiters zeigte sich, dass die Visuelle Kommunikationsforschung stark von nordamerikanischen Forschenden dominiert wird. Auch dies ist auf die unterschiedlichen Journalarten zurückzuführen. Um die geografische Verortung der Autorinnen und Autoren in den unterschiedlichen Journals genauer betrachten zu können, wurden, die kommunikationswissenschaftlichen Journals nach ihrer geografischen Zuordnung unterteilt. So wurden internationale kommunikationswissenschaftlichen Fachzeitschriften (*Journal of Communication, International Communication Gazette, Journalism & Mass Communication Quarterly*) von Zeitschriften mit europäischen Fokus (*Communications, European Journal of Communication*) und deutschsprachigen Fachzeitschriften (*Publizistik, Medi-*

8.5 Ergebnisse der Metaanalyse 213

en & *Kommunikationswissenschaft*) getrennt dargestellt. Tabelle 11 zeigt, dass 90,7% der Autorinnen und Autoren, die in den internationalen Fachzeitschriften der Kommunikations- und Medienwissenschaft publizieren, in Nordamerika oder Kanada arbeiten. Dieses Ergebnis bestätigt Laufs (2001) Kritik, dass in den hoch gerankten, internationalen Fachzeitschriften fast ausschließlich Beiträge von US-amerikanischen Forschenden veröffentlicht werden (vgl. Lauf 2001: 379). Folgt man der Argumentation Laufs, so sind diese internationalen Journals gar nicht als international zu bezeichnen. In den europäischen und deutschsprachigen Zeitschriften ist, den Erwartungen entsprechend, eine Konzentration auf europäische Autorinnen und Autoren erkennbar.

Geografische Verortung der Autorinnen und Autoren					
	internat. komm.wiss J.	europ. komm.wiss. J.	deutschspr. komm.wiss. J.	visuelle J.	Gesamt
Europa	5	12	26	44	87
	2,7%	80,0%	100,0%	22,8%	20,9%
Nordamerika	166	0	0	134	300
(USA, Kanada)	90,7%	0,0%	0,0%	69,4%	71,9%
Mittel-	0	0	0	1	1
und Südamerika	0,0%	0,0%	0,0%	0,5%	0,2%
Asien	12	3	0	9	24
	6,6%	20,0%	0,0%	4,7%	5,8%
Australien/Neuseeland	0	0	0	5	5
	0,0%	0,0%	0,0%	2,6%	1,2%
AutorInnen gesamt	183	15	26	193	417

Tabelle 11: Geografische Verortung der Autorinnen und Autoren in den unterschiedlichen Fachzeitschriften

Interessant stellt sich die geografische Verortung besonders in den visuellen Fachzeitschriften dar. Auch hier ist eine deutliche Konzentration auf den nordamerikanischen Raum erkennbar. 69,4% der Forscherinnen und Forscher arbeiten in den USA oder Kanada, 22,8% in Europa, wobei sich hier die europäische Ausrichtung (beziehungsweise die Ausrichtung auf den deutschsprachigen Raum) der Zeitschrift *Image* auswirkt. Alle Autorinnen beziehungsweise Autoren der 12 codierten Artikel in dieser Zeitschrift stammen aus Europa. Visuell Forschende aus Mittel- und Südamerika, Asien, Afrika oder Australien und Neuseeland sind unterrepräsentiert. Es lässt sich daher auch bezüglich der visuellen Fachzeitschriften eine Konzentration auf den nordamerikanischen Raum und dessen Publikationsstrategien feststellen.

214   8 Visuelle Kommunikationsforschung: eine Metaanalyse

Fazit der metaanalytischen Betrachtung

Die Visuelle Kommunikationsforschung, die hier als die wissenschaftliche Beschäftigung mit Medienbildern besonders in der Kommunikations- und Medienwissenschaft, aber auch in anderen Disziplinen verstanden wird, hat offensichtlich eine Lieblingsmethode: die Bildinhaltsanalyse. Eines der wichtigsten Erkenntnisse aus der quantitativen Metaanalyse ist somit, dass das unterstellte Fehlen visueller Forschung, insbesondere in Form visueller Inhaltsforschung, empirisch nicht bestätigt werden kann. Vielmehr scheinen Inhaltsanalysen die beliebtesten Methoden der Visuellen Kommunikationsforschung zu sein. Immerhin ist der Anteil von Inhaltsanalysen im visuellen Bereich annähernd doppelt so hoch als in der Kommunikations- und Medienwissenschaft allgemein, natürlich vorausgesetzt, dass die vorliegende Studie in diesem Punkt mit früheren Metaanalysen zur Methodenanwendung der Kommunikations- und Medienwissenschaft vergleichbar ist. Da die Anzahl von Inhaltsanalysen jedoch noch keinen Rückschluss auf deren Qualität beziehungsweise Anwendungstauglichkeit und Aussagekraft zulässt, erfolgt im folgenden Kapitel eine qualitative Systematisierung und Diskussion der Methodenanwendungen.

Zunächst stellte sich bei der Analyse die Frage nach der Bedeutung und der Entwicklung Visueller Kommunikationsforschung im Untersuchungszeitraum. Aufgrund der zunehmenden Visualisierungstendenzen von medienkulturellen Ausdrucksformen, war anzunehmen, dass auch die Kommunikations- und Medienwissenschaft zunehmend mit Fragen der visuellen Kommunikation befasst ist. Die Publikationstätigkeit wurde, zusätzlich zur Professionalisierung durch bürokratische Organisationen, die in Kapitel 3.3 besprochen wurden, als wichtiger Parameter für die Beurteilung der Bedeutung der Visuellen Kommunikationsforschung im Fach gewertet.

Hinsichtlich der Gründung von Fachgruppen in den kommunikations- und medienwissenschaftlichen Organisation lässt sich insbesondere seit den 1990er Jahren eine verstärkte Institutionalisierung der Visuellen Kommunikationsforschung bemerken. Im deutschsprachigen Raum erfolgte diese mit der Gründung der Fachgruppe *Visuelle Kommunikation* in der *DGPuK* im Jahr 2000.

Auch in Hinblick auf die Publikationsmenge in Fachzeitschriften zeigte sich eine Zunahme Visueller Kommunikationsforschung. Allerdings ist die Anzahl der in kommunikationswissenschaftlichen Fachzeitschriften publizierten Beiträge zum Medienbild in den letzten 20 Jahren nicht wesentlich gestiegen und bleibt relativ konstant bei durchschnittlich sechs Artikeln pro Jahr. Die dennoch deutlich steigende Beitragshäufigkeit in den letzten Jahren ist deshalb auch nicht als Zunahme Visueller Kommunikationsforschung in den klassischen kommunikations-

8.5 Ergebnisse der Metaanalyse 215

und medienwissenschaftlichen Publikationsarenen interpretierbar. Vielmehr bieten neu hinzukommende visuelle Fachzeitschriften neue Publikationsoptionen für die generell zunehmende visuelle Forschung. Nicht alle Journals weisen dabei einen Bezug zur Kommunikations- und Medienwissenschaft auf, weshalb ein Großteil der darin publizierten Beiträge für die vorliegende Untersuchung nicht relevant war. Unter den visuellen Fachzeitschriften hat sich *Visual Communication Quarterly* als jenes visuelle Journal erwiesen, das die stärksten Bezüge zur Kommunikations- und Medienwissenschaft aufweist. Die Artikel dieses Journals lassen sich als genuine Visuelle Kommunikationsforschung, die auch der Definition von Müller (2007) entspricht, verstehen. Unter den kommunikationswissenschaftlichen Fachzeitschriften wurde *Journalism & Mass Communication Quarterly* als wichtigste Publikationsplattform für visuelle Forschung identifiziert.

Gleichzeitig wurden in Kapitel 7 die lebhaften Forschungsaktivitäten, auch außerhalb der Fachzeitschriften, vorgestellt. Was die Monografien und Sammelbände betrifft, zeigt sich eine deutliche Zunahme Visueller Kommunikationsforschung, wie sie auch bei Barnhurst, Vari und Rodríguez (2004) im amerikanischen Raum beobachtet wurde. Hier soll auch besonders auf die Visuelle Kommunikationsforschung im deutschsprachigen Raum, die sich im US-amerikanisch dominierten Untersuchungsmaterial nur schwach wieder findet, verwiesen werden.

Außerhalb der kommunikationswissenschaftlichen Fachzeitschriften und *Visual Communication Quarterly*, die zunächst ebenfalls als kommunikationswissenschaftliche Zeitschrift entstand, ist es schwierig, die Visuelle Kommunikationsforschung, im engeren oder im weiteren Sinne (vgl. Kapitel 3.3), zu identifizieren. Dies lässt sich dadurch erklären, dass sich visuelle Forschung, wie Barnhurst, Vari und Rodríguez (2004) beschreiben, als interdisziplinäres Feld entwickelt und deshalb klare disziplinäre Zuordnungen erschwert werden.

Visuelle Kommunikationsforschung, wie sie in den visuellen Fachzeitschriften erfolgt, unterscheidet sich sehr deutlich von visueller Forschung in kommunikations- und medienwissenschaftlichen Publikationen. Gemeinsam ist den beiden Journalarten die Erforschung von medial vermittelten Bildern sowie der deutliche Fokus auf Bildinhaltsforschung, also die Beschäftigung mit visuellen Inhalten und Aussagen.

In der Art und Weise, in der die wissenschaftlichen Herangehensweise zur Behandlung visueller Medieninhalte erfolgt, treten jedoch sehr deutliche Unterschiede zwischen den Journalarten hervor: Die Visuelle Kommunikationsforschung der kommunikationswissenschaftlichen Fachzeitschriften folgt der sozialwissenschaftlich orientierten, stark empirisch-quantitativen Herangehensweise, die, wie andere Metaanalysen zeigen konnten, generell die kommunikations- und medienwissenschaftliche Forschung dominiert. In den visuellen Fachzeitschrif-

216 8 *Visuelle Kommunikationsforschung: eine Metaanalyse*

ten publizierte Visuelle Kommunikationsforschung ist, im Gegensatz dazu, stärker qualitativ ausgerichtet und bringt neue Beitragsformen, wie etwa kritisch-kulturelle Essays mit Einzelfallanalysen, mit sich. In den visuellen Fachzeitschriften dominieren qualitative Methoden und es ist eine deutliche Nähe zu geistes- und kulturwissenschaftlichen Forschungstraditionen erkennbar.

Der deutlichste Unterschied zwischen den beiden Journalarten zeigt sich schließlich hinsichtlich der Art der Inhaltsanalysen. In den kommunikationswissenschaftlichen Fachzeitschriften dominieren quantitative Bildinhaltsanalysen, während in den visuellen Journals überwiegend qualitative inhaltsanalytische Verfahren eingesetzt werden: Wenn Beiträge aus kommunikationswissenschaftlichen Fachzeitschriften visuelle Inhaltsforschung betreiben, dann zu über 70% in Form quantitativer Inhaltsanalysen. Qualitative Bildinhaltsanalysen sind mit etwa 17% vergleichsweise selten. In den visuellen Journals dominieren, mit etwa 75%, qualitative Methoden der Bildinhaltsanalyse während quantitative Bildinhaltsanalysen lediglich 17% ausmachen. Das folgende Kapitel wird in der Folge noch genauer auf methodische Aspekte der Inhaltsforschung zu Medienbildern eingehen und diese Unterschiede zwischen den Journalarten beleuchten.

An dieser Stelle soll auf eine Schwäche der vorliegenden Arbeit hingewiesen werden: Es wurde in der Metaanalyse nicht erhoben, ob das Bild im Zentrum der Untersuchung steht, oder ob es eher einen Randaspekt der Forschung darstellt. Zwar wurden jene Studien von vornherein ausgeschlossen, in denen lediglich erhoben wird, ob ein Bild vorhanden ist oder nicht, Beiträge, in denen das Bild einen Teilaspekt der Forschung darstellen, wurden jedoch eingeschlossen. Diese Auswahlstrategie wurde bewusst gewählt, da Medienbilder nie isoliert, sondern immer in Kombination mit anderen Modi, wie eben verbalem Text, vorkommen. Gerade der Umgang mit Multimodalität wurde ja als eine besondere Herausforderung für die Visuelle Kommunikationsforschung identifiziert, weshalb es nicht zielführend wäre, ausschließlich „rein visuelle" Forschung zu betrachten. Für die vorliegende Untersuchung wäre es jedoch wünschenswert gewesen, zu unterscheiden, ob der Schwerpunkt des Beitrags eher auf dem Verbalen oder dem Visuellen lag. In der qualitativen Systematisierung in den Kapiteln 10 bis 12 wird dieser Aspekt deshalb nachträglich, zumindest die angewandten Bildinhaltsanalysen betreffend, berücksichtigt.

Eine weitere Einschränkung der Metaanalyse muss hier mitgedacht werden: Die Analyse der institutionellen Verankerung und der geografischen Verortung der publizierenden Autorinnen und Autoren bestätigt Laufs (2001) Kritik an der mangelnden Internationalität der hoch gerankten „internationalen" Fachzeitschriften. Die visuellen Beiträge der untersuchten internationalen Fachzeitschriften der Kommunikations- und Medienwissenschaft stammten tatsächlich fast aus-

8.5 Ergebnisse der Metaanalyse 217

schließlich von nordamerikanischen Autorinnen und Autoren. Kritisch betrachtet sind diese internationalen Journals daher tatsächlich nicht als international zu bezeichnen.

Deshalb ist auch die deutschsprachige Visuelle Kommunikationsforschung kaum im Untersuchungsmaterial präsent, in anderen Worten, die hier untersuchten „Nervenbahnen der Disziplin" erweisen sich als nicht aussagekräftig für den deutschsprachigen Raum. Da dies zu erwarten war, wurde versucht, diesem Aspekt durch die Berücksichtigung der deutschsprachigen Monografien und Sammelbände im Theorieteil der Arbeit Rechnung zu tragen. Die Orientierung an überwiegend internationalen Fachzeitschriften war jedoch erforderlich, um eine Vergleichbarkeit mit bestehenden Metaanalysen zu gewährleisten.

Was jedoch überraschte, war die ebenfalls sehr starke Ausrichtung der visuellen Fachzeitschriften auf den nordamerikanischen Raum und dessen Publikationsstrategien. Auch hier kann kaum von internationalen Publikationsforen gesprochen werden.

Nichtsdestotrotz bieten die visuellen Fachzeitschriften nicht zu unterschätzende Vorteile für die Visuelle Kommunikationsforschung, wie etwa die Möglichkeit, Forschungsansätze unterschiedlicher Disziplinen durch Nutzung eines gemeinsamen Publikationsinstruments zu vernetzen, wie dies in *Visual Communication Quarterly* schon teilweise erfolgt, oder die – zunächst banal erscheinende – Möglichkeit, Bilder abzudrucken. Wie Bohnsack (2003) richtig bemerkt, muss jede Beobachtung in verbaler Form vorliegen, um wissenschaftlich relevant zu werden. Bilder müssen ebenfalls zuerst das „Nadelöhr des Textes" (Bohnsack 2003: 241) passieren. In der wissenschaftlichen Bearbeitung werden visuelle Phänomene in der Regel verbal behandelt und vermittelt. Jede Übertragung vom visuellen in den verbalen Modus stellt dabei eine Übersetzung dar, wie Kapitel 5 zur Multimodalität gezeigt hat. Aufgrund der Notwendigkeit das besprochene Bildmaterial auch in visueller Form anzuerkennen, verlangen einige visuelle Fachzeitschriften bei der Einreichung von Beiträgen explizit nach Bildmaterial, wie zum Beispiel *Visual Communication Quarterly* oder aber auch das *Journal of Visual Literacy*. Dies geschieht nicht zuletzt, um Bildern in der Folge zu mehr wissenschaftlicher Akzeptanz zu verhelfen, einem Ziel das Visuelle Kommunikationsforschung nunmehr seit etwa einem Jahrzehnt verfolgt, und dies, wie die vorliegende Metaanalyse zeigt, mit Erfolg.

Die folgenden Kapitel beschäftigen sich mit den in der Metaanalyse identifizierten inhaltsanalytischen Verfahren der Bildanalyse und gehen näher auf methodische Aspekte sowie auf Potenziale und Leistungen beziehungsweise die Aussagekraft visueller Inhaltsforschung ein. In Kapitel 9 wird ein Überblick über die Methodenanwendung im Untersuchungsmaterial gegeben. Hier steht zunächst die Gegenüberstellung von quantitativen und qualitativen Instrumenten der Bildinhaltsforschung im Zentrum. Kapitel 10 beschäftigt sich in der Folge mit der quantitativen Bildinhaltsanalyse und ihren unterschiedlichen Anwendungsformen im Untersuchungsmaterial, Kapitel 11 geht auf die vorkommenden qualitativen Methoden ein. In Kapitel 12 werden schließlich Verknüpfungen beider Verfahren besprochen.

9 Inhaltsanalytische Methoden der Visuellen Kommunikationsforschung – Einführung und Überblick über die Methodenanwendung im Untersuchungsmaterial

Zentrales Anliegen der kommunikations- und medienwissenschaftlichen Medieninhaltsforschung ist die Beschreibung von Medienrealität und ihren Entstehungsbedingungen (vgl. Bonfadelli 2002: 14).[115] Von besonderem Interesse ist dabei die Frage nach dem Verhältnis von Realität und Medienrealität sowie in der Folge die Frage, wie wirklich diese Medienwirklichkeit (vgl. insbesondere Schulz 1989, Bentele 1993), von der unser Weltbild in hohem Maße geprägt wird (vgl. Belting 2008; Burda 2005; Burkart 2002: 271ff), eigentlich ist.

„Medieninhalte sind das sichtbarste Zeugnis des Wirkens von Medien in einer Gesellschaft." (Marcinkowski/Marr 2005: 455). Als Medieninhalte werden die physischen Botschaften der Massenkommunikation (wie zum Beispiel Zeitungsartikel, Fernsehsendungen, Hörfunkbeiträge) sowie die symbolischen Bedeutungen, die mittels materieller Trägermedien im Kommunikationsprozess übermittelt werden, verstanden (vgl. Bonfadelli 2002: 12).

Die ursprünglich „naiv realistische Position" zur Erklärung der Beziehung von Wirklichkeit und Medienwirklichkeit, die davon ausging, dass Medien die Wirklichkeit tatsächlich abbilden können und sollen, ist mittlerweile einer konstruktivistischen Position gewichen. Es besteht nun Konsens darüber, dass eine Realitätsabbildung nicht möglich ist und Medienwirklichkeit immer als Konstruktion verstanden werden muss (vgl. Bonfadelli 2002: 16). Durch die ständige Weiterentwicklung und Anwendung der Medieninhaltsforschung steht mittlerweile eine breite Palette von quantitativen und qualitativen Instrumentarien zur Analyse von Medienwirklichkeit zur Verfügung (vgl. Bonfadelli 2002: 9), welche unter dem Überbegriff „Inhaltsanalyse" zusammengefasst werden.

In der Definition von Merten (1995) ist die Inhaltsanalyse „eine Methode zur Erhebung sozialer Wirklichkeit, bei der von Merkmalen eines manifesten Textes auf Merkmale eines nichtmanifesten Kontextes geschlossen wird" (Merten 1995: 15).

220   9 Inhaltsanalytische Methoden der Visuellen Kommunikationsforschung

Bisher wurden in der kommunikations-und medienwissenschaftlichen Inhaltsforschung vorwiegend sprachliche Medieninhalte untersucht (vgl. Bohnsack 2003: 240). Visuelle Inhalte stellen für die Medieninhaltsforschung bislang eine methodische Herausforderung dar. Ein Grund dafür, so Michel (2006), liegt in der bildlichen „Doppelnatur", denn Bilder beziehen sich einerseits mit hoher anschaulicher Evidenz auf eine dargestellte Szene; auf der sinnbildlichen Ebene dagegen sind sie hochgradig unbestimmt und vieldeutig (vgl. Michel 2006: 46). Bilder lassen deshalb mehrere Lesarten zu, was besonders die Kategorisierung des Dargestellten in quantitativen Inhaltsanalysen erschwert. Gleichzeitig ist visuelle Sprache, wie Kress und van Leeuwen veranschaulichen, keineswegs „transparent and universally understood", sondern vielmehr „culturally specific" (Kress/van Leeuwen 2006: 4), weshalb ihr Verständnis und ihre unterschiedlichen Lesarten immer in sozialen und kulturellen Praxen verankert sind (vgl. Mitchell 1990: 18). Bildrezeption und -interpretation werden dabei nicht nur durch kulturelle und soziale Praxen bestimmt, sondern auch durch die (medialen) Kontexte, in welchen das Bild auftritt.

Da die Inhaltsanalyse versucht, inhaltliche und formale Merkmale von medialen Botschaften intersubjektiv nachvollziehbar zu beschreiben, muss ein Weg gefunden werden, mit dieser Bedeutungsoffenheit umzugehen, vor allem wenn durch Inferenz von Medieninhalten auf Medienwirkungen geschlossen werden soll. Individuelle und kontextspezifische Lesarten erschweren aber die Inhaltsanalyse, welche immer nur eine der möglichen Lesarten erfassen kann. Dieses Problem ist jedoch nicht nur typisch für die Inhaltsanalyse von visuellen Medieninhalten, sondern auch ein Grundproblem der Analyse verbaler Inhalte (vgl. Woelke 2005), denn nicht nur Bilder, sondern auch Texte sind semantisch vieldeutig und polysem (vgl. Przyborski 2008: 83). Die Inhaltsanalyse trifft demnach Aussagen über Texte, für die eine dominante Lesart oder eine wahrscheinliche Rezeptionsweise erkannt werden kann (vgl. Kolb/Mathes/Kochhan 2001).

Allerdings erlaubt die Struktur von Texten eine einfachere Analyse. Bilder, so ein weiteres analytisches Erschwernis, können aufgrund ihres simultanen Charakters nicht so einfach wie Texte in kleine Einheiten, wie Sätze oder Wörter, zerlegt werden, während die textliche Linearität und Sequentialität die inhaltsanalytische Bearbeitung erleichtert. Vor allem für die quantitative Inhaltsanalyse wirft dies mitunter Schwierigkeiten auf, denn bei der Erforschung visueller Elemente mittels quantitativer Inhaltsanalyse ist nach wie vor die Übertragung von Theorien und Hypothesen zu verbaler Kommunikation auf bildliche Aspekte üblich. Der Ikonizität beziehungsweise der Bildlichkeit selbst wurde dagegen bisher wenig Aufmerksamkeit geschenkt (vgl. Bohnsack 2003: 240; Grittmann 2001: 263f). Daher ist auch nachvollziehbar, dass formale Aspekte, wie unter anderem

9 Inhaltsanalytische Methoden der Visuellen Kommunikationsforschung 221

die Bildgröße oder die Position und Anzahl von Bildern, relativ einfach erfass-bar sind und deshalb auch oft erhoben wurden, wohingegen besondere Defizite in der Analyse inhaltlicher Bildaspekte und ihrer Gliederung bestehen. Es wur-de, in anderen Worten, kaum untersucht, was auf den Bildern zu sehen ist (vgl. Grittmann 2001: 265). Während Grittmann (2001) die mangelhafte Analyse von Bildinhalten anspricht, stellt sich in diesem Zusammenhang noch ein weiteres analytisches Problem: Eine visuelle Analyse kann sich keinesfalls in der alleini-gen Erfassung der in der medialen Kommunikation vorkommenden Bildmotive erschöpfen. Vielmehr muss auch berücksichtigt werden, wie diese Motive darge-stellt werden, also welche visuellen Darstellungsstrategien in den Medien zum Einsatz kommen. Zu diesem Zweck ist insbesondere die Erfassung von bildlichen Darstellungsaspekten gefragt.[116]

Die qualitative Analyse von Medienbildern steht vor ähnlichen Problemen (siehe die Ausführungen von Bohnsack 2009a, 2009b, 2008a, 2008b, 2003). Bohnsack problematisiert beispielsweise, dass der viel zitierte *iconic turn* in der rekonstruktiven Sozialforschung erst dann tatsächlich erkennbar wird, wenn bildhafte Produkte alltäglicher Verständigung in ihrer Eigenlogik, ihrer Formal-struktur und Alltagsästhetik in gleichem Maße wie Texte als Untersuchungsob-jekt anerkannt werden. Bisher, so Bohnsack, steht man bei der Interpretation von Bildern aber noch ganz am Anfang (vgl. Bohnsack 2009b: 12). Ein Vorteil der qualitativen Medieninhaltsanalyse ist jedoch, dass sie sich an Zeichen- und Wis-senstheorien orientieren kann, die bereits erste Wege für empirische Analysen von Bildern aufgezeigt haben (vgl. Bohnsack 2003: 244), wie zum Beispiel die semiotischen Theorien und Methodologien, orientiert an Barthes (1989) und Eco (2002, 1977), die ikonografisch-ikonologische Methode und ihre Weiterentwick-lungen (Panofsky 2006, 2002, 2006) oder die dokumentarische Methode nach Mannheim (vgl. Bohnsack 2003: 244). Allerdings darf auch hier nicht übersehen werden, dass die Methode an das Untersuchungsobjekt „Medienbild" angepasst werden muss, da die genannten Methoden für die Analyse mitunter ganz anderer Bildtypen, zum Beispiel von Kunstbildern, entwickelt wurden.

Dieser theoretische und methodologische Vorsprung qualitativer Methoden birgt auch Vorteile für die quantitative Bildinhaltsanalyse. Insbesondere die In-tegration von Elementen aus qualitativen Methoden der Bildforschung in quan-titative Erhebungsdesigns ist äußerst viel versprechend. Gute Vernetzungen sind etwa mit der Ikonografie oder der visuellen Semiotik möglich. Grittmann (2001) schlägt für eine Bildanalyse, die das Bild in seinem Gesamtkontext betrachtet, etwa vor, die Ikonografie für die Inhaltsanalyse zu adaptieren:

222   9 Inhaltsanalytische Methoden der Visuellen Kommunikationsforschung

„Die Ikonographie kann durch die systematische Erfassung von Bildtypen, also verbreiteten einzelnen Bildmotiven, und der Untersuchung des Zusammenhangs mit den Themen, Bildelementen als auch formalen Kriterien und Darstellungsweisen eine Lücke in der Bildinhaltsanalyse schließen". (Grittmann 2001: 277)

Bell und Milic (2002) wiederum gehen davon aus, dass die quantitative Bildinhaltsanalyse Konzepte der Semiotik integrieren kann. Methodisch bedeutet dies, dass Konzepte der visuelle Semiotik als quantitative Kategorien und Variablen definiert werden, in denen einzelne Merkmale unterschieden werden und so operationalisiert werden können, sodass zuverlässige Beobachtungen auch mit großem Datenmaterial ermöglicht werden (vgl. Bell/Milic 2002: 212).

Es gibt unterschiedliche methodische Ansätze der Bildanalyse, die sich stark unterscheiden in Hinblick auf (1) die Untersuchungseinheit (Bild; Bild und Kontext; Bild, Kontext und soziale Praktiken), (2) die Einbeziehung der Produzenten und Prozentinnen beziehungsweise Rezipienten und Rezipientinnen in die Analyse und (3) die Analyseanleitungen.

Manche Analysemethoden sind klarer methodisch vordefiniert als andere; einige geben rezeptartige Anleitungen zur Bildanalyse, wie etwa die quantitative Inhaltsanalyse oder die soziosemiotische Bildanalyse. Letztere bleiben, so van Leeuwen und Jewitt (2006b), auch in gewisser Weise Interpretationskunst, allerdings eine mit genauen Regeln und Gesetzen. Andere Analysemethoden dagegen, geben wenige Anleitungen für die Durchführung der Erhebung. Die Cultural Studies und Ethnomethodologie beispielsweise gehen zwar von präzisen theoretischen Ausgangspunkten und Forschungsprinzipien aus, geben aber weder analytische Kategorien noch genaue Anleitungen vor (vgl. van Leeuwen/Jewitt 2006b: 8).

Im folgenden Abschnitt werden jene Methoden der Inhaltsforschung vorgestellt, welche in den Beiträgen der vorliegenden empirischen Untersuchung am häufigsten eingesetzt wurden. Es werden in der weiteren Folge nur noch jene Artikel behandelt, in denen Bildinhaltsforschung mit quantitativen oder qualitativen inhaltsanalytischen Methoden betrieben wird und in denen die Art der Methode auch erkennbar ist. Außerdem wurden jene vier Fälle ausgeschlossen, bei denen nur verbaler Text untersucht wurde. Dies waren Beiträge, wie zum Beispiel die Studie von Bennett, Lawrence und Livingston (2006) oder Jones (2005), in denen die verbale mediale Berichterstattung über Bilder (wie zum Beispiel die Abu Ghraib-Bilder oder die Mohammed Cartoons) beziehungsweise die verbalen Aushandlungen, die dem Online-Austausch von Fotos vorangehen (etwa in Form von Chatprotokollen), untersucht werden.

9 Inhaltsanalytische Methoden der Visuellen Kommunikationsforschung

Häufigkeit und Art bildinhaltsanalytischer Methoden

In 130 Artikeln wird als zumindest eine der beiden durch die Metaanalyse erfassten Methoden ein bildinhaltsanalytisches Verfahren eingesetzt. 66 Beiträge stammen aus kommunikationswissenschaftlichen und 64 Beiträge aus visuellen Fachzeitschriften, was einem Anteil von 48,5 % aller Artikel in der Untersuchung entspricht.

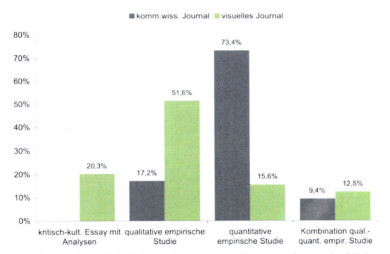

Abbildung 21: Bildinhaltsanalysen unterteilt nach wissenschaftlicher Herangehensweise

Wenn Beiträge aus kommunikationswissenschaftlichen Fachzeitschriften Bildinhaltsforschung betreiben, dann meist in Form einer quantitativen Inhaltsanalyse (73,4 %). Qualitative Bildinhaltsanalysen kommen dagegen nur zu 17,2 % vor, Methodenkombinationen zu 9,4%. In den hier ausgewerteten Methodenkombinationen kommt jeweils zumindest eine qualitative oder quantitative Inhaltsanalyse als Teil eines Multimethodendesigns vor. Es handelt sich jedoch nicht automatisch um Studien, die zwei Arten von Inhaltsanalysen kombinieren.
In den visuellen Journals stehen bei den inhaltsanalytischen Methoden dagegen die qualitativen Inhaltsanalysen (51,6%) an erster Stelle, gefolgt von den (meist qualitativen) Analysen der kritisch-kulturellen Essays (20,3%). Erst an dritter Stelle, mit 15,6%, folgen quantitative Inhaltsanalysen. Methodenkombinationen werden hier in 12,5% der Beiträge zur Inhaltsforschung eingesetzt.

224   9 Inhaltsanalytische Methoden der Visuellen Kommunikationsforschung

Bei zwei Beiträgen aus den kommunikationswissenschaftlichen Fachzeitschriften konnte die Art der Inhaltsanalyse nicht erfasst werden. In diesen beiden Fällen waren die methodischen Angaben im Artikel so ungenau, dass nicht mit Sicherheit nachvollziehbar war, ob eine qualitative oder eine quantitative Inhaltsanalyse zur Anwendung kam. Deshalb wurden diese Beiträge aus der weiteren Untersuchung ausgeschlossen.

In den folgenden Kapiteln werden die im Untersuchungsmaterial am häufigsten eingesetzten Methoden behandelt. Ziel ist es nicht, Anleitungen zur Verwendung der jeweiligen Methode zu geben – dafür wird jeweils auf entsprechende Methodenhandbücher verwiesen. Vielmehr soll eine Systematisierung erfolgen, die zeigt, welche Methoden für welche Themen visueller Forschung verwendet werden. Dafür wird zunächst eine Recodierung des Datenmaterials vorgenommen. Alle Beiträge, in denen eine Bildinhaltsanalyse zu Anwendung kommt, wurden einer von drei Kategorien zugeordnet: (1) quantitative Bildinhaltsanalyse, (2) qualitative Bildinhaltsanalyse und (3) Kombinationen aus qualitativer und quantitativer Bildinhaltsanalyse (siehe Abbildung 22).

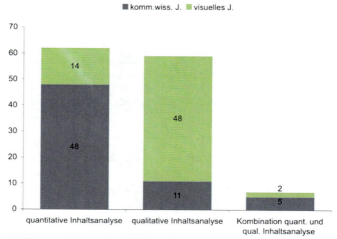

Abbildung 22: Art der Bildinhaltsanalyse

Insgesamt kommen quantitative und qualitative Inhaltsanalysen in den untersuchten Beiträgen annähernd gleich oft vor: In 62 Beiträgen wird eine quantitative Inhaltsanalyse, in 59 Beiträgen eine qualitative Inhaltsanalyse eingesetzt. Die Kombination aus beiden Herangehensweisen kommt in insgesamt sieben Arti-

9 Inhaltsanalytische Methoden der Visuellen Kommunikationsforschung   *225*

keln vor. Generell konnte die Analyseart aufgrund der meist sehr guten Methodenbeschreibungen in den Artikeln klar kategorisiert werden. Lediglich in zwei der 130 Studien, die eine Inhaltsanalyse durchführen, konnte diese Bestimmung nicht vorgenommen werden.

In dieser Darstellung verdeutlichen sich die starken Unterschiede zwischen den beiden Journalarten, denn wie bereits angesprochen, konnte die für die visuellen Fachzeitschriften typische methodische Herangehensweise der Essays mit Analysen weitestgehend den qualitativen Methoden zugeordnet werden. Das Verhältnis von quantitativen zu qualitativen Inhaltsanalysen beträgt in den kommunikationswissenschaftlichen Fachzeitschriften 75:17; in den visuellen Journals kehrt sich die Relation auf 22:75 um. In sieben Artikeln werden quantitative und qualitative Inhaltsanalysen zur Erforschung von Medienbildern kombiniert eingesetzt.[117]

Quantitative Inhaltsanalysen sind damit die häufigsten Verfahren der visuellen Inhaltsforschung im untersuchten Material. Sie kommen in 62 Artikeln zum Einsatz. Diese 62 Artikel werden in Kapitel 10 detaillierter untersucht und systematisiert. Kapitel 11 widmet sich in der Folge den qualitativen Bildinhaltsanalysen.

10 Die quantitative Bildinhaltsanalyse

Die quantitative Inhaltsanalyse ist, wie oben gezeigt wurde, die am häufigsten verwendete Methode der Visuelle Kommunikationsforschung, vor allem in kommunikationswissenschaftlichen Journals. Die quantitative Bildinhaltsanalyse, oder auch Visual Content Analysis, basiert auf der (Medien-)Inhaltsanalyse, welche wiederum eine der am häufigsten eingesetzten Methoden der Kommunikationswissenschaft ist. Früh (2007) definiert die Inhaltsanalyse als eine „empirische Methode zur systematischen, intersubjektiv nachvollziehbaren Beschreibung inhaltlicher und formaler Merkmale von Mitteilungen." (Früh 2007: 27) Die quantitative Medieninhaltsanalyse leistet, so Rössler (2005), einen wichtigen Beitrag zum Verständnis von Medienberichten, denn sie „reduziert die Komplexität der Berichterstattung, indem sie deren zentrale Muster herausarbeitet". (Rössler 2005: 17) Angesichts der großen Anzahl von Bildern in medialen Angeboten sind für gewisse Fragestellungen, wie zum Beispiel bei Fragen nach Strukturen, visuellen Tendenzen oder Visualisierungsformen im Zeitverlauf, quantitative Inhaltsanalysen unbedingt erforderlich (vgl. Grittmann/Lobinger 2011). Gegenstand der Inhaltsanalyse können alle Kommunikationsinhalte sein, sofern sie in irgendeiner Weise manifest, also als Text vorliegen. Als Texte werden hierbei fixierte Inhalte aller möglichen Modalitäten (z.B. Sprache, Gestik, Mimik), die Zeichencharakter haben, verstanden. Da die Inhaltsforschung deshalb jede Art von manifesten Kommunikationsinhalten in Form von Texten untersuchen kann, ist sie, so Merten, auch für die quantitative Erforschung von Bildern geeignet (vgl. Merten 1995: 59). Eine Inhaltsanalyse beginnt mit präzisen Hypothesen und Erwartungen über klar definierte Variablen, welche in der Folge operationalisiert werden (vgl. Bell 2006: 13).

Die Bildinhaltsanalyse kann auf diesen Grundlagen aufbauend folgendermaßen beschrieben werden: Die visuelle Inhaltsanalyse ist eine systematische, beobachtende Methode, die zur Prüfung von Hypothesen darüber, wie die Medien Menschen, Ereignisse, Situationen u.s.w. darstellen, verwendet wird. Sie erlaubt die Quantifizierung von Einheiten beobachtbaren Inhalts, welcher in abgegrenzte Kategorien unterteilt wird. Sie untersucht mediale Muster und nicht einzelne Bilder oder einzelne „visuelle Texte" (vgl. Bell 2006: 14). Die quantitative Bildin-

228   *10 Quantitative Bildinhaltsanalyse*

haltsanalyse bietet sich deshalb für die Analyse mehrerer beziehungsweise einer großen Anzahl von Bildern an, wie sie typisch für visuelle Medienkulturen ist. „Die Erhebung und Quantifizierung von Bildaspekten sagt allerdings wenig über deren Bedeutung aus." (Kinnebrock/Knieper 2008: 92) Die Erhebung zum Beispiel des Kamerawinkels alleine ist daher noch wenig bedeutsam. Um diesem speziellen Darstellungsaspekt Bedeutung zu verleihen, ist zwingend ein Rückgriff auf vorliegende Studien erforderlich. Rezeptions- und Wirkungsstudien bezüglich der Effekte von Kameraperspektiven belegen etwa, dass die leichte Untersicht Personen vorteilhafter erscheinen lässt und die Zuschreibung von politischer Kompetenz, besonders in leicht seitlicher Aufnahme, forcieren kann (vgl. etwa zusammenfassend Kepplinger 2010; Zillmann/Harris/Schweitzer 1993).

Bemühungen um die Semantisierung von Bildmotiven und Darstellungstechniken sind vielfältig, aber, so Petersen (2001, 2003) beziehungsweise Petersen und Jandura (2004), noch nicht weit fortgeschritten. „Solange es aber noch keine festen Bedeutungszuweisungen für bestimmte Bildmotive gibt, kann die Inhaltsanalyse bis dato meist nur Ergebnisse mit beschränkter Aussagekraft liefern." (Knieper 2005a: 47)

Generell gilt, dass die Inhaltsanalyse nicht belegen kann, wie Betrachteinnen und Betrachter verstehen oder bewerten, was sie sehen. Die Inhaltsanalyse kann aber zeigen, welchen Inhalten hohe Priorität eingeräumt wird und welchen nicht. Sie kann aufdecken, welche Agenden in den Medien ablaufen und mit welchen visuellen Strategien diese vorgezeigt werden. Vorsichtiger ausgedrückt, zeigt die Bildinhaltsanalyse Muster in der Mediendarstellung, vorausgesetzt man akzeptiert die Gültigkeit der Kategorien, die im Forschungsprozess definiert wurden (vgl. Bell 2006: 26).

Typische Forschungsfragen, die mit Hilfe der Inhaltsanalyse von Bildern beantwortet werden können, sind nach Bell (2006): (1) Fragen nach der *Priorität* von medialen Inhalten: Wie sichtbar (also wie häufig, wie groß, in welcher Reihenfolge in einem Programm) werden unterschiedliche Arten von Bildern, Geschichten, oder Ereignissen repräsentiert? (2) Fragen nach der *Tendenz*: Vergleichende Fragen nach der Dauer, der Frequenz oder der Priorität von Dargestelltem, wie zum Beispiel von politischen Persönlichkeiten, Themen, politischen Linien, oder nach positiven beziehungsweise negativen Beiträgen. (3) Fragen nach *historischen Veränderungen* in der Art und Weise der Darstellung von zum Beispiel Gender, Schicht, Beruf oder moralisch codierten Bildern in bestimmten Publikationstypen oder Fernsehgenres (vgl. Bell 2006: 14).

Zur quantitativen Inhaltsanalyse generell liegen umfassende Anleitungen und Methodenhandbücher vor (vgl. etwa Früh 2007; Krippendorf 2004; Krippendorf/Bock 2009; Merten 1995; Neuendorf 2002; Riffe/Lacy/Fico 2005; Rössler

10.1 Themen der quantitativen Bildinhaltsanalyse 229

2005; Wirth 2001; Wirth/Lauf 2001). Methodische Anleitungen und Hinweise zur der quantitativen Analyse visueller Medieninhalte finden sich insbesondere in *Content Analysis of Visual Images* von Bell (2006), im Buchkapitel *Content Analysis: Counting What You (Think You) See* des Bildanalysehandbuchs *Visual Methodologies* von Rose (2007), im Beitrag *Fotojournalismus und Ikonographie. Zur Inhaltsanalyse von Pressefotos* von Grittmann (2001) und in *Herausforderungen bei der quantitativen (visuellen) Inhaltsanalyse von Online-Inhalten* von Bock, Isermann und Knieper (2010). Das Handbuch *Die Entschlüsselung der Bilder - Methoden zur Erforschung visueller Kommunikation*, herausgegeben von Petersen und Schwender (2011) beinhaltet weiters den Beitrag *Quantitative Bildinhaltsanalyse* von Grittmann und Lobinger (2011).

10.1 Themen der quantitativen Bildinhaltsanalyse im Überblick

Einen ersten Einstieg in die Auseinandersetzung mit typischen Themen der visuellen Inhaltsforschung im Untersuchungssample leistet die Strukturierung nach groben Themenfeldern (siehe Tabelle 12). Die Hauptthemenfelder, in denen quantitative Bildinhaltsanalysen eingesetzt wurden, sind dabei (1) Gender, Race, Ethnien, Migration, (2) Politische Kommunikation und (3) Nachrichten. Auf die übrigen Themenfelder entfallen nur sehr wenige Beiträge. Politische Kommunikation und Nachrichten sind im Wesentlichen dem Bereich des Journalismus zuzuordnen. Die Analysen, die sich mit der Darstellung von Minoritäten und Genderrepräsentationen befassen, entfallen gleichermaßen auf Journalismus und Werbung.

Themenfelder der quantitativen Inhaltsforschung		
	Häufigkeit	Prozent
Politische Kommunikation	15	24,2%
Nachrichten	15	24,2%
Wissenschaft, Technik, Risiko	2	3,2%
Gesundheit, Krankheit, Medizin	2	3,2%
Gender, Race, Ethnien, Migration	22	35,5%
Sport, Kultur	2	3,2%
Sonstiges	1	1,6%
kein konkretes Themenfeld	3	4,8%
Gesamt	**62**	**100,0%**

Tabelle 12: Zentrale Themenfelder der quantitativen Inhaltsforschung

230   10 Quantitative Bildinhaltsanalyse

Da diese Grobeinteilung alleine nicht besonders aussagekräftig ist, werden die Beiträge im Folgenden nach ihrer jeweiligen Forschungs- beziehungsweise Frageperspektive, die in einer offenen Variable erfasst wurde, systematisiert. Diese Strukturierung orientiert sich unter anderem an Bonfadelli (2003). Die Fallzahlen sind natürlich zu gering, um quantitative Aussagen treffen zu können. Das ist auch nicht das Ziel dieses Kapitels. Es soll vielmehr mit Hilfe eines qualitativen Mappings versucht werden, die Arbeitsweisen dieser Studien zu systematisieren, um weiters zu zeigen, auf welche Art und Weise die quantitative Inhaltsanalyse für die Untersuchung von Bildern nutzbar gemacht wurde. Es interessieren im Besonderen die Erhebungsinstrumente und die Variablen, die für die quantitative Erfassung konstruiert wurden.

Im Zuge dieses qualitativen Strukturierungsschritts werden die Beiträge nach ihren Anwendungskontexten, hauptsächlich Journalismus und Werbung, aufgeteilt. 35 quantitative Inhaltsanalysen beschäftigen sich mit journalistischen Bildern, 24 mit Werbebildern, 5 mit sonstigen Anwendungsbereichen. Doch zuvor soll auf jene Studien verwiesen werden, die sich mit dem Stellenwert von Medien generell auseinander setzen. Diese werden unter dem Sammelbegriff „Visualisierungstrend" zusammengefasst. Die Auflistung der Artikel zu jedem Teilbereich findet sich in Anhang 2.

10.2 Visualisierungstrends – Studien zum Stellenwert visueller Elemente

Studien zu „Visualisierungstrends" (siehe Anhang 2) beantworten, folgt man der Charakterisierung von Bell (2006: 14), Fragen nach der Priorität von Medieninhalten. Allerdings wird in diesem Fall nicht die Priorität von Themen oder Personen in medialen Darstellungen behandelt, sondern das Vorkommen bestimmter formaler Aspekte und Strukturen von Medieninhalten. Es handelt sich hierbei um Analysen zur Bildpriorität beziehungsweise zur Bedeutung von Bildern in unterschiedlichen Medien, unabhängig von den Motiven, die sie zeigen.

Studien dieser Art kommen in acht der 62 Beiträge, welche eine quantitative Inhaltsanalyse einsetzen, vor. Beispiel sind etwa die Artikel von Barnhurst und Nerone (1991), Coleman und Wasike (2004), Li (1998) und Kenney (1993). Auffällig ist, dass fast alle Analysen zu Visualisierungstrends den Bildanteil im journalistischen Kontext betrachten, wobei die Analyse von Titelseiten journalistischer Printmedien, wie zum Beispiel in Barnhurst und Nerone (1991), Lo, Paddon und Wu (2000) oder Smith (1996), ein besonderer Schwerpunkt ist. Ken-

10.3 Stereotypisierung von Bevölkerungsgruppen und Minoritäten 231

ney (1993) setzt sich in *Photographic Content in Chinese Newspapers* mit dem visuellen Erscheinungsbild und den Bildstrategien von Tageszeitungen auch im Blattinneren auseinander.

Durch technologische Entwicklungen, allen voran der Digitalisierung, ist der Bildeinsatz in Online-Medien heute einfach möglich und deshalb selbstverständlich. Um Entwicklungen des Online-Bildeinsatzes beurteilen zu können, ist ein Rückgriff auf ältere Inhaltsanalysen hilfreich. Li (1998) vergleicht in *Web Page Design and Graphic Use of Three U.S. Newspapers* den Bildeinsatz der Webausgaben von drei Tageszeitungen. Huang (2003) beschäftigt sich im Beitrag *Professionalizing Online News Photo Presentations* ebenfalls mit dem Bildeinsatz in Online-Tageszeitungen. Wie diese Studie zeigen konnte, waren lange Ladezeiten im Jahr 2003 noch ein Problem, weshalb viele der untersuchen Online-Zeitungen sehr sparsam mit Bildern umgingen. Seither haben technologische Fortschritte zu höheren Übertragungsraten geführt, was den Bildgebrauch verstärkt hat. Huangs (2003) und Lis (1998) Studien können heute als Bezugswerte für spätere Studien herangezogen werden.

Typische Erhebungsvariablen: Den genannten Studien ist gemeinsam, dass nicht die Bildinhalte selbst im Vordergrund stehen, sondern der generelle Stellenwert visueller Elemente in Print- und Onlinemedien. Natürlich beschränken sich Analysen zu Visualisierungstrends nicht auf das bloße Zählen von Bildelementen. Im Gegenteil, die genannten Studien sind bestrebt, die zunehmende Bedeutung von Visualisierung in der Nachrichtenberichterstattung mit technologischen, politischen oder ökonomischen Bedingungen in Verbindung zu setzen. Im Beitrag von Bernhard und Scharf (2008) wird der Bildanteil in Tageszeitungen beispielsweise als ein Indikator einer zunehmende Unterhaltungsorientierung im Printsektor interpretiert.

Die typischen Variablen, mit denen Visualisierungstrends erhoben werden, beschränken sich auf die *Anzahl von Bildern*, die *Bildgröße*, die *Position* der Bilder, die *Art der verwendeten visuellen Elemente* und deren Einsatz als *Farb- oder Schwarz-Weiß-Bild*. Es handelt sich um reine Frequenzanalysen, weshalb das Forschungsdesign auch nicht an die Modalität des Bildes angepasst werden muss.

10.3 Stereotypisierung von Bevölkerungsgruppen und Minoritäten

Ein Themenbereich, der besonders oft mittels quantitativer Bildinhaltsanalyse untersucht wird, ist mit medialen Personendarstellungen befasst. Studien zu diesem Themenkomplex untersuchen die Repräsentanz beziehungsweise Stereotypisierung von Bevölkerungsgruppen und Minoritäten (vgl. Bonfadelli 2003: 82) in

232   10 Quantitative Bildinhaltsanalyse

bildlicher Form (vgl. Rodgers/Thorson 2000, siehe Anhang 2). Die Untersuchung von stereotypen Repräsentationsweisen fällt in den zentralen Forschungsbereich der Visuellen Kommunikationsforschung, denn es wird angenommen, dass über stereotype Darstellungsweisen, unter anderem in Form bestimmter Personen- oder Körperbilder, soziale Vergleiche durch die Rezipienten und Rezipientinnen angeregt werden beziehungsweise bestehende gesellschaftliche Stereotype durch die mediale Darstellung verstärkt oder rückbestätigt werden können. Es werden hier die häufigsten Themenkomplexe herausgegriffen: Die Stereotypisierung von Bevölkerungsgruppen und Minoritäten in Journalismus und Werbung und die Darstellung politischer Akteure unter dem Gesichtspunkt der News-Bias-Forschung.

Ein Großteil der quantitativen Inhaltsanalysen im Untersuchungsmaterial befasst sich mit Fragestellungen zur Stereotypisierung. Die folgenden Ausführungen behandeln die jeweiligen Studien getrennt nach ihren Anwendungsbereichen.

Quantitative Bildinhaltsanalysen zur Darstellung von Bevölkerungsgruppen im Journalismus

Zehn Beiträge beschäftigen sich mit der Stereotypisierung von Bevölkerungsgruppen im Journalismus, wie zum Beispiel Studien zur generellen *Präsenz und Darstellung von Minoritäten* (vgl. Rodgers/Thorson 2000), Studien mit einem Schwerpunkt auf die *visuelle Stereotypisierung aufgrund ethnischer oder nationaler Zugehörigkeit* (vgl. etwa Fahmy/Kelly/Kim 2007; Fishman/Marvin 2003; Kahle/Yu/Whiteside 2007; Keenan 1996; Lester 1994; Lester/Smith 1990) oder Studien zur *visuellen Darstellung von Männern und Frauen* (vgl. Fahmy 2004; Len-Ríos/Rodgers/Thorson/Yoon 2005; Schmerl 2004). Die zentralen theoretischen Grundlagen dieser Beiträge kommen aus der Stereotypenforschung, der Genderforschung sowie der Visual Framing-Forschung, wobei sich Framing und Stereotypisierung hier teilweise nur sehr schwer voneinander abgrenzen lassen und in den Artikeln meist gemeinsam als theoretische Grundlage verwendet werden.

Typische Erhebungsvariablen: Es lassen sich hierbei unterschiedliche Herangehensweisen feststellen. In einigen Fällen wird die Darstellungshäufigkeit von bestimmten Personengruppen in bestimmten Ressorts oder thematischen Artikeln erhoben (vgl. etwa Len-Ríos/Rodgers/Thorson/Yoon 2005; Lester/Smith 1990). In der Studie von Len-Ríos, Rodgers, Thorson und Yoon (2005) wird die Häufigkeit, mit der Männer und Frauen in unterschiedlichen Ressorts abgebildet werden, untersucht. Bei Lester/Smith (1990) steht die Häufigkeit von Personen

10.3 Stereotypisierung von Bevölkerungsgruppen und Minoritäten 233

mit schwarzer Hautfarbe im Fokus der Analyse. Es handelt sich hierbei um reine *Häufigkeitsanalysen*[118], einer durchaus üblichen Herangehensweise der Analyse von stereotypen Darstellungsformen. Als Variable wird die Zahl von Fotografien, auf denen entweder Männer oder Frauen zu sehen sind, codiert. Häufig werden diese inhaltsanalytisch erhobenen Häufigkeitsrelationen (zum Beispiel von Männern im Vergleich zu Frauen) mit Bevölkerungsstatistiken verbunden (vgl. Bonfadelli 2003: 82). Bei Studien dieser Art wird, ähnlich wie bei den Studien zu Visualisierungstrends, das Erhebungsinstrument nicht an die Bildmodalität angepasst. Es ist für diese Analysen ausreichend, die Bilder, die bestimmte Personengruppen zeigen, zu zählen.

Die meisten bildinhaltsanalytischen Studien zur Darstellung von Personengruppen erheben jedoch *inhaltliche und wertende Kategorien*. Eine häufige Art von Stereotypisierung kann zum Beispiel durch den *bildimmanenten Handlungskontext*, in dem Angehörige bestimmter Gruppen gezeigt werden, erfolgen (vgl. Fahmy/Kelly/Kim 1997; Kahle/Yu/Whiteside 2007). In Beiträgen dieser Art werden die Darstellung der Person und ihr Handlungskontext erfasst und meist von den Codierern und Codiererinnen als positiv, neutral oder negativ beziehungsweise auch als aktiv/nicht aktiv bewertet. Ein Beispiel für den Einsatz einer derartigen Erhebung ist die Analyse von Kahle, Yu und Whiteside (2007), in welcher, der News-Bias-Forschung folgend, „racial bias", also die Stereotypisierung von Personen aufgrund ihrer ethnischen Herkunft, in der visuellen Berichterstattung über den Hurrikan „Katrina" untersucht wird (vgl. auch Grittmann/Lobinger 2011). Die Literatur zur Stereotypenforschung (vgl. exemplarisch Entman 1990) besagt, dass sich typische gender- und gruppenspezifische Stereotypisierung mitunter durch die Darstellung in bestimmten Rollen und Handlungskontexten äußert. Deshalb wurde in dieser Studie der *bildimmanente Handlungskontext* der dargestellten Personen erhoben und die dargestellten Tätigkeiten zusätzlich in *aktive und passive Handlungen* unterteilt. Die Studie konnte einen „racial bias" belegen, also die mediale Tendenz, Personen mit schwarzer Hautfarbe im Vergleich zu Menschen mit weißer Hautfarbe überwiegend in passiven Rollen und Handlungen abzubilden (vgl. Kahle/Yu/Whiteside 2007: 82ff).

Besonders spannend für die Visuelle Kommunikationsforschung ist weiters die Erhebung der Art und Weise, mit der visuelle Stereotypisierung erfolgt. Analysen von visueller Stereotypisierung durch formale und technische bildliche Darstellungsweisen finden sich zum Beispiel in Fahmy (2004), Keenan (1996) oder Schmerl (2004). Schmerl wendet in ihrem Beitrag *„Kluge" Köpfe — „dumme" Körper? Einige Wirkungen der Kopfbetonung bei männlichen und der Körperbetonung bei weiblichen Pressefotos* den so genannten Facism- beziehungsweise Face-ism-Index an, auf welchen hier genauer eingegangen wird, da er eine

234 *10 Quantitative Bildinhaltsanalyse*

modalitätsspezifische Erhebungsvariante von Darstellungsaspekten darstellt (vgl. Grittmann/Lobinger 2011).[119]

Der Face-ism-Index ist ein spezielles bildanalytisches Analysetool zur äußerst einfachen Erfassung von körper- oder kopfbetonter Darstellung. Er wurde bereits Anfang der 1980er Jahre entwickelt und geht auf die Untersuchungen von Archer, Iritani, Kimes und Barrios (1983) zurück. Es werden zwei Längenmaße in Verbindung gesetzt. Zunächst wird der Abstand zwischen dem obersten Punkt des Kopfes der abgebildeten Person bis zum untersten Punkt des Kinns in mm gemessen (Anteil des Kopfes). Als zweites Maß wird der Abstand zwischen dem obersten Punkt des Kopfes und dem untersten sichtbaren Teil der abgebildeten Person gemessen (Anteil sichtbare Person). Anschließend wird das erste Maß (Kopf) durch das zweite Maß (Person) dividiert und man erhält den Face-ism-Index. Dieser Index kann theoretisch Werte zwischen 0 und 1 annehmen. 0 bedeutet, dass der Kopf der Person überhaupt nicht abgebildet ist, 1 bedeutet, dass ausschließlich der Kopf, und kein anderer Körperteil, sichtbar ist. Je größer der Index, desto höher der Kopfanteil und je kleiner, desto höher die Körperbetonung (vgl. Archer/Iritani/Kimes/Barrios 1983: 726; Schmerl 2004: 49).

Analog zu den zuvor genannten Variablen ist auch hier eine Semantisierung, also eine Verknüpfung zu Bedeutungsmustern dieser formalen Darstellungsaspekte erforderlich. Mehrere Experimentalstudien konnten diesbezüglich zeigen, dass die kopf- oder körperbetonende Repräsentationsform Auswirkungen darauf hat, wie die dargestellte Person wahrgenommen und hinsichtlich bestimmter Eigenschaften beurteilt wird. Generell gilt, dass Personen, die gesichtsbetont dargestellt werden als intelligenter und sympathischer beurteilt werden als in körperbetonter Darstellung. Aber auch Ehrgeiz und Attraktivität wird eher kopfbetont dargestellten Personen zugesprochen (vgl. Archer/Iritani/Kimes/Barrios 1983: 731f; Schmerl 2004: 51).

Diese Ergebnisse sind vor allem für die Genderforschung interessant, da mehrere Studien belegen, dass Frauen im Durchschnitt körperbetonter dargestellt werden als Männer (vgl. etwa Schmerl 2004; Holtz-Bacha/Koch 2008). Weitere Bildinhaltsanalysen, die nicht Teil des Untersuchungsmaterials waren, aber den Face-ism-Index anwenden, finden sich unter anderem in den Artikeln von Archer, Iritani, Kimes und Barrios (1989), Holtz-Bacha und Koch (2008), Kinnebrock und Knieper (2008) sowie Konrath und Schwarz (2007).

10.3 Stereotypisierung von Bevölkerungsgruppen und Minoritäten 235

Quantitative Bildinhaltsanalysen zur Darstellung von Bevölkerungsgruppen in der Werbung

In der Werbung fällt der Schwerpunkt der Auseinandersetzung mit stereotypen Darstellungsformen in quantitativen Inhaltsanalysen noch deutlicher aus. 22 Artikel, die eine quantitative Bildinhaltsanalyse einsetzen, sind dem Anwendungsbereich der Werbung zuzuordnen. Davon beschäftigen sich 16 mit Fragen dieses Themenkomplexes. Die Analyse der *visuellen Darstellung von ethnischen Gruppen in der Werbung* ist dabei der deutliche Fokus der Forschungsaktivitäten (vgl. Bowen/Schmid 1997; Keenan 1996; Knobloch-Westerwick/Coates 2006; Lee/Joo 2005; Leslie 1995; Taylor/Bang 1997; Zinkhan/Qualls/Biswas 1990). Die inhaltsanalytische Befassung mit *Genderdarstellung in der Werbung* ist ebenfalls ein häufiger Forschungsbereich (vgl. Busby/Leichty 1993; Frith/Shaw/ Cheng 2005; Lewis/Neville 1994; Reichert/Lambiase/Morgan/Castarphen/Zavoina 1999). In diesem Themenfeld mischen sich Aspekte der Genderdarstellung (vgl. Brosius/Staab 1990), der Körperbilder und Schönheit (vgl. Frith/Shaw/Chen 2005) beziehungsweise der Sexualität in der Werbung (vgl. Cooper-Chen/Leung/ Cho 1996; Reichert/Carpenter 2004; Reichert/Lambiase/Morgan/Castarphen/Zavoina 1999). Es ist von speziellem Interesse, welche Personen- und Körperbilder medial vermittelt werden, da, wie die Social Learning Theorie oder die Kultivierungsthese besagen, ein ständiger Vergleich mit unerreichbaren Idealen zu Frustration beziehungsweise sogar zu Krankheitssymptomen (Schlankheitswahn, Schönheitswahn) führen kann und die mediale Darstellung zudem bestehende Stereotype bestätigt. Auch die sexualisierte Darstellung von Frauen und Männern ist ein relevanter Forschungszweig visueller Inhaltsforschung. Ein Beitrag im Untersuchungssample untersucht außerdem die *Darstellung älterer Menschen* in Werbeanzeigen (vgl. Bramlett-Solomon/Subramanian 1999). Die zentralen Theorien, auf die sich die Studien beziehen, sind die Stereotypenforschung, die Kultivierungstheorie, die Social Learning Theory beziehungsweise die Social Comparison und die Social Cognitive Theory.

Typische Erhebungsvariablen: Auffällig bei diesen Untersuchungen ist die oftmalige Beschränkung auf *Häufigkeitsanalysen*, welche die generelle Präsenz und Darstellung von Minoritäten behandeln (vgl. etwa Knobloch-Westerwick/ Coates 2006; Zinkhan/Qualls/Biswas 1990). Auch die Studien zu inhaltlicher Stereotypisierung aufgrund ethnischer oder nationaler Zugehörigkeit beschränken sich in vielen Fällen auf die Zählung von Darstellungshäufigkeiten in Werbesujets für unterschiedliche Produktklassen und erfassen maximal die Rollenaspekte der dargestellten Personen und die Interaktion mit anderen dargestellten Personen (vgl. Bowen/Schmid 1997; Taylor/Bang 1997; Reid/Whitehill King/Kreshel

236 · 10 Quantitative Bildinhaltsanalyse

1994). Anders als bei den zuvor angeführten Studien zur stereotypen Gruppendarstellung im Journalismus kommen im Bereich der Werbung auch keine wertenden Kategorien zum Einsatz. Die mögliche Stereotypisierung über technische beziehungsweise formale Darstellungsaspekte wird hier kaum untersucht. Lediglich der Beitrag *Skin Tones and Physical Features of Blacks in Magazine Advertisements* von Keenan (1996) geht auf spezielle visuelle Phänomene ein. Er vergleicht den Hautfarbton von Afroamerikanern in Pressefotos und Werbeanzeigen.

Die sonstige Vernachlässigung dieser Kategorien überrascht, denn es gibt zahlreiche Darstellungsaspekte, wie zum Beispiel Bildeinstellung und Bildausschnitt (Face-ism, soziale Distanz) oder Kamerawinkel, mit denen stereotype Darstellungsmuster geschaffen und aufrecht erhalten werden können, wie beispielsweise der Beitrag von Bell und Milic (2002) zeigt. In dieser Analyse werden die quantitative Inhaltsanalyse und die Semiotik kombiniert, um bildspezifische Stereotypisierungsprozesse durch visuelle Darstellungsaspekte zu untersuchen (vgl. Bell/Milic 2002). Auf diese Studie wird weiter unten noch genauer eingegangen. Eine Erklärung, weshalb bildspezifische Darstellungsweisen bei der Untersuchung von Stereotypisierung in der Werbung im Untersuchungsmaterial kaum berücksichtigt werden, könnte darin liegen, dass sich die Analysen nicht als genuin visuelle Forschung positionieren. Auswahlkriterium für die vorliegende Untersuchung war, dass Medienbilder als Forschungsobjekte in den Beiträgen behandelt werden. Printwerbung ist zwar visuell dominiert, in diesen Fällen werden die Bilder der Werbung aber offenbar nicht aus einer speziell bildwissenschaftlich orientierten Perspektive untersucht. Diese Vermutung wird dadurch bestärkt, dass die Beiträge allesamt in kommunikationswissenschaftlichen Journals und nicht in den visuellen Journals publiziert wurden. Im Gegensatz dazu zeigt sich die visuelle Darstellung von Politikern und Politikerinnen, die im nächsten Kapitel behandelt wird, als klassisch visuell aufbereitetes Thema, in dem auf die Bildmodalität durchaus eingegangen wird.

10.4 Die Darstellung politischer Akteure unter dem Gesichtspunkt der News-Bias-Forschung

Ein weiterer journalistischer Themenbereich, der mit Hilfe der quantitativen Bildinhaltsanalyse untersucht wird, ist die visuelle Darstellung politischer Akteure. Auch bei diesem Themenkomplex geht es um die bildliche Darstellung von Personen, allerdings im Wesentlichen unter dem Gesichtspunkt von News-Bias beziehungsweise Objektivität (vgl. Moriarty/Popovich 1991; Mullen 1998;

10.4 Die Darstellung politischer Akteure

Waldman/Devitt 1998; Wanta/Chang 2001; Woo 1994) und weniger aus der theoretischen Perspektive der Stereotypisierungsforschung wie im Abschnitt zuvor. Natürlich gibt es hier auch thematische Überlappungen, besonders, weil in den letzten Jahren die Darstellung von Politikerinnen in den Medien zu einem wichtigen Forschungsthema geworden ist. Die Genderforschung scheint aber stärker, zumindest in diesem Sample, mit dem theoretischen Konstrukt der Stereotypisierung zu operieren und weniger mit dem Bias-Begriff, wie dies in den Beiträgen zur Personendarstellung sonst der Fall ist.

Interessant ist auch, dass die Beiträge ausschließlich aus zwei Journals stammen: *Visual Communication Quarterly* und *Journalism & Mass Communication Quarterly*. Zudem sind alle Beiträge bereits älter: Der jüngste Beitrag wurde im Jahr 2001 publiziert, die anderen erschienen in den 1990er Jahren. Eine Erklärung dafür könnte sein, dass die Studie *Newsmagazine Visuals and the 1988 Presidential Election* von Moriarty und Popovich (1991) als Forschungsimpuls in diesem Bereich fungierte, denn weitere Studien bauen auf ihrem Forschungsdesign auf (vgl. Waldman/Devitt 1998; Woo 1994). Verser und Wicks (2006) führten, ebenfalls aufbauend auf dem Erhebungsdesign von Moriarty und Popovich (1991), eine Untersuchung der visuellen Selbstdarstellung von Präsidentschaftskandidaten auf ihren Websites durch. Diese Studie ist zwar der politischen PR zuzuordnen, zeigt aber, dass der Forschungsstrang zu visuellen Politikerdarstellungen (im Untersuchungsmaterial) nicht generell verebbt ist.

Zentrale Themen der Beiträge sind die Darstellung von Präsidenten oder hochrangigen Politikern (vgl. Glassman/Kenney 1994; Moriarty/Popovich 1991; Mullen 1998; Waldman/Devitt 1998; Wanta/Chang 2001; Woo 1994).

Eine der am häufigsten zitierten Studien zur Personendarstellung im englischsprachigen Raum ist die genannte Analyse von Moriarty und Popovich (1991), welche die Personendarstellung der Präsidentschaftskandidaten im amerikanischen Präsidentschaftswahlkampf 1988 untersucht. Moriarty und Popovich (1991) erhoben 15 visuelle Attribute der dargestellten Personen und kategorisierten sie als vorteilhaft, neutral oder unvorteilhaft, um herauszufinden, ob einer der Kandidaten in der medialen Darstellung bevorzugt wurde. Zentrale Fragen der Arbeit beschäftigen sich damit, ob beiden Kandidaten gleich viel Raum gegeben wird und ob visuelle Kommunikationstechniken eingesetzt werden, um negative oder positive Images zu erzeugen. Die Studie wendet dasselbe Erhebungsdesign wie die Vorgängerstudie (vgl. Moriarty/Garramone 1986), in welcher der Wahlkampf 1984 untersucht wurde, an. Mullen (1998) analysiert Fotografien von US-amerikanischen Präsidenten in Nachrichtenmagazinen über eine Zeitspanne von 30 Jahren und behandelt die Rolle und Entwicklung von Close-Up-Aufnahmen.

238   *10 Quantitative Bildinhaltsanalyse*

Typische Erhebungsvariablen: Die Erhebungsinstrumente betreffend, fällt zunächst auf, dass hier so gut wie alle Beiträge modalitätsspezifische Darstellungsaspekte erfassen. In der Untersuchung von Moriarty und Popovich (1991) wurde jedes Foto anhand von 15 Attributen charakterisiert, die sowohl *Figurenaspekte*, als auch *technische und formale Darstellungsaspekte* beinhalten (wie zum Beispiel Aktivität, Körperhaltung, Augen, Ausdruck, Kleidung, Kamerawinkel[120], Bildposition, Bildgröße). Die visuellen Attribute wurden, den Evaluationskriterien der Literatur zu visuellen Darstellungen folgend, als neutral, positiv oder negativ bewertet. Direkter Blickkontakt eines Kandidaten mit der Kamera oder einer anderen Person wurde beispielsweise als positiv beurteilt, während ein Blick zu Boden oder geschlossene Augen als negativ bewertet wurden. Allerdings soll hier darauf hingewiesen werden, dass besonders die Beurteilung der nonverbalen Kommunikation von Politikern und Politikerinnen kulturabhängig ist. In unterschiedlichen Kulturen differieren auch die politische Kultur und die damit verbundene Selbstdarstellungen von politischen Akteuren (vgl. Grittmann/ Lobinger 2011).

Mullen (1998) untersucht in *Close-Ups of the President. Photojournalistic Distance from 1945 to 1974* die fotografische Distanz zu den abgebildeten amerikanischen Präsidenten. Er nimmt dabei Bezug auf Edward T. Halls (1966) Theorie der sozialen Distanz. Diese Variable soll im Folgenden etwas ausführlicher erläutert werden.

Die visuelle Darstellung *sozialer Distanz* bei Mullen (1998) analysiert *Nähe- bzw. Distanzdimensionen* von Fotografien anhand der wahrgenommenen Nähe zu den dargestellten Subjekten. Die Studie ist der Analyse von formalen und technischen Darstellungsaspekten zuzuordnen und berücksichtigt auch die Ergebnisse von Kepplinger (1982). Weitere relevante wissenschaftliche Arbeiten zur Distanzdarstellung, die nicht im Untersuchungsmaterial enthalten sind, sind Bell und Milic (2002), Goffman (1979) sowie Kress und van Leeuwen (2006). Diese Beiträge werden für die folgenden Ausführungen herangezogen.[121]

Der Ausgangspunkt dieser Studien ist die Beobachtung, dass durch bestimmte Aufnahme- und Darstellungstechniken in Bildern Distanz oder Nähe zwischen dem Betrachter und der dargestellten Person erzeugt werden kann. Diese dargestellte soziale Distanz wird mit Hilfe von aus der Proxemik abgeleiteten Distanzdimensionen untersucht. Die Proxemik beschäftigt sich mit der menschlichen Wahrnehmung von Raum und Distanzverhalten, also der sozialen Bedeutung von Raum. Sie wurde durch den Kulturanthropologen Edward T. Hall (1966) begründet, der vier Distanzbereiche, mit je einer engen und einer entfernten Zone, unterscheidet: (1) Intime Distanz, (2) persönliche Distanz, (3) soziale Distanz und (4) öffentliche Distanz. Diese Raum- oder Distanzzonen sind unsichtbare, territoriale

10.5 Weitere Fragestellungen in der quantitativen Auseinandersetzung 239

Grenzen, die Menschen wie Blasen um den Körper tragen. Die Distanz, die Menschen in täglichen Interaktionen zu anderen Menschen einnehmen, wird durch die sozialen Beziehungen, die sie zueinander haben, bestimmt. Die Entfernung, in der man sich zu einer anderen Person befindet, bestimmt darüber hinaus aber auch, wie viel man von dem betreffenden Menschen wahrnimmt. Steht man ihm näher, so sieht man nur Teile der Person, befindet man sich in größerer Distanz, ist zwar die gesamte Person sichtbar, man nimmt sie allerdings nicht so detailliert war (vgl. Kress/van Leeuwen 2006: 124ff). Dieses Prinzip lässt sich auch auf die Wahrnehmung bildlich dargestellter Personen übertragen, denn je nach dargestellter Distanz verändert sich auch die vorgestellte Beziehung zum Betrachter oder zur Betrachterin. So können Menschen entweder dargestellt werden, als wären sie Freunde, oder aber als wären sie Fremde (vgl. Kress/van Leeuwen 2006: 126). Je nach Kameraeinstellung und Bildausschnitt werden unterschiedliche Grade von Intimisierung oder Distanzierung erreicht. In neueren Studien (vgl. etwa Bell/ Milic 2002) wird zum Beispiel davon ausgegangen, dass Frauen besonders in der Werbung typischerweise in geringerer sozialer Distanz, also näher dargestellt werden als Männer. Für die Erhebung lassen sich unterschiedlich komplexe Abstufungen entwickeln. Bell und Milic (2002) erfassen beispielsweise (1) intime Distanz (extreme close up/big close up), (2) nahe persönliche Distanz (close up), (3) ferne persönliche Distanz (medium close shot), (4) nahe soziale Distanz (medium long shot), (5) ferne soziale Distanz (long shot) und (6) öffentliche Distanz (very long shot).

10.5 Weitere Fragestellungen in der quantitativen bildinhaltsanalytischen Auseinandersetzung

Des Weiteren finden sich im Untersuchungsmaterial einige Studien zur *Komparatistik*, in denen *formale Darstellungsweisen* oder die *visuelle mediale Konstruktion von Medienereignissen* in unterschiedlichen Ländern (vgl. Fahmy/Kim 2008; Frith/Wesson 1991; Kim/Kelly 2008; King/Lester 2005; Nowak 1990) und/oder in unterschiedlichen Medien (vgl. Griffin/Lee 1995; Wanta/Chang 2001) verglichen werden. In Beiträgen zum Journalismus wird in diesem Zusammenhang mehrfach die *visuelle Kriegsberichterstattung* und die Konstruktion von Kriegen verglichen. In den Artikeln zu Werbung stehen bei den komparativen Analysen meist *kulturelle Aspekte* beziehungsweise *Interkulturalität* im Zentrum der Analyse (vgl. Frith/Wesson 1991; Nowak 1990, zur Analyse bestimmter kultureller

240   *10 Quantitative Bildinhaltsanalyse*

Aspekte siehe auch Sung/Hennink-Kaminski 2008; Tsao 1994). Auf diese Studien kann hier aus Platzgründen nicht näher eingegangen werden.

10.6 Anpassung des Instruments an die Modalität – die Berücksichtigung bildspezifischer formaler bzw. technischer Darstellungsaspekte

In der Beschreibung unterschiedlicher Themen und Erhebungsvariablen der quantitativen Bildinhaltsanalysen wurde bereits mehrfach auf die Bedeutung von Darstellungsaspekten hingewiesen. Diese bildinternen formalen Eigenschaften umfassen die bildspezifischen, darstellungsästhetischen Mittel von Medienbildern (vgl. Grittmann/Lobinger 2011). Solch visuelle Darstellungsaspekte sind auch zentrale Analysekategorien der Soziosemiotik, die in Kapitel 11.1 behandelt wird (vgl. Jewitt/Oyama 2006; Kress und van Leeuwen 2006; Meier 2010).

Die folgende Auswertung gibt einen Überblick darüber, wie oft im Untersuchungsmaterial Variablen dieser Art erhoben wurden. Dass visuelle Darstellungsaspekte auch bestimmte Darstellungseffekte mit sich bringen, wurde unter anderem von Kepplinger in mehreren Experimentalstudien gezeigt (vgl. zusammenfassend Kepplinger 2010). Darstellungseffekte sind dabei, wie Kepplinger (2010) ausführt, „das Ergebnis eines mehrstufigen Wirkungsprozesses" (Kepplinger 2010: 11). Die unterschiedlichen Stufen dabei sind im Wesentlichen (vgl. Kepplinger 2010: 11f): (1) Das *reale Verhalten einer Person* (z.B. Sprechweise, Gestik, Mimik). Dieses Verhalten kann bereits durch die Aufnahmesituation beeinflusst oder bedingt sein. Man denke dabei etwa an die Einnahme typischer Posen für die Kameras oder das typische Kameralächeln. (2) Durch Aufnahmetechniken (z.B. Beleuchtung, Kameraperspektive, Einstellungsgröße) und Bearbeitungstechniken (z.B. Entwicklung, Nachbearbeitung, Bildselektion) wird das reale Verhalten zu einem *dargestellten Verhalten*. Dieser Aspekt ist besonders interessant für die Erhebung modalitätsspezifischer Darstellungsaspekte, da diese in erster Linie auf formalen oder technischen Parametern beruhen. Ob diese formalen und technischen Aufnahme- und Bearbeitungstechniken in naiver Art und Weise, aus ästhetischen Überlegungen oder aufgrund gezielter Persuasionsversuche eingesetzt werden, ist für die Ausführungen hier zunächst nicht relevant. (3) Das *wahrgenommene Verhalten*, welches durch die Merkmale der Rezipienten und Rezipientinnen bedingt ist, bildet die dritte Stufe, das (4) *attribuierte Verhalten* bildet die vierte und letzte Stufe. „Attributionen stellen bewusste und unbewusste Folgerungen aus den Wahrnehmungen dar. Darstellungseffekte gehen

10.6 Anpassung des Instruments an die Modalität *241*

folglich weit über das reale Verhalten und seine Darstellung hinaus, obwohl sie in ihnen angelegt sind." (Kepplinger 2010: 12).

Tabelle 13 zeigt, ob und wie oft bildspezifische formale Kategorien in quantitativen Inhaltsanalysen erfasst werden, also in anderen Worten, ob die Analysen Variablen, die über die reine Motiverkennung hinausgehen, erfassen.

Werden modalitätsspezifische Aspekte erhoben?			
	komm.wiss. J.	visuelle J.	Gesamt
ja	14	9	23
nein	32	4	36
nicht bestimmbar	2	1	3
Gesamt	**48**	**14**	**62**

Tabelle 13: Berücksichtigung formaler bildspezifischer Darstellungsaspekte

Von den 62 quantitativen Inhaltsanalysen erheben immerhin 23 Analysen modalitätsspezifische Variablen im Sinne der oben dargestellten Ausführungen. Betrachtet man die Analysen nach Journalart, so zeigt sich wenig überraschend, dass in den visuellen Journals die Mehrzahl der Studien auch Aspekte, die sich durch die visuelle Darstellungsform ergeben, erhebt (9 von 14), während in den kommunikationswissenschaftlichen Fachzeitschriften die Mehrzahl diese nicht erfasst. Hier kommen Variablen dieser Art in nur 14 von 48 Beiträgen vor. Diese Relationen sollen wertungsfrei verstanden werden, da es einzig und allein vom Forschungsinteresse abhängt, ob die Erhebung modalitätsspezifischer Aspekte für die Untersuchung relevant und erforderlich ist.

Generell lässt sich jedoch feststellen, dass bei der Erfassung modalitätsspezifischer formaler Darstellungsaspekte und bei deren Semantisierung noch deutlicher Entwicklungsbedarf gegeben ist. Besonders im Feld der visuellen Stereotypenforschung ist, wie weiter oben diskutiert wurde, eine Berücksichtigung dieser Variablen zusätzlich zur Erhebung inhaltlicher Variablen lohnenswert.

Die visuellen Fachzeitschriften demonstrieren ihre Kompetenz in der Auseinandersetzung mit visuellen Formen, indem die darin publizierten Inhaltsanalysen häufiger auf modalitätsspezifische Bildaspekte eingehen. Allerdings ist diese Aussage aufgrund der geringen Fälle mit Vorsicht zu genießen.

10.7 Multimodalität – die Berücksichtigung des medialen Kontexts bei der Analyse

Ein weiterer Aspekt, der von Interesse für die Erhebung ist, betrifft die Berücksichtigung des medialen Bildkontextes. Genauer gesagt, wurde erfasst, ob die quantitative Inhaltsanalyse ausschließlich Bilder analysiert oder auch der verbale Kontext erfasst wird. Auf die Wichtigkeit von Kontexten bei der Betrachtung von Bildern wurde bereits in Kapitel 4.4 eingegangen.

Wie Tabelle 14 zeigt, wird in den quantitativen Bildinhaltsanalysen im Untersuchungsmaterial meist nur das Bild analysiert. 18 von 48 Studien in den kommunikationswissenschaftlichen Journals und 4 von 14 Studien in den visuellen Journals erfassen zusätzlich auch den verbalen Kontext der Bilder und berücksichtigen so in einem gewissen Maße den multimodalen Charakter von Medieninhalten.

Wird der verbale Kontext in der Analyse miterhoben?			
	komm.wiss. J.	visuelle J.	Gesamt
nur Bild untersucht	28	9	37
Bild und Text/Wort untersucht	18	4	22
nicht bestimmbar	2	1	3
Gesamt	**48**	**14**	**62**

Tabelle 14: Berücksichtigung des verbalen medialen Kontextes

Auch hier gilt wieder, dass die Fragestellung darüber entscheidet, ob die Berücksichtigung verbaler Botschaftsaspekte erforderlich ist oder nicht. Es darf jedoch nicht vergessen werden, dass Bilder in hohem Maße kontextabhängig sind. Der Umgang mit Multimodalität ist und bleibt ein brennendes Problem, das zukünftige Forschung noch zu lösen hat. Die quantitative Inhaltsanalyse ist darauf spezialisiert, bestimmte Botschaftsaspekte in hohen Fallzahlen zu erheben. Die Berücksichtigung von Kontextaspekten ist hier eine große Herausforderung, wogegen die holistische Betrachtung von Medienbildern und ihren Kontexten mit Hilfe qualitativer Analysen einfacher möglich.

10.8 Zwischenfazit - Quantitative Bildinhaltsforschung

Quantitative Bildinhaltsanalysen erwiesen sich als die am häufigsten eingesetzten Verfahren der Visuellen Kommunikationsforschung. Allerdings zeigte sich im

10.7 Multimodalität

Rahmen der Strukturierung der quantitativen Bildinhaltsanalysen des Untersuchungsmaterials, dass eine große Anzahl der Studien nicht auf bildspezifische Aspekte eingeht. Diese Analysen können eigentlich gar nicht als visuelle Forschung im engeren Sinne betrachtet werden. Zwar werden Bilder in diesen Fällen als Untersuchungsobjekte analysiert, dies geschieht jedoch ohne Berücksichtigung der speziellen bildlichen Kommunikationsleistungen und -funktionen. Es werden lediglich die Bildmotive erfasst und kategorisiert.

Die Analyse bestätigte deshalb zum Teil die Kritik, dass bei der Erfassung modalitätsspezifischer formaler Darstellungsaspekte und bei deren Semantisierung noch deutlicher Entwicklungsbedarf besteht. Besonders im Feld der visuellen Stereotypenforschung wäre eine Berücksichtigung von visuellen Darstellungsaspekten zusätzlich zur Erhebung inhaltlicher Variablen lohnenswert. Die visuellen Journals unterstreichen dagegen tendenziell ihre Kompetenz in der Auseinandersetzung mit visuellen Formen. Die Inhaltsanalysen dieser Journals gehen häufiger auf modalitätsspezifische Aspekte ein.

Zusammenfassend lässt sich daher sagen, dass die oft vorgebrachte methodische Kritik an quantitativer visueller Inhaltsforschung teilweise angebracht ist. Es zeigt sich in der vorliegenden Untersuchung jedoch auch, dass es häufig die wissenschaftlichen Frage- und Problemstellungen der Studien sind, die oftmals überhaupt nicht auf bildspezifische Aspekte abzielen, sondern sich auf die Erfassung von Bildmotiven beschränken. Wie sich in der Auseinandersetzung mit den einzelnen quantitativen Inhaltsanalysen zeigte, sind theoretisch und empirisch fundierte Semantisierungsansätze durchaus zu einigen Bereichen vorhanden und auch einige bildspezifische Erhebungskategorien (wie etwa der Face-ism-Index oder Kategorien zur Erhebung sozialer Distanz) haben sich bereits als taugliche Instrumente erwiesen und etabliert. Die Kritik an Untersuchungen, in denen quantitative Inhaltsanalysen zur Anwendung kommen, betrifft deshalb nicht alleine die methodische Umsetzung, sondern darüber hinaus auch die Fragestellung der Studien, die vermehrt an Erkenntnissen der Visuellen Kommunikationsforschung zur Funktionsweise von Bildern ansetzen müssten.

11 Qualitative Bildinhaltsanalysen

Die qualitative Inhaltsanalyse geht zurück auf Siegfried Kracauer, der sich kritisch mit Berelsons berühmter Konzeption der quantitativen Inhaltsanalyse auseinander setzte.[122] Kracauer sprach sich gegen Quantifizierungen und die daraus resultierenden Vereinheitlichungen aus, da diese den untersuchten Gegenstand nicht mehr entsprechend erfassen können.

> „Overemphasis on quantification tends to lessen the accuracy of analysis. Content analysis is frequently obliged to isolate and process the more intricate characteristics of a sample; and whenever this happens it runs the risk of treating them inadequately." (Kracauer 1952: 631).

Er forderte, Einzelfälle mit ihren spezifischen Bedeutungen zu erfassen (vgl. Christmann 2006: 275). Texte müssen demnach in ihrer Gesamtstruktur, also holistisch, als bedeutungsvolles Ganzes verstanden und auch analysiert werden. Des Weiteren greift, Kracauers Ansicht nach, Berelsons Einschränkung auf die Analyse manifester Inhalte zu kurz.

> „Ziel des Forschers müsse es sein, zwischen den Zeilen zu lesen und ‚latenten' Inhalten nachzugehen. Der Forscher ist gehalten, verschiedene Interpretationsmöglichkeiten zu berücksichtigen." (Christmann 2006: 276)

Die qualitative Inhaltsanalyse nach Philipp Mayring ist heute der meistzitierte und meistverwendete Ansatz in der Kommunikationswissenschaft. Während für die meisten qualitativen Analysen keine genauen Anwendungsregeln vorliegen, gibt Mayrings Analysemodell klare Abläufe vor und macht stark regelgeleitete Vorgaben. Dies führt allerdings auch zur Kritik, dass die Methode Sinnzusammenhänge, beispielsweise durch Strukturierungs- oder Streichungsprozesse, zerstört und das „bedeutungsvolle Ganze" ignoriert und somit den Forderungen Kracauers ebenfalls nicht genügt (vgl. Christmann 2006: 283). Ein Vorteil ist dagegen die Nachvollziehbarkeit und die Möglichkeit valide Erhebungsinstrumente für daran ansetzende quantitative Analysen zu generieren. Methodenkombinationen werden dadurch erleichtert.

Ein Ansatz, der das „bedeutungsvolle Ganze" von Medienbotschaften berücksichtigt, ist die Grounded Theory, die auf Barney Glaser und Anselm L.

246 *11 Qualitative Bildinhaltsanalysen*

Strauss zurückgeht. Dieses methodische Verfahren hat den Vorteil, dass es große Datenmengen erfassen kann und dennoch ihre spezifischen Fallstrukturen erhalten bleiben. Detaillierte Codierverfahren sind das Kernelement der Arbeitsweisen der Grounded Theory (vgl. Christmann 2006: 286).

Des Weiteren werden qualitative Inhaltsanalysen in den Cultural Studies eingesetzt. Allerdings kommen in Cultural Studies-Analysen unterschiedlichste Methoden zum Einsatz, wie etwa semiotische Methoden oder Diskursanalysen (vgl. Bonfadelli 2002: 56). Gemeinsam ist den qualitativen Analysen der Cultural Studies, dass Medieninhalte nicht ohne Bezug zum Rezipienten verstanden werden können. Es sind prinzipiell unterschiedliche Lesarten möglich, die in den Analysen herausgearbeitet werden. Eine zentrale Fragestellung befasst sich auch mit den Machtstrukturen, die aus dem Text ablesbar sind (vgl. Bonfadelli 2002: 56).

Ein Überblick über die Vielfalt an angewandten Methoden qualitativer Inhaltsforschung ist, so Bonfadelli (2002: 54), kaum möglich, wie auch diese kurze Einleitung gezeigt hat.[123] Die qualitativen Bildinhaltsanalysen unterscheiden sich aufgrund der Orientierung am Einzelfall oder an wenigen Fällen stark in ihrem Aufbau und ihren Herangehensweisen, weswegen die untersuchten Themen, anders als bei den quantitativen Inhaltsanalysen im Kapitel zuvor, auch nicht gegenübergestellt werden können. In der folgenden Systematisierung werden zuerst die am häufigsten eingesetzten Methoden jener 59 Studien, in denen eine Form der qualitativen Inhaltsforschung zum Einsatz kommt, dargestellt. Auch hier gilt wieder: Die vorliegende Arbeit kann keine mit Methodenhandbüchern vergleichbaren Anleitungen geben, es wird jedoch auf entsprechende Handbücher und methodologische Grundlagen verwiesen.

Bei der Erhebung der Methode ergab sich folgendes Problem: Eine beträchtliche Anzahl von Beiträgen macht keine genauen Angaben bezüglich der verwendeten Methodenart. Auf diese Beiträge wird am Ende des Kapitels eingegangen. Zunächst werden jene Ansätze beschrieben, deren methodisches Vorgehen eindeutig identifizierbar ist. Dies sind vorwiegend Studien mit semiotischen oder ikonografischen Herangehensweisen.

11.1 Semiotik und Soziosemiotik

Semiotische Herangehensweisen sind mit Abstand die am häufigsten verwendeten qualitativen Bildanalysemethoden im Untersuchungsmaterial und werden in 17 Beiträgen eingesetzt (siehe Anhang 3). Dazu zählen aber nicht jene Beiträge, in denen generell theoretische Aspekte der Semiotik verwendet werden, sondern

11.1 Semiotik und Soziosemiotik 247

nur jene Analysen, die klar eine semiotische Methode als Erhebungsinstrument ausweisen. In sechs Artikeln wird eine semiotische Analyse in der Tradition von Barthes oder Peirce eingesetzt (vgl. etwa Bishara 2006; Goodnow 2006; Magnussen 2006; Page 2006), die so genannte Soziosemiotik sogar in elf Fällen (vgl. etwa Holsanova/Rahm/Holmqvist 2006; Konstantinidou 2008).

Die auf Barthes zurück gehende visuelle Semiotik untersucht die Frage, was Bilder repräsentieren (Was zeigen Bilder? Wie zeigen Bilder etwas Bestimmtes?) und die Frage nach den verborgenen Bedeutungen in Botschaften (Welche Ideen und Werte übertragen sie?) (vgl. van Leeuwen 2006: 92).

Die zentrale Idee der Semiotik ist das Konzept der Bedeutungsebenen. Die erste Ebene, die auch die Ebene der *Denotation* genannt wird, besteht aus dem Dargestellten (Wer oder was wird in dem Bild gezeigt?). Die zweite Ebene ist die Ebene der *Konnotationen*, also der Ideen und Werte, die kommuniziert werden. (Welche Ideen und Werte werden durch das Gezeigte und seine Darstellungsweise ausgedrückt?). Diese zusätzlichen Bedeutungen können entweder durch kulturbedingte Assoziationen entstehen oder aber durch bestimmte visuelle Darstellungsweisen forciert werden (vgl. van Leeuwen 2006: 94ff). Auf der Ebene der Konnotationen werden auch Mythen erforscht. Eine mythische Botschaft, so Barthes (1957), besteht ebenfalls aus einem Bedeutenden (Signifikant) und einem Bedeuteten (Signifikat) (vgl. Grabbe/Kruse 2009: 25). Mythen sind sehr breite und vage Konstrukte, die sämtliche Assoziationen, die mit den dargestellten Dingen, Personen oder Situationen verbunden werden, zu einer Einheit zusammenführen (vgl. van Leeuwen 2006: 97). So eine Einheit kann beispielsweise „Italianität" sein, die aus dem Zusammenwirken unterschiedlichster Gegenstände und Farben im Bild, die mit Italien assoziiert werden, entsteht.

> „Das ursprünglich Bedeutende ist zwar im Mythos immer noch präsent, jedoch weitgehend sinnentleert: Sinn wird zu Form. Das Bedeutende wird seiner Geschichte beraubt und bleibt als bloße Form für den Mythos zurück." (vgl. Grabbe/Kruse 2009: 25f)

Anleitungen für semiotische Bildanalysen finden sich im Beitrag *Semiotics and Iconography* von van Leeuwen (2006), dem Kapitel *Semiology. Laying Bare the Prejudices Beneath the Smooth Surface and the Beautiful* (Rose 2007: 74-106), in *Bildsemiotik. Grundlagen und exemplarische Analysen visueller Kommunikation* von Friedrich und Schweppenhäuser (2010), sowie in *Content Analysis of Representation: Photographic Coverage of Blacks By Nondaily Newspapers* von Smith und Price (2005).

Goodnows (2006) *On Black Panthers, Blue Ribbons, & Peace Signs: The Function of Symbols in Social Campaigns* untersucht zum Beispiel mit Hilfe der Semiotik die Bedeutung von Symbolen und ihre rhetorischen Funktionen in

248 *11 Qualitative Bildinhaltsanalysen*

Kampagnen. Die Analyse geht qualitativ kategorienbildend vor und stellt somit einen idealen Ausgangspunkt für weitere, möglicherweise quantitative, Untersuchungen von Kampagnensymbolen dar. Page (2006) wiederum zeigt in *Myth and Photography in Advertising: A Semiotic Analysis* wie Werbebilder Symbole, Metaphern und mythische Verweise als Zeichen eines Transformationsprozesses zwischen weiblichen Models und Produkten einsetzen. Die in diesem Beispiel untersuchte surreale Werbefotografie spielt mit Selbstentfremdung, menschlicher Kommodifizierung, Sexualität und Verlangen (vgl. Page 2006: 92). Die semiotische Analyse blickt sozusagen hinter die Kulisse der Werbeaussage und beschreibt detailliert, mit welchen Mitteln den Rezipienten und Rezipientinnen nahe gelegt wird, die dargestellten Produkte mit Sexualität zu assoziieren (vgl. Page 2006: 106). Fragen nach den vermittelten Werten einer Botschaft sowie nach der Art und Weise, wie diese Werte entstehen, sind typische Fragestellungen, die mit Hilfe der Semiotik beantwortet werden können.

> „[...] semiology offers a very full box of analytical tools for taking an image apart and tracing how it works in relation to broader systems of meaning." (Rose 2007: 74)

Die Soziosemiotik ist ein weiterer zeichentheoretischer Forschungsstrang, der dem breiten Feld der Kritischen Diskursanalyse (siehe exemplarisch Fairclough/ Wodak 1997), die wiederum eine Form der Diskursanalyse ist, zugeordnet werden kann. Es handelt sich dabei um „a domain specialised in unveiling the relations between power, ideology, language and other non-linguistic semiotic modes in society" (de Gregorio Godeo 2009: 15). Eine Beschreibung der Soziosemiotik findet sich bei Fairclough/Wodak (1997):

> „social semiotics draws attention to the multi-semiotic character of most texts in contemporary society, and explores ways of analysing visual images [...] and the relationship between language and visual images" (Fairclough/Wodak 1997: 264).

Es stehen insbesondere die multimodalen Aspekte einer Botschaft und deren Interaktion im Zentrum der Analysen. Eine Einführung in die Soziosemiotik bietet van Leeuwens (2005) Werk *Introducing Social Semiotics*. Eine methodische Beschreibung zur Anwendung der Soziosemiotik für die Analyse von Bildern erfolgt in Kresss und van Leeuwens (2006: 6ff) *Reading Images. The Grammar of Visual Design* sowie in *Visual Meaning: a Social Semiotic Approach* (Jewitt/Oyama 2006).

Kress und van Leeuwen (2006) beschäftigen sich mit Analysekategorien aus der systemisch-funktionalen Grammatik nach M.A.K. Halliday und deren Anwendbarkeit auf die Untersuchung von bildlichen Inhalten. Die soziosemi-

11.1 Semiotik und Soziosemiotik

otischen Analyseparameter umfassen die visuelle Repräsentationsstruktur, die Interaktion mit den Betrachtern und Betrachterinnen, die Modalität sowie die Bedeutung der Komposition von Botschaften (vgl. de Gregorio Godeo 2005; Jewitt/Oyama 2006: 141ff). Auf diesen methodologischen Grundlagen von Kress und van Leeuwen basieren viele Beiträge, die mit der Soziosemiotik in der visuellen Analyse arbeiten (vgl. etwa de Gregorio Godeo 2009, 2005; Holsanova/Rahm/Holmqvist 2006; Koller 2008; Konstantinidou 2008; Meier 2009). Eine detaillierte Beschreibung der soziosemiotischen Kategorien der Bildanalyse nach Kress und van Leeuwen (2006) erfolgt beispielsweise auch bei Jewitt und Oyama (2006). Im Buchbeitrag *Bild und Frame – Eine diskursanalytische Perspektive auf visuelle Kommunikation und deren methodische Operationalisierung* beschreibt Meier (2010: 374ff) diese ebenfalls genauer. Die folgenden Ausführungen basieren auf den Beiträgen von Jewitt und Oyama (2006), Kress und van Leeuwen (2006) sowie Meier (2010).

Wie alle semiotischen Modi muss auch die Bildkommunikation mehrere repräsentierende und kommunikative Anforderungen erfüllen. Kress und van Leeuwen (2006) wenden vier Metafunktionen aus Hallidays Grammatik auf Bildkommunikate an (vgl. Meier 2010; Kress/van Leeuwen 2006: 41f):

(1) *Repräsentierende Metafunktion (representational/ideational metafunction)*. Diese gegenständliche Bedeutung ist vor allem durch die bildlich dargestellten Personen, Dinge oder Ereignisse gegeben, welche in multimodalen Zeichenensembles dargestellt werden (vgl. Jewitt/Oyama 2006: 141). Bei der Analyse werden die denotativen Bildinhalte ebenso beschrieben wie die bildliche Syntax, also die symbolhaften oder metaphorischen Verweisfunktionen und Aussagemöglichkeiten, die durch die Verbindung von mehreren Zeichen entstehen.

(2) Die zweite Metafunktion, die *interaktionale Funktion (interactional/interpersonal metafunction)*, beschreibt die interaktionale Beziehung zwischen den Rezipienten und Rezipientinnen und den dargestellten Inhalten.

> „Images can create particular relations between viewers and the world inside the picture frame. In this way they interact with viewers and suggest the attitude viewers should take towards what is represented." (Jewitt/Oyama 2006: 141)

Drei Faktoren determinieren die Interaktionsrollen zwischen dargestellten Personen und Betrachtenden: Distanz, Kontakt und Blickwinkel, welche besonders durch die Wahl des Bildausschnitts und der Perspektive bestimmt werden.

(3) Die dritte Metafunktion betrifft die *Komposition der Bildelemente (compositional/textual metafunction)*. Hierbei werden insbesondere die Gestaltung und der Aufbau des Bildes untersucht. Kress und van Leeuwen (2006) beschreiben vier Aspekte dieser Metafunktion: Information Value, Framing, Salience und

250 *11 Qualitative Bildinhaltsanalysen*

Modality. Wie Meier (2010) ausführt, werden visuelle Zugehörigkeiten, Abgrenzungen und Hierarchien durch bestimmte Bildstrukturen erreicht (Framing). Weiters werden bestimmte Elemente zum Beispiel durch Schärfe und Unschärfe im Bild, Lichtführung oder Vordergrund-Hintergrund-Inszenierung visuell hervorgehoben (Salience). Die Art der Information hängt wiederum von der Positionierung der Elemente in der Gesamtkomposition ab. Kress und van Leeuwen (2006: 147) schreiben unterschiedlichen Positionierungen (also zum Beispiel links im Bild, rechts im Bild, mittig) bestimmte Funktionen zu, die unter anderem durch die Leserichtung bestimmt sind (Information Value). Die Modalität (Modality) schließlich bezieht sich auf den Wahrheitsgehalt oder die Glaubwürdigkeit von Darstellungen. Bilder können Dinge als wahr und realistisch darstellen, oder eben nicht. In letzterem Fall zeigen Bilder beispielsweise Phantasien oder Vorstellungsbilder. Farbe beeinflusst dabei besonders, ob Bilder als realistisch oder als künstlich aufgefasst werden (vgl. Kress/van Leeuwen 2006: 160). Die hier angeführten Funktionen sind relativ klar definiert (vgl. Kress/van Leeuwen 2006) und können, wie Kapitel 10.4 am Beispiel sozialer Distanz, die der interaktionalen Funktion zugeordnet ist, zeigt, auch in quantitativen Analysen erhoben werden.

11.2 Ikonografie und Ikonologie

Die ikonografische beziehungsweise ikonologische Methode kommt im Untersuchungsmaterial ebenfalls in mehreren Fällen zum Einsatz (vgl. Bernhardt 2009b; Kohn 2003; Müller 1997b; Thurlow/Aiello 2007)[124], allerdings wird die ikonografische Methode im Untersuchungsmaterial bei Weitem nicht so häufig angewandt wie die zuvor beschriebene Semiotik.

Die Ikonografie ist eine kunstgeschichtliche Methode der Bildbeschreibung mit Jahrhunderte zurück reichender Tradition. Gegen Anfang des 20. Jahrhunderts wurde sie vom Kreis um Aby Warburg weiterentwickelt (vgl. Müller 2003: 249). Warburg erweiterte den zugrunde liegenden Bildbegriff wesentlich, denn in seiner Auffassung waren die Aussage des Bildes, sein Motiv und die Bedeutung des Bildes wichtig, und nicht mehr ausschließlich seine ästhetische oder künstlerische Qualität (vgl. Müller 2003: 249), weshalb dieses „neuere" Bildverständnis die weiterentwickelte Methode auch für eine sozialwissenschaftliche Auseinandersetzung mit visuellen Inhalten tauglich macht.

> „Aus der Perspektive der visuellen Kommunikationsforschung ist die Warburg-Tradition und die von Panofsky weiterentwickelte ikonologische Methode [...] der vielversprechendste und anschlussfähigste Ansatz unter den kunsthistorischen Zugangsweisen." (Müller 2003: 245)

11.2 Ikonografie und Ikonologie

Erwin Panofsky lieferte ebenfalls wichtige Impulse für die Weiterentwicklung der Ikonografie zur Ikonologie. Zwar ist Panofsky nicht der eigentliche Erfinder der Ikonologie, aber er nahm wichtige methodische Präzisierungen vor, indem er die berühmte Dreischrittmethode entwarf, die auch für die Analyse moderner Medieninhalte verwendet werden kann. In seinem Analyseschema unterscheidet Panofsky zwischen Ikonografie und Ikonologie klar in ihren Funktionen.

> „Denn wie das Suffix ‚graphie' etwas Deskriptives bezeichnet, so benennt das Suffix ‚logie' – abgeleitet von *logos*, das ‚Denken' oder ‚Vernunft' bedeutet – etwas Interpretatorisches." (Panofsky 2002: 42)

Die drei Schritte der ikonografisch-ikonologischen Analyse umfassen die vorikonografische Beschreibung, die ikonografische Analyse und die ikonologische Interpretation des Bildes mit dem Ziel der Interpretation der Bildbedeutungen (vgl. Panofsky 2002: 43). Diese drei Schritte bei Panofsky basieren auf den drei Sinnesebenen, die von Karl Mannheim definiert wurden (vgl. Kappas/Müller 2006: 12; Panofsky 2002: 38ff):

(1) *Primäres* oder *natürliches Sujet*, unterteilt in Tatsachenhaftes und Ausdruckshaftes. Auf diesem analytischen Basislevel werden die Konfigurationen von Linien und Farben als Formen und Figuren identifiziert. Die Aufzählung der erkannten Motive des Sujets wird bei Panofsky als vorikonografische Beschreibung bezeichnet. Diese Schicht entspricht in etwa dem Konzept der Denotation in der Semiotik.

(2) *Sekundäres* oder *konventionales Sujet*. Auf dieser Stufe werden die sekundären Bedeutungen der zuvor identifizierten Motive behandelt. Die Frau, die dem Betrachter einen Apfel entgegen hält, wird auf dieser Analyseebene als biblische Eva erkannt, die für Versuchung steht.

> „Indem wir das erfassen, verknüpfen wir künstlerische Motive (Kompositionen) mit Themen und Konzepten. Motive, die dergestalt als Träger einer sekundären oder konventionalen Bedeutung erkannt werden, mögen Bilder (images) heißen, und Kombinationen solcher Bilder sind das, was die alten Kunsttheoretiker *invenzioni* genannt haben; wir sind gewohnt, sie Anekdoten (Geschichten, Fabeln) oder Allegorien zu nennen. Die Identifizierung solcher Bilder, Anekdoten und Allegorien ist der Bereich dessen, was normalerweise mit der Bezeichnung ‚Ikonographie' gemeint ist." (Panofsky 2002: 39)

Eine korrekte *ikonografische Analyse* setzt voraus, dass die sekundären Bedeutungen der Motive korrekt identifiziert werden. Hier ist die Bildbetrachtung alleine nicht ausreichend. Wissen über Anekdoten und Allegorien ist dazu nötig und kann beispielsweise aus dem Studium von Vergleichstexten gewonnen werden. Für diese Analysestufe ist also bereits gewisses Kontextwissen nötig.

252 *11 Qualitative Bildinhaltsanalysen*

(3) *Eigentliche Bedeutung* oder *Gehalt*. Diese Schicht führt von der vorhergehenden Identifizierung sekundärer Bedeutungen zur *ikonologischen Interpretation*. Für diesen letzten interpretativen Schritt ist „synthetische Intuition" (Panofsky 2006: 57, 2002: 48; van Leeuwen 2006: 115, siehe Abbildung 23) erforderlich. Auf dieser Ebene offenbart sich die ideologische Bedeutung, deren Analyse unter anderem die grundlegende Einstellung einer Nation, einer Zeit oder einer Klasse enthüllen kann (vgl. Panofsky 2002: 48; van Leeuwen 2006: 101).

Gegenstand der Interpretation	Akt der Interpretation	Ausrüstung für die Interpretation	Korrektivprinzip der Interpretation *(Traditionsgeschichte)*
I *Primäres* oder *natürliches* Sujet - (A) tatsachenhaft, (B) ausdruckshaft -, das die Welt *künstlerischer Motive* bildet	*Vorikonographische Beschreibung* (und pseudoformale Analyse)	*Praktische Erfahrung* (Vertrautheit mit *Gegenständen* und *Ereignissen*)	*Stil*-Geschichte (Einsicht in die Art und Weise, wie unter wechselnden historischen Bedingungen *Gegenstände* und *Ereignisse* durch *Formen* ausgedrückt wurden)
II *Sekundäres* oder *konventionales* Sujet, das die Welt von *Bildern, Anekdoten* und *Allegorien* bildet	*Ikonographische Analyse*	*Kenntnis literarischer Quellen* (Vertrautheit mit bestimmten *Themen* und *Vorstellungen*)	*Typen*-Geschichte (Einsicht in die Art und Weise, wie unter wechselnden historischen Bedingungen bestimmte *Themen* oder *Vorstellungen* durch *Gegenstände* und *Ereignisse* ausgedrückt wurden)
III *Eigentliche Bedeutung* oder *Gehalt*, der die Welt "*symbolischer*" Werte bildet	*Ikonologische Interpretation*	*Synthetische Intuition* (Vertrautheit mit den *wesentlichen Tendenzen des menschlichen Geistes*), geprägt durch persönliche Psychologie und "*Weltanschauung*"	Geschichte *kultureller Symptome* oder "*Symbole*" allgemein (Einsicht in die Art und Weise, wie unter wechselnden historischen Bedingungen *wesentliche Tendenzen des menschlichen Geistes* durch bestimmte *Themen* und *Vorstellungen* ausgedrückt wurden)

Abbildung 23: Überblick über Panofskys Dreischrittschema (vgl. Panofsky 2006: 57)

„*Ikonologie* sucht also in Bildern – oder vielleicht besser ‚anhand von Bildern' – nach einem bestimmten *Gehalt*, da dieser auf besondere Weise über ‚Realität' informieren könne." (Wolf 2006: 125)

Ein wesentlicher Unterschied zur Semiotik nach Barthes ist, dass die Ikonologie bei der Analyse auch teilweise äußerst umfassende Kontextrecherchen durchführt, um Wissen über den Kontext eines Bildes zu sammeln und in der Folge Fragen nach den Produktionsweisen, der Verbreitung und der historischen Bedeutung von visuellen Ausdrücken beantworten zu können (vgl. van Leeuwen 2006: 92).

Auch bei der ikonologischen Untersuchung von Medienbildern geht es um die Sinnentschlüsselung der Bildkommunikation (vgl. Müller 2003: 34). Für die Analyse von Medienbildern kann das ikonologische Verfahren in Form einer

11.2 Ikonografie und Ikonologie   253

ikonografisch-ikonologischen Kontextanalyse (vgl. Knieper 2005a: 48, 2003) eingesetzt werden. Diese Ausformung der ikonografisch-ikonologischen Analyse berücksichtigt über die manifesten Bildinhalte hinaus auch die Planungs-, Produktions-, Bearbeitungs-, Distributions-, Selektions- und Rezeptionsprozesse in medialer Kommunikation (vgl. Knieper 2005a: 49). Eine Adaption dabei ist, dass sich die ikonologische Interpretation am medialen Prozess orientieren soll (vgl. Knieper 2005a: 48), wozu Wissen über die Funktionsweisen von Medien erforderlich ist. Knieper benennt die Schritte der ikonologischen Kontextanalysen deshalb wie folgt: (1) Ikonografische Identifikation, (2) Ikonografische Interpretation der manifesten Bildinhalte, (3) Ikonologische Interpretation anhand der massenkommunikativen Kontexte als Minimalvoraussetzung (vgl. Knieper 2005a: 48f).

Methodische Anleitungen finden sich insbesondere im Beitrag *Die ikonologische Analyse von Medienbilder und deren Beitrag zur Bildkompetenz* von Knieper (2003) sowie im Kapitel *Von der Bildbeschreibung zur Bildinterpretation* bei Müller (2003), wo die ikonologische Analyse für die Anwendung auf Medienbilder mit Beispielen veranschaulicht wird. Van Leeuwen (2006) gibt in *Semiotics and Iconography* ebenfalls wertvolle methodologische Anleitungen und führt eine Beispielanalyse durch, mit der demonstriert wird, dass die Ikonologie auch erfolgreich für die Analyse von Medienbildern eingesetzt werden kann.

Zwei Beiträge im Untersuchungsmaterial sind der „*Politischen Ikonografie*", als deren Begründer Martin Warnke bezeichnet werden kann (vgl. Bernhardt et al. 2009: 15), zuzuordnen (vgl. Bernhardt 2009b; Müller 1997b). Die Politische Ikngrafie ist eine Weiterentwicklung der auf Warburg und Panofsky basierenden Ausrichtung der Ikonografie und beschäftigt sich mit visuell dargestellten Inhalten und Formen von Politik, Macht und Gesellschaft (vgl. Grittmann 2007: 142; Müller 2003: 211ff). Bernhardt (2009b) befasst sich in *„Einbildung" und Wandel der Raumkategorie „Osten" seit 1989: Werbebilder als soziale Indikatoren* exemplarisch mit der Raumkategorie „Osten" und ihrer Darstellung in Werbebildern in den Jahren der EU-Osterweiterungen von 2004 und 2007. Die Analyse „nimmt die im gesellschaftlichen Diskurszusammenhang präsente Terminologie ‚Osten' auf und verarbeitet sie auf der Bildebene im Rückgriff auf längst überwunden geglaubte Darstellungsmuster." (Bernhardt 2009b) Müller (1997b, siehe auch 1997a) arbeitet in *Visuelle Wahlkampfkommunikation. Eine Typologie der Bildstrategien im amerikanischen Präsidentschaftswahlkampf* die visuellen Wahlkampfstrategien amerikanischer Präsidentschaftskandidaten mit Hilfe der Ikonografie heraus.

Politische Ikonografie wird besonders im deutschsprachigen Raum betrieben (vgl. Bernhardt et al. 2009; Diers 1997; Lessinger/Moke/Holtz-Bacha 2003; Müller 1997a, 1997b; Seizov/Müller 2009; Warnke 1994, Warnke/Fleckner

254   *11 Qualitative Bildinhaltsanalysen*

2011). Aber auch im englischsprachigen Raum finden sich Analysen von politischen Bildern mit Hilfe der Ikonografie (vgl. etwa Cartwright/Mandiberg 2009). Politische Ikonografie von Medienbildern wird besonders häufig auf Plakate im Wahlkampf angewandt.

11.3 Weitere Herangehensweisen qualitativer Bildinhaltsforschung

Weitere Studien, die hier als *werkbiografische Analysen* bezeichnet werden, arbeiten ähnlich der Ikonografie mit genauen Kontextrecherchen. Bei der Analyse steht jedoch nicht ein spezielles Bild im Zentrum, sondern meist mehrere Bilder, die vor dem Hintergrund des historischen, soziologischen und biografischen Kontextes des Bildproduzenten oder der Bildproduzentin interpretiert werden. Die Rahmenbedingungen werden durch historische Recherchen und in einigen Fällen auch durch Interviews mit den Fotografen beziehungsweise den Fotografinnen erhoben. Ein Beispiel ist etwa der Beitrag *Marc Riboud in North Vietnam: Seeing the War From the Other Side* von Cookman (2000), in welchem die Darstellungsweisen der Fotografien von Marc Riboud detailliert hinsichtlich ihrer Gestaltungsmuster und ihrer oppositionellen Aussagen vor dem historischen Hintergrund des Vietnam-Krieges besprochen werden. Ähnliche Analysen finden sich etwa bei Cookman (2006) sowie Morris und Miller (2006).

Unter der Bezeichnung „*visuelle Rhetorik*" werden jene Beiträge erfasst, die eine qualitative Inhaltsanalyse zur Erforschung rhetorischer Strategien in visueller Sprache einsetzen (vgl. El Refaie 2003; Gunn 2005; Kitch 1998; Perlmutter/ Wagner 2004; Wells 2007; Scott 2004; Tinic 1997; Vultee 2007). In diesen, überwiegend geisteswissenschaftlichen Beiträgen, werden rhetorische Figuren der verbalen Sprache auf das Bild umgelegt (vgl. etwa El Refaie 2003; Scott 2004), oder die rhetorischen Funktionen des Bildeinsatzes selbst behandelt (vgl. etwa Wells 2007). Die Beiträge sind hermeneutisch interpretativ angelegt. Sie haben das Verstehen von Mechanismen der Bildkommunikation zum Ziel und nehmen eine kritische Perspektive ein. Die Methode wird in den seltensten Fällen genau beschrieben oder bezeichnet. Eine Ausnahme ist die Analyse *United Colors and Untied Meanings: Benetton and the Commodification of Social Issues* von Tinic, in der eine „*visual metaphor analysis*" zum Einsatz kommt, welche auch beschrieben wird (vgl. Tinic 1997: 17).

Weitere Methoden, die im Untersuchungsmaterial explizit genannt werden, sind die „*fractal concept analysis*", die von Wilson, Wasserman und Lowndes (2009) vorgestellt und eingesetzt wird, *Diskursanalysen* (vgl. Darling-Wolf 2005; Ylänne-McEwen 2000), oder die von Lester (2007) angewandte *historiografische*

11.3 Weitere Herangehensweisen qualitativer Bildinhaltsforschung

Bildanalyse. Es fällt auf, dass viele neue Verfahren genannt werden. Dies unterstreicht die Notwendigkeit, eigene Methoden der Bildanalysen zu entwickeln, führt aber, wie Lester anmerkt, zu teilweise sehr merkwürdig wirkenden Wortkreationen:

> „Visual historiography, semiotic analysis, or the trendy yet equally awkward terms ‚forensic visual analysis,' ‚photobiography,' and ‚steganography' are some of the ways visual researchers uncover meanings from images. ‚Historiography' is an accepted term that refers to the way the past is studied and described [...]. Obviously, visual evidence is a part of that procedure." (Lester 2007).

Die *Cultural Studies* gehen zwar von präzisen theoretischen Ausgangspunkten und Forschungsprinzipien aus, aber sie geben weder analytische Kategorien noch genaue Analyseanleitungen vor, wie bereits weiter oben ausgeführt wurde (vgl. van Leeuwen/Jewitt 2006b: 8). In einer relativ großen Anzahl von Beiträgen konnte die Art der Methode nicht eruiert werden. Dies war besonders in den für die visuellen Fachzeitschriften typischen kritisch-kulturellen Essays, die Beispielanalysen anwenden, der Fall. In diesen Beiträgen ist eine klare theoretische Zuordnung zur Visual Culture und somit zu den Cultural Studies möglich, die Methodenart dagegen nicht bestimmbar. Es werden unterschiedliche Lesarten und Interpretationsweisen des Bildes herausgearbeitet. „Cultural studies analysis is interdisciplinary and has methodological fluidity." (O'Donnell 2005: 535) Die methodische Flexibilität ist gleichzeitig besondere Leistung von und Kritikpunkt an den Cultural Studies. Einerseits werden unterschiedlichste Ansätze kombiniert, um dem Bild gerecht zu werden, wie Lister and Wells (2006) beschreiben:

> „[...] the methodological eclecticism of Cultural Studies allows the analyst to attend to the many moments within the cycle of production, circulation and consumption of the image through which meanings accumulate, slip and shift. This is achieved through holding in play diverse approaches to the image which in their interaction acknowledge this complexity." (Lister/Wells 2006: 90)

Andererseits bringt die methodische Offenheit Abgrenzungsprobleme und Kritik mit sich: „Indeed, in some ways Cultural Studies may seem to be rather a messy field, lacking precise boundaries and unconstrained by any single set of disciplinary protocols." (Lister/Wells 2006: 90)

Methodische Hinweise für Analysen im Sinne der Visual Culture finden sich im Beitrag *Seeing Beyond Belief: Cultural Studies as an Approach to Analysing the Visual* von Lister und Wells (2006), sowie in Beitrag *Cultural Studies Theory* von O'Donnell (2005) im *Handbook of Visual Communication* (Smith et al. 2005).

11.4 Zwischenfazit: Qualitative Bildinhaltsforschung

Bei den qualitativen methodischen Herangehensweisen der Bildinhaltsanalyse offenbart sich die methodische Expertise genuin visueller Forschung. Während bei quantitativer Forschung mitunter Bildmedien ohne Berücksichtigung ihrer bildspezifischen Ausdrucksformen untersucht wurden (siehe die Ausführungen in Kapitel 10), steht bei den qualitativen Bildinhaltsanalysen, welche insbesondere in den visuellen Fachzeitschriften auftreten, die Bildmodalität klar im Analysefokus. Die qualitativen Methoden haben, wie Bohnsack (2003) ausführt, tatsächlich einen deutlichen Vorsprung, was ihre Routine im Umgang mit visuellen Inhalten und der Herausarbeitung tiefer liegender Bedeutungsschichten betrifft.

Bilder werden hier als holistisches Ganzes erfasst und ihre Bedeutungsstrukturen analytisch herausgearbeitet. Bemerkenswert ist dabei die Vielfalt der eingesetzten Verfahren. Es finden sich beispielsweise semiotische oder soziosemiotische Ansätze, ikonologische beziehungsweise ikonografische Verfahren ebenso wie rhetorische Analysen, werksbiografische Analysen oder eine vielfältige Palette an Studien, die den Cultural Studies zuzuordenen sind. Neue Methoden wie die historiografische Bildanalyse sind in Entwicklung. Gemeinsam ist den Studien die differenzierte Aufarbeitung der vordergründigen ebenso wie der verborgenen Bedeutungen, oft mit klarem Bezug zu Betrachtern und Betrachterinnen. Besondere Bedeutung wird der Kontextualisierung durch historische, kulturelle, biografische oder mediale Aspekte zugesprochen. Diese werden in den Analysen genau berücksichtigt und diskutiert (siehe hierzu etwa die werksbiografischen Analysen).

Vielfach wird die Methode auch an die Bildgattung „Medienbild" angepasst, wie dies explizit bei der Soziosemiotik (siehe exemplarisch Holsanova/Rahm/Holmqvist 2006) und insbesondere auch bei der ikonografisch-ikonologischen Kontextanalyse (siehe Knieper 2005a) erfolgt.

Die qualitativen Bildinhaltsanalysen finden sich, wie in Kapitel 9 ausführlich besprochen wurde, hauptsächlich in den interdisziplinären visuellen Fachzeitschriften und haben ihren Weg offenbar (noch) nicht in die von quantitativen Inhaltsanalysen dominierten kommunikationswissenschaftlichen Fachzeitschriften gefunden. Dies kann bestimmt zum Teil auf die generell quantitativ dominierte kommunikationswissenschaftliche Forschung in den zentralen Journals des Fachs (siehe die Metaanalysen von Cooper/Potter/Dupagne 1994; Trumbo 2004; Kamhawi/Weaver 2003) zurückgeführt werden. Darüber hinaus stammen viele der qualitativen Analysen auch aus anderen, oft geisteswissenschaftlichen Disziplinen oder aber sie sind inter- oder transdisziplinär angelegt (zur Interdis-

11.4 Zwischenfazit: Qualitative Bildinhaltsforschung 257

ziplinarität visueller Kommunikationsforschung siehe Barnhurst/Vari/Rodríguez 2004, Kapitel 3).

Gleichzeitig bleiben diese äußerst detaillierten und tiefgehenden Analysen klarerweise meist auf den Einzelfall beziehungsweise auf einige wenige Fälle beschränkt und sind deshalb im stark von visuellen Medien durchdrungenen Zeitalter, mit seiner Metapher der „Bilderflut", nur bedingt aussagekräftig. Einen Ausweg aus dieser Situation bieten möglicherweise Methodenkombinationen aus quantitativer und qualitativer Bildanalyse, die bisher noch vergleichsweise selten sind. Sie erlauben einerseits eine Analyse von Strukturen und Mustern in medialen Botschaften und können trotzdem tiefer liegende Bedeutungsstrukturen und ihre Funktionsweise herausarbeiten und interpretieren. Mit diesen Methodenkombinationen setzt sich das folgende Kapitel auseinander.

12 Verknüpfung quantitativer und qualitativer Methoden der Bildanalyse

Wie bereits in der Einleitung zu Kapitel 9 dargestellt wurde, sprechen sich mehrere Bildforscher und Bildforscherinnen für eine Kombination von quantitativen und qualitativen Verfahren der Analyse von Bildern aus (vgl. etwa Bell/Milic 2002: 212; Grittmann 2001: 77). Vor allem die Integration von Elementen aus qualitativen Methoden der Bildforschung in quantitative Erhebungsdesigns scheint dabei viel versprechend zu sein und kann die Aussagekraft quantitativer Bildinhaltsforschung erhöhen. Die quantitative Bildinhaltsanalyse alleine weist bisher noch Defizite bei der visuellen Theorieentwicklung auf, weshalb eine Vielzahl von Bildinhaltsanalysen nicht mit theoretischen Fundierungen und Ansätzen zur visuellen Kommunikation arbeitet. Man könnte sagen, dass keine visuelle Forschung betrieben wird, sondern eine Erforschung des Untersuchungsobjekts „Bild", das lediglich visuell vorliegt, aber nicht in Hinblick auf visuelle Aspekte untersucht wird. Grittmann (2001) kritisiert ausdrücklich die häufig stattfindende direkte Übernahme von Theorien und Hypothesen, die im Zuge von Untersuchungen zur verbalem Text entwickelt wurden. Die methodischen Anlagen werden dann für visuelle Analysen „unreflektiert übernommen, als seien Wort und Bild dasselbe" (Grittmann 2001: 264). Um dieses Defizit auszuräumen, kann die Bildinhaltsanalyse verstärkt auf qualitative Methoden zurückgreifen und deren Analyseergebnisse und Semantisierungen visueller Darstellungsformen als Basis verwenden. Dadurch wird eine ideale Vernetzung aus explorativen und quantifizierenden Verfahren ermöglicht.

Im Untersuchungsmaterial setzen sieben Artikel eine Kombination aus qualitativer und quantitativer Bildinhaltsanalyse ein (vgl. Avraham/First 2003; Bell/Milic 2002; Boni 2002; Flair/Astroff 1991; Grant/Hundley 2008; Mortelmans 1997; Wang 1996; siehe Anhang 4). Dabei werden entweder qualitative Elemente in die quantitative Analyse aufgenommen (vgl. etwa Wang 1996; Bell/Milic 2002) oder aber die quantitative Analyse dient als Vorstufe für eine weitere qualitative Analyse und Interpretation (vgl. etwa Avraham/First 2003). In einigen Fällen liegt eine Mischform vor (vgl. etwa Boni 2002; Grant/Hundley 2008).

260 12 Verknüpfung quantitativer und qualitativer Bildanalysen

Besonders gute Vernetzungen der quantitativen Inhaltsanalyse sind mit der ikonografisch-ikonologischen Methode (vgl. die Ausführungen von Grittmann 2001) oder der visuellen Semiotik zu erwarten (vgl. Bell/Milic 2002), welche in der Folge genauer besprochen werden.

12.1 Verknüpfung von quantitativer Bildinhaltsanalyse und visueller Semiotik

Die Semiotik, als Zeichenlehre oder Lehre der Entstehung und Verbreitung von Bedeutungen, liefert wichtige theoretische Grundlagen zur Erforschung bildlicher Zeichen. Aus semiotischen Studien gewonnene Erkenntnisse über die Bildung, Verknüpfung und Benutzung von visuellen Zeichen haben deshalb auch eine grundlegende Bedeutung für die Inhaltsanalyse (vgl. etwa Merten 1995: 60). Konzepte der visuellen Semiotik können, wie bereits angeführt, als quantitative Kategorien und Variablen nutzbar gemacht werden. Dadurch wird eine zuverlässige – und tatsächlich visuelle – Analyse auch mit großem Datenmaterial möglich (vgl. Bell/Milic 2002: 212).

Eine Umsetzung dieser Art findet sich bei Bell und Milic (2002). In *Goffman's Gender Advertisement Revisited: Combining Content Analysis with Semiotic Analysis* werden die quantitative Inhaltsanalyse und Aspekte der visuellen Semiotik kombiniert, um bildspezifische Stereotypisierungsprozesse in Form visueller Darstellungsaspekte zu untersuchen (vgl. Bell/Milic 2002). Die Arbeit greift die Hypothesen aus Goffmans Arbeit zu Genderdarstellungen auf und bildet darauf aufbauend ein Kategoriensystem auf der Basis der Soziosemiotik von Kress und van Leeuwen (2006), die bereits in Kapitel 11.1 beschrieben wurde.

So stellen Bell und Milic (2002), basierend auf der Untersuchung von Goffman (1979), zum Beispiel die Hypothese auf, dass Frauen intimer dargestellt werden und seltener als Männer in „öffentlicher Distanz" zum Betrachter oder zur Betrachterin gezeigt werden. Dazu wurde soziale Distanz operationalisiert, welche als Form der interaktiven Beziehung zwischen dargestellter Person und Betrachter oder Betrachterin interpretiert wird (vgl. Kress/van Leeuwen 2006, siehe auch Kapitel 10.4). Kress und van Leeuwen (2006) besprechen die Bedeutung sozialer Distanz, die auf Studien von Edward T. Hall (1966) zurückgeht. Es liegen also detaillierte theoretische Ausarbeitungen zur Distanzdarstellung vor. In der Studie von Bell und Milic (2002) werden diese Befunde anhand umfangreichen Datenmaterials untersucht. Zunächst wird soziale Distanz („framed distance") in drei Ausprägungen erhoben: (1) Intime beziehungsweise persönliche Distanz:

12.1 Verknüpfung von quantitativer Bildinhaltsanalyse und Semiotik 261

Hier ist die Kamera zu nahe, um den gesamten Körper zu erfassen, was zu einer Fokussierung auf bestimmte Körperteile führt und besondere Nähe zur dargestellten Person ausdrückt. (2) Soziale Distanz: Die dargestellte Person wird zur Gänze gezeigt, es bleibt dabei aber wenig Raum für die Darstellung des Kontextes. (3) Öffentliche Distanz: Es wird die gesamte Person und ihre Umgebung erfasst. Die Reduktion auf die Erhebung von Distanzphänomenen in drei Ausprägung ist eine der jeweiligen Forschungslogik geschuldete Entscheidung. Im theoretischen Aufbau skizzieren Bell und Milic noch eine sechsstufige Skala, die direkt auf Halls Distanzzonen zurückgeht. Für die quantitative Erhebung wurde diese Kategorie dann auf drei Ausprägungen reduziert.

Zwar konnten Bell und Milic keine großen Unterschiede hinsichtlich struktureller Muster in der genderstereotypen Distanzdarstellung nachweisen. Insgesamt zeigte sich jedoch, dass Männer, entsprechend der Hypothese, eher in öffentlicher Distanz zum Betrachter beziehungsweise zur Betrachterin positioniert werden, Frauen dagegen häufiger in naher persönlicher oder sogar intimer Distanz. Zur Diskussion der Distanzzonen und ihrer Bedeutung siehe auch Kapitel 10.4.

Weitere Hypothesen der Studie fokussierten auf andere interaktionale Metafunktionen, wie beispielsweise auf den Blick der dargestellten Person („gaze of the participant"), welcher eine bestimmte Interaktion mit dem Betrachter oder der Betrachterin anregt, sowie auf den Kamerawinkel, der bestimmte Machtpositionen visuell darstellt. Bezüglich des Blickes führen die Forscher beispielsweise unter Bezug zu Goffman aus, dass Männer öfter als „doers", also als aktiv handelnde Personen dargestellt werden:

> „Therefore the male gaze would be more likely to be purposefully directed either at another participant within the image [...] or at the viewer, demanding something from the viewer. In contrast we would expect female participants to be looking away from the viewer or to be gazing ‚non-transitively' within the frame of the image." (Bell/Milic 2002: 209)

Die Hypothese zur Blickrichtung konnte in der Studie nicht bestätigt werden. Tatsächlich blickten Frauen dem Betrachter oder der Betrachterin der Werbeanzeige häufiger direkt entgegen als Männer dies taten. In der semiotischen Argumentation bedeutet dies, dass Frauen häufiger in Handlungen abgebildet werden, die eine Interaktion mit dem Betrachtenden anregen, also als „doers" und nicht, wie erwartet als eher passive Akteure, die etwas „anbieten". Die Autoren zogen daraus den Schluss, dass Werbekonventionen (also der Code der Werbung) heute Frauen häufiger als Akteure skizzieren, die direkt mit dem Betrachter oder der Betrachterin interagieren.

Bell und Milic versuchen in dieser Studie den sehr detaillierten Ansatz der visuellen Semiotik unter Bezug auf die Soziosemiotik und die systemisch-funktionale Grammatik nach Halliday (siehe Kapitel 11.1) für großes Datenmaterial nutzbar zu machen, um so die Aussagekraft der Theorie und der Hypothesen im Feld der Genderdarstellung empirisch zu testen. Die Autoren kommen zu folgendem Schluss:

> „At the very least, we have demonstrated that semiotic analysis may form the basis of reliable and replicable (what critics might call non-subjective) generalizations about a field of representation that is as socially, even ideologically, significant in the contemporary mediascape as it was a generation earlier." (Bell/Milic 2002: 220)

Avraham und First (2003) analysieren im Beitrag *„I Buy American": The American Image as Reflected in Israeli Advertising* die „Amerikanisierung" israelischer Werbung im Zeitverlauf. Dabei werden in einer quantitativen Analyse Motive und Symbole, welche die USA repräsentieren, erhoben. Mittels einer semiotischen Analyse werden in der Folge ausgewählte Fälle hinsichtlich des Einsatzes von rhetorischen Bildstrategien genauer untersucht. Diese Studie ist ein Beispiel für eine Erhebung, in der typische Motive oder Darstellungsformen zuerst in einer quantitativen Analyse erhoben und gegenübergestellt werden, um in der Folge auf einige (besonders häufig vorkommende), durch die Vorerhebung identifizierte, Fälle näher einzugehen.

Ähnlich geht auch Mortelmans (1997) in *Visual Representations of Luxury: An Analysis of Print Advertisements for Jewelry* vor. In dieser Studie wendet Mortelmans einen soziosemiotischen Ansatz in Kombination mit einer quantitativen Analyse an, um herauszuarbeiten, mit welchen symbolischen Repräsentationsformen Luxus in Werbeanzeigen dargestellt wird. Dabei geht der Autor explizit auf eine Schwäche semiotischer Ansätze ein, nämlich die Schwierigkeit die „Interpretationskunst" der Forschenden intersubjektiv nachvollziehbar auf große Datenmengen anzuwenden, denn allzu oft hängt die Entdeckung verborgener Mythen oder tieferer Bedeutungsschichten vom interpretatorischen Können des Forschers oder der Forscherin ab.

> „The semiotic method of analyzing advertisement, however, has always been critiqued for its arbitrariness. Because of its stress on individual readings of the advertisement it is hard to base interpretations on large samples of advertisements." (Mortelmans 1997: 75)

Um diese Schwierigkeiten zu überwinden entwarf Mortelmans (1997) eine Kombination aus qualitativer Interpretation (basierend auf den Grundlagen der Soziosemiotik) und quantitativer Basiserhebung. Damit sollen die relevanten visuellen und verbalen Zeichensysteme zur Darstellung von Luxus in der Werbung zunächst nachvollziehbar identifiziert und anschließend interpretiert werden.

12.2 Die quantitative Bildtypenanalyse 263

Als methodische Vorgehensweise wendet er dazu ein Dreischritt-Verfahren an: Im ersten Schritt wird eine Zufallsauswahl von Werbesujets zu einer bestimmten Produktkategorie, in diesem Fall Schmuckwerbung, erstellt. Im zweiten Schritt wird dieses Material anhand grober quantitativer Kategorien erfasst. Bei Mortelmans sind dies fünf Hauptkategorien: das beworbene Produkt, Personen, unterstützende Objekte, Hintergrund und Text. In diesem Analyseschritt werden die zentralen Elemente der Werbesujets und ihre denotative Bedeutung erfasst. Durch die quantitative Erhebung erhält der oder die Forschende einen Überblick über die verschiedenen verwendeten Zeichensysteme im Untersuchungsmaterial. Im dritten Analyseschritt werden die quantitativen Ergebnisse als Basis für eine Re-Interpretation der Daten verwendet. Dabei gibt es mehrere Möglichkeiten: So können etwa die syntaktischen Kombinationen als Voraussetzung für eine rhetorische Analyse näher untersucht werden. Mortelmans wählt in seiner Studie eine andere Herangehensweise und untersucht die paradigmatischen Entscheidungen, welche von den Werbenden getroffen wurden. Dazu werden die latenten Bedeutungen der verwendeten Zeichen näher betrachtet. „If we find, for example, a 20% use of mansion in the backgrounds, an in-depth socio-semiotic analysis of these backgrounds can enrich these findings." (Mortelmans 1997: 76). Diese Art der Analyse kann sogar noch weitergehen und Mythen und Symboliken der Werbebilder herausarbeiten. Vorteil dieses Vorgehens ist einerseits die nachvollziehbare Codierung einer großen Menge von Bildelementen, welche bereits Aufschluss über typische Zeichen bei der Darstellung eines Themas geben, und andererseits ihre ausführliche Interpretation im dritten Analyseschritt. Diese Interpretation verortet die Zeichensysteme in ihren kulturellen Kontexten und arbeitet tiefer liegende Bedeutungsstrukturen heraus.

Dieses Prinzip entspricht im Wesentlichen auch der Arbeitsweise der Bildtypenanalyse oder der quantitativ umgesetzten Analyse visueller Metaphern, die im Folgenden behandelt werden. Allerdings werden bei diesen Vorgehensweisen typischerweise aus dem Material entwickelte Bildtypen oder Metaphern teilweise induktiv erfasst und dann quantifiziert.

12.2 Die quantitative Bildtypenanalyse: Verknüpfung von ikonografisch-ikonologischer Analyse und quantitativer Bildinhaltsanalyse

Ähnlich der visuellen Semiotik bietet auch die aus der Kunstgeschichte stammende ikonografisch-ikonologische Methode Anknüpfungspunkte für quantitative Analysen. Das entsprechende Verfahren wurde in Form der *quantitativen Bildtypenanalyse* von Grittmann und Ammann entwickelt und angewandt (vgl. Grittmann/Ammann 2009). Grittmann skizziert eine mögliche Integration von Ikonografie und quantitativer Inhaltsanalyse bereits 2001 in ihrem Beitrag *Fotojournalismus und Ikonographie: Zur Inhaltsanalyse von Pressefotos*:

> „Die Ikonographie kann durch die systematische Erfassung von Bildtypen, also verbreiteten einzelnen Bildmotiven, und der Untersuchung des Zusammenhangs mit den Themen, Bildelementen als auch formalen Kriterien und Darstellungsweisen eine Lücke in der Bildinhaltsanalyse schließen." (Grittmann 201: 277)

Die quantitative Bildtypenanalyse ist eine Methode, die, so Grittmann und Ammann (2009), gut zur systematischen Erfassung und Interpretation von Bildinhalten geeignet ist. Ausgangspunkt dieser Überlegungen ist der Befund, dass Rezipienten und Rezipientinnen in fotojournalistischer Berichterstattung (besonders zu politischen Themen) nicht mit einer unendlichen Zahl von inhaltlichen Bildaussagen konfrontiert werden, sondern dass sich, im Gegenteil, ein relativ stark begrenztes Bildrepertoire, ein Set sogenannter Bildtypen, etabliert. Als Beispiel für einen solchen Bildtypus nennt Grittmann etwa die Shaking-Hand-Fotos von Politikern und Politikerinnen (vgl. Grittmann 2001: 275), die durchaus als Klassiker der visuellen politischen Repräsentation bezeichnet werden können. Ohne quantifizierende Vorgehensweisen lassen diese Bildtypen jedoch noch keinen Rückschluss auf strukturelle Konstruktions- und Selektionsprinzipien im Fotojournalismus zu (vgl. Grittmann 2001: 276), weshalb eine Verknüpfung mit der quantitativen Bildinhaltsanalyse gewinnbringend ist.

Einen Vorschlag für die konkretisierte methodische Umsetzung legten Grittmann und Ammann im Jahr 2009 mit dem Beitrag *Die Methode der quantitativen Bildtypenanalyse. Zur Routinisierung der Bildberichterstattung am Beispiel von 9/11 in der journalistischen Erinnerungskultur* (Grittmann/Ammann 2009) vor. Des Weiteren wird die quantitative Bildtypenanalyse in einem Handbuch zur Analyse visueller Kommunikation beschrieben (vgl. Grittmann/Ammann 2011), welches von Petersen und Schwender (2011) unter dem Titel *Die Entschlüsselung der Bilder. Methoden zur Erforschung visueller Kommunikation* herausgegeben wird. Im Artikel *Bildhafte Themen und kuriose Typen. Die Bedeutung der Fotos der Bild-Leserreporter* (Ammann/Krämer/Engesser 2010) erfolgt außerdem eine detaillierte Beschreibung des Begriffs „Bildtypus". In diesem Beitrag wird auch die methodische Anwendung nachvollziehbar dargestellt.

Beim Verfahren der quantitativen Bildtypenanalyse wird, wie bereits angeführt, der qualitative ikonografisch-ikonologische Ansatz (siehe Kapitel 11.2) mit der quantitativen Inhaltsanalyse verknüpft. Ziel ist es, Bilder, beziehungsweise

12.2 Die quantitative Bildtypenanalyse

die Bildinhalte, als Sinneinheiten standardisiert zu erfassen (vgl. Grittmann/Ammann 2009: 142). Dabei werden auf Grundlage des Datenmaterials Motive (also wiederkehrende ähnliche Bildelemente) erfasst und zu Bildtypen gebündelt. Diese Bildtypen werden quantitativ erhoben und bilden die Grundlage für die auf die Quantifizierung folgende ikonologische Interpretation (vgl. Grittmann/Ammann 2009: 153).

Der Begriff „Bildtypus" wurde bereits von Panofsky (2006) verwendet. Er bezeichnet damit die Wiederkehr von Motiven, die im Zuge der ikonografischen Analyse (der zweite Schritt der berühmten Dreischritt-Methode, siehe Kapitel 11.2.) identifiziert werden. Künstler stellten in ihren Bildern oft dieselben Themen dar, wodurch sich Darstellungstraditionen und somit Bildtypen entwickelten (vgl. Ammann/Krämer/Engesser 2010: 88; Grittmann/Ammann 2009: 147).

Ammann, Krämer und Engesser (2010) untersuchen die Leserreporterfotos in der Bild-Zeitung von 2006 bis 2008. Zunächst werden Bildtypen auf Grundlage ihrer Motive induktiv aus dem Untersuchungsmaterial gebildet und in der Folge dann in einer quantitativen Analyse erhoben. Bei diesem Schritt wird die Komplexität des Bildes im Bildthema zusammengefasst. Wichtig dabei ist, dass Bildtypen intern homogen und extern heterogen sind.

> „Ein Bildtypus zeichnet sich somit durch eine gleichbleibende inhaltliche Aussage aller Motive dieses Typs aus, unterscheidet sich jedoch inhaltlich von anderen Typen." (Ammann/Krämer/Engesser 2010: 89)

> „Der entscheidende Unterschied von Bildmotiv zu Bildtypus ist, dass der Bildtyp die zentrale Bedeutung des einzelnen Bildmotivs abstrahiert und somit auf die wesentliche Aussage reduziert." (Grittmann/Ammann 2009: 151)

In anderen Worten, damit von einem Bildtypus gesprochen werden kann, müssen sich im Untersuchungsmaterial ähnliche Darstellungen des Themas identifizieren lassen. Dabei rücken die verallgemeinerbaren Gemeinsamkeiten in den Vordergrund während die individuellen Besonderheiten des Einzelbildes vernachlässigt werden (vgl. Grittmann/Ammann 2009: 148). Als Beispiel nennen Grittmann und Ammann (2009) den Bildtyp „politischer Gedenkakt", bei dem hochrangige politische Repräsentanten Staatstrauer beziehungsweise politische Trauer symbolisieren, indem sie, meist in einer Schweigeminute, mit gesenktem Kopf einem Ereignis oder einer Person gedenken. Die Personen und Trauersymbole variieren dabei; dies sind die Besonderheiten des Einzelbildes. Die offizielle politische Trauer ist die Gemeinsamkeit, die ähnliche Einzelbilder zu Vertretern des Bildtyps „politischer Gedenkakt" werden lässt.

266   *12 Verknüpfung quantitativer und qualitativer Bildanalysen*

Die induktiv entwickelten Bildtypen werden in der Folge beschrieben und schließlich als Kategorien beziehungsweise Kategorieausprägungen mittels einer quantitativen Inhaltsanalyse erhoben. Diese quantitative Erhebung ist wiederum die Voraussetzung für die darauf folgende Gesamtauswertung, in Form einer ikonologischen Interpretation der Bildtypen. Bei diesem Interpretationsschritt ist, wie auch bei der herkömmlichen ikonologischen Interpretation (als dritter Schritt des Dreischritt-Verfahrens, siehe Kapitel 11.2), der Rückgriff auf weitere Quellen notwendig. Im Falle des Bildtypus „politischer Gedenkakt" ist etwa Wissen über politische Rituale, Erinnerungskulturen sowie die gesellschaftlichen Grundwerte und Ideen erforderlich.

Die quantitative Bildtypenanalyse ist eine äußerst vielversprechende Methode, die einerseits die inhaltlichen Aspekte eines Bildes detailliert zu erfassen vermag und gleichzeitig Quantifizierungen ermöglicht.

Ähnliche methodische Überlegungen finden sich im Untersuchungsmaterial, beispielsweise in der Studie *Fighting the Battle or Running the Race?* (Grant/ Hundley 2008). Hier werden unterschiedliche visuelle Metaphern quantitativ erhoben. Es zeigen sich dabei durchaus Ähnlichkeiten zur Bildtypenanalyse. Der „Bildtypus" dieser Analyse sind jedoch visuelle Metaphern; die dahinter stehende qualitative Methode ist die *„visual metaphor analysis"*, die auch bei Tinic (1997) eingesetzt wird.

Grant und Hundley (2008) untersuchten *Associated Press* Fotos, auf denen Krebserkrankte oder Personen, die Krebs überwunden haben, abgebildet sind. Die Analyse identifizierte 26 unterschiedliche Metaphern. Zwei Metaphern wurden besonders häufig gefunden: die Sportmetapher und die Kriegsmetapher. Bei der Sportmetapher wurden drei Subthemen identifiziert, die im Material vorkamen: (1) Sporthelden, (2) „Journey Sports" und (3) Zeremonien, die an Olympische Spiele erinnern. Die zentralen Metaphern wurden im Anschluss an die quantitative Erhebung qualitativ analysiert und interpretiert (vgl. Grant/Hundley 2008). Zusätzlich wurden die unterschiedlichen in medialen Umgebungen kursierenden visuellen Metaphern hinsichtlich ihrer Bedeutung für Krebskranke diskutiert. Die Forscherinnen beurteilten beispielsweise die Sportmetapher als besonders positiv, denn insbesondere die Metapher der Sporthelden zeigt durch die Herausforderung der Krankheit physisch wie emotional gestärkte Personen anstelle von Entstellung und Tod. „Sport champions symbolically portray the American Dream." (Grant/Hundley 2008: 183)

In seinem Ablaufs gleicht der methodische Aufbau jenem der quantitativen Bildtypenanalyse. Auch hier werden bereits bei der quantitativen Erhebung, mit Bezug zur Theorie der visuellen Metaphern, unterschiedliche Metaphern induktiv aus dem Material gebildet. Diese werden anschließend quantifiziert. Im An-

12.3 Zwischenfazit zur Verknüpfung inhaltsanalytischer Ansätze 267

schluss an die quantitative Erhebung werden auch hier die zentralen Metaphern in einem qualitativen Analyseschritt interpretiert.

12.3 Zwischenfazit zur Verknüpfung quantitativer und qualitativer Ansätze der Bildinhaltsforschung

Die vorliegende Metaanalyse konnte deutlich zeigen, dass Methodenkombinationen, in denen qualitative und quantitative Ansätze der Bildinhaltsforschung relativ selten, nämlich nur sieben Mal im Untersuchungsmaterial, angewandt werden, obwohl diese von Bildforschern und Bildforscherinnen als besonders gewinnbringend für die Methodenentwicklung gesehen werden.

Allerdings zeigen sich dabei einige vielversprechende Ansätze, an denen sich durchaus aktuelle Tendenzen der Methodenentwicklung ablesen lassen.

Mortelmans entwickelte etwa bereits Mitte der 1990er Jahren eine Kombination aus visueller Semiotik und quantitativer Analyse mit dem Ziel große Mengen von Medienbildern zu erfassen, Intersubjektivität zu garantieren und gleichzeitig nicht auf die tiefgehende Analyse verborgender Bedeutungsschichten der Semiotik verzichten zu müssen.

Diesen Spagat zwischen aussagekräftiger Analyse und großer Datenmenge versuchen auch die quantitative Bildtypenanalyse, in welcher die Ikonografie und die quantitative Inhaltsanalyse verknüpft werden, sowie die Kombination der Analyse visueller Metaphern und der quantitativen Inhaltsanalyse. Besonders die quantitative Bildtypenanalyse wurde bereits in einigen Studien erfolgreich eingesetzt, so zum Beispiel zur Analyse der visuellen 9/11-Erinnerungskultur (Grittmann/Ammann 2009: 147) und zur Erforschung von Bild-Lesereporter-Fotografien (vgl. Ammann/Krämer/Engesser 2010: 88).

Was die quantitative Bildtypenanalyse besonders auszeichnet, ist, dass die erfassten Bildtypen die zentrale Bedeutung der einzelnen Motive abstrahieren. Das heißt, es werden keine reinen Motivzählungen durchgeführt, welche noch keinen Rückschluss auf die Bildaussage erlauben. Grittmann hatte diesbezüglich ja problematisiert, dass quantitative Bildinhaltsanalysen häufig nur die Themen von Bildern erfassen. Dadurch wird zwar der Ereignisbezug eines Bildes erfasst, aber nicht, „welcher Moment eines Ereignisses im Foto festgehalten wurde" (Grittmann 2001: 271). Ähnlich unbefriedigend ist es, lediglich die Motive eines Bildes zu erfassen, also den reinen Objektbezug zu erheben. Die quantitative Bildtypenanalyse geht hier, ähnlich der Analyse visueller Metaphern, einen deutlichen Schritt weiter und erfasst die zentralen Bildtypen, also die wiederkehrenden Bildmotive, und arbeitet ihre Bedeutung ebenso wie den Zusammenhang mit Themen, Bildelementen und formalen Darstellungsweisen heraus. Damit ist klar, dass zur Bildung eines Bildtypus mehrere Elemente beitragen. Eines davon sind eben auch formale visuelle Darstellungsweisen.

Ein weiterer methodisches Kritikpunkt an visueller Forschung ist, dass die Erhebung und Quantifizierung von Bildaspekten, wie Kinnebrock und Knieper (2008: 92) betonen, sehr wenig über deren Bedeutung aussagt. Sie fordern deshalb eine stärkere Semantisierung von Bildmotiven und Darstellungsaspekten als Grundlage für quantitative Forschungen. Eine besonders klare Bedeutungsanalyse von Darstellungsaspekten (wie soziale Distanz, Modalität, Kamerawinkel, Rahmen) erfolgt in den Auseinandersetzungen von Kress und van Leeuwen (2006), die quantitative Umsetzung dieser Kategorien findet sich bei Bell und Milic (2002).

Diese Studie kann nach Ansicht der Autorin deshalb, ebenso wie die quantitative Bildtypenanalyse, als eine ideale Umsetzungsvariante der hohen Ansprüche an visuelle Inhaltsforschung gesehen werden. Leider sind Studien dieser Art aber bisher eher Ausnahmefälle, was besonders daran liegt, dass die Semantisierungsbestrebungen noch nicht besonders weit fortgeschritten sind. Dies gilt sowohl für Bildmotive als auch für formale Darstellungsaspekte (vgl. Petersen/Jandura 2004). Die sieben Studien mit Methodenkombinationen zeigen jedoch klar, dass eine Verknüpfung von quantitativen und qualitativen Elementen der Bildinhaltsanalyse ein äußerst gewinnbringendes Verfahren zur Analyse von Medienbildern ist. Sie ermöglichen es, den visuellen Kommunikationsmodus mit seiner assoziativen Kommunikationsweise entsprechend zu erfassen, was eine Grundforderung des *visual turns* ist, und die Analyse zugleich für große Bildmengen, wie sie in stark mediatisierten und von Bildern durchdrungenen Gesellschaften eben vorliegen, nutzbar zu machen.

13 Fazit: Visuelle Kommunikationsforschung und die Erforschung visueller Medienkultur

Visuelle Kommunikation und visuelle Kultur sind wichtige Felder, die die Kommunikations- und Medienwissenschaft in den nächsten Jahren ganz erheblich beschäftigen werden und auch beschäftigen müssen, denn wir können heute kaum ein angemessenes Verständnis aktueller mediatisierter Gesellschaften und ihrer Medienkulturen entwickeln, ohne anzuerkennen, dass deren Kommunikation in erheblichen Teilen auch visuelle Medienkommunikation ist. In anderen Worten, die mediale Durchdringung der alltäglichen Lebenswelt (vgl. Hepp 2005; Krotz 2008) erfolgt in hohem Maße in Form bildlicher Ausdrucksmittel (vgl. Lester 1996; Mitchell 2008a, 2008b). Der vor allem durch die Digitalisierung extrem beschleunigte und vereinfachte Visualisierungsprozess wurde in dieser Arbeit deshalb als ein, den Metaprozess „Mediatisierung" begleitendes, Wandelphänomen beschrieben.

Dadurch, dass der aktuelle Medienalltag zunehmend Bilder mit einschließt, verändern sich auch unsere kommunikativen Handlungsweisen, denn Bilder haben, unbestritten, Einfluss auf unsere Denk- und Wahrnehmungsweisen. Bildliche Ausdrucksformen sind jedoch nicht ausschließlich in medialen Kontexten omnipräsent und überaus beliebt. Sie werden auch in zunehmendem Maße in Alltagskommunikation eingebunden. Digitale Fotografien haben sich beispielsweise zu präferierten Ausdrucksformen von Jugendlichen entwickelt, die Bilder auf ganz selbstverständliche, natürliche Weise in alltägliche, oft mediatisierte, Kommunikationsprozesse implementieren (vgl. Nightingale 2008; van Dijck 2008). Bildhandeln ist, zumindest für diese Gruppe, zur einer selbstverständlichen und alltäglichen kommunikativen Praxis geworden. Und auch in den traditionellen Forschungsbereichen der Kommunikations- und Medienwissenschaft, wie Journalismus, Werbung, Public Relation und politischer Kommunikation, zeigt sich seit Jahren ein ungebremster Trend beziehungsweise sogar Zwang zum Bild. Bilder sind deshalb wichtige kulturelle Agenten, welche unsere gesellschaftliche Wirklichkeit repräsentieren und zugleich konstituieren (vgl. Bohnsack 2003). Kurz gesagt, visuelle Praktiken sind mittlerweile zu zentralen Kulturpraktiken in mediatisierten Gesellschaften geworden und müssen deshalb auch entsprechend

270   13 Fazit

geschult werden (vgl. Chauvin 2003; Doelker 2002; Halawa 2008; Messaris 1998). Die Förderung visueller Kompetenzen sollte deshalb genauso ernst genommen werden, wie die Schulung verbaler Kompetenzen. Besondere Bedeutung kommt der Kulturtechnik *Visual Media Literacy*, also der visuellen Teilkompetenz von Medienkompetenz zu.

Die Bildforschung reagierte auf die zunehmenden Visualisierungstendenzen mit der Ausrufung des mittlerweile berühmt gewordenen *iconic turn* (Boehm 1994b) beziehungsweise *pictorial turn* (Mitchell 1992), also der Forderung nach einer Wende zum Bild und einer verstärkten Berücksichtigung der visuellen Kapazitäten der Bedeutungsgenerierung. Tatsächlich lässt sich eine steigende wissenschaftliche Berücksichtigung von Bildern nun bereits an der erfolgreichen Etablierung von Forschungsorganisationen ablesen, die eine Auseinandersetzung mit visueller Kommunikation zum Ziel haben (siehe Kapitel 3.3). Insbesondere ab den 1990er Jahren gründeten viele der kommunikations- und medienwissenschaftlichen Organisationen visuelle Fachgruppen, Themenschwerpunkte, Netzwerke oder Interest Groups.

In visuell dominierten, mediatisierten Gesellschaften, die ohne Medien überhaupt nicht mehr vorstellbar sind, kommt gerade der kommunikations- und medienwissenschaftlichen Bildforschung besondere Bedeutung zu. Denn Bilder zirkulieren und verbreiten sich über Medien und durchdringen unseren Alltag großteils in Form medial vermittelter Bilder. In Rahmen dieser Arbeit stand deshalb die kommunikations- und medienwissenschaftliche Bildforschung, die sich unter der Bezeichnung „*Visuelle Kommunikationsforschung*" (Müller 2007) oder „*Visual Studies in Communication*" (Barnhurst/Vari/Rodríguez 2004) etabliert hat, im Fokus der Ausführungen. Die spezielle Bildwissenschaft (vgl. Huber 2004) „Visuelle Kommunikationsforschung" arbeitet zwar stark interdisziplinär, weist aber gleichzeitig einen starken Bezug zur Kommunikations- und Medienwissenschaft auf. Daraus folgt aber, dass sich eine grundsätzlich disziplinär orientierte Bildwissenschaft nicht mit dem Phänomen der Visualität generell auseinander setzen kann, wie das etwa eine allgemeine Bildwissenschaft (vgl. exemplarisch Sachs-Hombach 2004) zum Ziel hat, sondern lediglich mit einem eingeschränkten, enger definierten Bildbegriff.

Die Visuelle Kommunikationsforschung als mit der Kommunikations- und Medienwissenschaft verbundenes Forschungsfeld beschäftigt sich folglich mit sogenannten *Medienbildern* und ihrer kommunikativen Macht; also mit mittels technischer Kommunikationsmedien vermittelten Bildern und ihren Produktions-, Verarbeitungs- und Rezeptions- bzw. Aneignungsprozessen. Das bedeutet natürlich nicht, dass ausschließlich medial vermittelte, manifeste Bilder, relevante visuelle kulturelle Ressourcen sind. Jedoch sind in Medienkulturen, wie Hepp

13 Fazit

(2011: 25) ausführt, „auch nicht-massenmediale Manifestationen von Kultur wie Skulpturen, Bilder und Bauwerke auf Massenmedien angewiesen [...], wenn sie auf der Ebene kommunikativer Thematisierung eine relevante Öffentlichkeit erreichen wollen."

Trotz des vielfach nachgewiesenen Picture-Superiority-Effekts (vgl. Bucher/Schumacher 2006; Childers/Houston 1984; Geise/Brettschneider 2010; Holsanova/Rahm/Holmqvist 2006; Kroeber-Riel 1993; Mendelson 1999; Mendelson/Thorson 2004; Unnava/Burnkrant 1991) und des starken Einflusses von Bildern auf kognitive Verarbeitung, Emotionen, Meinungen und Einstellungen (vgl. Ambler/Burne 1999; Gibson/Zillmann 2000; Kappas/Müller 2006; Pfau et al. 2006) kann sich die Visuelle Kommunikationsforschung niemals mit der alleinigen Beschäftigung mit Medienbildern zufrieden geben, denn in medialen Umgebungen kommen Bilder niemals isoliert „in Reinform" vor, sondern sind in komplexe multimodale Gefüge eingebettet, deren beteiligte Modi (zum Beispiel Bild und verbaler Text) interagieren und einander wechselseitig beeinflussen (vgl. Coleman/Wasike 2004; Martinec/Salway 2005; Mitchell 2005, siehe ausführlicher Kapitel 5). Die starke Interaktion von Bild und Text ergibt sich in besonderer Weise dadurch, dass assoziative, ikonische Bilder und sequenzielle, symbolische verbale Texte über grundsätzlich andere Kommunikationspotenziale verfügen und in medialer Kommunikation zu jeweils ganz unterschiedlichen Zwecken eingesetzt werden. Was sich mit einem Bild sehr rasch und einfach ausdrücken lässt, bedarf mitunter komplizierter und langer verbaler Ausführungen. Gleiches gilt umgekehrt. Eine „perfekte" Medienbotschaft nutzt deshalb die jeweiligen kommunikativen Leistungen von Bild und Text und verbindet die komplementären Bestandteile zu einer funktionierenden Gesamtbotschaft, deren Bedeutung sich folglich auch nicht auf einzelne Botschaftsbestandteile zurückführen lässt. Genau deshalb ist Multimodalität nicht nur ein brennendes Thema der Visuellen Kommunikationsforschung, sondern ein generelles Problem kommunikations- und medienwissenschaftlicher Forschung, denn die Analyse einzelner Botschaftsmodi, kann wie Coleman (2010) anschaulich ausführt, bestenfalls die halbe Wahrheit erbringen.

Darüber hinaus wird die Bedeutung eines Bildes auch in hohem Maße durch den Kontext, in dem es auftritt, mitbestimmt (vgl. Müller 2003; Schierl 2001), denn der jeweilige mediale Kontext verlangt bestimmte visuelle Darstellungsweisen und bildet kontextspezifische Bildkonventionen aus. Auf Rezipientenseite bestehen gleichzeitig bestimmte kontextbedingte Rezeptionserwartungen. Ein Bild kann prinzipiell in unterschiedlichen Kontexten auftreten und obwohl das Bild und sein Motiv unverändert bleiben, ändern sich durch diese Kontextverschiebung auch die kognitiven Prozesse und Interpretationen der Betrachter und Betrachterinnen. Dieser Befund wird durch die großen Unterschiede, die zwischen Medienbildern verschiedener Anwendungskontexte bestehen, unterstrichen (siehe Kapitel 7).

Während Bildern im Journalismus typischerweise Authentizität und Glaubwürdigkeit aufgrund ihrer präzisen Abbildung von Realität zugesprochen werden, ein Eindruck der durch naturalisierende visuelle Konstruktionsmechanismen im Journalismus erzeugt wird (vgl. etwa Grittmann 2007; Huxford 2001), ist Unnatürlichkeit ein zentrales Schema, ein visueller Code von Werbebildern (vgl. Callow/Schiffman 1999; Richins 1991; Rosenblum 1978; Warlaumont 1997). Bei Werbebildern tritt der Konstruktionscharakter, anders als bei journalistischen Bildern, in Form einer besonderen, ästhetisierenden Darstellungsqualität in den Vordergrund. Zu einigen Bildkontexten und ihren typischen Bildkonventionen liegen bereits umfassende Forschungsbefunde vor, wie sowohl die theoretischen Ausführungen als auch die Ergebnisse der Metaanalyse deutlichen zeigen konnten. Dies sind vor allem Journalismus, politische Kommunikation und Werbung. Das journalistische Bild ist jener Anwendungskontext von Medienbildern, dem die meiste wissenschaftliche Aufmerksamkeit geschenkt wird. Es wird in 60% der Beiträge behandelt, Werbung immerhin in 30%. Andere Bereiche wurden bisher noch sehr selten bearbeitet. Die Consumer Photography, also die privat produzierte Fotografie, und ihre kommunikativen Praktiken, sind zum Beispiel ein relativ junges, aber hochaktuelles Forschungsthema, dem gerade in den letzten Jahren vermehrt Aufmerksamkeit gewidmet wurde (Gye 2007; Meier 2009; Nightingale 2007; Pink 2011; van Dijck 2008; Van House 2011). Bisher sind Studien zu diesem Thema jedoch noch vergleichsweise selten. In der Metaanalyse wurde Consumer Photography in nur 3% der Artikel behandelt. Auch fiktionale Bilder oder Bilder in Public Relations beziehungsweise Unternehmenskommunikation werden in weniger als 5% der Artikel untersucht.

Da ein zentraler Literaturstand, ebenso wie die Etablierung von Fachgruppen, zu jenen Aspekten zählt, an denen sich die Institutionalisierung und Etablierung von Forschungsfeldern erkennen lässt, untersuchte die Metaanalyse die Sichtbarkeit und Entwicklung der Visuellen Kommunikationsforschung in zentralen wissenschaftlichen Fachzeitschriften in den letzten 20 Jahren. Hier sollen nun einige Ergebnisse zusammenfassend herausgegriffen werden.

Dass Visuelle Kommunikationsforschung zunimmt und an Relevanz gewinnt, lässt sich aus den vielfältigen Forschungsergebnissen und Studien zu den verschiedenen Feldern und Kontexten von Medienbildern ablesen. Die Metaanalyse zeigt jedoch, dass die zunehmenden Forschungsaktivitäten sich nicht in einem steigenden Anteil visueller Forschung in den zentralen kommunikationswissenschaftlichen Fachzeitschriften äußern. Statt dessen bilden sich neue, auf

13 Fazit

visuelle Forschung spezialisierte Journals. Alle vier der in dieser Arbeit untersuchten Journals wurden innerhalb der letzten 20 Jahre gegründet: *Visual Communication Quarterly* (1994), *Visual Communication* (2002), *Journal of Visual Culture* (2002), *Image. Journal of Interdisciplinary Image Science* (2005).

In Hinblick auf die Publikationsmöglichkeiten lässt sich daran, parallel zur Etablierung von Fachgruppen, eine deutliche wissenschaftliche Wende zum Bild erkennen. Dem Selbstverständnis dieser visuellen Fachzeitschriften liegt aber ein sehr weiter Bildbegriff zugrunde, der vielfältige visuelle Formen und Phänomene umfasst, weshalb nur ein Bruchteil der darin publizierten visuellen Forschung auch Visuelle Kommunikationsforschung ist. Eine Ausnahme ist die Fachzeitschrift *Visual Communication Quarterly*, die als offizielle Publikation der „Visual Communication Division" der *Association for Education in Journalism and Mass Communication* (vgl. Taylor and Francis 2010; Visual Communication Quarterly 2010) sehr stark mit der Kommunikations- und Medienwissenschaft verbunden ist. Jedoch ist auch hier die Definition des Visuellen prinzipiell sehr breit gefasst und schließt „dreams and cognitive theory through gesture and geography, as well as issues concerning visual ethics, visual ecology, representation, visual media in all forms, and visual behavior" (Visual Communication Quarterly 2010) mit ein. Trotz dieser weiten Definition erwies sich, in Übereinstimmung mit der Analyse von Barnhurst, Vari und Rodríguez (2004), *Visual Communication Quarterly,* gemeinsam mit der kommunikationswissenschaftlichen Publikation *Journalism & Mass Communication Quarterly,* als zentrale Fachzeitschrift der Visuellen Kommunikationsforschung.

Hinsichtlich der Methodenanwendung zeigt sich, dass die Visuelle Kommunikationsforschung, wider Erwarten und aller Methodenkritik zum Trotz, besonders oft visuelle Inhaltsanalysen einsetzt, sogar viel häufiger als dies in der kommunikations- und medienwissenschaftlichen Forschung generell der Fall ist. Tatsächlich konnte die Bildinhaltsanalyse als das „Lieblingsverfahren" der Visuellen Kommunikationsforschung identifiziert werden, wobei die quantitativen Bildinhaltsanalysen in den kommunikationswissenschaftlichen, die qualitativen Bildinhaltsanalysen in den visuellen Fachzeitschriften überwiegen. Das bedeutet aber nicht, dass die Kritik an der Qualität und Aussagekraft visueller Inhaltsanalysen unbegründet ist. Tatsächlich zeigen sich im Zuge der Analyse teilweise deutliche Defizite.

Die quantitativen Bildinhaltsanalysen untersuchen zumeist nur das Bild allein; der multimodale Charakter von Medienbotschaften wird lediglich in wenigen Studien berücksichtigt. Darüber hinaus bestehen noch Defizite bei der Erhebung formaler visueller Darstellungsaspekte (wie zum Beispiel Kamerawinkel, Rahmen, Distanz) und deren Semantisierung, die nur in einigen Studien, beispielsweise zu Face-ism (vgl. Archer/Iritani/Kimes/Barrios 1983; Schmerl 2004) oder sozialer Distanz (vgl. Mullen 1998), auch tatsächlich erfolgt. Ein zentraler Kritikpunkt an quantitativen Bildinhaltsanalysen, der durch die Ergebnisse der Metaanalyse gestützt wird, betrifft jedoch weniger die methodische Umsetzung, als vielmehr die mangelnde theoretische Fundierung vieler Analysen, die sich nicht auf Ansätze der Visuellen Kommunikationsforschung beziehen (vgl. Grittmann 2001). Es werden Fragestellungen und Hypothesen, die für Text entworfen wurden, an Bildmaterial getestet, ohne die grundlegenden Unterschiede der Kommunikationsmodi Bild und Text zu berücksichtigen.

Die qualitativen Bildinhaltsanalysen im Untersuchungsmaterial unterstreichen dagegen den Vorsprung qualitativer Forschung beim Umgang mit Bildern auf deutliche Weise. Besonders die methodische Vielfalt der qualitativen bildinhaltsanalytischen Verfahren ist bemerkenswert. All diese Methoden gehen akribisch genau auf die Bildmodalität ein und berücksichtigen zudem auch den Bildkontext bei der Erarbeitung von Bedeutungsstrukturen. Eine Schwäche qualitativer Bildanalysen ist jedoch die Problematik, die Analyse auf größere Mengen von Bildern anzuwenden, und sie intersubjektiv nachvollziehbar zu machen (vgl. Mortelmans 1997).

Methodenkombinationen, in denen qualitative und quantitative Ansätze der Bildinhaltsforschung kombiniert werden, sind bisher noch selten. Es gibt aber durchaus einige vielversprechende Ansätze, wie zum Beispiel die Kombination aus visueller Semiotik und quantitativer Analyse oder die quantitative Bildtypenanalyse, in welcher die Ikonografie und die quantitative Inhaltsanalyse verknüpft werden. Diese Methodenkombinationen können die genannten Defizite visueller Inhaltsforschung ausräumen. Sie erlauben es einerseits, die Bildmodalität und ihre assoziative Kommunikationsweise fassbar zu machen und damit eine der wichtigsten Forderungen des *visual turns* zu erfüllen, und die Analyse gleichzeitig für die großen Bildmengen visueller Medienkulturen nutzbar zu machen.

Diese Methodenkombinationen sind einerseits idealtypische Beispiele für gelungene Interdisziplinarität, die ja ein zentrales Merkmal der Visuelle Kommunikationsforschung darstellt, und zugleich ein Beleg dafür, dass das junge Forschungsfeld methodisch bereits viel weiter fortgeschritten ist, als ihm oft zugesprochen wird. Die Visuelle Kommunikationsforschung ist damit auf einem guten Weg, sich der zunehmenden Visualisierung mediatisierter Gesellschaft und der Omnipräsenz von Medienbildern zu stellen.

13 Fazit

Limitationen und Ausblick

Ziel der vorliegenden Arbeit war es, einen Überblick über die Forschungsaktivitäten der Visuellen Kommunikationsforschung zu geben. Im Zuge dessen sind selbstverständlich auch die deutschsprachigen kommunikations- und medienwissenschaftlichen Forschungsaktivitäten zu visueller Kommunikation zu betrachten. Die Forschungsbestrebungen im deutschsprachigen Raum, vor allem die Publikations- und Forschungstätigkeiten rund um die Fachgruppe „Visuelle Kommunikation" der DGPuK, wurden bereits im Rahmen der Ausführungen zu den unterschiedlichen Feldern von Medienbildern (siehe Kapitel 7) ausführlich behandelt. Dies war erforderlich, da die Visuelle Kommunikationsforschung des europäischen und des deutschsprachigen Raums bei einer alleinigen Analyse der Fachzeitschriften weitestgehend unsichtbar bleiben würde.

Die Auswahl der Fachzeitschriften stellt damit einerseits eine Einschränkung der Arbeit dar, erlaubt aber andererseits einen Vergleich mit bestehenden Metaanalysen. Es bestätigte sich, dass die untersuchten „führenden internationalen Fachzeitschriften", die durch sehr gutes Ranking und hohes Prestige identifiziert werden, weniger als internationale Fachzeitschriften, sondern vielmehr als führende US-amerikanische Publikationen zu interpretieren sind, wie auch Lauf (2005) sowie Schönbach und Lauf (2006) betonen. Diesen deutlichen Fokus auf den US-amerikanischen Raum in der Erhebung konnte auch die Aufnahme europäischer und deutschsprachiger Fachzeitschriften nicht ausgleichen, da die Fallzahl der visuellen Artikel in den kommunikationswissenschaftlichen Fachzeitschriften des europäischen Raumes sehr niedrig war. Auch in *IMAGE*, der mit der *Interdisziplinären Bildwissenschaft* verbundenen und deshalb mit einem sehr weiten Bildbegriff operierenden Zeitschrift, waren die Beiträge nur in wenigen Fällen mit unbewegten Medienbildern im Sinne des Auswahlkriteriums befasst.

Gleichzeitig gelten die betrachteten renommierten kommunikationswissenschaftlichen Zeitschriften durchaus als „Nervenbahnen der Disziplin" (vgl. Kamhawi/Weaver 2003) und wurden bereits in mehreren Metaanalysen untersucht (vgl. exemplarisch Cooper/Potter/Dupagne 1994; Kamhawi/Weaver 2003; Trumbo 2004). Da sich das Erhebungsinstrument der vorliegenden Metaanalyse hinsichtlich mehrerer Kategorien an den bestehenden Referenzanalysen orientierte, erlaubte die Arbeit einen Vergleich der Visuellen Kommunikationsforschung mit den Forschungstendenzen der Kommunikations- und Medienwissenschaft in den kommunikationswissenschaftlichen Journals insgesamt.

In der Arbeit war es notwendig, sich auf die Bearbeitung unbewegter Medienbilder zu beschränken. Dies hatte vorwiegend forschungspragmatische Gründe, denn der Begriff „Bild" ist so weit gefasst, dass eine dringende Einschränkung erforderlich war, um das Feld überhaupt in sinnvoller Weise erfassen zu können. Die erste Eingrenzung erfolgte daher über den Begriff „Medienbild". Somit konnten etwa Kunstbilder, dreidimensionale visuelle Artefakte oder nicht materiell vorliegende visuelle Phänomene (wie Metaphern, Halluzinationen, Spiegelungen oder Träume) aus der Bearbeitung ausgeschlossen werden. Eine zweite Einschränkung führte zum Ausschluss bewegter Bilder. Auch dies geschah aus mehreren Gründen: Zum einen hätte sich der Umfang des Forschungsfelds bei der Berücksichtigung bewegter Bilder vervielfacht, denn sowohl Untersuchungen der traditionsreichen Fernsehforschung, als auch beispielsweise Bewegtbilder im Internet (man denke an youtube) wären damit in den Forschungsfokus gerückt. Zum anderen interessierten im Zuge der Metaanalyse vor allem methodische Aspekte der Bildinhaltsanalyse, welche bei Bewegtbildern grundsätzlich anders verläuft als bei unbewegten Bildern. Darüber hinaus stellt besonders die Fernsehforschung ein Problem für das Sampling dar, denn sie ist häufig nur „nominal" visuell, also nur dem Namen nach visuelle Forschung (vgl. Barnhurst/Vari/Rodríguez 2004). Besonders ältere Beiträge der Fernsehforschung untersuchen zwar Fernsehinhalte, ohne aber auf visuelle Aspekte einzugehen. Diese nominale visuelle Forschung findet sich auch bei unbewegten Bildern. Es wurde im Zuge der Artikelauswahl jedoch darauf geachtet, Beiträge, die nicht auf visuelle Vermittlungsmodi eingehen, auszuschließen.

Generell erwies es sich als äußerst schwierig, Visuelle Kommunikationsforschung außerhalb der kommunikationswissenschaftlichen Fachzeitschriften und *Visual Communication Quarterly* zu identifizieren. Dies lässt sich dadurch erklären, dass sich Visuelle Kommunikationsforschung als verästeltes und verzweigtes interdisziplinäres Feld entwickelt (Barnhurst/Vari/Rodríguez 2004), was in der Folge klare disziplinäre Zuordnungen und Abgrenzungen erschwert. Die starke Interdisziplinarität birgt auch die Gefahr mangelnder Sichtbarkeit für im Entstehen begriffene Forschungsfelder. Dies trifft in gewissem Maße auch auf die Visuelle Kommunikationsforschung zu, denn sie präsentiert sich tatsächlich als äußerst hybrides Feld. Überhaupt zeigen sich zwischen den unterschiedlichen Journalarten sehr deutliche Unterschiede in der theoretischen und methodischen Auseinandersetzung mit Medienbildern, sodass fast anzuzweifeln ist, dass es sich dabei tatsächlich um ein Forschungsfeld handelt und nicht vielmehr um zwei unterschiedliche „Kulturen der Bildforschung", einer sozialwissenschaftlichen und einer geistes- bzw. kulturwissenschaftlich orientierten. Teilweise lässt sich diese vermutete Aufteilung in zwei „Kulturen" der Erforschung von Medienbildern auch an den Sections und Fachgruppen der kommunikations- und medienwissenschaftlichen Organisationen ablesen. So findet beispielsweise die sozialwissenschaftlich orientierte, oft quantitative Visuelle Kommunikationsforschung auf

13 Fazit

den Jahrestagungen der IAMCR in den regulären Panels, wie etwa der Section „Political Communication", statt, während geistes- und kulturwissenschaftliche Vorträge im „Emerging Theme ‚Visual Culture'" abgehalten werden. Eine Begegnung der beiden Ausrichtungen erfolgt dabei, so scheint es, kaum. Um diesem Verdacht weiter nachzugehen, müssten allerdings bibliometrische Analysen durchgeführt werden. Mithilfe dieser Verfahren kann festgestellt werden, ob Bezugspunkte in Form von Zitationen zwischen den Forschungen und Publikationen der unterschiedlichen Fachzeitschriften und der unterschiedlichen Richtungen der Visuellen Kommunikationsforschung bestehen.

Die stärkere Verknüpfung der visuellen Forschungstendenzen in den kommunikationswissenschaftlichen Journals mit jenen der visuellen Journals stellt in jedem Fall eine zentrale Herausforderung für die Zukunft der Visuellen Kommunikationsforschung dar. Dies lässt sich beispielhaft an den dominierenden Forschungsgebieten ablesen. Die kommunikationswissenschaftlichen Zeitschriften beschäftigen sich vor allem mit Bildinhalten und deren Wirkungen. Fragen des „Bildhandelns", also die Produktions- sowie Rezeptions- und Aneignungsprozesse, die verstärkt in den visuellen Fachzeitschriften behandelt werden, spielen dagegen bisher lediglich eine nachrangige Rolle. Gerade diese Prozesse stellen aber wichtige kulturelle Praktiken visueller mediatisierter Gesellschaften dar und verlangen auch nach einer stärkeren Behandlung durch die Kommunikations- und Medienwissenschaft. Hier können die (vermuteten) beiden „visuellen Kulturen" von einander lernen. Wie gewinnbringend ihre Vernetzung sein kann, haben die besprochenen Methodenkombinationen der Bildinhaltsforschung veranschaulicht, welche einen wesentlichen Beitrag zur Weiterentwicklung visueller Verfahren der Analyse von Medienbildern leisten.

Die Zukunft der internationalen wie deutschsprachigen Visuellen Kommunikationsforschung betreffend, sprechen die Ergebnisse der vorliegenden Arbeit aber auch dafür, dass dieses junge Forschungsfeld seine Sichtbarkeit innerhalb der Kommunikations- und Medienwissenschaft noch deutlich stärken muss. Das bedeutet, dass – trotz für das Thema essentieller – „zelebrierter Interdisziplinarität" (Barnhurst/Vari/Rodríguez 2004: 633) und der Etablierung einer Vielzahl an visuellen Publikationsarenen, visuelle Kommunikationsforscher und -forscherinnen zukünftig auch verstärkt versuchen sollten, ihre Forschungsergebnisse und Beiträge in den zentralen Fachzeitschriften zu publizieren. Die Gefahr der mangelnden Sichtbarkeit eines Forschungsfeldes im Fach ist besonders dann gegeben, wenn Beiträge, die mit Medienbildern befasst sind, in Journals veröffentlicht werden, deren Selbstverständnis ein besonders weiter Bildbegriff zugrunde liegt. Zwar sind fast alle visuellen Fachzeitschriften interdisziplinär verortet, einige von ihnen weisen aber kaum noch Überlappungsbereiche mit dem Feld der Kommunikations- und Medienwissenschaft auf. Es ist davon auszugehen, dass Beiträge, die in diesen Fachzeitschriften erscheinen, von Forschern und Forscherinnen der Kommunikations- und Medienwissenschaft kaum wahrgenommen werden. Diese Wahrnehmung ist jedoch wichtig, um Bildern und Visueller Kommunikationsforschung zu mehr wissenschaftlicher Akzeptanz zu verhelfen; ein erklärtes Ziel, das die Visuelle Kommunikationsforschung nunmehr seit etwa einem Jahrzehnt erfolgreich verfolgt, wie sich unter anderem an der Gründung von Fachgruppen ablesen lässt. Gerade diese Sichtbarkeit und Akzeptanz innerhalb des Fach gilt es zukünftig durch kommunikations- und medienwissenschaftliche Publikationen weiterhin zu stärken.

Anmerkungen

1 „Mediatisierung" und der eher kulturwissenschaftlich orientierte Begriff „Medialisierung" werden in dieser Arbeit in Anlehnung an Hickethier (2010) und Kamber (2004) synonym verwendet. Eine umfassende Auseinandersetzung mit Mediatisierung findet sich in *Mediatisierung: Fallstudien zum Wandel von Kommunikation* von Krotz (2007) sowie im Sammelband *Die Mediatisierung der Alltagswelt* von Hartmann und Hepp (2010).

2 Die Sozialwissenschaften behandeln und benennen verschiedene gesellschaftliche Wandelphänomene. Einige besonders wichtige sind beispielsweise Globalisierung, Individualisierung, Mediatisierung und Ökonomisierung (vgl. Krotz 2005). In dieser Arbeit wird auch Visualisierung als Begleiterscheinung von Digitalisierung und Mediatisierung und somit als eines der Wandelphänomene verstanden.

3 Ein geschichtlicher Überblick über die Entwicklung der Bildmobilität findet sich bei Weibel (2005).

4 Hier wird keineswegs die Position vertreten, dass Bilder global verständlich seien und tatsächlich auf gleiche Weise interpretiert werden. Eine zeichentheoretische Auseinandersetzung mit Bildern als globale Elemente erfolgt in Kapitel 4.3, globale Verständlichkeit als Charakteristikum von Werbekampagnen wird im Kapitel 7.2 diskutiert.

5 Der hier verwendete Begriff der symbolischen Form bezieht sich in der Argumentation Halawas (2008) nicht auf symbolische Formen als eine der drei semiotischen Zeichenbeziehungen (Ikon, Index, Symbol), sondern vielmehr auf das Verständnis der symbolischen Formen nach Cassirer (1964), welches besagt, „dass der Mensch [...] ein auf symbolische Vermittlung angewiesenes Lebewesen darstellt." (Müller-Funk 2006: 3f)

6 Gerne wird von einer „Bilderflut", „Inflation" oder „Hyperrealität" der Bilder im Zusammenhang mit verborgenen Täuschungsabsichten gesprochen, sodass diese negativen Zuschreibungen an Bilder, so Schulz (2005: 10), mittlerweile – unreflektiert – als Gemeinplätze gesehen werden (vgl. Schulz 2005).

7 Das Interview mit Postman wurde im September 1992 in Hannover, anlässlich des Kongresses *Zur Aktualität des Ästhetischen* geführt und von Daniela Kloock ins Deutsche übersetzt (vgl. Kloock 1995: 187-199).

8 Debord, Guy (1978): Die Gesellschaft des Spektakels. Hamburg: Ed. Nautilus.

9 Foucault, Michel (1976): Überwachen und Strafen: Die Geburt des Gefängnisses. Frankfurt am Main: Suhrkamp.

10 Kultur als abhängige Variable meint die Sichtweise eines traditionelleren Kulturverständnisses im Sinne von „the best that has been thought and said in a society" (Hall 2007: 2). Mit der Öffnung in Richtung der Cultural Studies löst sich auch die Unterscheidung von Hoch- („the best") und Populärkultur auf.

11 Halls Encoding/Decoding-Modell, das hinter diesen Kulturverständnis steht, wird in Kapitel 4.4 unter dem Aspekt der Polysemie und der Kontextabhängigkeit von Bildern diskutiert.

12 Natürlich beschäftigen sich noch weitere Disziplinen, wie Pädagogik, Kulturwissenschaft oder

280 *Anmerkungen*

Informatik mit visuellen Phänomenen. Hier kann leider nicht auf diese mitunter sehr unterschiedlichen Ansätze und Perspektiven eingegangen werden. Ein Überblick über die an der Bildwissenschaft beteiligten Disziplinen findet sich bei Sachs-Hombach (2005a).

13 Halawa widmet ein ganzes Buch der Frage, was denn ein Bild eigentlich sei, oder, etwas anders formuliert, wie Bilder möglich sind (sh. Halawa 2008). Er spricht sich dafür aus, Bilder als Zeichen zu sehen und folgt dabei der Semiotik von Peirce, welche auch wahrnehmungstheoretische Grundlagen berücksichtigt. Die generellen Oppositionen von Phänomenologie und Semiotik könnten, so Halawa, durch eine derartigen Betrachtungsweise entschärft werden, denn die Kritiken der Phänomenologen, wie Boehm, Belting oder Wiesing, wenden sich hauptsächlich gegen eine strukturalistisch orientierte Semiotik, welche versucht dem Phänomen „Bild" ein linguistisches Analyseinstrumentarium überzustreifen (vgl. Halawa 2008: 54f, 89f).

14 Hier soll nochmals darauf verwiesen werden, dass gerade die scheinbar einfache Beschreibung dessen, was ein Bild eigentlich ist, den größten Stolperstein der Allgemeinen Bildwissenschaft darstellt. Es gibt zahlreiche Definitionsversuche, die versuchen das Wesen von Bildern zu beschreiben, jedoch konnten sich die verschiedenen beteiligten Disziplinen nicht auf eine gemeinsame Definition einigen (vgl. Kapitel 3.1).

15 Im Gegensatz zu Wahrnehmungsinhalten äußerer Wirklichkeit, die fotografisch oder filmisch festgehalten werden können, sind innere Bilder nicht maschinell abbildbar, sondern nur durch die gestaltende Hand zu fixieren (vgl. Doelker 2002: 180f).

16 Es gibt bei der Übertragung in ein Original/Unikat viele weitere Abstufungen zwischen den drei Polen, die hier nur schematisch skizziert werden konnten. Für eine genauere Auseinandersetzung siehe Doelker (2002).

17 Doelker sieht auch drei- und vierdimensionale Elemente als mögliche Bilder an. Eine Skulptur ist seinem Bildbegriff nach eben so bildhaft, wie eine Inszenierung mit Schauspielern.

18 Der Vollständigkeit halber soll an dieser Stelle angemerkt werden, dass der Interpretant nicht, wie dies oft geschieht, mit dem Interpreten (verstanden als Deutendem) verwechselt oder gleichgesetzt werden darf. Volli (2002) stellt klar: „Der Interpret ist derjenige, der die Verbindung zwischen Signifikant und Signifikat erfaßt, der Interpretant hingegen ein weiterer Signifikant, der verdeutlicht, in welchem Sinne man sagen kann, daß ein bestimmter Signifikant einem gegebenen Signifkat als Vehikel dient." (Volli 2002: 29f) „Der Begriff des Interpretans ist gerade in seinem Reichtum und seiner Ungenauigkeit fruchtbar, weil er uns zeigt, wie die Kommunikation vermittels eines Systems kontinuierlicher Kommutationen durch das Verweisen von Zeichen zu Zeichen – wie eine Asymptote, die die kulturellen Einheiten niemals ‚berührt' – die kulturellen Einheiten umschreibt, die andauernd als Gegenstand der Kommunikation vorausgesetzt werden." (Eco 2002: 78)

19 Im französischen Originaltext bezeichnet Barthes das Existiert-Haben („avoir-été-là") des Gegenstandes, das sich in der Fotografie manifestiert als das „ça-a-été" (vgl. Röttger-Denker 2004: 100).

20 Peirce, Charles S. (1931-58): Collected Papers. Band 1-6. Cambridge: Harward Univ. Press. (zitiert als CP)

21 Fiske, John (1982): An Introduction to Communication Studies. London: Methuen.

22 Grittmann (2007) setzt sich vor dem Hintergrund der Systemtheorie ausführlich mit diesen systemeigenen Programmen in der Pressefotografie auseinander.

23 Martinec und Salway (2005) beschäftigen sich mit unterschiedlichen Arten von Bild-Text-Beziehungen. Sie zeigen, dass nicht alle Bild-Text-Verbindungen gleichermaßen stark ausgeprägt sind. Besonders deutlich ist die Fusion von Bild und Text zum Beispiel in der islamischen Kunst, aber auch in der typographischen Kunst verwischen sich die Bild-Text-Grenzen tenden-

Anmerkungen

ziell. Der Großteil der multimodalen Botschaften in medialen Settings weist jedoch nicht solch extreme Bild-Text-Verknüpfungen auf. In Medientexten erscheinen die beiden Systeme einerseits meist klar getrennt, sind andererseits aber durch ihre Semantik und Form verbunden (vgl. Martinec/Salway 2005: 338). Die Auseinandersetzung mit Bild-Text-Interaktionen in Medientexten sowie mit deren Kategorisierung findet sich in der Literatur, unter vielen anderen, etwa bei Barthes (2001), Ballstaedt/Molitor/Mandl (1987), Drescher (1997), Holicki (1993), Knox (2007), Martinec/Salway (2005), Schierl (2001) oder Wolf (2006). Martinec und Salway (2005) entwickelten ein besonders komplexes System zur Kategorisierung von Bild-Text-Bezügen, das auf den logisch-semantischen Beziehungen von Halliday, sowie den grundlegenden Klassifizierungen von Bild-Text-Beziehungen von Barthes basiert.

24   Teile der folgenden Ausführungen wurden bereits in ähnlicher Form in Lobinger (2009a, 2008) publiziert.

25   Hier wird die gängigste Vorstellung, die Bilder als ikonische Zeichen sieht, dargestellt (vgl. auch Kapitel 4). Im „Ikonizitätsstreit" (besonders bei Umberto Eco, Nelson Goodman) wurde diese Ähnlichkeit oft angezweifelt.

26   Diese Gegenüberstellung von sprachlichen und visuellen Zeichen wurde bereits ausführlich in unterschiedlichen Disziplinen und Kontexten dokumentiert. Für eine umfassendere Unterscheidung von Bild- und Textzeichen siehe insbesondere Schierl (2001), aber auch Nöth (2000), Marquardt (2005), Barthes (2001), Knieper (2005), Schierl (2005), Doelker (2002) oder Volli (2002).

27   Konkrete Objekte (z.B. eine bestimmte Kuh oder ein Sessel) können realitätsnah und sehr detailliert in Bildern wiedergegeben werden. Abstrakte, allgemeinere Konzepte wie Freiheit oder Klassenbezeichnungen (z.B. „Säugetiere" oder „Möbel") können am besten mit Sprache bezeichnet werden (vgl. exemplarisch Schierl 2001: 215).

28   Auf die Aufgaben und Kommunikationsmöglichkeiten der Textkommunikation kann an dieser Stelle nicht genauer eingegangen werden. Eine umfassende Darstellung findet sich bei Schierl (2001: 236ff).

29   Tachistoskoptests sind experimentelle Methoden, die hauptsächlich in der Marktforschung zum Pretest von Plakaten und Anzeigen verwendet werden. Es werden visuelle Inhalte in sehr kurzen Zeitintervallen gezeigt. Dadurch wird die bewusste, kognitiv gesteuerte Wahrnehmung ausgeschaltet und es können die ersten spontanen Anmutungen erhoben werden (vgl. GFK Austria 2010).

30   Garcia, Mario/Stark, Pegie (1991): Eyes on the News. St Petersburg, FL: The Poynter Institute.

31   In den Worten von Pfau et al. (2006), die ihre Kapitel an diesen Aspekten orientierten: „Photographs Elicit Emotional Response" (2006: 150), „Photographs Influence Attitudes" (2006: 151), „Photographs Capture Readers' Attention" (2006: 151), „Photographs Are Credible" (2006: 152), „Photographs Are Memorable" (2006: 152).

32   Garcia, Mario/Stark, Pegie (1991): Eyes on the News. St Petersburg, FL: The Poynter Institute.

33   Augenbewegungen hängen von Aufmerksamkeitsprozessen ab und werden in Fixationen (Zeiten, in denen die Augen relativ unbewegt bleiben, was dafür spricht, dass einem Bereich Aufmerksamkeit geschenkt wird) und Sakkaden (Sprünge von einem fixierten Bereich zum nächsten bei unterdrücktem bzw. vermindertem Wahrnehmungsprozess) (siehe dazu ausführlicher Bucher/Schumacher 2006: 351).

34   Die hier genannten Ergebnisse beziehen sich überwiegend auf Printbotschaften. Die Rezeption von Online-Inhalten unterscheidet sich von der Rezeption von Printinhalten (siehe exemplarisch Holmqvist/Holsanova/Barthelson/Lundqvist 2003; Ollermann/Hamborg/Reinecke 2004).

35   Nelson, Douglas L. (1979): Remembering Pictures and Words: Appearance, Significance, and

282 Anmerkungen

Name. In: Cermak, Laird S./Craik, Fergus I.M. (Hrsg.) (1979): Levels of Processing in Human Memory. Hillsdale, N.J.: Erlbaum, S. 45-76. Alle genannten Theorien sind der Imagery-Forschung zuzuordnen (siehe Kapitel 7.2). Eine genauere Diskussion der „analog-propositional"-Debatte findet sich bei Kosslyn (1981).

36 Zur Diskussion des Unterschiedes zwischen „normalen Emotionen" (Scherer 1998: 276) und Rezeptionsemotionen siehe Scherer (1998) und Schwab (2001).

37 Eine dritte Forschungsperspektive beschäftigt sich damit, wie Emotionen der Rezipienten und Rezipientinnen die Selektion von Medieninhalten beeinflussen (vgl. Früh/Fahr 2006: 24). Dieser Forschungsstrang kann im Rahmen dieser Arbeit nicht weiter behandelt werden.

38 Winn, William/Everett, Richard J. (1979): Affective Rating of Color and Black-and-white Pictures. In: Educational Technology Research and Development, 27(2), S. 148-156.

39 Detenber und Winch (2001) verwenden 30 Nachrichtenbilder in drei Kategorien: „Blut", „Feuer" und „menschliche Tragödie". Der Zusammenhang von Farbe und Inhalt ist in der Untersuchung besonders wichtig, da die Autoren davon ausgehen, dass rotes Blut zu stärker negativen Reaktionen führt als Blut auf einem Schwarz-Weiß-Bild (vgl. Detenber/Winch 2001: 5).

40 Diese Suche nach stimulierenden, aktivierenden Reizen wird in den Sozialwissenschaften oft unter dem Schlagwort „Erlebnisorientierung" behandelt (vgl. exemplarisch Mikunda 2002; Schulze 2000). Eine Diskussion der Erlebnisorientierung und des Zusammenhangs mit Emotionen findet sich auch bei Döveling (2005: 103f).

41 Die Chapel-Hill-Studie von McCombs und Shaw aus dem Jahr 1968 (vgl. McCombs/Shaw 1972) gilt als Vorreiteruntersuchung der Agenda-Setting-Forschung. Die Publikumsagenda von 100 noch unentschlossenen Wählern in Chapel Hill, also die Bedeutung, die diese Menschen den Themen des Präsidentschaftswahlkampfes 1968 beimessen, wurde mit der Berichterstattung der verfügbaren Medien verglichen. Zur Überprüfung der Hypothese, dass die Medien einen Einfluss auf die Agenda, also die „Tagesordnung" des Wahlkampfes haben, wurden Inhaltsanalysen und Befragungen kombiniert. Tatsächlich konnten die Autoren einen starken Zusammenhang zwischen den als wichtig beurteilten Themen (Publikumsagenda) und den zentralen Themen der Medienberichterstattung (Medienagenda) feststellen, wenngleich die Studie auch keinen Anspruch darauf erhob, die Richtung der Kausalität zu bestimmen (vgl. Eichhorn 2005: 10f). Es könnte ja auch der Fall sein, dass die Öffentlichkeit bestimmt, über welche Themen berichtet wird (vgl. Eichhorn 2005: 10f; Wanta 1988: 107). An dieser Stelle kann nicht genauer auf diese Aspekte eingegangen werden. Zur Geschichte sowie zu ausführlicher Kritik und Weiterführung der Agenda-Setting-Hypothese siehe Eichhorn (2005). Nach der Chapel-Hill Studie, erlangte die Agenda-Setting-Forschung große Popularität und wurde dann – etwas mehr als zehn Jahre nach der Ursprungsuntersuchung – auch hinsichtlich bildlicher Agenda-Setting Elemente z.B. durch Wanta (1988) untersucht.

42 Coleman (2010) weist darauf hin, dass besonders viele Studien visuelles Framing untersuchen, ohne es als Framing zu bezeichnen. Einerseits verdeutlicht dies die Bedeutung von visuellem Framing als Forschungsstrang. Andererseits aber ist die Framing-Definition, die Coleman ihrer Argumentation zugrunde legt, sehr weit gefasst und teilweise nicht mehr mit den gängigen Definitionen von Scheufele (2003) oder Dahinden (2006) kompatibel. Für die visuelle Framing-Forschung wäre es daher zunächst wichtig, zu einer Eingrenzung des Begriffs „visueller Frame" zu kommen und klare definitorische Grundlagen zu entwickeln.

43 Eine ausführliche Darstellung der Gemeinsamkeiten und der Unterschiede von Agenda-Setting und Framing-Theorie finden sich bei Dahinden (2006: 84ff) und Scheufele (2003: 60ff). Beide Autoren gehen davon aus, dass obwohl es zwischen den Konzepten Berührungspunkte gibt, eine Gleichsetzung der Ansätze nicht sinnvoll ist. In gewissen Punkten verhalten sie sich, so

Anmerkungen 283

Dahinden (2006: 85) komplementär (vgl. Dahinden 2006; Scheufele 2003).

44 Einige Teile dieses Kapitels wurden in ähnlicher Form bereits in Lobinger (2010, 2009b, 2008) veröffentlicht.

45 Im Folgenden wird an Stelle von Multiliteracy weiterhin der Begriff „Visual Literacy" verwendet, da die bildspezifischen Kompetenzen in dieser Arbeit in den Vordergrund gerückt werden. Es muss jedoch anerkannt werden, dass Medienbotschaften immer aus mehreren Modi bestehen, deren Kombination mehr als die Summe der Einzelteile ist. In diesem Sinne ist diese Multiliteracy mehr als verbale und visuelle Kompetenz (vgl. Coleman/Wasike 2004: 457; Martinec/Salway 2005: 338). Das Zusammenspiel der unterschiedlichen Modi wurde in Kapitel 5 ausführlicher behandelt.

46 Im englischsprachigen Raum wird der Begriff „Media Literacy" verwendet. Er entspricht weitgehenden der Medienkompetenz und bezeichnet „the making of meaning with communicative modes" (Duncum 2004: 253). In der älteren semiotischen Tradition bedeutete kompetent zu sein, die nötigen Fähigkeiten zu besitzen, Informationen durch mentale Prozesse zu kodieren und zu dekodieren. Wörtlich übersetzt bedeutet „Literacy" Literalität, also die Fähigkeit Schreiben und Lesen zu können. In einem aktuelleren Verständnis der Social Semiotics wird diese Literacy als soziale Praxis aufgefasst, die in sozialen Settings und Kontexten stattfindet und von diesen mitbestimmt wird (vgl. Duncum 2004: 255).

47 Weidenmann, Bernd (1989): Der mentale Aufwand beim Fernsehen. In: Groebel, Jo/Winterhoff-Spurk, Peter (Hrsg.) (1989): Empirische Medienpsychologie. München: Psychologie Verlags Union.

48 Auf die geschichtliche Entwicklung und die Veränderung der Rahmenbedingungen im Journalismus kann hier nicht genauer eingegangen werden. Siehe dazu exemplarisch Hoppe (2007).

49 Für eine ausführlichere Darstellung siehe auch Haas (1987), zur Bildmanipulation Büllesbach (2008).

50 Dieses Beispiel weist darauf hin, dass das Bildkontext-Analyseschema von Müller (2003, siehe Kapitel 4.4) noch um einen Detailaspekt ergänzt werden muss: die Berücksichtigung vielfältiger Produktionskontexte. Das Kunstbild, das ursprünglich im künstlerischen Produktionsprozess hergestellt wurde, durchläuft, wenn es im Journalismus zur Illustration eines Nachrichtentextes eingesetzt werden soll, einen weiteren Berabeitungskontext. Durch die journalistischen Selektions- und Bearbeitungsprozesse, die einen weiteren Produktionskontext einführen, erfolgt schließlich die Anpassung an den neuen Kontext und somit die Kontextverschiebung. Umgelegt auf Müllers (2003) Kontextschema bedeutet dies, dass es unwahrscheinlich ist, dass ein Bild eine Kontextverschiebung zwischen Produktionskontext und Rezeptionskontext durchläuft, ohne weiteren kontextspezifischen Bearbeitungen ausgesetzt worden zu sein. Bildjournalismus ist als journalistische Tätigkeit an der Erarbeitung bzw. Verbreitung von Informationen, Meinungen und Unterhaltung durch Medien mittels Wort, Bild, Ton oder Kombinationen dieser Darstellungsformen beteiligt (vgl. Sachsse 2003: 14; DJV 1996: 3). Er liefert visuelle Nachrichten, die meist als veranschaulichende Belege für Ereignisse oder Menschen dienen und Stimmungen und Hintergründe für Meinungen und Entscheidungen vermitteln (vgl. Sachsse 2003: 16). Somit ist jedes publizierte Pressefoto ein Produkt systemeigener journalistischer Programme (vgl. Grittmann 2007: 399).

51 Weitere Studienergebnisse zur Bildrezeption wurden bereits in Kapitel 5.2 vorgestellt.

52 Zentrale Merkmale von Unterhaltung fassen Bernhard und Scharf folgendermaßen zusammen: leichte Zugänglichkeit (Inhalte, die entspannen und kognitiv nicht überfordern), Zerstreuungs- und Ablenkungsmöglichkeiten, parasoziale Interaktionsangebote. Die wichtigste Strategie zur Erzeugung des Gefühls Unterhaltung stellt jedoch die Emotionalisierung dar (vgl. Bernhard/

284 Anmerkungen

Scharf 2008: 236).

53 In gewisser Weise stellt eine Fotografie aufgrund ihrer Natur eine Brücke zur Vergangenheit her und macht die Betrachter und Betrachterinnen zu Augenzeugen. Dieses Augenzeugenprinzip von Bildern zeichnet sich, so Gombrich (1984b) und Barthes (1989), vor allem dadurch aus, dass sie etwas sichtbar machen können, was ein Augenzeuge an einem anderen Ort und in einer anderen Zeit von einem bestimmten Punkt aus tatsächlich sehen konnte. Die Fotografie wird diesem Verständnis nach als indexikalisches Zeichen gesehen. In der philosophischen Bildtheorie ist neben dem Begriff der Ähnlichkeit, die Kausalität ein wichtiger Parameter bei der Erfassung des Phänomens „Bildlichkeit". Kausalitätstheorien gehen im Grund davon aus, dass das abgebildete Objekt ein bzw. der relevante Faktor bei der Abbildungsentstehung ist. Fotografische Bilder werden demnach als Spuren oder Abdrücke aufgefasst (vgl. Leifert 2007: 40), siehe dazu auch Kapitel 4.3. Die Gegenüberstellung von Ähnlichkeits- und Kausalitätstheorien in der Philosophie operiert mit ähnlichen Vorstellungen wie die Debatte über Ikonizität oder Indexikalität von Bildern in der Semiotik (vgl. Barthes 1989; Eco 2002).

54 Schwartz (1992) untersuchte acht Lehrbücher für Fotojournalisten, um die Rolle der Fotografie im Journalismus zu beschreiben. Sie fand eine hohe Übereinstimmung zwischen diesen Texten, welche sich in Form einer wiederkehrenden professionellen Bildrhetorik und ästhetischen Vorschriften ausdrückte. Dieses Ergebnis, so Schwarz, spricht für die Existenz eines Codes fotojournalistischer Praxis.

55 Hier stellt sich die Frage nach den Bedingungen und Anforderungen einer Bildethik. Da in dieser Arbeit nicht auf diese Thematik eingegangen werden kann, sei exemplarisch auf die Werke von Leifert (2007) und Knieper (2005b) verwiesen. Das Vertrauen in Bilder wird im Rahmen der Medienpädagogik heftig unter dem Stichwort „Visuelle Kompetenz" diskutiert. Siehe dazu auch Kapitel 6.

56 Hall, Stuart (1973): The Determinations of News Photographs. In: Cohen, Stanley/Young, Jock. (Hrsg.) (1973): The Manufacture of News: Deviance, Social Problems and the Mass Media. London: Constable, S. 176-190.

57 Diese Anforderungen an die Bildunterschrift bzw. die begleitenden Texte sind sehr hoch und in der Praxis aus mehreren Gründen nicht einsetzbar. Einerseits wird damit eine der wichtigsten Funktionen des Bildes relativiert: Der rasche Einstieg in den Artikel. Weiters ist es zwar wünschenswert, die Produktionsbedingungen der Fotografen und Fotografinnen auch an die Leserinnen und Leser zu kommunizieren, dies würde allerdings zu einer „Meta-Kommunikation" führen, die nicht das Geschehnis selbst, sondern wie über das Geschehnis berichtet wird, berichtet. Ansprüche an eine derartige Transparenz werden auch an den Wortjournalismus nicht gestellt und sind deshalb zwar wünschenswert, aber als utopisch zu betrachten. Ausnahmen könnten hier so genannte Fotoreportagen bilden. In Fotoreportagen wird der Großteil der journalistischen Geschichte über Bilder erzählt und der Fotograf erfüllt die wichtige Rolle des visuellen Journalisten. Er ist nicht wie im Normalfall einem Wortjournalisten untergeordnet (vgl. Martin/Werner 1981: 11). Wenn das journalistische Bild dermaßen im Vordergrund steht, ist es für den Leser bzw. die Leserin auch interessant zu erfahren, wie die Bilder produziert und ausgewählt wurden.

58 Dieser Aspekt kann als visuelle Vermittlung von Information betrachtet werden und entspricht der journalistischen Funktion des Bildes nach Holicki (vgl. Holicki 1933: 33). Auch hier sind rein dekorative Bilder, die wie bereits gezeigt wurde, ebenfalls wichtige Funktionen erfüllen können, ausgeschlossen.

59 Dieser Aspekt zeigt, dass auch in der Kommunikations- und Medienwissenschaft mentale Bilder (vgl. Kapitel 4.1) nicht ganz ausgeblendet werden können. Sie werden zwar nicht vorder-

Anmerkungen 285

gründig als Untersuchungsobjekte der Visuellen Kommunikationsforschung untersucht, sind aber besonders dann, wenn es um die Wirkung „starker Bilder" geht, zu berücksichtigen.

60 Zu einer genauen Darstellung des politischen und medialen Produktionskontextes dieser Bildikone siehe Paul (2005a).

61 Eine besonders ausführliche Auseinandersetzung mit den Folterbildern aus Abu Ghraib sowie den ihnen zugeschriebenen Bedeutungen erfolgt bei Andén-Papadopoulos (2008).

62 Hersh war u.a. einer der ersten Journalisten, die über die das Massaker von My Lai im Vietnamkrieg 1969 berichteten, wofür ihm 1970 den Pulitzer Preis verliehen wurde (vgl. The New Yorker 2010). Er veröffentlichte das Buch *Die Befehlskette. Vom 11. September bis Abu Ghraib* (vgl. Hersh 2004c), in dem die gesammelten Recherchen und Artikel zum Abu Ghraib Skandal zusammengefasst sind. Hershs Recherchen zeigen dabei, dass es sich bei den Folterungen im berühmt gewordenen Militärgefängnis um keinen „Betriebsunfall", also um die Ausschreitungen einiger „bad apples", handelt, sondern, im Gegenteil, um eine Militärstrategie, eine Befehlskette, die sich, so Hersh (2004c), bis zu Rumsfeld und Bush zurückverfolgen lässt (vgl. Hersh 2004c).

63 Die Bezeichnung „counterframes" wird hier als „oppositionelle Frames" oder „Gegenframes" übersetzt.

64 Auf eine Abbildung wird hier bewusst verzichtet. Für das Original und unterschiedliche Anwendungen in der Alltagskultur siehe Andén-Papadopoulos (2008), Bergem (2006) und Cooper (2009).

65 Die Website von Forkscrew ist seit 15.6.2010 nicht mehr zugänglich.

66 Nähere Erklärungen zu den Kriterien finden sich in Grittmann/Ammann (2008) sowie in Knieper (2008). Die vollständige Auflistung von Ikonisierungsmerkmalen erfolgt in Perlmutter (1998). In ähnlicher Form werden Ikonisierungsmerkmale auch bei Knieper diskutiert (vgl. Knieper 2008: 59ff; Perlmutter: 1998: 11).

67 Viehoff, Reinhold (2005): Programmierte Bilder. Gedanken zur ritualisierten Zirkelstruktur von Wahrnehmung und Inszenierung durch die Bild(schirm)medien. In: Fischer, Ludwig (Hrsg.) (2005): Programm und Programmatik. Kultur- und medienwissenschaftliche Analysen. Konstanz: UVK , S. 113-131.

68 Usunier, Jean-Claude (2000): Marketing Across Cultures. Harlow/Essex: Pearson Education Limited.

69 Eine zeichentheoretische Erklärung, warum auch ikonische Zeichen nicht international und interkulturell verstanden werden, erfolgt in Kapitel 4.3 bzw. 4.4

70 Für eine genauere Behandlung von Werbestilen siehe auch Heiligmann/Rutledge Shields (2005).

71 Ein sehr ausführlicher Überblick über Theorien zur Wirkung von Persuasion in der Werbung findet sich bei Gierl/Reich (2005).

72 Imagery bezeichnet die „Entstehung, Verarbeitung, Speicherung und Verhaltenswirkung innerer Bilder. Diese Vorgänge finden in einem eigenen Gedächtnissystem statt." (Kroeber-Riel 1996: 25) Als Beispiel nennt Kroeber-Riel Folgendes: Wird jemand gefragt, wo die Fischabteilung eines bestimmten Supermarktes ist, so stellt sich der Befragte den Supermarkt vor und versucht die Antwort auf die Frage zu finden, in dem er die bildlichen Vorstellungen (also die inneren Bilder) mit seinen „inneren Augen" betrachtet (vgl. Kroeber-Riel 1996: 25). Bildern wird aufgrund der angenommen leichteren dualen Codierung eine stärkere Imageryfunktion zugesprochen. Eine genauere Beschreibung des daraus resultierenden Picture-Superiority-Effekts sowie der Theorie der dualen Codierung findet sich in Kapitel 5.2.

73 Für eine detaillierte Diskussion zum Verhältnis von Gesellschaft/Kultur und Werbung soll an

286 Anmerkungen

dieser Stelle insbesondere auf Zurstiege (2005, 2002) verwiesen werden.

74 *obs* (Originalbildservice von *news aktuell*) ist ein Service zur Verbreitung von PR-Fotos und Infografiken an die Medien. Dieses Netzwerk wird von Pressestellen und PR-Agenturen zur Verteilung von Pressebildern benutzt. *News aktuell* ist ein Tochterunternehmen der *dpa*.

75 Für weitere Informationen zum Award sowie zur Jury siehe obs-Awards (2010).

76 „Emphasis is laid here on the necessity of a connection between corporate strategy and communication strategy." (Zerfaß 2008: 65)

77 Die Verwendung des Begriffes „Corporate Design" in diesem Zusammenhang ist nicht vergleichbar mit der Verwendung bei Berzler (2009b). Hier sind die Basisregeln gemeint, welche die Verwendung der Firmenfarben, des Firmenlogos und der „Hausschrift" auf Kommunikationsmitteln regeln. Allerdings gibt es keine darüber hinausgehenden Anleitungen für die Unternehmenskommunikation. Entgegen dieser Auffassung argumentiert Berzler (2009a) nämlich, dass das „Corporate Design" eines Unternehmens dessen „Unternehmenspersönlichkeit", also die selbst definierte „Corporate Identity", visuell darstellt und sich dadurch, im Sinne einer „ganzheitlichen" Perspektive auch durch alle Bereiche des Unternehmens ziehen sollte (vgl. Berzler 2009a: 9).

78 In der Literatur finden sich viele unterschiedliche Konzepte von Corporate Identity. Eine ausführliche Zusammenfassung über die verschiedenen Definitionen, Modelle und Elemente der Corporate Identity fassen Melewar und Jenkins (2002) zusammen.

79 Diese Anpassung an die „Medienlogik" wird im Zusammenhang mit der Amerikanisierung, Personalisierung und Privatisierung sowie Emotionalisierung der Wahlkämpfe beziehungsweise der politischen Berichterstattung diskutiert (siehe etwa Albers 2009; Kamps 2007). Eine kritische Reflexion, weshalb die Politikwissenschaft sich bisher jedoch noch nicht entsprechend für den Bereich des Visuellen geöffnet hat, findet sich u.a. bei Warnke (1994). Martin Warnke gilt als Begründer der Politischen Ikonografie. Im Frühjahr 2011 erschien das Handbuch der politischen Ikonografie, das von Warnke, Fleckner und Ziegler herausgegeben wurde (vgl. Warnke/Fleckner/Ziegler 2011).

80 Insgesamt wurden in der Studie 1788 Bilder erhoben und untersucht. 83,8% der Bilder sind Pressefotos.

81 Zur Codierung nonverbalen Verhaltens wurden unter anderem die Herangehensweise des Berner Systems (vgl. Frey 1999) oder das Facial Action Coding System (FACS) von Ekman und Friesen (vgl. Ekman 1982) entwickelt. Ein Überblick über unterschiedliche Erhebungsansätze dieser Faktorengruppe findet sich bei Fleissner (2004: 133-137).

82 Impression Management wird in Kapitel 7.5 behandelt.

83 Boltanski, Luc (1999): Distant Suffering: Morality, Media and Politics. Cambridge: Cambridge University Press.

84 Auf Impression Management in social Networks geht das folgende Kapitel 7.5 ein.

85 Zu den Konzepten „privat" und „öffentlich" im Bezug auf social Webs siehe u.a. Lange (2008).

86 In der Studie zeigten sich zudem deutliche Geschlechterunterschiede. Frauen neigen eher dazu, ihre Bilder zu optimieren als Männern, nehmen diese Veränderungen aber nicht als weniger authentisch wahr (vgl. Hancock/Toma 2009: 380ff).

87 Zur Auswirkungen der digitalen Fotografie auf den Archivierungsaufwand und die Archivierungspraktiken in Nachrichtenredaktionen siehe Bossen/Davenport/Randle (2006).

88 Glass, Gene V./McGaw, Barry/Smith, Mary Lee (1981): Meta-Analysis in Social Reserach. Beverly Hills, London: Sage.

89 Im englischen Original sprechen Weaver und Wilhoit von „the nerves of a discipline" (Weaver/Wilhoit 1988).

Anmerkungen

90 Vgl. u.a. Lowry (1979) zur Evaluation von Forschungsmethoden in der kommunikationswissenschaftlichen Literatur, Schramm (1957) zur Beschäftigung mit Printjournalismus. Eine umfassende Auflistung zahlreicher weiterer Metaanalysen findet sich bei Kamhawi/Weaver (2003: 8).

91 Untersuchte Journals bei Cooper/Potter/Dupagne (1994) und Trumbo (2004) waren: *Communication Monographs, Communication Research, Critical Studies in Mass Communication, Human Communication Research, Journal of Broadcasting & Electronic Media, Journal of Communication, Journalism & Mass Communication Quarterly* und *Quarterly Journal of Speech*.

92 Untersuchte Journals bei Kamhawi/Weaver (2003): *Communication Monographs, Communication Quarterly, Communication Research, Critical Studies in Mass Communications, Human Communication Research, Journal of Broadcasting & Electronic Media, Journal of Communication, Journalism & (Mass) Communication Monographs, Journalism & Mass Communication Quarterly, Public Opinion Quarterly*.

93 Trumbo (2004) vermutet zudem Codierfehler, da die Ergebnisse bezüglich der Methodenarten der Studien wiederum übereinstimmen (vgl. Trumbo 2004: 428).

94 Die erste Zahl bezieht sich auf die Ergebnisse von Trumbo (2004), die zweite auf die Ergebnisse von Cooper/Potter/Dupagne (1994).

95 Aufgrund der geringen Fallzahl der Studie von Cooper/Potter/Dupagne (1994) können die Ergebnisse nur in eingeschränktem Ausmaß mit den Ergebnissen von Trumbo (2004) verglichen werden. Es werden daher nur noch die Daten von Trumbo (2004) angeführt.

96 In der Folge werden die fachumspannenden Journals als kommunikationswissenschaftliche Journals und die thematischen Journals als visuelle Journals bezeichnet.

97 Ich danke hier Cornelia Brantner, Elke Grittmann und Hannes Haas für die Beurteilung der Relevanz der Journals.

98 Auf diese spezielle Beitragsart wird im folgenden Abschnitt im Zuge der Beschreibung des Kategoriensystems eingegangen.

99 Bildwirkung bezeichnet, in Anlehnung an die Definition von Bonfadelli/Jarren/Siegert (2005b), die „individuellen und sozialen, intendierten und zufälligen, kurz- wie langfristigen, sozial erwünschten, aber auch schädlichen Effekte" von visuellen Medien und deren Inhalten „auf Wissen, Einstellungen, Emotionen und Verhaltensweisen." (Bonfadelli/Jarren/Siegert 2005b: 12)

100 Bildnutzung bezeichnet die Ebenen der Publikums- und Rezipientenforschung und beschäftigt sich mit den Publika der Massenmedien, ihren Strukturen, den Prozessen der Bildrezeption und -aneignung, sowie mit dahinter stehenden Wünschen und Erwartungen an Medieninhalte (vgl. Bonfadelli/Jarren/Siegert 2005b: 11).

101 Markt und Ökonomie, sowie die rechtlichen Rahmenbedingungen werden bei Bonfadelli/Jarren/Siegert (2005b) unter dem Überbegriff „Medien und Gesellschaft" zusammengefasst. Für die vorliegende Untersuchung wurde dieser Themenkomplex aufgeteilt.

102 Genauere Informationen zu den einzelnen Journals finden sich in Anhang 1. Ein Überblick über weitere Journalgründungen, sowie deren Verortungen kann in Barnhurst/Vari/Rodríguez (2004) nachgelesen werden.

103 Untersucht wurden: *Journal of Communication, Critical Studies in Media Communication, Communication Theory, Media, Culture & Society, Journalism & Mass Communication Quarterly, Popular Communication, Political Communication, Quarterly Journal of Speech, Journal of Broadcasting & Electronic Media* und *Public Opinion Quarterly* (siehe Barnhurst/Vari/Rodríguez 2004: 624).

104 Es soll hier nochmals darauf hingewiesen werden, dass *Medien & Kommunikationswissenschaft* erst seit der Umbenennung (früher unter dem Titel *Rundfunk & Fernsehen*) auch relevante Ar-

288 *Anmerkungen*

tikel für die vorliegende Analyse beinhaltet. Diese Umbenennung erfolgte im Jahr 2000. Somit sind für die vorliegende Untersuchung im Wesentlichen die Jahre 2000 bis 2009 von Interesse (vgl. auch die Beschreibung der Journals in Anhang 1).

105 Die Beschreibung der visuellen Journals erfolgt Anhang 1. Ein Überblick über die disziplinäre Einordnung der visuellen Fachzeitschriften (außer der Zeitschrift *Image*) lässt sich auch aus der Visualisierung des Mappings von Barnhurst, Vari und Rodríguez (2004) ablesen. Siehe dazu Abbildung 1 in Kapitel 3.3.

106 Die Prozentwerte in der Tabelle beziehen sich auf die Anzahl der Artikel und ergeben daher mehr als 100%. Mehrfachantworten kamen in 16% der Beiträge vor (n = 311).

107 n = 266, 2 fehlende Werte.

108 Für diese Analyse wurden also jene Fälle ausgewählt und analysiert, in denen bei Theorie-Empirie „qualitative empirische Studie", „quantitative empirische Studie" oder „Kombination von qualitativer und quantitativer empirischer Herangehensweise" codiert wurde. Essays mit Analysen wurden aus Gründen der Vergleichbarkeit ausgeschlossen.

109 Auswertungen für die einzelnen Journals sind aufgrund der geringen Beitragsfallzahl in mehreren Journals (z.B. *European Journal of Communication, Communications, Publizistik, Medien & Kommunikationswissenschaft* oder *Image*) nicht aussagekräftig.

110 Hier wurden auch Essays mit aufgenommen. Ausgewertet wurden alle Beiträge, bei denen eine oder zwei Methoden kodiert wurden. Beiträge aus kommunikationswissenschaftlichen Journals n = 118, Beiträge aus visuellen Journals n = 91 (Gesamt n = 209).

111 Dies bedeutet nicht, dass unter Fotografie generell keine fotografischen Werbedarstellungen erfasst werden. Steht die Fotografie und nicht die Gesamtanzeige (aus Bild und Text) im Vordergrund, so wird die Bildgattung als „Fotografie" codiert. Die Erfassung des medialen Kontextes, also z.B. Verwendung als Werbebild oder journalistisches Bilder, erfolgt gesondert.

112 n = 242, 26 fehlende Werte. Fehlender Wert (nicht bestimmbar, nicht vorhanden) wird dann codiert, wenn im Artikel keine Angaben zur Mediengattung gemacht werden. Ebenfalls als „Missing" gilt, wenn kein Kontext vorhanden ist, das Bild also vom Trägermedium losgelöst betrachtet wird und auch kein Bezug zum Medium hergestellt wird.

113 Bei genauerer Betrachtung und Gegenüberstellung mit der Variable zur „Theorie – Empirie" zeigt sich, dass 40,7% der Beiträge, die mit „Medien allgemein" keinen Bezug zu einer speziellen Mediengattung aufweisen, theoretische Beiträge sind.

114 n = 237, 30 Missings. Mehrfachantworten waren möglich, weshalb die Prozentwerte der Berechnungen 100% überschreiten. In 23 Artikeln (8,6%) wurden zwei Anwendungskontexte codiert.

115 Teile dieses Kapitels wurden bereits in ähnlicher Form in Lobinger (2009b) veröffentlicht.

116 Bildliche Darstellungsaspekte als Variablen der quantitativen Bildinhaltsanalyse werden in Kapitel 10 ausführlicher behandelt.

117 Die Zahl der Methodenkombinationen hat im Vergleich zu Abbildung 21 durch die Recodierung scheinbar abgenommen. Die neu gebildete Ausprägung „Kombination aus quantitativer und qualitativer Inhaltsanalyse" unterscheidet sich jedoch inhaltlich von der oben angeführten Ausprägung „Kombination qual.-quant. empir. Studie". Mit den neuen Label sind jene Inhaltsanalysen erfasst, die in ihrem Untersuchungsdesign eine quantitative und eine qualitative Inhaltsanalyse kombinieren. In der weiter oben angeführten Kategorisierung wurde dagegen erfasst, wenn eine Inhaltsanalyse als Teil einer Untersuchung, die sowohl qualitative als auch quantitative Methoden einsetzt, vorkommt. Es war dabei auch die Kombination zu anderen Methodenarten als jener der Inhaltsanalysen möglich.

118 Die Inhaltsanalyse in Len-Ríos/Rodgers/Thorson/Yoon (2005) war allerdings als Vorerhebung

Anmerkungen

konzipiert und wurde durch eine Befragung ergänzt.

119 Teile der folgenden Ausführungen zum Face-ism-Index finden sich in ähnlicher Form auch in Grittmann/Lobinger (2011). In Fahmy (2004) und Keenan (1996) werden ebenfalls bildspezifische Darstellungsaspekte, z.B. soziale Distanz, Farbsättigung, Kamerawinkel (Blickwinkel), visuelle Unterordnung und Kontakt (Blickkontakt) erfasst. Auf einige dieser Aspekte wird weiter unten noch genauer eingegangen.

120 Ein Überblick über unterschiedliche Studien zur Wirkung des Kamerawinkels findet sich in Kepplinger (2010: 68).

121 Teile dieser Ausführungen finden sich in ähnlicher Form bei Grittmann/Lobinger (2011)

122 Ein Überblick über die Geschichte der qualitativen Inhaltsanalyse und die methodischen Weiterentwicklungen, welche aus Kracauers Forderungen resultierten, findet sich bei Christmann (2006: 275ff).

123 Für unterschiedliche Typologien qualitativer Ansätze zur Analyse von Medientexten siehe Bonfadelli (2002: 55).

124 Ikonografie und Ikonologie werden in unterschiedlichen Publikationen häufig gleichgesetzt.

Literaturverzeichnis

Abels, Heinz/König, Alexandra (2010a): Sozialisation. Soziologische Antworten auf die Frage, wie wir werden, was wir sind, wie gesellschaftliche Ordnung möglich ist und wie Theorien der Gesellschaft und der Identität ineinanderspielen. Wiesbaden: VS Verlag für Sozialwissenschaften für Sozialwissenschaften.

Abels, Heinz/König, Alexandra (2010b): Erving Goffman: Die Präsentation des Selbst im Alltag. In: Abels, Heinz/König, Alexandra (Hrsg.): Sozialisation. Soziologische Antworten auf die Frage, wie wir werden, was wir sind, wie gesellschaftliche Ordnung möglich ist und wie Theorien der Gesellschaft und der Identität ineinanderspielen. Wiesbaden: VS Verlag für Sozialwissenschaften für Sozialwissenschaften, S. 128-136.

Abraham, Linus/Appiah, Osei (2006): Framing News Stories: The Role of Visual Imagery in Priming Racial Stereotypes. In: The Howard Journal of Communications, 17(3), S. 183-203.

Adelmann, Ralf/Fahr, Andreas/Katenhusen, Ines/Leonhardt, Nic/Liebsch, Dimitri/Schneider, Stefanie (Hrsg.) (2007): Visual Culture Revisited. German and American Perspectives on Visual Culture(s). Köln: Herbert von Herbert von Halem Verlag Verlag.

Adolf, Marian (2006): Die unverstandene Kultur. Perspektiven einer Kritischen Theorie der Mediengesellschaft. Bielefeld: Transcript Verlag.

AEJMC (2010): Journalism & Mass Communication Quarterly. In: http://www.aejmc.org/_scholarship/_publications/_journals/_jmcq/index.php (28.4.2010)

Albers, Hagen (2009): Wahlkämpfe im digitalen Zeitalter. Eine explorative Studie zum Wandel der Internetwahlkämpfe bei den Bundestagswahlen 2002, 2005 und 2009. Stuttgart: ibidem-Verlag.

Alexander, Alison/Potter, W. James (2001): How to Publish Your Communication Research. An Insider's Guide. Thousand Oaks/London/New Delhi: Sage.

Almeida, Danielle (2009): Where Have all the Children Gone? A Visual Semiotic Account of Advertisements for Fashion Dolls. In: Visual Communication, 8(4), S. 481-501.

Ambler, Tim/Burne, Tom (1999): The Impact of Affect on Memory of Advertising. In: Journal of Advertising Research, 39(2), S. 25-34.

Ammann, Ilona/Krämer, Benjamin/Engesser, Sven (2010): Bildhafte Themen und kuriose Typen. Die Bedeutung der Fotos der Bild-Leserreporter. In: Medien & Kommunikationswissenschaft, 58(1), S. 83-101.

Andén-Papadopoulos, Kari (2008): The Abu Ghraib Torture Photographs: News Frames, Visual Culture, and the Power of Images. In: Journalism, 9(1), S. 5-30.

Ang, Ien (2004): Vorwort. In: Hepp, Andreas (Hrsg.): Cultural Studies und Medienanalyse. Eine Einführung. Wiesbaden: VS Verlag für Sozialwissenschaften, S. 11-12.

Archer, Dane/Iritani, Bonita/Kimes, Debra D./Barrios, Michael (1983): Face-ism: Five Studies of Sex Differences in Facial Prominence. In: Journal of Personality and Social Psychology, 45(4), S. 725-725.

Arnold, Klaus (2009): Qualitätsjournalismus. Die Zeitung und ihr Publikum. Konstanz: UVK.

292 Literaturverzeichnis

Avraham, Eli/First, Anat (2003): „I Buy American": The American Image as Reflected in Israeli Advertising. In: Journal of Communication, 53(2), S. 282-299.

Ayaß, Ruth (2006): Zur Geschichte der qualitativen Methoden in der Medienforschung: Spuren und Klassiker. In: Ayaß, Ruth/Bergmann, Jörg (Hrsg.): Qualitative Methoden der Medienforschung. Reinbek b. Hamburg: Rowohlt, S. 42-71.

Ayaß, Ruth/Bergmann, Jörg (Hrsg.) (2006): Qualitative Methoden der Medienforschung. Reinbek b. Hamburg: Rowohlt.

Bachmann-Medick, Doris (2007): Cultural Turns. Neuorientierungen in den Kulturwissenschaften. Reinbek b. Hamburg: Rowohlt.

Ballensiefen, Moritz (2009): Bilder machen Sieger – Sieger machen Bilder. Die Funktion von Pressefotos im Bundestagswahlkampf 2005. Wiesbaden: VS Verlag für Sozialwissenschaften.

Ballstaedt, Steffen-Peter/Molitor, Sylvie/Mandl, Heinz (1987): Wissen aus Text und Bild. Tübingen: Dt. Inst. für Fernstudien an d. Univ. Tübingen.

Bandura, Albert (2001): Social Cognitive Theory of Mass Communication. In: Media Psychology, 3(3), S. 265-299.

Barnhurst, Kevin G./Nerone, John C. (1991): Design Trends in U.S. Front Pages, 1885-1985. In: Journalism Quarterly, 68(4), S. 796-804.

Barnhurst, Kevin G./Vari, Michael/Rodríguez, Ígor (2004): Mapping Visual Studies in Communication. In: Journal of Communication, 54(4), S. 616-644.

Barthes, Roland (2001): L'ovvio e L'ottuso. Saggi critici III. Turin: Einaudi.

Barthes, Roland (1989): Die helle Kammer. Bemerkungen zur Photographie. Frankfurt a. Main: Suhrkamp.

Barthes Roland (1961): Le message photographique. In: Communications, 1(1), S. 127-138.

Barthes, Roland (1957): Mythen des Alltags. Frankfurt a. Main: Suhrkamp.

Bartsch, Anne/Eder, Jens/Fahlenbrach, Kathrin (Hrsg.) (2007): Audiovisuelle Emotionen: Emotionsdarstellung und Emotionsvermittlung durch audiovisuelle Medienangebote. Köln: Herbert von Halem Verlag.

Beck, Klaus/Schweiger, Wolfgang/Wirth, Werner (Hrsg.) (2004): Gute Seiten – schlechte Seiten. Qualität in der Onlinekommunikation. München: Verlag R. Fischer.

Becker, Jonathan A. (1996): A Disappearing Enemy: The Image of the United States in Soviet Policital Cartoons. In: Journalism & Mass Communication Quarterly, 73(3), S. 609-619.

Beger, Rudolf/Gärtner, Hans-Dieter/Mathes, Rainer (1989): Unternehmenskommunikation. Grundlagen, Strategien, Instrumente. Wiesbaden: Gabler.

Beifuß, Hartmut/Evers, Karl Heinz/Rauch, Friedrich et al. (1994): Bildjournalismus. Ein Handbuch für Ausbildung und Praxis. München/Leipzig: List.

Beisswänger, Anke (2004): Wahlkampf im Spiegel politischer Karikaturen. In: Knieper, Thomas/Müller, Marion G. (Hrsg.): Visuelle Wahlkampfkommunikation. Köln: Herbert von Halem Verlag, S. 76-99.

Bell, Philip/Milic, Marco (2002): Goffman's Gender Advertisements Revisited: Combining Content Analysis With Semiotic Analysis. In: Visual Communication, 1(1), S. 203-222.

Bell, Philip (2006): Content Analysis of Visual Images. In: van Leeuwen, Theo/Jewitt, Carey (Hrsg.): Handbook of Visual Analysis. London/Thousand Oaks/New Delhi: Sage, S. 10-34.

Belting, Hans (2008): Vorwort. In: Mitchell, W.J.T. (2008): Das Leben der Bilder. Eine Theorie der visuellen Kultur. München: C. H. Beck, S. 7-10.

Benjamin, Walter (1977): Das Kunstwerk im Zeitalter seiner technischen Reproduzierbarkeit. Frankfurt a. Main: Suhrkamp.

Literaturverzeichnis

Bennett, W. Lance (1990): Toward a Theory of Press-State Relations in the United States. In: Journal of Communication, 40(2), S. 103-125.

Bennett, W. Lance/Lawrence, Regina G./Livingston, Steven (2006): None Dare Call It Torture: Indexing and the Limits of Press Independence in the Abu Ghraib Scandal. In: Journal of Communication, 56(3), S. 467-485.

Bentele, Günter (1993): Wie wirklich ist die Medienwirklichkeit? Einige Anmerkungen zum Konstruktivismus und Realismus der Kommunikationswissenschaft. In: Bentele, Günter/Rühl, Manfred (Hrsg.): Theorien öffentlicher Kommunikation. München: Ölschläger, S. 152-171.

Bentele, Günter/Brosius, Hans-Bernd/Jarren, Otfried (Hrsg.) (2003): Öffentliche Kommunikation. Handbuch Kommunikations- und Medienwissenschaft. Wiesbaden: Westdeutscher Verlag.

Bentele, Günter/Rühl, Manfred (Hrsg.) (1993): Theorien öffentlicher Kommunikation. München: Ölschläger.

Berger, John (1972): Ways of Seeing. London: British Broadcasting Corp.

Bergem, Wolfgang (2006): Abu Ghraib – Die Bilder der Macht, die Macht der Bilder und der Diskurs über Folter im „Ausnahmezustand". In: Hofmann, Wilhelm (Hrsg.): Bildpolitik – Sprachpolitik. Untersuchungen zur politischen Kommunikation in der entwickelten Demokratie. (Studien zur visuellen Politik. Hrsgg. von Hofmann, Wilhelm/Lesske, Frank, Band 3) Berlin: Lit-Verlag, S. 3-23.

Bernhard, Uli/Scharf, Wilfried (2008): „Infotainment" in der Presse. Eine Längsschnittuntersuchung 1980-2007 dreier regionaler Tageszeitungen. In: Publizistik, 53(2), S. 231-250.

Bernhardt, Petra (2009a): Tagungsbericht zur Internationalen Fachkonferenz Bilder – Sehen – Denken. In: Image – Zeitschrift für interdisziplinäre Bildwissenschaft, Nr. 10, Juli 2009, http://www.bildwissenschaft.org/image?function=fnArticle&show Article=154 (30.08.2010).

Bernhardt, Petra (2009b): „Einbildung" und Wandel der Raumkategorie „Osten" seit 1989: Werbebilder als soziale Indikatoren. In: Image – Zeitschrift für interdisziplinäre Bildwissenschaft, Nr. 10, Juli 2009, http://www.bildwissenschaft.org/ image?function=fnArticle&showArticle=149 (30.08.2010).

Bernhardt, Petra/Hadj-Abdou, Leila/Liebhart, Karin/Pribersky, Andreas (2009): Europäische Bildpolitiken. Politische Bildanalyse an Beispielen der EU-Politik. Wien: Fakultas WUV.

Berzler, Alexander (2009a): Visuelle Unternehmenskommunikation. Beiträge zur Medien- und Kommunikationsgesellschaft. Innsbruck: Studienverlag.

Berzler, Alexander (2009b): Visuelle Kommunikation im Kontext der Marken- und Unternehmenskommunikation. In: Medien Journal, 33(1), S. 3-19.

Berzler, Alexander (2007): Visuelle Unternehmenskommunikation. Dissertation. Salzburg.

Bezemer, Jeff/Kress, Gunther (2009): Visualizing English: a Social Semiotic History of a School Subject. In: Visual Communication, 8(2), S. 247-262.

Bilandzic, Helena/Lauf, Edmund/Hartmann, Tilo (2004): How to go International. DGPuK Wegweiser zu internationalen Tagungen und Fachzeitschriften in der Kommunikationswissenschaft. München: Deutsche Gesellschaft für Publizistik- und Kommunikationswissenschaft.

Bishara, Nina (2006): Bilderrätsel in der Werbung. In: Image – Zeitschrift für interdisziplinäre Bildwissenschaft, Themenheft zu Nr. 3, Jänner 2006, http://www.bildwissenschaft.org/image/ausg aben?function=fnArticle&showArticle=80 (30.08.2010).

Blanke, Börries (1998): Modelle des ikonischen Zeichens. In: Zeitschrift für Semiotik, 20(3/4), S. 285-303.

Bobrowsky, Manfred/Duchkowitsch, Wolfgang/Haas, Hannes (1987): Medien- und Kommunikationgeschichte. Ein Textbuch zur Einführung. Wien: Braumüller.

Bock, Annekatrin/Isermann, Holger/Knieper, Thomas: Herausforderungen bei der quartitativen (visuellen) Inhaltsanalyse von Online-Inhalten. In: Welker, Martin/Wünsch, Carsten (Hrsg.): Die Online-Inhaltsanalyse. Forschungsobjekt Internet. Köln: Herbert von Halem Verlag, S. 224-239.

Boehm, Gottfried (2007): Wie Bilder Sinn erzeugen. Die Macht des Zeigens. Berlin: Berlin University Press.

Boehm, Gottfried (2005): Jenseits der Sprache? Anmerkungen zur Logik der Bilder. In: Maar, Christa/Burda, Hubert (Hrsg.): Iconic Turn. Die neue Macht der Bilder. Köln: DuMont, S. 28-43.

Boehm, Gottfried/Pfotenhauer, Helmut (Hrsg.) (1995): Beschreibungskunst – Kunstbeschreibung. Ekphrasis von der Antike bis zur Gegenwart. München: Fink.

Boehm, Gottfried (Hrsg.) (1994a): Was ist ein Bild? München: Fink.

Boehm, Gottfried (1994b): Die Wiederkehr der Bilder. In: Boehm, Gottfried (Hrsg.): Was ist ein Bild? München: Fink, S. 11-38.

Bohn, Volker (Hrsg.) (1990): Bildlichkeit. Internationale Beiträge zur Poetik. Frankfurt a. Main: Suhrkamp.

Bohnsack, Ralf (2009a): The Interpretation of Pictures and the Documentary Method. In: HSR Historical Social Research – Historische Sozialforschung, 34(2), S. 296-321.

Bohnsack, Ralf (2009b): Qualitative Bild- und Videointerpretation. Die dokumentarische Methode. Opladen/Farmington Hills: Budrich/UTB.

Bohnsack, Ralf (2008a): Rekonstruktive Sozialforschung. Einführung in qualitative Methoden. Opladen: Budrich/UTB.

Bohnsack, Ralf (2008b). The Interpretation of Pictures and the Documentary Method. In Forum Qualitative Sozialforschung/Forum: Qualitative Social Research, 9(3), Art. 26, http://nbn-resolving. de/urn:nbn:de:0114-fqs0803267 (25.5.2009).

Bohnsack, Ralf (2003): Qualitative Methoden der Bildinterpretation. In: Zeitschrift für Erziehungswissenschaft, 6(2), S. 239-256.

Bonfadelli, Heinz (2003): Medieninhalte. In: Bentele, Günter/Brosius, Hans-Bernd/Jarren, Otfried (Hrsg.): Öffentliche Kommunikation. Handbuch Kommunikations- und Medienwissenschaft. Wiesbaden: Westdeutscher Verlag, S. 79-100.

Bonfadelli, Heinz (2002): Medieninhaltsforschung. Grundlagen, Methoden, Anwendungen. Konstanz: UVK.

Bonfadelli, Heinz/Jarren, Otfried/Siegert, Gabriele (Hrsg.) (2005a): Einführung in die Publizistikwissenschaft. Bern/Stuttgart/Wien: Haupt.

Bonfadelli, Heinz/Jarren, Otfried/Siegert, Gabriele (2005b): Publizistik- und Kommunikationswissenschaft – ein transdisziplinäres Fach. In: Bonfadelli, Heinz/Jarren, Otfried/Siegert, Gabriele (2005a): Einführung in die Publizistikwissenschaft. Bern/Stuttgart/Wien: Haupt, S. 3-16.

Bonfadelli, Heinz/Meier, Werner (1984): Meta-Forschung in der Publizistikwissenschaft. Zur Problematik der Synthese von empirischer Forschung. In: Rundfunk & Fernsehen, 32(4), S. 537-550.

Boni, Federico (2002): Framing Media Masculinities. Men's Lifestyle Magazines and the Biopolitics of the Male Body. In: European Journal of Communication, 17(4), S. 465-478.

Bollmann, Stefan/Heibach Christiane (Hrsg.) (1996): Kursbuch Internet. Mannheim: Bollmann.

Borah, Porismita (2009): Comparing Visual Framing in Newspapers: Hurricane Katrina Versus Tsunami. In: Newspaper Research Journal, 30(1), S. 50-57.

Bossen, Howard/Davenport, Lucinda D./Randle, Quint (2006): Digital Camera Use Affects Photo Procedures/Archiving. In: Newspaper Research Journal, 27(1), S. 18-32.

Bourdieu, Pierre (1990) Photography: a Middle-brow Art. Cambridge: Polity Press.

Literaturverzeichnis

Bowen, Lawrence/Schmid, Jill (1997): Minority Presence and Portrayal in Mainstream Magazine Advertising. An Update. In: Journalism & Mass Communication Quarterly, 74(1), S. 134-146.

Brantner, Cornelia/Lobinger, Katharina/Wetzstein, Irmgard (2011): Effects of Visual Framing on Emotional Responses and Evaluations of News Stories about the Gaza Conflict 2009. In: Journalism & Mass Communication Quarterly, 88(3), S. 523-540.

Brantner, Cornelia/Lobinger, Katharina/Wetzstein, Irmgard (2010): Effects of Visual Framing on Emotional Responses and Evaluations of News Stories about the Gaza Conflict 2009. [Conference Paper]. IAMCR Conference 2010, Braga, Portugal.

Bramlett-Solomon, Sharon/Subramanian, Ganga (1999): Nowhere Near Picture Perfect: Images of the Elderly in Life and Ebony Magazine Ads, 1990-1997. In: Journalism & Mass Communication Quarterly, 76(3), S. 565-572.

Bredekamp, Horst (2005): Drehmomente – Merkmale und Ansprüche des Iconic Turn. In: Maar, Christa/Burda, Hubert (Hrsg.): Iconic Turn. Die neue Macht der Bilder. Köln: DuMont, S.15-26.

Brodocz, André/Llanque, Marcus/Schaa, Gary S. (Hrsg.) (2008): Bedrohungen der Demokratie. Wiesbaden: VS Verlag für Sozialwissenschaften.

Bromley, Roger/Göttlich, Udo/Winter, Carsten (Hrsg.) (1999): Cultural Studies. Grundlagentexte zur Einführung. Lüneburg: zu Klampen.

Brosius, Hans-Bernd/Haas, Alexander (2009): Auf dem Weg zur Normalwissenschaft. Themen und Herkunft der Beiträge in Publizistik und Medien & Kommunikationswissenschaft. In: Publizistik, 54(2), S. 168-190.

Brosius, Hans-Bernd/Staab, Joachim F. (1990): Emanzipation in der Werbung? Die Darstellung von Frauen und Männern in der Anzeigenwerbung des „stern" von 1969 bis 1988. In: Publizistik, 35(3), S. 292-303.

Brosius, Hans-Bernd (2008): Publiziert, soviel ihr könnt!? Vom „Impact Factor" als Kenngröße für wissenschaftliche Qualität. In: Aviso, 47, S. 14-15.

Bruhn, Manfred (2006): Integrierte Unternehmens- und Markenkommunikation. Strategische Planung und operative Umsetzung. Stuttgart: Schaeffer-Poeschel.

Bruhn, Matthias (2003): Bildwirtschaft. Verwaltung und Verwertung der Sichtbarkeit. (Reihe visual intelligence. Kulturtechniken der Sichtbarkeit Bd. 5, Hrsgg. von Bruhn, Matthias/Hemken, Kai-Uwe/Pias, Claus) Weimar: VDG, Verlag und Datenbank für Geistenwissenschaften.

Bucher, Hans-Jürgen/Schumacher, Peter (2006): The Relevance of Attention for Selecting News Content. An Eye-Tracking Study on Attention Patterns in the Reception of Print and Online Media. In: Communications: The European Journal of Communication Research, 31(3), S. 347–368.

Büllesbach, Alfred (2008): Digitale Bildmanipulation und Ethik. Aktuelle Tendenzen im Fotojournalismus. In: Grittmann, Elke/Neverla, Irene/Ammann, Ilona (Hrsg.): Global, lokal, digital. Fotojournalismus heute. Köln: Herbert von Halem Verlag, S. 108-136.

Bulmer, Sandy/Buchanan-Oliver, Margo (2006): Visual Rhetoric and Global Advertising Imagery. In: Journal of Marketing Communication, 12(1), S. 49-61.

Burda, Hubert (2005): Iconic Turn weitergedreht – Die neue Macht der Bilder. In: Maar, Christa/Burda, Hubert (Hrsg.): Iconic Turn. Die neue Macht der Bilder. Köln: DuMont, S. 9-14.

Burkart, Roland (2002): Kommunikationswissenschaft. Grundlagen und Problemfelder. Umrisse einer interdisziplinären Sozialwissenschaft. Wien/Köln/Weimar: Böhlau.

Burkhardt, Benjamin (2004): Der Streit um die Wissenschaft der Bilder. 18.2.2004. In: Telepolis, http://www.heise.de/tp/r4/artikel/16/16781/1.html (27.3.2008).

Busby, Linda J./Leichty, Greg (1993): Feminism and Advertising in Traditional and Nontraditional Women's Magazines 1950s-1980s. In: Journalism Quarterly, 70(2), S. 247-264.

296   *Literaturverzeichnis*

Calfee, John E./Ringold, Debra J. (1994): The 70% Majority: Enduring Consumer Beliefs about Advertising. In: Journal of Public Policy & Marketig, 13(2), S. 228-38.

Callow, Michael A./Schiffman, Leon G. (1999): A Visual Esperanto? The Pictorial Metaphor in Global Advertising. In: European Advances in Consumer Research, 4, S. 17-20.

Cartier-Bresson, Henri (1983): Der entscheidende Augenblick. In: Kemp, Wolfgang/Amelunxen, Hubertus von (Hrsg.): Theorie der Fotografie. 1839-1995. München: Schirmer/Mosel, S. 78-81.

Cartwright, Lisa/Mandiberg, Stephen (2009): Obama and Shepard Fairey: The Copy and Political Iconography in the Age of the Demake. In: Journal of Visual Culture, 8(2), S. 172-176.

Cassirer, Ernst (1964): Philosophie der symbolischen Formen. 3 Bde. Darmstadt: Wiss. Buchges.

Chalfen, Richard (1987): Snapshot Versions of Life. Bowling Green, Ohio: Bowling Green State University, Popular Press.

Chang, Tsan-Kuo/Berg, Pat/ Fung, Anthony Ying-Him/Kedl, Kent D./Luther, Catherine A./Szuba, Janet (2001): Comparing Nations in Mass Communication Research, 1970-97: A Critical Assessment of How we Know What we Know. In: International Communication Gazette, 63(5), S. 415-434.

Chauvin, B.A. (2003): Visual or Media Literacy? In: Journal of Visual Literacy, 23(2). S. 119-128.

Childers, Terry L./Houston, Michael J. (1984): Conditions for a Picture-Superiority Effect on Consumer Memory. In: Journal of Consumer Research, 11(2), S. 643-654.

Christians, Clifford G. (2001): The Challenge of Writing the Critical/Cultural Essay. In: Alexander, Alison/Potter, W. James (2001): How to Publish Your Communication Research. An Insider's Guide. Thousand Oaks/London/New Delhi: Sage, S. 113-130.

Christmann, Gabriela B. (2006): Inhaltsanalyse. In: Ayaß, Ruth/Bergmann, Jörg (Hrsg.): Qualitative Methoden der Medienforschung. Reinbek b. Hamburg: Rowohlt, S. 274-292.

Coleman, Renita (2010): Framing the Pictures in Our Heads. Exploring the Framing and Agenda-Setting Effects of Visual Images. In: D'Angelo, Paul/Kuypers, Jim A. (Hrsg.): Doing News Framing Analysis. Empirical and Theoretical Perspectives. New York: Routledge, S. 233-262.

Coleman, Renita/Banning, Steve (2006): Network TV News' Affective Framing of the Presidential Candidates: Evidence for a Second-Level Agenda-Setting Effect Through Visual Framing. In: Jounalism & Mass Communication Quarterly, 83(2), S. 313-28.

Coleman, Renita/Wasike, Ben (2004): Visual Elements in Public Journalism Newspapers in an Election: A Content Analysis of the Photographs and Graphics in Campaign 2000. In: Journal of Communication, 54(3), S. 456-473.

Conners, Joan L. (2005): Visual Representations of the 2004 Presidential Campaign. Political Cartoons and Popular Culture References. In: American Behavioral Scientist, 49(3), S. 479-487.

Cookman, Claude H. (2006): Janine Niepce's Coverage of French Women's Lives and Struggle for Equal Rights. In: Visual Communication Quarterly, 13(4), S. 202-223.

Cookman, Claude H. (2000): Marc Riboud in North Vietnam: Seeing the War From the Other Side. In: Visual Communication Quarterly, 7(1), S. 3-14.

Cooper, Roger/Potter, W. James/Dupagne, Michel (1994): A Status Report on Methods Used in Mass Communication Research. In: Journalism Educator, 48(4), S. 54-61.

Cooper, Troy B. (2009): Appropriating Visual Form: The iPod "Silhouette" Campaign as Representative Form. In: Visual Communication Quarterly, 16(2), S. 90-107.

Cooper-Chen, Anne/Leung, Eva/Cho, Sung-Ho (1996): Sex Roles in East Asian Magazine Advertising. In: International Communication Gazette, 55(3), S. 207-223.

D'Angelo, Paul/Kuypers, Jim A. (Hrsg.) (2010): Doing News Framing Analysis. Empirical and Theoretical Perspectives. New York: Routledge.

Literaturverzeichnis

Dahinden, Urs (2006): Framing. Eine integrative Theorie der Massenkommunikation. Konstanz: UVK.

Dammer, Karl-Heinz (1994): Pressezeichnung und Öffentlichkeit im Frankreich der Fünften Republik (1958-1990). Untersuchungen zur Theorie und gesellschaftlichen Funktion der Karikatur. Münster: Lit-Verlag.

Darling-Wolf, Fabienne (2005): Surviving Soccer Fever: 2002 World Cup Coverage and the (Re)Definition of Japanese Cultural Identity. In: Visual Communication Quarterly, 12(3/4), S. 182-193.

Davies, Julia (2007): Display, Identity and the Everyday: Self-presentation Through Online Images Sharing. In: Discourse: Studies in the Cultural Politics of Education, 28(4), S. 549-564.

Deg, Robert (2009): Basiswissen Public Relations. Professionelle Presse- und Öffentlichkeitsarbeit. Wiesbaden: VS Verlag für Sozialwissenschaften.

de Gregorio Godeo, Eduardo (2009): British Men's Magazines' Scent Advertising and the Multimodal Discursive Construction of Masculinity: a Preliminary Study. In: Estudios Ingleses de la Universidad Complutense, 17, S. 9-36.

de Gregorio Godeo, Eduardo (2005): Male-perfume Advertising in Men's Magazines and Visual Discourse in Contemporary Britain: a Social Semiotics Approach In: Image & Narrative. Online Magazine of the Visual Narative, 6(1), http://www.imageandnarrative.be/inarchive/worldmusicb_advertising/godeo.htm (24.8.2010).

de Gruyter (2009): Communications. Aimes & Scopes. In: http://www.degruyter.de/journals/communic/detailEn.cfm (25.11.2009)

Demarmels, Sascha (2009): Schweizer Abstimmungsplakate im 20. Jahrhundert. Konstanz: UVK.

Demarmels Sascha (2006): Funktion des Bildstils von politischen Plakaten. Eine historische Analyse am Beispiel von Abstimmungsplakaten. In: Image – Zeitschrift für interdisziplinäre Bildwissenschaft, Themenheft zu Nr. 3, Jänner 2006, http://www.bildwissenschaft.org/image/ausgaben?function=fnArticle&showArticle=83 (30.08.2010).

Detenber, Benjamin H./Winch, Samuel P. (2001): The Impact of Color on Emotional Responses to Newspaper Photographs. In: Visual Communication Quarterly, 8(3), S. 4-14.

de Vries, James (2008): Newspaper Design as Cultural Change. In: Visual Communication, 7(1), S. 5-25.

DGPuK (Deutsche Gesellschaft für Publizistik und Kommunikationswissenschaft) (2001): Die Mediengesellschaft und ihre Wissenschaft. Herausforderungen für die Kommunikations- und Medienwissenschaft als akademische Disziplin. In: http://www.dgpuk.de/allgemein/selbstverstaendnis.htm (27.3.2008).

Diemand, Vanessa (Hrsg.) (2007a): Weblogs, Podcasting und Videojournalismus: neue Medien zwischen demokratischen und ökonomischen Potenzialen. Hannover: Heise.

Diemand, Vanessa (2007b): Gesicht wahren im Web 2.0 – Blogs zwischen Authentizität und Selbstinszenierung. In: Diemand, Vanessa (Hrsg.): Weblogs, Podcasting und Videojournalismus: neue Medien zwischen demokratischen und ökonomischen Potenzialen. Hannover: Heise, S. 58-89.

Diers, Michael (1997): Schlagbilder. Zur politischen Ikonographie der Gegenwart. Frankfurt a. Main: Fischer.

DJU Bayern (Deutsche Journalistinnen- und Journalistenunion) (2002): Bildjournalismus. In: http://www.dju-bayern.de/ber_bd00.htm (30.7.2009).

DJV (Deutscher Journalistenverband) (1996): Berufsbild Journalistin – Journalist. Bonn: DJV.

Dobernig, Karin/Lobinger, Katharina/Wetzstein, Irmgard (2010): Covering Conflict: Differences in Visual and Verbal News Coverage of the Gaza Crisis 2009 in four Weekly News Media. In: Journal of Visual Literacy, 29(1), S. 88-105.

298 Literaturverzeichnis

Dobernig, Karin/Lobinger, Katharina/Wetzstein, Irmgard (2009): Who's in the Picture about War. A Content Analysis of Reports on the Gaza-Crisis 2009 in four News Media. In: Xiao, Yingcai/Amon, Tomaz/Kommers, Piet (Hrsg.): Proceedings of the IADIS International Conference Computer Graphics, Visualization, Computer Vision and Image Processing 2009. IADIS Press, S. 177-183.

Doelker, Christian (2002): Ein Bild ist mehr als ein Bild. Visuelle Kompetenz in der Multimedia-Gesellschaft. Stuttgart: Klett-Cotta.

Dovifat, Emil (1968): Handbuch der Publizistik. Band 1: Allgemeine Publizistik. Berlin: de Gruyter.

Döveling, Katrin (2005): Emotionen – Medien – Gemeinschaft. Eine kommunikationssoziologische Analyse. Wiesbaden: VS Verlag für Sozialwissenschaften.

Drechsel, Benjamin (2005): Die Macht der Bilder als Ohnmacht der Politikwissenschaft: Ein Plädoyer für die transdisziplinäre Erforschung visueller politischer Kommunikation. In: Image – Zeitschrift für interdisziplinäre Bildwissenschaft, Nr. 2, Juni 2005, http://www.bildwissenschaft. org/image/ausgaben?function=fnArticle&showArticle=58 (30.08.2010).

Drescher, Karl Heinz (1997): Erinnern und Verstehen von Massenmedien: empirische Untersuchungen zur Text-Bild-Schere. Wien: WUV.

Dubois, Philippe (1998): Der fotografische Akt. Versuch über ein theoretisches Dispositiv. Schriftenreihe zur Geschichte und Kunst der Fotografie, Band 1. Amsterdam/Dresden: Verlag der Kunst.

du Gay, Paul/Hall, Stuart/Janes, Linda/Mackay, Hugh/Negus, Keith (1997): Doing Cultural Studies: The Story of the Sony Walkman. London: Sage.

Duncum, Paul (2004): Visual Culture Isn't Just Visual: Multiliteracy, Multimodality and Meaning. In: Studies in Art Education, 45(3), S. 252-264.

Durrant, Abigail/Frohlich, David/Sellen, Abigail/Uzzell, David (2011): The Secret Life of Teens: Online Versus Offline Photographic Displays at Home. In: Visual Studies 26(2), S. 113-124.

Duszak, Anna/House, Julian/Kumięga, Łukasz (Hrsg.) (2010): Globalization, Discourse, Media: In a Critical Perspective/Globalisierung, Diskurse, Medien: eine kritische Perspektive. Warschau: Wydawnictwa Uniwersytetu Warszawskiego/Warsaw University Press.

Eco, Umberto (2002): Einführung in die Semiotik. München: Fink.

Eco, Umberto (1977): Zeichen. Einführung in einen Begriff und seine Geschichte. Frankfurt a. Main: Suhrkamp.

Eder, Jens (2002): Aufmerksamkeit ist keine Selbstverständlichkeit. Eine Diskurskritik und ein Klärungsvorschlag. In: Hickethier, Knut/Bleicher, Joan Kristin (Hrsg.): Aufmerksamkeit, Medien und Ökonomie. Hamburg: Lit-Verlag, S. 15-47.

Eichhorn, Wolfgang (2005): Agenda-Setting-Prozesse. Eine theoretische Analyse individueller und gesellschaftlicher Themenstrukturierung. München. [Digitale Ausgabe] In: http://epub.ub.uni-muenchen.de/archive/00000734/ (15.3.2010).

Eilders, Christiane/Hagen, Lutz M. (2005): Kriegsberichterstattung als Thema kommunikationswissenschaftlicher Forschung. Ein Überblick zum Forschungsstand und den Beiträgen in diesem Themenheft. In: Medien & Kommunikationswissenschaft, 53(2/3), S. 205-221.

Ekman, Paul (Hrsg.) (1982): Emotion in the Human Face. Cambridge: Cambridge University Press.

El Refaie, Elisabeth (2009): Multiliteracies: How Readers Interpret Political Cartoons. In: Visual Communication, 8(2), S. 181-205.

Ellwein, Thomas (Hrsg.) (1980): Politikfeld-Analysen 1979: Wissenschaftlicher Kongreß der DVPW, 1. – 5. Oktober 1979 in der Universität Augsburg. Tagungsbericht. Opladen: Westdeutscher Verlag.

Literaturverzeichnis

Engesser, Sven/Krämer, Benjamin/Ammann, Ilona (2010): Bereichernd oder belanglos? Der Nachrichtenwert partizipativer Pressefotografie im Boulevardjournalismus. In: Publizistik, 55(2), S. 129-152.

Entman, Robert M. (1993): Framing: Toward Clarification of a Fractured Paradigm. In: Journal of Communication, 43(4), S. 51-58.

Entman, Robert M. (1990): Modern Racism and the Images of Blacks in Local Television News. In: Critical Studies in Mass Communication, 7(4), S. 332–345.

Erbring, Lutz/Goldenberg, Edie N./Miller, Arthur H. (1980): Front-Page News and Real-World Cues: A New Look at Agenda-Setting by the Media. In: American Journal of Political Science, 24(1), S. 16-49.

Erdmann, Julius (2009): My body Style(s) – Formen der bildlichen Identität im Studivz. In: Image – Zeitschrift für interdisziplinäre Bildwissenschaft, Nr. 9, Jänner 2009, http://www.bildwissenschaft.org/image/ausgaben?function=fnArticle&showArticle=138 (30.08.2010).

Faas, Thorsten/Arzheimer, Kai/Roßteutscher, Sigrid (Hrsg.) (2010): Information – Wahrnehmung – Emotion: Politische Psychologie in der Wahl- und Einstellungsforschung. Wiesbaden: VS Verlag für Sozialwissenschaften.

Fabris, Giampaolo (2002): La pubblicità. Theorie e Prassi. Mailand: FrancoAngeli.

Fahlenbrach, Kathrin/Viehoff, Reinhold (2005): Medienikonen des Krieges. Die symbolische Entthronung Saddams als Versuch strategischer Ikonisierung. In: Knieper, Thomas/Müller, Marion G. (Hrsg.): War Visions. Bildkommunikation und Krieg. Köln: Herbert von Halem Verlag, S. 356-387.

Fahmy, Shahira (2005): Emerging Alternatives or Traditional News Gates: Which News Sources Were Used to Picture the 9/11 Attack and the Afghan War? In: Gazette, 67(5), S. 381-398.

Fahmy, Shahira (2004): Picturing Afghan Women: A Content Analysis of AP Wire Photographs During the Taliban Regime and after the Fall of the Taliban Regime. In: Gazette, 66(2), S. 91-112.

Fahmy, Shahira/Cho, Sooyoung/Wanta, Wayne/Song, Yonghoi, (2006): Visual Agenda-Setting After 9/11: Individuals' Emotions, Image Recall, and Concern With Terrorism. In: Visual Communication Quarterly, 13(1), S. 4-15.

Fahmy, Shahira/Kelly, James D./Kim, Yung Soo (2007): What Katrina Revealed: A Visual Analysis of the Hurricane Coverage by News Wires and U.S. Newspapers. In: Journalism & Mass Communication Quarterly, 84(3), S. 546-561.

Fahmy, Shahira/Kim, Daekyung (2008): Picturing the Iraq War: Constructing the Image of War in the British and US Press. In: International Communication Gazette, 70(6), S. 443-463.

Fahmy, Shahira/Wanta, Wayne (2007): What Visual Journalists Think Others Think. In: Visual Communication Quarterly, 14(1), S. 16-31.

Fairclough, Norman/Wodak, Ruth (1997): Critical Discourse Analysis. In: van Dijk, Teun A. (Hrsg.): Discourse as Social Interaction. Lodon: Sage, S. 258-284.

Fasel, Christoph (Hrsg.) (2004): Qualität und Erfolg im Journalismus. Konstanz: UVK.

Festinger, Leon (1954): A Theory of Social Comparison: Women and Health Processes. Human Relations, 7(2), S. 117-140.

Fishman, Jessica M./Marvin, Carolyn (2003): Portrayals of Violence and Group Difference in Newspaper Photographs: Nationalism and Media. In: Journal of Communication, 53(1), S. 32- 44.

Fitzsimmons, Phil/McKenzie, Barbra (Hrsg.) (2010): Refocusing the Vision, the Viewer & Viewing Through an Interdisciplinary Lens. Oxfordshire: Interdisciplinary Press. [EBook] In: http://www.inter- disciplinary.net/publishing/id-press/ebooks/refocusing-the-vision-the-viewer-viewing-through-an-interdisciplinary-lens/ (20.6.2010).

300   Literaturverzeichnis

Flair, Jo E./Astroff Roberta J. (1991): Constructing Race and Violence: U.S. News Coverage and the Signifying Practices of Apartheid. In: Journal of Communication, 41(4), S. 58-74.

Flickr (2010): Arm's Length Self Portrait Experience. In: http://www.flickr.com/groups/selfportrait_experience (27.8.2010).

Foucault, Michel/Howard, Richard (1976): Ceci n'est pas une pipe. In: October, 1(1), S. 6-21.

Fleissner, Karin (2004): Vor der Kür ist nach der Kür? Bundestagswahl 2002: Die Kandidatendebatte der Union im Spiegel der Pressefotografie. In: Knieper, Thomas/Müller, Marion G. (Hrsg.): Visuelle Wahlkampfkommunikation. Köln: Herbert von Halem Verlag, S. 129-147.

Franck, Georg (1993): Ökonomie der Aufmerksamkeit. In: Merkur, 47(534/535), S. 748-761.

Frank, Gustav/Sachs-Hombach, Klaus (2006): Bildwissenschaft und Visual Cultural Studies. In: Sachs-Hombach, Klaus (Hrsg.): Bild und Medium. Kunstgeschichtliche und philosophische Grundlagen der interdisziplinären Bildwissenschaft. Köln: Herbert von Halem Verlag, S. 184-196.

Frey, Siegfried (1999): Die Macht des Bildes: Der Einfluß der nonverbalen Kommunikation auf Kultur und Politik. Bern/Göttingen/Toronto/Seattle: H. Huber.

Fricke, Reiner/Treinies, Gerhard (1985): Einführung in die Metaanalyse. Bern/Stuttgart/Toronto: H. Huber.

Friedrich, Thomas/Schweppenhäuser, Gerhard (2010): Bildsemiotik. Grundlagen und exemplarische Analysen visueller Kommunikation. Basel/Boston/Berlin: Birkhäuser.

Frith, Katherine T./Shaw, Oing/Cheng, Hong (2005): The Construction of Beauty. A Cross-Cultural Analysis of Women's Magazine Advertising. In: Journal of Communication, 55(1), S. 56-70.

Frith, Katherine T./Wesson, David. (1991): A Comparison of Cultural Values in British and American Print Advertising: A Study of Magazines. In: Journalism Quarterly, 68(1/2), S. 216-223.

Fröhlich, Gerhard (2003): Gegen-Evaluation. Der Impact-Faktor auf dem Prüfstand der Wissenschaftsforschung. In: BUKO INFO, 2003 (1-4), S. 61-65.

Früh, Hannah/Fahr, Andreas (2006): Erlebte Emotionen. Messung von Rezeptionsemotionen am Beispiel legitimierter Gewalt im Spielfilm. In: Publizistik, 51(1), S. 24-38.

Früh, Werner (2007): Inhaltsanalyse. Theorie und Praxis. Konstanz: UVK.

Geise, Stephanie (2011): Vision that matters. Die Funktions- und Wirkungslogik Visueller Politischer Kommunikation am Beispiel des Wahlplakats. Wiesbaden: VS Verlag für Sozialwissenschaften.

Geise, Stephanie/Brettschneider, Frank (2010): Die Wahrnehmung und Bewertung von Wahlplakaten: Ergebnisse einer Eyetracking-Studie. In: Faas, Thorsten/Arzheimer, Kai/Roßteutscher, Sigrid (Hrsg.): Information – Wahrnehmung – Emotion: Politische Psychologie in der Wahl- und Einstellungsforschung. Wiesbaden: VS Verlag für Sozialwissenschaften, S. 71-96.

GFK Austria (2010): Tachistoskoptest. In: http://www.gfk.at/marketing_solutions/ qualitative_research/tachistoscoptest/index.de.html (5.6.2010).

GIB – Gesellschaft für interdisziplinäre Bildwissenschaft (2010): Zielsetzung. In: http://www.bildwissenschaft.org/gib/zielsetzung (10.6.2010).

Gibson, Rhonda/Zillmann, Dolf (2000): Reading Between the Photographs: the Influence of Incidental Pictorial Information on Issue Perception. In: Journalism & Mass Communication Quarterly, 77(2), S. 355-366.

Gierl, Heribert/Reich, Sandra (2006): Werbewirkung durch Imagery-Processing. In Journal für Betriebswirtschaft, 56(2), S. 67-104.

Gierl, Heribert/Reich, Sandra (2005): Erklärung der persuasiven Wirkung von Werbung. In: Journal für Betriebswirtschaft, 55(4), S. 249-295.

Gilbert, Kathy/Schleuder, Joan (1990): Effects of Color and Complexity in Still Photographs on Mental Effort and Memory. In: Journalism Quarterly, 67(4), S. 749-756.

Literaturverzeichnis 301

Glassman, Carl/Kenney, Keith (1994): Myths & Presidential Campaign Photographs. In: Visual Communication Quarterly, 1(4), S. 4-7.

Goffman, Erving (2004): Wir alle spielen Theater. Die Selbstdarstellung im Alltag. München: Piper.

Goffman, Erving (1979): Gender Advertisements. Cambridge: Harvard University Press.

Goffman, Erving (1959): The Presentation of Self in Everyday Life. New York: The Overlook Press.

Goodman, J. Robyn/Morris, Jon D./Sutherland, John C. (2008): Is Beauty a Joy Forever? Young Women's Emotional Responses to Varying Types of Beautiful Advertising Models. In: Journalism & Mass Communication Quarterly, 85(1), S. 147-168.

Goodnow, Trischa (2006): On Black Panthers, Blue Ribbons, & Peace Signs: The Function of Symbols in Social Campaigns. In: Visual Communication Quarterly, 13(3), S. 166-179.

Golan, Guy/Wanta, Wayne (2001): Second-Level Agenda Setting in the Newhampshire Primary: A Comparison of Coverage in Three Newspapers and Public Perceptions of Candidates. In: Journalism & Mass Communication Quarterly, 78(2), S. 247-259.

Gombrich, Ernst, H. (1984a): Bild und Auge. Neue Studien zur Psychologie der bildlichen Darstellung. Stuttgart: Klett-Kotta.

Gombrich, Ernst, H. (1984b): Kritierien der Wirklichkeitstreue. Der fixierte und der schweifende Blick. In: Gombrich, Ernst, H. (1984): Bild und Auge. Neue Studien zur Psychologie der bildlichen Darstellung. Stuttgart: Klett-Kotta, S. 240-273.

Graber, Doris (1996): Say it with Pictures. In: The Annals of The American Academy of Political and Social Science, 546(1), S. 85-96.

Grabbe, Lars/Kruse, Patrick (2009): Roland Barthes: Zeichen, Kommunikation und Mythos. In: Hepp, Andreas/Krotz, Friedrich/Thomas, Tanja (Hrsg.): Schlüsselwerke der Cultural Studies. Wiesbaden: VS Verlag für Sozialwissenschaften, S. 21-30.

Grady, John (2008): Visual Research at the Crossroads. In: Forum Qualitative Sozialforschung/ Forum: Qualitative Social Research, 9(3), Art. 38, http://nbn-resolving.de/urn:nbn:de:0114-fqs0803384 (25.5.2009).

Connor, Graham/Laurier, Eric/O'Brien, Vincent/Rouncefield, Mark (2011): New visual technologies: shifting boundaries, shared moments. In: Visual Studies, 26(2): S. 87-91.

Grant, Jo Anna/Hundley, Heather (2008): Fighting the Battle or Running the Race? In: Visual Communication Quarterly, 15(3), S. 180-195.

Griffin, Michael (2004): Picturing America's "War on Terrorism" in Afghanistan and Iraq. Photographic Motifs as News Frames. In: Journalism, 5(4), S. 381-402.

Griffin, Michael (2001): Camera as Witness, Image as Sign: The Study of Visual Communication in Communication Research. In: Communication Yearbook 24, S. 433-463.

Griffin, Michael/Lee, Jongsoo (1995): Picturing the Gulf War: Constructing an Image of War in Time, Newsweek, and U.S. News & World Report. In: Journalism & Mass Communication Quarterly, 72(4), S. 813-825.

Griesbeck, Michaela (1998): Werbesemiotik. Evaluierung einer Marketingforschungsmethode. Dissertation. Wien.

Grittmann, Elke (2007): Das politische Bild. Fotojournalismus und Pressefotografie in Theorie und Empirie. Köln: Herbert von Halem Verlag.

Grittmann, Elke (2001): Fotojournalismus und Ikonographie. Zur Inhaltsanalyse von Pressefotos. In: Wirth, Werner/Lauf, Edmund (Hrsg.) (2001): Inhaltsanalyse. Perspektiven, Probleme, Potentiale. Köln: Herbert von Halem Verlag, S. 262-279.

Grittmann, Elke/Ammann, Ilona (2011): Quantitative Bildtypenanalyse. In: Petersen, Thomas/ Schwender, Clemens (Hrsg.): Die Entschlüsselung der Bilder – Methoden zur Erforschung visueller Kommunikation. Köln: Herbert von Halem Verlag, S. 162-178.

302 *Literaturverzeichnis*

Grittmann, Elke/Ammann, Ilona (2009): Die Methode der quantitativen Bildtypenanalyse. Zur Routinisierung der Bildberichterstattung am Beispiel von 9/11 in der journalistischen Erinnerungskultur. In: Petersen, Thomas/Schwender, Clemens (Hrsg.): Visuelle Stereotype. Köln: Herbert von Halem Verlag, S. 141-158.

Grittmann, Elke/Ammann, Ilona (2008): Ikonen der Kriegs- und Krisenfotografie. In: Grittmann, Elke/Neverla, Irene/Ammann, Ilona (Hrsg.): Global, lokal, digital. Fotojournalismus heute. Köln: Herbert von Halem Verlag, S. 296-325.

Grittmann, Elke/Lobinger Katharina: Quantitative Bildinhaltsanalyse. In: Petersen, Thomas/Schwender, Clemens (Hrsg.): Die Entschlüsselung der Bilder – Methoden zur Erforschung visueller Kommunikation. Köln: Herbert von Halem Verlag, S. 155-162.

Grittmann, Elke/Lobinger, Katharina (2010): 20 Years of Visual Studies in Communication. Trends and Developments in International, European and German Visual Communication Research. [Conference Paper]. IAMCR Conference 2010, Braga, Portugal.

Grittmann, Elke/Neverla, Irene/Ammann, Ilona (Hrsg.) (2008a): Global, lokal, digital. Fotojournalismus heute. Köln: Herbert von Halem Verlag.

Grittmann, Elke/Neverla, Irene/Ammann, Ilona (2008b): Global, lokal, digital – Strukturen und Tendenzen im Fotojournalismus. In: Grittmann, Elke/Neverla, Irene/Ammann, Ilona (Hrsg.): Global, lokal, digital. Fotojournalismus heute. Köln: Herbert von Halem Verlag, S. 8-35.

Gunn, Joshua (2005): Prime-time Satanism: Rumor-panic and the Work of Iconic Topoi. In: Visual Communication, 4(1), S. 93-120.

Gye, Lisa (2007): Picture This: The Impact of Mobile Camera Phones on Personal Phtographic Practices. In: Continuum. Journal of Media & Cultural Studies, 21(2), S. 279-288.

Haas, Hannes (1996): Empirischer Journalismus. Über Wechselbeziehungen journalistischer, sozialwissenschaftlicher und literarischer Verfahren zur Erkenntnis sozialer Wirklichkeit. Habilitationsschrift. Wien.

Haas, Hannes (1990): Röntgenbilder des amerikanischen Traums. Die sozialdokumentarische Fotografie der Farm Securiy Administration als Instrument staatlicher Public Relations. In: Publizistik, 35(3), S. 279-291.

Haas, Hannes (1987): Die Fotometapher in der Reportagediskussion. In: Bobrowsky, Manfred/Duchkowitsch, Wolfgang/Haas, Hannes (1987): Medien- und Kommunikationgeschichte. Ein Textbuch zur Einführung. Wien: Braumüller, S. 149-160.

Herbert von Halem Verlag Verlag (2010): Titelinformation. IMAGE Zeitschrift für interdisziplinäre Bildwissenschaft. In: http://www.Herbert von Halem Verlag-verlag.de/shop/product_info.php/products_id/99 (28.4.2010).

Hall, Edward T. (1966): The Hidden Dimension. New York: Doubleday.

Hall, Stuart (Hrsg.) (2007): Representation. Cultural Representations and Signifying Pratices. London/Thousand Oaks/New Delhi: Sage.

Hall, Stuart (2002): Die Zentralität von Kultur. Anmerkungen über die kulturelle Revolution unserer Zeit. In: Hepp, Andreas/Löffelholz, Martin (Hrsg.): Grundlagentexte zur transkulturellen Kommunikation. Konstanz: UVK, S. 95-117.

Hall, Stuart (1999): Kodieren/Dekodieren. In: Bromley, Roger/Göttlich, Udo/Winter, Carsten (Hrsg.): Cultural Studies. Grundlagentexte zur Einführung. Lüneburg: zu Klampen, S. 92-110.

Haller, Michael (Hrsg.) (2008): Visueller Journalismus. Beiträge zur Diskussion einer vernachlässigten Dimension. Berlin: Lit-Verlag.

Halawa, Mark Ashraf (2008): Wie sind Bilder möglich? Argumente für eine semiotische Fundierung des Bildbegriffs. Köln: Herbert von Halem Verlag.

Literaturverzeichnis 303

Hancock, Jeffrey T./Toma, Catalina L. (2009): Putting Your Best Face Forward: The Accuracy of Online Dating Photographs. In: Journal of Communication, 59(2), S. 367-386.

Hans-Bredow-Institut (2000): „Rundfunk und Fernsehen" erscheint unter dem neuen Nahmen „Medien & Kommunikationswissenschaft". In: http://www.hans-bredow-institut.de/de/pressemitteilung/rundfunk-fernsehen-erscheint-unter-dem-neuen-namen-medien-kommunikationswissenschaf (23.6.2010).

Hartmann, Maren (2009): Roger Silverstone: Medienobjekte und Domestizierung. In: Hepp, Andreas/ Krotz, Friedrich/Thomas, Tanja (Hrsg.): Schlüsselwerke der Cultural Studies. Wiesbaden: VS Verlag für Sozialwissenschaften, S. 304-315.

Hartmann, Maren (2007): Domestizierung 2.0: Grenzen und Chancen eines Medienaneignungskonzeptes. In: Winter, Carsten/Hepp, Andreas/Krotz, Friedrich (Hrsg.): Theorien der Kommunikations- und Medienwissenschaft. Grundlegende Diskussionen, Forschungsfelder und Theorieentwicklungen. Wiesbaden: VS Verlag für Sozialwissenschaften, S. 401-416.

Hartmann, Maren/Hepp, Andreas (Hrsg.) (2010): Die Mediatisierung der Alltagswelt. Wiesbaden: VS Verlag für Sozialwissenschaften.

Hartmann, Maren/Krotz, Friedrich (2010): Online-Kommunikation als Kultur. In: Schweiger, Wolfgang/Beck, Klaus (Hrsg.): Handbuch Online-Kommunikation. Wiesbaden: VS Verlag für Sozialwissenschaften, S. 234-256.

Heiligmann, Rodney/Rutledge Shields, Vickie (2005): Media Literacy, Visual Syntax, and Magazine Advertisement: Conceptualizing the Consumption of Reading by Media Literate Subjects. In: Journal of Visual Literacy, 25(1), S. 41-66.

Hellmold, Martin (1999): Warum gerade diese Bilder? Überlegungen zur Ästhetik und Funktion der historischen Referenzbilder moderner Kriege. In: Schneider, Thomas F. (Hrsg.): Kriegserlebnis und Legendenbildung. Das Bild des „modernen" Krieges in Literatur, Theater, Photographie und Film. Bd. 1, Osnabrück: Rasch, S. 34-50.

Hepp, Andreas (2011): Medienkultur. Die Kultur mediatisierter Welten. Wiesbaden: VS Verlag für Sozialwissenschaften.

Hepp, Andreas (2008): Netzwerke der Medien – Netzwerke des Alltags: Medienalltag in der Netzwerkgesellschaft. In: Thomas, Tanja (Hrsg.): Medienkultur und soziales Handeln. Wiesbaden: VS Verlag für Sozialwissenschaften, S. 63-89.

Hepp, Andreas (2005): Medienkultur. In: Hepp, Andreas/Krotz, Friedrich/Winter, Carsten (Hrsg.): Globalisierung der Medienkommunikation. Eine Einführung. Wiesbaden: VS Verlag für Sozialwissenschaften, S. 137-162.

Hepp, Andreas (2004): Cultural Studies und Medienanalyse. Eine Einführung. Wiesbaden: VS Verlag für Sozialwissenschaften.

Hepp, Andreas/Krotz, Friedrich/Thomas, Tanja (Hrsg.) (2009): Schlüsselwerke der Cultural Studies. Wiesbaden: VS Verlag für Sozialwissenschaften.

Hepp, Andreas/Krotz, Friedrich/Winter, Carsten (Hrsg.) (2005): Globalisierung der Medienkommunikation. Eine Einführung. Wiesbaden: VS Verlag für Sozialwissenschaften.

Hepp, Andreas/Löffelholz, Martin (Hrsg.) (2002): Grundlagentexte zur transkulturellen Kommunikation. Konstanz: UVK.

Herrema, Ron (2011): Flickr, Communities of Practice and the Boundaries of Identity: a Musician goes Visual. In: Visual Studies, 26(2), S. 135-141.

Hersh, Seymour M. (2010): Investigative Journalism, Needed More than Ever. Keynote Speach im Rahmen der Global Investigative Journalism Conference, Genf 2010.

304   Literaturverzeichnis

Hersh, Seymour M. (2004a): Torture at Abo Ghraib. American Soldiers Brutalized Iraqis. How Far up Does Responsability go? In: The New Yorker, 10. Mai 2004, http://www.newyorker.com/ archive/2004/05/10/040510fa_fact (4.7.2010).

Hersh, Seymour M. (2004b): The Gray Zone. How a Secret Pentagon Program Came to Abu Ghraib. In: The New Yorker, 24. Mai 2004, http://www.newyorker.com/archive/2004/05/24/040524fa_ fact?currentPage=all (4.7.2010).

Hersh, Seymour M. (2004c): Die Befehlskette. Vom 11. September bis Abu Ghraib. Reinbek: Rowohlt.

Hickethier, Knut (2010): Mediatisierung und Medialisierung der Kultur. In: Hartmann. Maren/Hepp, Andreas (Hrsg.): Die Mediatisierung der Alltagswelt. Wiesbaden: VS Verlag für Sozialwissenschaften, S. 85-96.

Hickethier, Knut (2002): Medien-Aufmerksamkeit. Zur Einführung. In: Hickethier, Knut/Bleicher, Joan Kristin (Hrsg.): Aufmerksamkeit, Medien und Ökonomie. Hamburg: Lit-Verlag, S. 5-13.

Hickethier, Knut/Bleicher, Joan Kristin (Hrsg.) (2002): Aufmerksamkeit, Medien und Ökonomie. Hamburg: Lit-Verlag.

Hjarvard, Stig (2008): The Mediatization of Society. A Theory of the Media as Agents of Social and Cultural Change. In: Nordicom Review, 29(2), S. 105-134.

Hoffjann, Olaf (2009): Visualisierung als Strategie der Aufmerksamkeitsgewinnung in der Unternehmenskommunikation. In: Medien Journal, 33(1), S. 21-32.

Hoffmann, Jochen/Raupp, Juliana (2006): Politische Personalisierung. Disziplinäre Zugänge und theoretische Folgerungen. In: Publizistik, 51(4), S. 456-478.

Hofmann, Wilhelm (2008): Die Demokratie der Bilder. Die Risiken und Chancen der audiovisuellen Demokratie. In: Brodocz, André/Llanque, Marcus/Schaa, Gary S. (Hrsg.): Bedrohungen der Demokratie. Wiesbaden: VS Verlag für Sozialwissenschaften, S. 270-286.

Hofmann, Wilhelm (2006a): Bildpolitik – Sprachpolitik. Untersuchungen zur politischen Kommunikation in der entwickelten Demokratie. (Studien zur visuellen Politik. Hrsgg. von Hofmann, Wilhelm/Lesske, Frank, Band 3) Berlin: Lit-Verlag.

Hofmann, Wilhelm (2006b): Die Politik der Bilder und der Worte. Anmerkungen zum Verhältnis sprachlicher und visueller Kommunikation bei Susan Sontag und Roland Barthes. In: Hofmann, Wilhelm (2006a): Bildpolitik – Sprachpolitik. Untersuchungen zur politischen Kommunikation in der entwickelten Demokratie. (Studien zur visuellen Politik. Hrsgg. von Hofmann, Wilhelm/ Lesske, Frank, Band 3) Berlin: Lit-Verlag, S. 157-180.

Hofmann, Wilhelm (2004): Die politische Kultur des Auges. Der „pictorial turn" als Aspekt des „cultural turn" in der Politikwissenschaft. In: Schwelling, Birgit (Hrsg.): Politikwissenschaft als Kulturwissenschaft. Wiesbaden: VS Verlag für Sozialwissenschaften, S. 309-335.

Holicki, Sabine (1993): Pressefoto und Pressetext im Wirkungsvergleich. Eine experimentelle Untersuchung am Beispiel von Politikerdarstellungen. (Reihe Medien Skripten Bd. 17) München: Verlag R. Fischer.

Holmqvist, Kenneth/Holsanova, Jana/Barthelson, Maria/Lundqvist, Daniel (2003): Reading or Scanning? A Study of Newspaper and Net Paper Reading. In: Hyönä, Jukka R./Radach, Ralph/ Deubel, Heiner (Hrsg.): The Mind's Eye: Cognitive and Applied Aspects of Eye Movement Research Amsterdam: Elsevier Science Ltd., S. 657-670.

Holsanova, Jana/Rahm, Henrik/Holmqvist, Kenneth (2006): Entry Points and Reading Paths on Newspaper Spreads: Comparing a Semiotic Analysis with Eye-Tracking Measurements. In: Visual Communication, 5(1), S. 65-93.

Holtz-Bacha, Christina (Hrsg.) (2008a): Stereotype? Frauen und Männer in der Werbung. Wiesbaden: VS Verlag für Sozialwissenschaften.

Literaturverzeichnis

Holtz-Bacha, Christina (2008b): Köcheln auf kleiner Flamme. Frauen und Männer in der Werbung – ein thematischer Dauerbrenner. In: Holtz-Bacha, Christina (Hrsg.): Stereotype? Frauen und Männer in der Werbung. Wiesbaden: VS Verlag für Sozialwissenschaften, S. 5-13.

Holtz-Bacha, Christina (Hrsg.) (2008c): Frauen, Politik und Medien. Wiesbaden: VS Verlag für Sozialwissenschaften.

Holtz-Bacha, Christina/Koch, Thomas (2008): Das Auge wählt mit: Bildberichterstattung über Angela Merkel. In: Holtz-Bacha, Christina (Hrsg.): Frauen, Politik und Medien. Wiesbaden: VS Verlag für Sozialwissenschaften, S. 104-121.

Holtz-Bacha, Christina (Hrsg.) (2003): Die Massenmedien im Wahlkampf. Die Bundestagswahl 2002. Wiesbaden: Westdeutscher Verlag.

Hoppe, Nicole (2007): Bilder in der Tagespresse. Die „Saarbrücker Zeitung" und die FAZ im Vergleich (1955-2005). Korb: Didymos-Verlag.

Huang, Edgar S. (2003): Professionalizing Online News Photo Presentations. In: Visual Communication Quarterly, 10(2), S. 4-1.

Huber, Hans Dieter (2004): Bild, Beobachter, Milieu. Methoden einer systemischen Bildwissenschaft. Vortrag im Rahmen der internationalen Fachkonferenz „Bildwissenschaft zwischen Reflexion und Anwendung", Otto-von-Guericke- Universität Magdeburg. 18.2.2004. In: http://www.hgb-leipzig.de/ARTNINE/lectures/magdeburg/index.html (26.3.2008).

Hugger, Kai-Uwe (Hrsg.) (2010): Digitale Jugendkulturen. Wiesbaden: VS Verlag für Sozialwissenschaften.

Huh, Hyun-Joo Lee (1994): The Effect of Newspaper Picture Size. In: Visual Communication Quarterly, 1(2), S. 14-15.

Huhmann, Bruce A. (2003): Visual Complexity in Banner Ads. The Role of Color, Photography, and Animation. In: Visual Communication Quarterly, 10(3), S. 10-17.

Hüsch, Anette (2006): Ein Relikt vergangener Zeiten? Anmerkungen zum Begriff des traditionellen Bildes. In: Mersmann, Birgit/Schulz, Martin (Hrsg.) (2006): Kulturen des Bildes. München: Fink, S. 345-353.

Huxford, John (2001): Beyond the Referential. Uses of Visual Symbolism in the Press. In: Journalism, 2(1), S. 45-71.

Hyönä, Jukka R./Radach, Ralph/Deubel, Heiner (Hrsg.) (2003): The Mind's Eye: Cognitive and Applied Aspects of Eye Movement Research Amsterdam: Elsevier Science Ltd.

ICA (2011): Officers of the Visual Communication Studies. In: http://www.icahdq.org/sections/cms/visualstudies/default.asp?contentID=517 (27.10.2010).

Iconic Turn (2005): Image Online. 31.5.2005. In: http://www.iconicturn.de/2005/05/image-online/#more-320 (10.6.2010).

Iedema, Rick (2003): Multimodality, Resemiotization: Extending the Analysis of Discourse as Multi-Semiotic Practice. In: Visual Communication, 2(1), S. 29-57.

Ihlen, Oyvind (2004): Terror and Protest: Visual Public Relations Strategies in Political Conflicts. [Conference Paper] International Communication Association (ICA) Conference 2004, New York.

IMAGE (2010a): Mission Statement. In: http://www.bildwissenschaft.org/image/mission-statement (28.4.2010).

IMAGE (2010b): Funktionsweise. In: http://www.bildwissenschaft.org/image/ funktionsweise (28.4.2010).

Imhof, Kurt/Blum, Roger/Bonfadelli, Heinz/Jarren, Otfried (Hrsg.) (2004): Mediengesellschaft. Strukturen, Merkmale, Entwicklungsdynamiken. Wiesbaden: VS Verlag für Sozialwissenschaften.

306 Literaturverzeichnis

Imhof, Kurt/Schulz, Peter (Hrsg.) (1998): Die Veröffentlichung des Privaten – Die Privatisierung des Öffentlichen. Opladen: Westdeutscher Verlag.

Issing, Ludwig J./Klimsa, Paul (2002): Information und Lernen mit Multimedia und Internet. Lehrbuch für Studium und Praxis. Weinheim: Beltz, Psychologie Verlags Union.

Iyengar, Shanto/Prior, Markus (1999): Political Advertising: What Effect on Commercial Advertisers? In: http://www.stanford.edu/~siyengar/research/papers/advertising.html (4.2.2010).

Jäckel, Michael/Derra, Julia/Eck, Cornelia (2009): SchönheitsAnsichten. Geschlechterbilder in Werbeanzeigen und ihre Bewertung. Baden-Baden: Nomos.

Jamieson, Kathleen (1984) Packaging the Presidency. New York: Oxford University Press.

Jannidis, Fotis/Lauer, Gerhard/Martinez, Matias/Winko, Simone (Hrsg.) (2003): Regeln der Bedeutung. Zur Theorie der Bedeutung literarischer Texte. Berlin/New York: de Gruyter.

Jewitt, Carey/Oyama, Rumiko (2006): Visual Meaning. A Social Semiotic Approach. In: van Leeuwen, Theo/Jewitt, Carey (Hrsg.): Handbook of Visual Analysis. London/Thousand Oaks/New Delhi: Sage, S. 134-156.

Jones, Rodney H. (2005): 'You Show Me Yours, I'll Show You Mine': The Negotiation of Shifts From Textual to Visual Modes in Computer-Mediated Interaction Among Gay Men. In: Visual Communication, 4(1), S. 69-92.

Kaase, Max/Schulz, Winfried (Hrsg.) (1989): Massenkommunikation. Theorien, Methoden, Befunde. Sonderheft der Kölner Zeitschrift für Soziologie und Sozialpsychologie. Opladen: Westdeutscher Verlag.

Kahle, Shannon/Yu, Nan/Whiteside, Erin (2007): Another Disaster: An Examination of Portrayals of Race in Hurricane Katrina Coverage. In: Visual Communication Quarterly, 14(2), S. 75-89.

Kaid, Lynda Lee (2004): Classic Books Revisited: Walter Lippmann, Public Opinion. In: Journalism Studies, 5(1), S. 3-23.

Kamber, Esther (2004): Mediengesellschaft – der Gesellschaftsbegriff im Spannungsfeld der Modernetheorie. In: Imhof, Kurt/Blum, Roger/Bonfadelli, Heinz/Jarren, Otfried (Hrsg.): Mediengesellschaft. Strukturen, Merkmale, Entwicklungsdynamiken. Wiesbaden: VS Verlag für Sozialwissenschaften, S. 79-99.

Kamhawi, Rasha/Weaver, David (2003): Mass Communication Research Trends from 1980 to 1999. In: Journalism & Mass Communication Quarterly, 80(1), S. 7-27.

Kamps, Klaus (2007): Politisches Kommunikationsmanagement. Grundlagen und Professionalisierung moderner Politikvermittlung. Wiesbaden: VS Verlag für Sozialwissenschaften.

Kappas, Arvid /Müller, Marion (2006): Bild und Emotion – eine neues Forschungsfeld. In: Publizistik, 51(1), S. 3-23.

Keenan, Kevin L. (1996): Skin Tones and Physical Features of Blacks in Magazine Advertisements. In: Journalism & Mass Communication Quarterly, 73(4), S. 905-912.

Keil-Slawik, Reinhard/Selke, Harald/Szwillus, Gerd (Hrsg.) (2004): Mensch & Computer 2004: Allgegenwärtige Interaktion. München: Oldenbourg Verlag.

Kemp, Wolfgang/Amelunxen, Hubertus von (Hrsg.) (2006): Theorie der Fotografie. 1839-1995. München: Schirmer/Mosel.

Kenney, Keith R. (1993): Photographic Content in Chinese Newspapers. In: International Communication Gazette, 51(2), S. 149-169.

Kepplinger, Hans Mathias (2010): Nonverbale Medienkommunikation. Wiesbaden: VS Verlag für Sozialwissenschaften.

Kepplinger, Hans Mathias (1987): Darstellungseffekte. Experimentelle Untersuchungen zur Wirkung von Pressefotos und Fernsehfilmen. Freiburg/München: Alber.

Literaturverzeichnis

Kepplinger, Hans Mathias (1982): Visual Biases in Television Campaign Coverage. In: Communication Research, 9(3), S. 432-446.

Kepplinger, Hans Mathias (1980): Optische Kommentierung in der Fernsehberichterstattung über den Bundestagswahlkampf 1976. In: Ellwein, Thomas (Hrsg.): Politikfeld-Analysen 1979: Wissenschaftlicher Kongreß der DVPW, 1. – 5. Oktober 1979 in der Universität Augsburg. Tagungsbericht. Opladen: Westdeutscher Verlag, S. 163-179.

Kim, Yung Soo/Kelly, James D. (2008): A Matter of Culture: A Comparative Study of Photojournalism in American and Korean Newspapers. In: International Communication Gazette, 70(2), S. 155-173.

King, Cynthia/Lester, Paul M. (2005): Photographic Coverage During the Persian Gulf and Iraqi Wars in Three U.S. Newspapers. In: Journalism & Mass Communication Quarterly, 82(3), S. 623-637.

Kinnebrock, Susanne/Knieper, Thomas (2008): Männliche Angie und weiblicher Gerd? Visuelle Geschlechter- und Machtkonstruktionen auf Titelseiten von politischen Nachrichtenmagazinen. In: Holtz-Bacha, Christina (Hrsg.): Frauen, Politik und Medien. Wiesbaden: VS Verlag für Sozialwissenschaften, S. 83-103.

Kitch, Carolyn (1998): The American Woman Series: Gender and Class in the Ladies Home Journal. In: Journalism & Mass Communication Quarterly, 75(2), S. 243-262.

Klaus, Elisabeth (2002): Der Gegensatz von Information ist Desinformation, der Gegensatz von Unterhaltung ist Langeweile. In: Neverla, Irene/Grittmann, Elke/Pater, Monika (Hrsg.): Grundlagentext zur Journalistik. Konstanz: UVK, S. 619-640.

Kloock, Daniela (1995): Von der Schrift- zur Bild(schirm)kultur. Analyse aktueller Medientheorien. Berlin: Spiess.

Knieper, Thomas (2008): Ikonen der Pressefotografie – Ein Essay. In: Haller, Michael (Hrsg.): Visueller Journalismus. Beiträge zur Diskussion einer vernachlässigten Dimension. Berlin: Lit-Verlag, S. 59-67.

Knieper, Thomas (2005a): Kommunikationswissenschaft. In: Sachs-Hombach, Klaus (Hrsg.): Bildwissenschaft. Disziplinen, Themen, Methoden. Frankfurt a. Main: Suhrkamp, S. 37-51.

Knieper, Thomas (2005b): Bildjournalismus. In: Weischenberg, Siegfried/Kleinsteuber, Hans J./Pörksen, Bernhard (Hrsg.): Handbuch Journalismus und Medien. Konstanz: UVK, S. 29-31.

Knieper, Thomas (2004): Professioneller Bildjournalismus und Medienkompetenz. In: Fasel, Christoph (Hrsg.): Qualität und Erfolg im Journalismus. Konstanz: UVK, S. 83-92.

Knieper, Thomas (2003): Die ikonologische Analyse von Medienbildern und deren Beitrag zur Bildkompetenz. In: Knieper, Thomas/Müller, Marion G. (Hrsg.): Authentizität und Inszenierung von Bilderwelten. Köln: Herbert von Halem Verlag, S. 193-212.

Knieper, Thomas (2002): Die politische Karikatur: Eine journalistische Darstellungsform und deren Produzenten. Köln: Herbert von Halem Verlag.

Knieper, Thomas (1998): Qualitätsverlust und Desinformation durch mangelhafte Bilderwelten. In: forum medienethik, Nr. 1, S. 54-60.

Knieper, Thomas (1995): Infographiken: Das visuelle Informationspotential der Tageszeitung. (Reihe Medien Skripten Bd. 23) München: Verlag R. Fischer.

Knieper, Thomas/Müller, Marion G. (Hrsg.) (2005): War Visions. Bildkommunikation und Krieg. Köln: Herbert von Halem Verlag.

Knieper, Thomas/Müller, Marion G. (Hrsg.) (2004): Visuelle Wahlkampfkommunikation. Köln: Herbert von Halem Verlag.

Knieper, Thomas/Müller, Marion G. (Hrsg.) (2003): Authentizität und Inszenierung von Bilderwelten. Köln: Herbert von Halem Verlag.

Knieper, Thomas/Müller, Marion G. (Hrsg.) (2001): Kommunikation visuell. Das Bild als Forschungsgegenstand – Grundlagen und Perspektiven. Köln: Herbert von Halem Verlag.

Knobloch-Westerwick, Silvia/Coates, Brendon (2006): Minority Models in Advertisements in Magazines Popular With Minorities. In: Journalism & Mass Communication Quarterly, 83(3), S. 596-614.

Knox, John (2007): Visual-verbal Communication on Online Newspaper Home Pages. In: Visual Communication, 6(1), S. 19-53.

Kohn, Ayelet (2003): Let's Put our (Post)Cards on the Table. In: Visual Communication, 2(3), S. 265-284.

Kolb, Steffen/Mathes, Rainer/Kochhan, Christoph (2001): Von der kommunikatorzentrierten Auswertung von Medieninhaltsanalysen zur Schätzung von Rezeptionswahrscheinlichkeiten. Wahrnehmungschancen als Ansatz für eine Weiterentwicklung der Inhaltsanalyse. In: Wirth, Werner/Lauf, Edmund (Hrsg.): Inhaltsanalyse. Perspektiven, Probleme, Potentiale. Köln: Herbert von Halem Verlag, S. 244-261.

Koller, Veronika (2008): ‚Not just a Colour': Pink as a Gender and Sexuality Marker in Visual Communication. In: Visual Communication, 7(4), S. 395-423.

Konrath, Sarah H./Schwarz, Norbert (2007): Do Male Politicians Have Big Heads? Face-ism in Online Self-Representations of Politicians. In: Media Psychology, 10(3), S. 436-448.

Konstantinidou, Christina (2008): The Spectacle of Suffering and Death: The Photographic Representation of War in Greek Newspapers. In: Visual Communication, 7(2), S. 143-169.

Kosslyn, Stephen M. (1981): The Medium and the Message in Mental Imagery: A Theory. In: Psychological Review, 88(1), S. 46-66.

Kracauer, Siegfried (1952): The Challenge of Qualitative Content Research. In: Public Opinion Quarterly, 16(4), S. 631-642.

Kravagna, Christian (Hrsg.) (1997): Privileg Blick. Kritik der visuellen Kultur. Berlin: Ed. ID-Archiv.

Kress, Gunther (2010): Multimodality: a Social Semiotic Approach to Contemporary Communication. New York: Routledge.

Kress, Gunther/van Leeuwen, Theo (2006): Reading Images. The Grammar of Visual Design. London/New York: Routledge.

Krippendorf, Klaus (2004): Content Analysis. An Introduction to its Methodology. London/Thousand Oaks/New Delhi: Sage.

Krippendorf, Klaus/Bock Mary A. (2009): The Content Analysis Reader. London/Thousand Oaks/New Delhi: Sage.

Kroeber-Riel, Werner (1996): Bildkommunikation. Imagerystrategien für die Werbung. München: Vahlen.

Kroeber-Riel, Werner (1993): Bildkommunikation. The New Science of Imagination. München: Vahlen.

Kroeber-Riel, Werner/Esch, Franz-Rudolf (2004): Strategie und Technik der Werbung. Verhaltenswissenschaftliche Ansätze. Stuttgart: W. Kohlhammer.

Kroeber-Riel, Werner/Weinberg, Peter (2003): Konsumentenverhalten. München: Vahlen.

Krotz, Friedrich (2009): Stuart Hall: Encoding/Decoding und Identität. In: Hepp, Andreas/Krotz, Friedrich/Thomas, Tanja (Hrsg.): Schlüsselwerke der Cultural Studies. Wiesbaden: VS Verlag für Sozialwissenschaften, S. 210-223.

Krotz, Friedrich (2008): Kultureller Wandel und gesellschaftlicher Wandel im Kontext des Wandels von Medien und Kommunikation. In: Thomas, Tanja (Hrsg.): Medienkultur und soziales Handeln. Wiesbaden: VS Verlag für Sozialwissenschaften, S. 43-62.

Literaturverzeichnis

Krotz, Friedrich (2005): Von Modernisierungs- über Dependenz- zu Globalisierungstheorien. In: Hepp, Andreas/Krotz, Friedrich/Winter, Carsten (Hrsg.): Globalisierung der Medienkommunikation. Eine Einführung. Wiesbaden: VS Verlag für Sozialwissenschaften, S. 21-43.

Krotz, Friedrich (2007): Mediatisierung: Fallstudien zum Wandel von Kommunikation. Wiesbaden: VS Verlag für Sozialwissenschaften.

Krzeminski, Michael (2001): Bildkommunikation in der Spendenwerbung. Eine empirische Analyse der Werbemittel im Spannungsfeld von Akquisitions- und Aufklärungszielen. In: Knieper, Thomas/Müller, Marion G. (Hrsg.): Kommunikation visuell. Das Bild als Forschungsgegenstand – Grundlagen und Perspektiven. Köln: Herbert von Halem Verlag, S. 176-192.

Kunczik, Michael (2002): Public Relations. Konzepte und Theorien. Köln/Weimar/Wien: Böhlau.

Kunczik, Michael/Weber, Uwe (1993): PR-Anzeigen ausländischer Staaten in deutschen Zeitungen und Zeitschriften. Eine inhaltsanalytische Auswertung. In: Publizistik, 38(1), S. 46-65.

Lafky, Sue/Duffy, Margaret/Steinmaus, Mary/Berkowitz, Dan (1996): Looking Through Gendered Lenses: Female Stereotyping in Advertisements and Gender Role Expectations. In: Journalism & Mass Communication Quarterly, 73(2), S. 379-388.

Lang, Annie (2000): The Limited Capacity Model of Mediated Message Processing. In: Journal of Communication, 50(1), S. 46-70.

Lange, Patricia G. (2008): Publicly Private and Privately Public. Social Networking on YouTube. In: Journal of Computer-Mediated Communication, 13(1), S. 361-380.

Langenbucher, Wolfgang R./Latzer, Michael (Hrsg.) (2006): Europäische Öffentlichkeit und medialer Wandel. Eine transdisziplinäre Perspektive. Wiesbaden: VS Verlag für Sozialwissenschaften.

Lasica, J. D. (1989): Photographs that Lie. In: Washington Journalism Review, 11(2), S. 22-25. Online: http://jdlasica.com/articles/WJR.html (21.8.2010).

Lauf, Edmund (2005): National Diversity of Major International Journals in den Field of Communication. In: Journal of Communication, 55(1), S. 139-151.

Lauf, Edmund (2001): „Publish or Perish?" Deutsche Kommunikationsforschung in internationalen Fachzeitschriften. In: Publizistik, 46(4), S. 369-382.

Lee, Ki-Young/Joo, Sung-Hee (2005): The Portrayal of Asian Americans in Mainstream Magazine Ads: An Update. In: Journalism & Mass Communication Quarterly, 82(3), S. 654-671.

Leggewie, Claus (Hrsg.) (1994): Wozu Politikwissenschaft? Über das Neue in der Politik. Darmstadt: Wiss. Buchges.

Leifert, Stefan (2007): Bildethik. Theorie und Moral im Bildjournalismus der Massenmedien. München: Fink.

Lemke, Jay (2009): Multimodal Genres and Transmedia Traversals: Social Semiotics and the Political Economy of the Sign. In: Semiotica, Nr. 173, S. 283-297.

Len-Ríos, Maria E./Rodgers, Shelly/Thorson, Esther/Yoon, Doyle (2005): Representation of Women in News and Photos: Comparing Content to Perception. In: Journal of Communication, 55(1), S. 152-168.

Leslie, Michael (1995): Slow Fade to?: Advertising in Ebony Magazine, 1957-1989. In: Journalism & Mass Communication Quarterly, 72(2), S. 426-435.

Lessinger, Eva-Maria/Moke, Markus/Holtz-Bacha, Christina (2003): Edmund, Essen ist fertig. Plakatwahlkampf 2002 – Motive und Strategien. In: Holtz-Bacha, Christina (Hrsg.): Die Massenmedien im Wahlkampf. Die Bundestagswahl 2002. Wiesbaden: Westdeutscher Verlag, S. 216-242.

Lester, Paul M. (2007): Floods and Photo-Ops A Visual Historiography Approach. In: Visual Communication Quarterly, 14(2), S. 114-126.

310 Literaturverzeichnis

Lester, Paul M. (2005): On Mentors, Ethics, War, and Hurricanes. In: Visual Communication Quarterly, 12(3/4), S. 136-145.

Lester, Paul M. (Hrsg.) (1996a): Images that Injure. Pictorial Stereotypes in the Media. London: Praeger.

Lester, Paul M. (1996b): Introduction. In: Lester, Paul M. (Hrsg.): Images that Injure. Pictorial Stereotypes in the Media. London: Praeger, S. xi-xii.

Lester, Paul M. (1994): African-American Photo Coverage in Four U.S. Newspapers, 1937-1990. In: Journalism Quarterly, 71(2), S. 380-394.

Lester, Paul M./Smith, Ron (1990): African-American Photo Coverage in Life, Newsweek and Time, 1937-1988. In: Journalism Quarterly, 67(1), S. 128-136.

Lewis, Charles/Neville, John (1994): Images of Rosie: A Content Analysis of Women Workers in American Magazine Advertising, 1940-1946. In: Journalism & Mass Communication Quarterly, 72(1), S. 216-228.

Lewis, Justin/Jhally, Sut (1998): The Struggle over Media Literacy. In: Journal of Communication, 48(1), S. 109-120.

Li, Xigen (1998): Web Page Design and Graphic Use of Three U.S. Newspapers. In: Journalism & Mass Communication Quarterly, 75(2), S. 353-365.

Liebert, Wolf-Andreas/Metten, Thomas (Hrsg.) (2007): Mit Bildern lügen. Köln: Herbert von Halem Verlag.

Lippmann, Walter (1922): Public Opinion. New York: Macmillan.

Lister, Martin/Wells, Liz (2006): Seeing Beyond Belief: Cultural Studies as an Approach to Analysing the Visual. In: van Leeuwen, Theo/Jewitt, Carey (Hrsg.): Handbook of Visual Analysis. London/Thousand Oaks/New Delhi: Sage, S. 61-91.

Lo, Ven-hwie/Paddon, Anna/Wu, Hsiaomei (2000): Front Pages of Taiwan Daily Newspapers 1952-1996: How Ending Martial Law Influenced Publication Design. In: Journalism & Mass Communication Quarterly, 77(4), S. 880-897.

Lobinger, Katharina (2010): Different Images. Different Literacies. In: Fitzsimmons, Phil/McKenzie, Barbra (Hrsg.): Refocusing the Vision, the Viewer & Viewing Through an Interdisciplinary Lens. Oxfordshire: Interdisciplinary Press. [EBook] In: http://www.inter- disciplinary.net/publishing/id-press/ebooks/refocusing-the-vision-the-viewer-viewing-through-an-interdisciplinary-lens/ (20.6.2010), S. 39-48.

Lobinger, Katharina (2009a): Visuelle Stereotype. Resultate besonderer Bild-Text Interaktionen. In: Petersen, Thomas/Schwender, Clemens (Hrsg.): Visuelle Stereotype. Köln: Herbert von Halem Verlag, S. 109-122.

Lobinger, Katharina (2009b): Facing the Picture - Blicken wir dem Bild ins Auge! Vorschlag für eine meta-analytische Auseinandersetzung mit visueller Medieninhaltsforschung. In: Image – Zeitschrift für interdisziplinäre Bildwissenschaft, Nr. 10, Juli 2009, http://www.bildwissenschaft. org/journal/index.php?menuItem=miArchive&showIssue=36 (20.6.2010).

Lobinger, Katharina (2008): Visuelles Zeitalter ohne visuelle Kompetenz? In: Fachblatt des BÖKWE 2008, Nr. 4, S. 28- 29.

Lobinger, Katharina/Grittmann, Elke (2010): 20 Years of Visual Studies in Communication. Trends and Developments in International, European and German Visual Communication Research. [Conference Paper]. IAMCR Conference, Braga, Portugal.

Lock, Graham (2003): Being International, Local and Chinese: Advertisments on the Hong Kong Mass Transit Railway. In: Visual Communication, 2(2), S. 195-214.

Lockemann, Bettina (2007): Construction the World: Documentary Photography in Artistic Use. In: Adelmann, Ralf/Fahr, Andreas/Katenhusen, Ines/Leonhardt, Nic/Liebsch, Dimitri/Schneider,

Literaturverzeichnis

311

Stefanie (Hrsg.) (2007): Visual Culture Revisited. German and American Perspectives on Visual Culture(s). Köln: Herbert von Herbert von Halem Verlag Verlag, S. 141-152.

Lohoff, Markus (2007): Krieg im Wohnzimmer. Fernsehzuschauer im Kreuzfeuer von Propaganda und Wahrheitsfindung. In: Liebert, Wolf-Andreas/Metten, Thomas (Hrsg.): Mit Bildern lügen. Köln: Herbert von Halem Verlag, S.105-122.

Lowry, Dennis (1979): An Evaluation of Empirical Studies Reported in Seven Journals in the 70s. In: Journalism Quarterly, 56(2), S. 262-282.

Lünenborg, Margreth (2005): Journalismus als kultureller Prozess. Zur Bedeutung von Journalismus in der Mediengesellschaft. Ein Entwurf. Wiesbaden: VS Verlag für Sozialwissenschaften.

Luther, Catherine A. (2009): Importance Placed on Physical Attractiveness and Advertisement-Inspired Social Comparison Behavior Among Japanese Female and Male Teenagers. In: Journal of Communication, 59(2), S. 279-295.

Maar, Christa/Burda, Hubert (Hrsg.) (2005): Iconic Turn. Die neue Macht der Bilder. Köln: DuMont.

Machill, Marcel/Beiler, Markus/Fischer, Corinna (2006): Europa-Themen in Europas Medien – die Debatte um die europäische Öffentlichkeit. Eine Metaanalyse medieninhaltsanalytischer Studien. In: Langenbucher, Wolfgang R./Latzer, Michael (Hrsg.): Europäische Öffentlichkeit und medialer Wandel. Eine transdisziplinäre Perspektive. Wiesbaden: VS Verlag für Sozialwissenschaften, S. 132- 155.

Macias, José (1990): Die Entwicklung des Bildjournalismus. (Reihe Kommunikation und Politik Bd. 22) München/New York/London/Paris: Saur.

Magnussen, Anne (2006): Imagining the Dictatorship, Argentina 1981 to 1982. In: Visual Communication, 5(3), S. 323-244.

Marcellus, Jane (2006): Woman as Machine: Representations of Secretaries in Inter War Magazines. In: Journalism & Mass Communication Quarterly, 83(1), S. 101-115.

Marcinkowski, Frank/Marr, Mirko (2005): Medieninhalte und Medieninhaltsforschung. In: Bonfadelli, Heinz/Jarren, Otfried/Siegert, Gabriele (Hrsg.): Einführung in die Publizistikwissenschaft. Bern/Stuttgart/Wien: Haupt, S. 425-467.

Marquardt, Editha (2005): Visiotype und Stereotype. Prägnanzbildungsprozesse bei der Konstruktion von Region in Bild und Text. Köln: Herbert von Halem Verlag.

Martin, Ludwig A.C./Werner, Wolfgang W. (1981): Publizistische Fotografie. Bildjournalisten Enquete. Baden-Baden: Verlag Presse Informations Agentur.

Martinec, Radan/Salway, Andrew (2005): A System for Image-Text Relations in New (and Old) Media. In: Visual Communication, 4(3), S. 337-371.

McCombs, Maxwell E./Llamas, Juan Pablo/Lopez-Escobar, Esteban/Rey, Federico (1997): Candidate Images in Spanish Elections: Second-Level Agenda-Setting Effects. In: Journalism & Mass Communication Quarterly, 74(4), S. 703-717.

McCombs, Maxwell E./Shaw, Donald L. (1972): The Agenda-Setting Function of Mass Media. In: The Public Opinion Quarterly, 36(2), S. 176-187.

Meckel, Miriam (2001): Visualität und Virtualität. Zur medienkulturellen und medienpraktischen Bedeutung des Bildes. In: Knieper, Thomas/Müller, Marion G. (Hrsg.): Kommunikation visuell. Das Bild als Forschungsgegenstand – Grundlagen und Perspektiven. Köln: Herbert von Halem Verlag, S. 25-36.

Meier, Stefan (2010): Bild und Frame – Eine diskursanalytische Perspektive auf visuelle Kommunikation und deren methodische Operationalisierung. In: Duszak, Anna/House, Julian/Kumięga, Łukasz (Hrsg.): Globalization, Discourse, Media: In a Critical Perspective/Globalisierung, Diskurse, Medien: eine kritische Perspektive. Warschau: Wydawnictwa Uniwersytetu Warszaws-

312   Literaturverzeichnis

kiego/Warsaw University Press, S. 371-392. Online: http://www.medkom.tu-chemnitz.de/mk/meier/de%20Stefan%20Meier%20frame%20und%20bild.pdf (24.8.2010).

Meier, Stefan (2009): „Pimp your profile" – Fotografie als Mittel visueller Imagekonstruktion im Web 2.0. In: Image – Zeitschrift für interdisziplinäre Bildwissenschaft, Nr. 9, Jänner 2009, http://www.bildwissenschaft.org/image/ausgaben?function=fnArticle&showArticle=139 (30.08.2010).

Melewar, T.C./Jenkins, Elizabeth (2002): Defining the Corporate Identity Construct. In: Corporate Reputation Review, 5(1), S. 76-90.

Melewar, T.C./Saunders, John (2000): Global Corporate Visual Identity Systems: Using an Extended Marketing Mix. In: European Journal of Marketing, 34(5/6), S. 538-550.

Mendelson, Andrew (1999): What Makes a Winner? The Role of Novelty in the Pictures of the Year Competition. In: Visual Communication Quarterly, 6(3), S. 4-9.

Mendelson, Andrew L./Thorson, Esther (2004): How Verbalizers and Visualizers Process the Newspaper Environment. In: Journal of Communication, 54(3), S. 474-491.

Mersmann, Birgit/Schulz, Martin (Hrsg.) (2006): Kulturen des Bildes. München: Fink.

Merten, Klaus (1995): Inhaltsanalyse. Einführung in die Theorie, Methode und Praxis. Opladen: Westdeutscher Verlag.

Messaris, Paul (1998): Visual Aspects of Media Literacy. In: Journal of Communication, 48(1), S. 70-80.

Messaris, Paul (1997): Visual Persuasion. The Role of Images in Advertising. Thousand Oaks/London/New Delhi: Sage.

Messaris, Paul/Abraham, Linus (2003): The Role of Images in Framing News Stories. In: Reese, Stephen D./Gandy, Oscar R. Jr./Grant, August E. (Hrsg.): Framing Public Life. Perspectives on Media and Our Understanding of the Social World. Mahwah, N.J.: Erlbaum, S. 215-226.

Meyrowitz, Joshua (1998): Multiple Media Literacies. In: Journal of Communication, 48(1), S. 96-108.

Michel, Burkard (2006): Bild und Habitus. Sinnbildungsprozesse bei der Rezeption von Fotografien. Wiesbaden: VS Verlag für Sozialwissenschaften.

Mikos, Lothar (1999): Visuelle Kompetenz und Bilderfahrungen als Element der Sozialisation. In: Medienimpulse, 7(27), S. 13-18.

Mikunda, Christian (2002): Marketing spüren. Willkommen am Dritten Ort. Frankfurt/Wien: Redline/Ueberreuter.

Miller, Andrew D./Edwards, W. Keith (2007): Give and Take: A Study of Consumer Photo-Sharing Culture and Practices. In: CHI 2007 Proceedings, April 28-May 3, 2007, San Jose, CA, USA, S. 347-356.

Miniard, Paul W./Bhatla, Sunil/Lord, Kenneth R./Dickson, Peter R./Unnava, H. Rao (1991): Picture-Based Persuasion Processes and the Moderating Role of Involvement. In: The Journal of Consumer Research, 18(1), S. 92-107.

Mirzoeff, Nicholas (Hrsg.) (2006): The Visual Culture Reader. London/New York: Routledge.

Mitchell, W.J.T. (2008a): Das Leben der Bilder. Eine Theorie der visuellen Kultur. München: C. H. Beck.

Mitchell, W.J.T. (2008b): Bildtheorie. Frankfurt a. Main: Suhrkamp.

Mitchell, W.J.T. (2005): There are No Visual Media. In: Journal of Visual Culture, 4(2), S. 257-266.

Mitchell, W.J.T. (1992): The Pictorial Turn. In: Artforum 1992, March, S. 89-94. Dt. Übersetzung in: Kravagna, Christian (Hrsg.) (1997): Privileg Blick. Kritik der visuellen Kultur. Berlin: Ed. ID-Archiv, S. 15-40.

Literaturverzeichnis

Mitchell, W.J.T. (1990): Was ist ein Bild? In: Bohn, Volker (Hrsg.): Bildlichkeit. Internationale Beiträge zur Poetik. Frankfurt a. Main: Suhrkamp, S.17-68.

Mitchell, W.J.T. (1986): Iconology. Image, Text, Ideology. Chicago/London: The University of Chicago Press.

Möllmann, Bernhard (1998): Reaktionelles Marketing bei Tageszeitungen. (Reihe Medien Skripten Bd. 30) München: Verlag R. Fischer.

Moriarty, Sandra E. (1987): A Content Analysis of Visuals Used in Print Media Advertising. In: Journalism Quarterly, 64(2), S. 550-554.

Moriarty, Sandra E./Garramone, Gina (1986): A Study of Newsmagazine Photographs of the 1984 Presidential Campaign. In: Journalism Quarterly, 63(4), S. 728-734.

Moriarty, Sandra E./Popovich, Mark N. (1991): Newsmagazine Visuals and the 1988 Presidential Election. In: Journalism Quarterly, 68(3), S. 371-380.

Moriarty, Sandra E./Sayre, Shay (1992): An Interpretative Study of Visual Cues in Advertising. [Conference Paper]. Association for Education in Journalism and Mass Communication. Montreal, Canada. Online: http://spot.colorado.edu/ ~moriarts/viscueing.html (8.7.2010).

Moriarty, Sandra/Shaw, David (1995): An Antiseptic War: Were News Magazine Images of the Gulf War Too Soft? In: Visual Communication Quarterly, 2(2), S. 4-8.

Morris, Daniel/Miller, Tyagan (2006): Sacred Space and Secular Concern in the Photography of Tyagan Miller. In: Visual Communication Quarterly, 13(4), S. 224-239.

Mortelmans, Dimitri (1997): Visual Representations of Luxury. An Analysis of Print Advertisements for Jewelry. In: Communications: The European Journal of Communication Research, 22(1), S. 69-91.

Mullen, Lawrence (1998): Close-Ups of the President. Photojournalistic Distance from 1945 to 1974. In: Visual Communication Quarterly, 5(2), S. 4-10.

Müller, Marion G. (2009): Politisches Parfüm. Die visuelle Vermarktung des Immateriellen. In: Röttger, Ulrike (Hrsg.): PR-Kampagnen. Über die Inszenierung von Öffentlichkeit. Wiesbaden: VS Verlag für Sozialwissenschaften, S. 185-193.

Müller, Marion G. (2007): What is Visual Communication? Past and Future of an Emerging Field of Communication Research. In: Studies in Communication Science, 7(2), S. 7-34.

Müller, Marion G. (2003): Grundlagen der visuellen Kommunikation. Theorieansätze und Methoden. Konstanz: UVK.

Müller, Marion G. (2001): Bilder – Visionen – Wirklichkeiten. Zur Bedeutung der Bildwissenschaft im 21. Jahrhundert. In: Knieper, Thomas/Müller, Marion G. (Hrsg.): Kommunikation visuell. Das Bild als Forschungsgegenstand – Grundlagen und Perspektiven. Köln: Herbert von Halem Verlag, S. 14-24.

Müller, Marion G. (1997a): Politische Bildstrategien im amerikanischen Präsidentschaftswahlkampf 1828-1996. Berlin: Akademie Verlag.

Müller, Marion G. (1997b): Visuelle Wahlkampfkommunikation. Eine Typologie der Bildstrategien im amerikanischen Präsidentschaftswahlkampf. In: Publizistik, 42(2), S. 205-228.

Müller, Marion G./Knieper, Thomas (2005): Krieg ohne Bilder? In: Knieper, Thomas/Müller, Marion G. (Hrsg.): War Visions. Bildkommunikation und Krieg. Köln: Herbert von Halem Verlag, S. 7-21.

Müller, Marion G./Knieper, Thomas (2001): Einleitung. In: Knieper, Thomas/Müller, Marion G. (Hrsg.): Kommunikation visuell. Das Bild als Forschungsgegenstand – Grundlagen und Perspektiven. Köln: Herbert von Halem Verlag, S. 7-13.

Müller, Marion G./Özcan, Esra/Seizov, Ognyan (2009): Dangerous Depictions: A Visual Case Study of Contemporary Cartoon Controversies. In: Popular Communication, 7(1), S. 28-39.

314

Literaturverzeichnis

Müller-Doohm, Stefan (1999): Kulturelle Identität im Zeitalter der globalen Medienkultur. In: Viehoff, Reinhold/Segers, Rien T. (Hrsg.): Kultur Identität Europa. Über die Schwierigkeiten und Möglichkeiten einer Konstruktion. Frankfurt a. Main: Suhrkamp, S.75-97.

Müller-Funk, Wolfgang (2006): Kulturtheorie. Einführung in die Schlüsseltexte der Kulturwissenschaften. Tübingen/Basel: A. Francke Verlag.

Münkler, Herfried (2002): Die neuen Kriege. Reinbek b. Hamburg: Rowohlt.

Myers, David D. (2008): Psychologie. Heidelberg: Springer.

Nabi, Robin L. (2003): Exploring the Framing Effects of Emotion: Do Discrete Emotions Differentially Influence Information Accessibility, Information Seeking, and Policy Preference? In: Communication Research, 30(2), S. 224-247.

Neuendorf, Kimberly A. (2002): The Content Analysis Guide Book. London/Thousand Oaks/New Delhi: Sage.

Neverla, Irene/Grittmann, Elke/Pater, Monika (Hrsg.) (2002): Grundlagentext zur Journalistik. Konstanz: UVK.

Nightingale, Virginia (2007): The Cameraphone and Online Image Sharing. In: Continuum: Journal of Media & Cultural Studies, 21(2), S. 289-301.

Noelle-Neumann, Elisabeth/Schulz, Winfried/Wilke, Jürgen (Hrsg.) (2009): Fischer Lexikon Publizistik Massenkommunikation. Frankfurt a. Main: Fischer.

Nöth, Winfried (2000): Handbuch der Semiotik: Stuttgart/Weimar: Metzler.

Nowak, Kjell (1990): Magazine Advertising in Sweden and the United States: Stable Patterns of Change, Variable Levels of Stability. In: European Journal of Communication, 5(4), S. 393-422.

NZZ (2009): Medienmitteilung. Die „Neue Zürcher Zeitung" ab 23. September in neuer Konzeption und Gestaltung. In: http://static.nzz.ch/files/0/7/8/ Medienmitteilung_1.2960078. NZZ20101_1.2960078.pdf (10.3.2010).

obs-Award (2010): Teilnahmebedingungen. In: http://www.obs-awards.de/teilnahmebedingungen (20.1.2010).

obs-Award (2009): Sieger 2009. In: http://www.obs-awards.de/sieger2009 (8.7.2010).

O'Donnell, Victoria (2005): Cultural Studies Theory. In: Smith, Ken/Moriarty, Sandra/Barbatsis, Gretchen/Kenney, Keith (Hrsg.): Handbook of Visual Communication. Theory, Methods, and Media. Mahwah/London: Lawrence Erlbaum, S. 521-537.

Ollermann, Frank/Hamborg, Kai-Christoph/Reinecke, Stefan (2004): Visuelles Orientierungsverhalten bei der Betrachtung von Internetseiten. In: Keil-Slawik, Reinhard/Selke, Harald/Szwillus, Gerd (Hrsg.): Mensch & Computer 2004: Allgegenwärtige Interaktion. München: Oldenbourg Verlag, S. 85-94.

Paech, Joachim (2005): Medienwissenschaft. In: Sachs-Hombach, Klaus (Hrsg.): Bildwissenschaft. Disziplinen, Themen, Methoden. Frankfurt a. Main: Suhrkamp, S. 79-96.

Paivio, Allan (1986): Mental Representationes: A Dual Coding Approach. New York: Oxford University Press.

Paivio, Allan/Csapo, Kalman (1973): Picture Superiority in Free Recall: Imagery or Dual Coding? In: Cognitive Psychology, 5(2), S. 109-248.

Page, Janis Teruggi (2006): Myth and Photography in Advertising: A Semiotic Analysis. In: Visual Communication Quarterly, 13(2), S. 90-109.

Panofsky, Erwin (2006): Ikonographie und Ikonologie. Bildinterpretation nach dem Dreistufenmodell. Köln: Dumont.

Panofsky, Erwin (2002): Sinn und Deutung in der bildenden Kunst. Köln: Dumont.

Paul, Gerhard (2005a): Die Geschichte hinter dem Foto. Authentizität, Ikonisierung und Überschreibung eines Bildes aus dem Vietnamkrieg. In: Zeithistorische Forschungen/Studies in Con-

Literaturverzeichnis

temporary History, 2(2), http://www.zeithistorische-forschungen.de/16126041-Paul-2-2005 (25.3.2010).

Paul, Gerhard (2005b): Der Vietnamkrieg als Sonderfall und Wendepunkt in der Geschichte der Visualisierung des modernen Krieges. In: Knieper, Thomas/Müller, Marion G. (Hrsg.): War Visions. Bildkommunikation und Krieg. Köln: Herbert von Halem Verlag, S. 80-104.

Paul, Gerhard (2004): Bilder des Krieges - Krieg der Bilder. Die Visualisierung des modernen Krieges. Paderborn: Schöningh.

Pauwels, Luc (2009): A Private Cultural Practice Going Public? Expanding and Shifting Functions of Family Photography on the Web. [Conference Paper] International Communication Association (ICA) Conference 2009. Dresden; Deutschland.

Peled-Elhanan, Nurit (2009): Layout as Punctuation of Semiosis: Some Examples from Israeli Schoolbooks. In: Visual Communication, 8(1), S. 91-116.

Perlmutter, David D. (1998): Photojournalism and Foreign Policy: Icons of Outrage in International Crises. Westport: Praeger.

Perlmutter, David D./Dahmen, Nicole Smith (2008): (In)visible Evidence: Pictorially Enhanced Disbelief in the Apollo Moon Landings. In: Visual Communication, 7(2), S. 229-251.

Perlmutter, David D./Wagner, Gretchen L. (2004): The Anatomy of a Photojournalistic Icon: Marginalization of Dissent in the Selection and Framing of ‚A Death in Genoa'. In: Visual Communication, 3(1), S. 91-108.

Peter, Jochen (2002): Medien-Priming – Grundlagen, Befunde und Forschungstendenzen. In: Publizistik, 47(1), S. 21-44.

Petersen, Thomas (2003): Der Test von Bildsignalen in Repräsentativumfragen: Erste Ergebnisse. In: Knieper, Thomas/Müller, Marion G. (Hrsg.): Authentizität und Inszenierung von Bilderwelten. Köln: Herbert von Halem Verlag, S. 102-122.

Petersen, Thomas (2001): Der Test von Bildsignalen in Repräsentativumfragen: Vorschlag für ein Forschungsprogramm. In: Knieper, Thomas/Müller, Marion G. (Hrsg.): Kommunikation visuell. Das Bild als Forschungsgegenstand – Grundlagen und Perspektiven. Köln: Herbert von Halem Verlag, S. 159-175.

Petersen, Thomas/Jackob, Nikolaus/Roessnig, Thomas (2009): Wie man mit wenig Aufwand den Effekt bewegter Bilder messen kann – oder auch nicht. In: Petersen, Thomas/Schwender, Clemens (Hrsg.): Visuelle Stereotype. Köln: Herbert von Halem Verlag, S. 159-173.

Petersen, Thomas/Jandura, Olaf (2004): Der Test von Bildsignalen in Repräsentativumfragen und seine Verknüpfung mit Medieninhaltsanalysen im Bundestagswahlkampf 2002. In: Knieper, Thomas/Müller, Marion G. (Hrsg.): Visuelle Wahlkampfkommunikation. Köln: Herbert von Halem Verlag, S. 148-167.

Petersen, Thomas/Schwender, Clemens (Hrsg.) (2011): Die Entschlüsselung der Bilder - Methoden zur Erforschung visueller Kommunikation. Köln: Herbert von Halem Verlag.

Petersen, Thomas/Schwender, Clemens (Hrsg.) (2009): Visuelle Stereotype. Köln: Herbert von Halem Verlag.

Pfau, Michael/Haigh, Michel/Fifrick, Andeelynn/Holl, Douglas/Tedesco, Allison/Cope, Jay/Nunnally, David/Schiess, Amy/Preston, Donald/Roszkowski, Paul/Martin, Marlon (2006): The Effect of Print News Photographs of the Casualties of War. In: Journalism & Mass Communication Quarterly, 83(1), S. 150-168.

Pink, Sarah (2011): Amateur Photographic Practice, Collective Representation and the Constitution of Place. In: Visual Studies, 26(2), S. 92-101.

Pirker, Bettina (2010): Cultural-Studies-Theorien der Medien. In: Weber, Stefan (Hrsg.): Theorien der Medien. Konstanz: UVK, S. 145-169.

316 Literaturverzeichnis

Plett, Heinrich F. (2001): Einführung in die rhetorische Textanalyse. Hamburg: Buske.

Pompper, Donnalyn/Koenig, Jesica (2004): Cross-Cultural-Generational Perceptions of Ideal Body Image: Hispanic Women and Magazine Standards. In: Journalism & Mass Communication Quarterly, 81(1), S. 89-107.

Pompper, Donnalyn/Soto, Jorge/Piel, Lauren (2007): Male Body Image and Magazine Standards: Considering Dimensions of Age and Ethnicity. In: Journalism & Mass Communication Quarterly, 84(3), S. 525-545.

Pörksen, Uwe (1997): Weltmarkt der Bilder: Eine Philosophie der Visiotype. Stuttgart: Klett-Kotta.

Porter, James E. (1986): This Is Not a Review of Foucault's This Is Not a Pipe. In: Rhetoric Review, 4(2), S. 210-219.

Postman, Neil (1985): Wir amüsieren uns zu Tode. Urteilsbildung im Zeitalter der Unterhaltungsindustrie. Frankfurt a. Main: S. Fischer.

Poynter Institute (2008): Previous Studies. In: http://eyetrack.poynter.org/previous.html (8.6.2010).

Price, Vincent/Tewksbury, David/Powers, Elizabeth (1997): Switching Trains of Thought: The Impact of News Frames on Readers' Cognitive Responses. Communication Research, 24(5), S. 481-506.

PRVA (Public Relations Verband Austria) (2009): Fundamente. Das ist PR. In: http://www.prva.at/index.php?id=36 (20.1.2010).

Przyborski, Aglaja (2008): Sprechen Bilder? Ikonizität als Herausforderung für die Qualitative Medienforschung. In: Medien Journal 2008(2), S. 74-88.

Pylyshyn, Zenon W. (1973): What the Mind's Eye Tells the Mind's Brain: A Critique of Mental Imagery. In: Psychological Bulletin, 80(1), S. 1-24.

Raab, Jürgen (2008): Visuelle Wissenssoziologie. Theoretisches Konzeption und materiale Analysen. Konnstanz: UVK.

Rau, Harald (2007): Qualität in einer Ökonomie der Publizistik. Betriebswirtschaftliche Lösungen für die Redaktion. Wiesbaden: VS Verlag für Sozialwissenschaften.

Reese, Stephen D./Gandy, Oscar R. Jr./Grant, August E. (Hrsg.) (2003): Framing Public Life. Perspectives on Media and Our Understanding of the Social World. Mahwah, N.J.: Erlbaum.

Reichert, Tom/Carpenter, Courtney (2004): An Update on Sex in Magazine Advertising: 1983 to 2003. In: Journalism & Mass Communication Quarterly, 81(4), S. 823-837.

Reichert, Tom/Lambiase, Jacqueline/Morgan, Susan/Carstarphen, Meta/Zavoina, Susan (1999): Cheesecake and Beefcake: No Matter How You Slice it, Sexual Explicitness in Advertising Continues to Increase. In: Journalism & Mass Communication Quarterly, 76(1), S. 7-20.

Reichertz, Jo (2010): Kommunikationsmacht. Was ist Kommunikation und was vermag sie? Und weshalb vermag sie das? Wiesbaden: VS Verlag für Sozialwissenschaften.

Reid, Leonard N./Whitehill King, Karen/Kreshel, Peggy (1994): Black and White Models and Their Activities in Modern Cigarette and Alcohol Ads. In: Journalism Quarterly, 71(4), S. 873-886.

Renger, Rudi/Rest, Franz (1996): Optik für Alphabeten. Printmediale Qualität durch Gestaltung. In: Medien Journal 1996(2), S. 47-55.

Richard, Birgit (2010): Das jugendliche Bild-Ego bei YouTube und flickr. True (Black Metal) und Real als Figuren mimetischer Selbstdarstellung. In: Hugger, Kai-Uwe (Hrsg.): Digitale Jugendkulturen. Wiesbaden: VS Verlag für Sozialwissenschaften, S. 55-72.

Richins, Marsha L. (1991): Social Comparison and the Idealized Images of Advertising. In: Journal of Customer Research, 18(1), S. 71-83.

Riffe, Daniel/Freitag, Alan (1997): A Content Analysis of Content Analyses: Twenty-five Years of Journalism Quarterly. In: Journalism & Mass Communication Quarterly, 74(3), S. 515-524.

Literaturverzeichnis 317

Riffe, Daniel/Lacy, Stephen/Fico, Frederik G. (2005): Analyzing Media Messages. Using Quantitative Content Analysis in Research. Mahwah, NJ: Lawrence Erlbaum.

Rodgers, Shelly/Thorson, Esther (2000): „Fixing" Stereotypes in News Photos: A Synergistic Approach With the Los Angeles Times. In: Visual Communication Quarterly, 7(3), S. 8-11.

Romano, Andrew (2008): Expertinent: Why the Obama "Brand" is Working. In: Newsweek.com, http://www.newsweek.com/blogs/stumper/2008/02/27/expertinent-why-the-obama-quot-brand-quot-is-working.html (18.08.2010).

Rosenblum, Barbara (1978): Style as Social Process. In: American Sociological Review, 43(3), S. 422-438.

Röser, Jutta (2007) (Hrsg.): MedienAlltag. Domestizierungsprozesse alter und neuer Medien. Wiesbaden: VS Verlag für Sozialwissenschaften.

Rössler, Patrick (2005): Inhaltsanalyse. Konstanz: UVK.

Rössler, Patrick (2004): Qualität aus transaktionaler Perspektive. Zur gemeinsamen Modellierung von „User Quality" und „Sender Quality": Kriterien für Online-Zeitungen. In: Beck, Klaus/Schweiger, Wolfgang/Wirth, Werner (Hrsg.): Gute Seiten – schlechte Seiten. Qualität in der Onlinekommunikation. München: Verlag R. Fischer, S. 127-145.

Rorty, Richard M. (Hrsg.) (1992): The Linguistic Turn. Essays in Philosophical Method. (With Two Retrospective Essays). Chicago/London: The University of Chicaco Press.

Rose, Gillian (2007): Visual Methodologies. An Introduction to the Interpretation of Visual Materials. London/Thousand Oaks/New Delhi: Sage.

Rossig, Julian J. (2007): Fotojournalismus. Konstanz: UVK.

Rössler, Patrick (2005): Inhaltsanalyse. Konstanz: UVK.

Röttger, Ulrike (Hrsg.) (2009): PR-Kampagnen. Über die Inszenierung von Öffentlichkeit. Wiesbaden: VS Verlag für Sozialwissenschaften.

Röttger-Denker, Gabriele (2004): Roland Barthes. Zur Einführung. Hamburg: Junius.

Rötzer, Florian (1996): Aufmerksamkeit – Der Rohstoff der Informationsgesellschaft. In: Bollmann, Stefan/Heibach Christiane (Hrsg.): Kursbuch Internet. Mannheim: Bollmann, S. 83-97.

Ruß-Mohl, Stephan (1992): Am eigenen Schopfe... Qualitätssicherung im Journalismus – Grundfragen, Ansätze, Nährungsversuche. In: Publizistik, 37(1), S. 83-96.

Sage (2009a): Visual Communication. Descprition. In: http://www.sagepub.com/journalsProdDesc.nav?prodId=Journal201380 (19.5.2009).

Sage (2009b): Visual Communication. Aimes and Scopes. In: http://www.sagepub.com/journalsProdAims.nav?prodId=Journal201380 (19.5.2009).

Sage (2009c): European Journal of Communication. Description. In: http://www.sagepub.com/journalsProdDesc.nav?prodId=Journal200857 (9.9.2009).

Sage (2009d): International Communication Gazette. Description: In: http://www.sagepub.com/journalsProdDesc.nav?prodId=Journal200826 (25.11.2009)

Sage (2009e): International Communication Gazette: Aimes and Scopes. In: http://www.sagepub.com/journalsProdAims.nav?prodId=Journal200826 (25.11.2009).

Sage (2010): Journal of Visual Culture: Aimes and Scpoes. In: http://www.sagepub.com/journalsProdAims.nav?prodId=Journal201459 (23.6.2010).

Sachs-Hombach, Klaus (Hrsg.) (2006): Bild und Medium. Kunstgeschichtliche und philosophische Grundlagen der interdisziplinären Bildwissenschaft. Köln: Herbert von Halem Verlag.

Sachs-Hombach, Klaus (Hrsg.) (2005a): Bildwissenschaft. Disziplinen, Themen, Methoden. Frankfurt a. Main: Suhrkamp.

318   *Literaturverzeichnis*

Sachs-Hombach, Klaus (2005b): Konzeptionelle Rahmenüberlegungen zur interdisziplinären Bildwissenschaft. In: Sachs-Hombach, Klaus (Hrsg.): Bildwissenschaft. Disziplinen, Themen, Methoden. Frankfurt a. Main: Suhrkamp, S. 11-20.

Sachs-Hombach, Klaus (2004): Bildwissenschaft als interdisziplinäres Unternehmen. 22.1.2004. In: H-Soz-u-Kult, http://hsozkult.geschichte.hu-berlin.de/forum/type=diskussionen&id=372 (26.3.2008).

Sachs-Hombach, Klaus (2003): Das Bild als kommunikatives Medium. Elemente einer allgemeinen Bildwissenschaft. Köln: Herbert von Halem Verlag.

Sachs-Hombach, Klaus (2002): Bildbegriff und Bildwissenschaft. In: kunst – gestaltung – design. (Reihe Hochschulprojekte, Hrsgg. von Gerhardus, Dietfried/Rompza, Sigurd), Nr. 8, S. 3-26.

Sachs-Hombach, Klaus/Rehkämpfer, Klaus (Hrsg.) (2001): Vom Realismus der Bilder. Interdisziplinäre Forschung zur Semantik bildlicher Darstellungsformen. Magdeburg: Scriptum Verlag.

Sachs-Hombach, Klaus/Rehkämper, Klaus (Hrsg.) (1998): Bildgrammatik. Interdisziplinäre Forschung zur Syntax bildlicher Darstellungsformen, Magdeburg: Scriptum Verlag.

Sachsse, Rolf (2003): Bildjournalismus heute. Beruf, Ausbildung, Praxis. München: List Verlag.

Sadler-Trainor, Genevieve (2005): A Visual Overdose? Visual Communications in Public Relations. In: Public Relations Quarterly, 50(4), S. 7-9.

Sadoski, Mark/Paivio, Allan (2001): Imagery and Text. Mahwah, NJ: Erlbaum.

Santaella, Lucia (1998): Die Fotografie zwischen Tod und Ewigkeit. In: Zeitschrift für Semiotik, 20(3/4), S. 243-268.

Sarcinelli, Ulrich (Hrsg.) (1998): Politikvermittlung und Demokratie in der Mediengesellschaft. Beiträge zur politischen Kommunikationskultur. Opladen, Wiesbaden: Westdeutscher Verlag.

Sawetz, Josef (2009): Handbuch Marketing- und Kommunikatinspsychologie. Medien, Konsum, Individuum, Kollektivität. Interdisziplinäre Grundlagen kommunikativer Prozesse aus Psychologie, Neurowissenschaften, Evolutionsbiologie, Systemtheorie und Semiotik. Wien: personal-expert.net.

Sayre, Shay/Wells, Ludmilla/Moriarty, Sandra (1996): Penetrating the Cultural Curtain: Apple's „1984" Commercial Goes to Russia. In: World Communication, 25(2), S. 91-103.

Schelske, Andreas (2001): Bedeutung oder Bezeichnung. In: Sachs-Hombach, Klaus/Rehkämpfer, Klaus (Hrsg.): Vom Realismus der Bilder. Interdisziplinäre Forschung zur Semantik bildlicher Darstellungsformen. Magdeburg: Scriptum Verlag, S. 147-158.

Schelske, Andreas (1998): Wie wirkt die Syntaktik von bildhaften Zeichen kommunikativ? In: Sachs-Hombach, Klaus/Rehkämper, Klaus (Hrsg.): Bildgrammatik. Interdisziplinäre Forschung zur Syntax bildlicher Darstellungsformen, Magdeburg: Scriptum Verlag, S. 145-154.

Schenk, Michael (2009): Persuasion. In: Noelle-Neumann, Elisabeth/Schulz, Winfried/Wilke, Jürgen (Hrsg.): Fischer Lexikon Publizistik Massenkommunikation. Frankfurt a. Main: Fischer, S. 443-458.

Scherer, Klaus R. (1998): Emotionsprozesse im Medienkontext: Forschungsillustrationen und Zukunftsperspektiven. In: Medienpsychologie, 10(4), S. 276-293.

Scheufele, Bertram (2004): Framing-effects Approach: A Theoretical and Methodological Critique. In: Communications: The European Journal of Communication Research, 29(4), S. 401-428.

Scheufele, Bertram (2003): Frames – Framing – Framing-Effekte. Theoretische und methodische Grundlegungen des Framing-Ansatzes sowie empirische Befunde zur Nachrichtenproduktion. Wiesbaden: Westdeutscher Verlag.

Scheufele Bertram (2001): Visuelles Medien-Framing und Framing-Effekte. Zur Analyse visueller Kommunikation aus der Framing-Perspektive. In: Knieper, Thomas/Müller, Marion G. (Hrsg.):

Literaturverzeichnis

Kommunikation visuell. Das Bild als Forschungsgegenstand – Grundlagen und Perspektiven. Köln: Herbert von Halem Verlag, S. 144-158.

Scheufele, Bertram/Gasteiger, Carolin (2007): Berichterstattung, Emotionen und politische Legitimierung. Eine experimentelle Untersuchung zum Einfluss der Politikberichterstattung auf die Legitimierung politischer Entscheidungen am Beispiel von Bundeswehreinsätzen. In: Medien & Kommunikationswissenschaft, 55(4), S. 534-554.

Schierl, Thomas (2005): Werbungsforschung. In: Sachs-Hombach, Klaus (Hrsg.): Bildwissenschaft. Disziplinen, Themen, Methoden. Frankfurt a. Main: Suhrkamp, S.309-319.

Schierl, Thomas (2001): Text und Bild in der Werbung: Bedingungen und Anwendungen bei Anzeigen und Plakaten. Köln: Herbert von Halem Verlag.

Schiessl, Michael/Duda, Sandra/Thölke, Andreas/Fischer, Rico (2003): Eyetracking and its Application in Usability and Media Research. In: MMI-interaktiv Journal - Online Zeitschrift zu Fragen der Mensch-Maschine-Interaktion (Sonderheft: Blickbewegung), Nr. 6., http://eye-square.com/documents/EyeTracking-ResearchApplications.pdf (8.6.2010).

Schirra, Jörg (2006): Begriffsgenetische Betrachtungen in der Bildwissenschaft: Fünf Thesen. In: Sachs-Hombach, Klaus (Hrsg.): Bild und Medium. Kunstgeschichtliche und philosophische Grundlagen der interdisziplinären Bildwissenschaft. Köln: Herbert von Halem Verlag, S. 197-213.

Schmerl, Christiane (Hrsg.) (2006a): Und sie bewegen sich doch... Aus der Begegnung von Frauenbewegung und Wissenschaft. Tübingen: dgvt-Verlag.

Schmerl, Christiane (2006b): Männliche Reflexe, weibliche Reflexionen: Werbung mit Frauenbildern. In: Schmerl, Christiane (Hrsg.): Und sie bewegen sich doch... Aus der Begegnung von Frauenbewegung und Wissenschaft. Tübingen: dgvt-Verlag), S. 189-305.

Schmerl, Christiane (2004): „Kluge" Köpfe — „dumme" Körper? Einige Wirkungen der Kopfbetonung bei männlichen und der Körperbetonung bei weiblichen Pressefotos. In: Publizistik, 49(1), S. 48-65.

Schmidt, Siegfried J. (Hrsg.) (2005): Medien und Emotionen. Münster: Lit-Verlag.

Schmidt, Siegfried J. (2003): Kognitive Autonomie und soziale Orientierung: konstruktivistische Bemerkungen zum Zusammenhang von Kognition, Kommunikation, Medien und Kultur. Münster: Lit-Verlag.

Schmidt, Siegfried J./Westerbarkey, Joachim/Zurstiege, Guido (Hrsg.) (2001): A/Effektive Kommunikation: Unterhaltung und Werbung. Münster/Hamburg: Lit-Verlag.

Schmidt, Siegfried J./Zurstiege, Guido (2000): Orientierung Kommunikationswissenschaft. Was sie kann, was sie will. Reinbek b. Hamburg: Rowohlt.

Schmidt, Siegfried J./Zurstiege, Guido (2002). Kommunikationswissenschaft. Systematik und Ziele. Reinbek b. Hamburg: Rowohlt.

Seidman, Steven A. (2010): Barack Obama's 2008 Campaign for the U.S. Presidency and Visual Design. In: Journal of Visual Literacy, 29(1), S. 1-27.

Smith, Ken/Moriarty, Sandra/Barbatsis, Gretchen/Kenney, Keith (Hrsg.) (2005): Handbook of Visual Communication. Theory, Methods, and Media. Mahwah/London: Lawrence Erlbaum.

Smith, Ken/Price, Cindy (2005): Content Analysis of Representation: Photographic Coverage of Blacks by Nondaily Newspapers. In: Smith, Ken/Moriarty, Sandra/Barbatsis, Gretchen/Kenney, Keith (Hrsg.): Handbook of Visual Communication. Theory, Methods, and Media. Mahwah/London: Lawrence Erlbaum, S. 127-137.

Schneider, Thomas F. (Hrsg.) (1999): Kriegserlebnis und Legendenbildung. Das Bild des „modernen" Krieges in Literatur, Theater, Photographie und Film. Bd. 1, Osnabrück: Rasch.

320   Literaturverzeichnis

Schönbach, Klaus/Lauf, Edmund (2006): Are National Communication Journals still Necessary? A Case Study and Some Suggestions. In: Communications, 31, S. 447-454.

Schramm, Wilbur (1957): Twenty Years of Journalism Research. In: Public Opinion Quarterly, 21(1), S. 91-107.

Schuck, Andreas R.T./de Vreese, Claes H. (2006): Between Risk and Opportunity. News Framing and its Effects on Public Support for EU Enlargement. In: European Journal of Communication, 21(1), S. 5-32.

Schulz, Martin (2005): Ordnungen der Bilder. Eine Einführung in die Bildwissenschaft. München: Fink.

Schulz, Winfried (1989): Massenmedien und Realität. Die „ptolemäische" und die „kopernikanische" Auffassung. In: Kaase, Max/Schulz, Winfried (Hrsg.) (1989): Massenkommunikation. Theorien, Methoden, Befunde. Sonderheft der Kölner Zeitschrift für Soziologie und Sozialpsychologie. Opladen: Westdeutscher Verlag, S. 135-149.

Schulze, Gerhard (2000): Die Erlebnisgesellschaft. Frankfurt a. Main: Campus Verlag.

Schwab, Frank (2001): Unterhaltungsrezeption als Gegenstand medienpsychologischer Emotionsforschung. In: Zeitschrift für Medienpsychologie, 13(2), S. 62-72.

Schwalbe, Carol B./Silcock, B. William/Keith, Susan (2008): Visual Framing of the Early Weeks of the U.S.-Led Invasion of Iraq: Applying the Master War Narrative to Electronic and Print Images. In: Journal of Broadcasting and Electronic Media, 52(3), S. 448-465.

Schwan, Stephan (2005): Psychologie. In: Sachs-Hombach, Klaus (Hrsg.): Bildwissenschaft. Disziplinen, Themen, Methoden. Frankfurt a. Main: Suhrkamp, S.124-133.

Schwan, Stephan/Zahn, Carmen (2006): Der Bildbetrachter als Gegenstand bildwissenschaftlicher Methodik. In: Sachs-Hombach, Klaus (Hrsg.): Bild und Medium. Kunstgeschichtliche und philosophische Grundlagen der interdisziplinären Bildwissenschaft. Köln: Herbert von Halem Verlag, S. 214-232.

Schwartz, Dona (1992): To Tell the Truth: Codes of Objectivity in Photojournalism. In: Communication 13, S. 95-109. Online: http://sjmc.cla.umn.edu/faculty/schwartz/contents/contents.html (21.8.2010).

Schweiger, Wolfgang/Beck, Klaus (Hrsg.) (2010): Handbuch Online-Kommunikation. Wiesbaden: VS Verlag für Sozialwissenschaften.

Schweiger, Wolfgang/Rademacher, Patrick/Grabmüller, Birgit (2009): Womit befassen sich kommunikationswissenschaftliche Abschlussarbeiten? Eine Inhaltsanalyse von DGPuK-TRANSFER als Beitrag zur Selbstverständnisdebatte. In: Publizistik, 54(4), S. 533-552.

Schwelling, Birgit (Hrsg.) (2004): Politikwissenschaft als Kulturwissenschaft. Wiesbaden: VS Verlag für Sozialwissenschaften.

Scott, Biljana (2004): Picturing Irony: The Subversive Power of Photography. In: Visual Communication, 3(1), S. 31-59.

Scott, Linda M. (1991): „For the Rest of Us": A Reader-Oriented Interpretation of Apple's „1984". In: Journal of Popular Culture, 25(1), S. 67-81.

Seethaler, Josef (2006): Entwicklung und Stand der kommunikationswissen-schaftlichen Forschung zur europäischen Öffentlichkeit. Eine Analyse der Beiträge in vier europäischen Fachzeitschriften 1989-2004. In: Langenbucher, Wolfgang R./Latzer, Michael (Hrsg.): Europäische Öffentlichkeit und medialer Wandel. Eine transdisziplinäre Perspektive. Wiesbaden: VS Verlag für Sozialwissenschaften, S. 244-260.

Segers, Rien T./Viehoff, Reinhold (1999): Die Konstruktion Europas. Überlegungen zum Problem der Kultur in Europa. In: Viehoff, Reinhold/Segers, Rien T. (Hrsg.): Kultur Identität Europa. Über

Literaturverzeichnis

die Schwierigkeiten und Möglichkeiten einer Konstruktion. Frankfurt a. Main: Suhrkamp, S. 9-49.

Seizov, Ognyan/Müller, Marion (2009): Visual Style and Visual Strategy in U.S. Presidential Campaigning: A Study of Online Campaign Spots in the 2008 Presidential Primaries. [Conference Paper]. International Communication Association (ICA) Conference. Chicago, IL.

Siegert, Gabriele/Brecheis, Dieter (2005): Werbung in der Medien- und Informationsgesellschaft. Wiesbaden: VS Verlag für Sozialwissenschaften.

Smith, Ken (1996): The Front Pages of Non-Daily Newspapers. In: Visual Communication Quarterly, 3(4), S. 4-16.

Soh, Hyeonjin/Reid, Leonard N./Whitehill King, Karen (2009): Measuring Trust in Advertising. Development and Validation of the ADTRUST Scale. In: Journal of Advertising, 38(2), S. 83–103.

Soh, Hyeonjin/Reid, Leonard N./Whitehill King, Karen (2007): Trust in Different Advertising Media. In: Journalism and Mass Comunication Quarterly, 84(3), S. 455-476.

Sontag, Susan (2006): Über Fotografie. Frankfurt a. Main: Fischer.

Spoerri, Daniel (2010): „Tableau Piège"/Fallenbild: In: http://www.danielspoerri.org/web_daniel/deutsch_ds/werk_einzel/05_fallenbild.htm (9.6.2010).

Stefanone, Michael A./Lackaff, Derek (2009): Reality Television as a Model for Online Behavior: Blogging, Photo, and Video Sharing. In: Journal of Computer Mediated Communication, 14(4), S. 964-987.

Stein, Sarah R. (2002): The „1984" Machintosh Ad: Cinematic Icons and Constitutive Rhetoric in the Launch of New Machine. In: Quarterly Journal of Speech, 88(2), S. 169-192.

Sturken, Marita/Cartwright, Lisa (2001): Practices of Looking. An Introduction to Visual Culture. Oxford: Oxford University Press.

Sundar, S. Shyam (2000): Multimedia Effects on Processing and Perception of Online News: A Study of Picture, Audio, and Video Downloads. In: Journalism & Mass Communication Quarterly, 77(3), S. 480-499.

Sung, Yongjun/Hennink-Kaminski, Heidi I. (2008): The Master Settlement Agreement and Visual Imagery of Cigarette Advertising in Two Popular Youth Magazines. In: Journalism & Mass Communication Quarterly, 85(2), S. 331-352.

Taylor, Charles R./Bang, Hae-Kyong (1997): Portrayals of Latinos in Magazine Advertising. In: Journalism & Mass Communication Quarterly, 74(2), S. 285-303.

Taylor and Francis (2010): Visual Communication Quarterly. Aimes and Scopes. In: http://www.tandf.co.uk/journals/journal.asp?issn=1555-1393&linktype= (23.6.2010).

Teo, Peter (2004): Ideological Dissonances in Sigapore's National Campaign Posters: A Semiotic Deconstruction. In: Visual Communication, 3(2), S. 189-212.

The New Yorker (2010): Seymour Hersh. In: http://www.newyorker.com/magazine/bios/seymour_m_hersh/search?contributorName=seymour%20m%20hersh (4.7.2010).

Thomas, Tanja (Hrsg.) (2008): Medienkultur und soziales Handeln. Wiesbaden: VS Verlag für Sozialwissenschaften.

Thomsen, Steven R. (2002): Health and Beauty Magazine Reading and Body Shape Concerns Among a Group of College Women. In: Journalism & Mass Communication Quarterly, 79(4), S. 988-1007.

Thurlow, Crispin/Aiello, Giorgia (2007): National Pride, Global Capital: A Social Semiotic Analysis of Transnational Visual Branding in the Airline Industry. In: Visual Communication, 6(3), S. 305-344.

Tinic, Serra A. (1997): United Colors and Untied Meanings: Benetton and the Commodification of Social Issues. In: Journal of Communication, 47(3), S. 3-25.

322   *Literaturverzeichnis*

Tirohl, Blu (2000): The Photo-Journalist and the Changing News Image. In: New Media Society, 2(3), S. 335-352.

Trumbo, Craig W. (2004): Research Methods in Mass Communication Research: A Census of Eight Journals 1990-2000. In: Journalism & Mass Communication Quarterly, 81(2), S. 417-436.

Tsao, James C. (1994): Advertising and Cultural Values. A Content Analysis of Advertising in Taiwan. In: International Communication Gazette, 53(1/2), S. 93-110.

Ullrich, Wolfgang (2008): Bilder zum Vergessen. Die globalisierte Industrie der „Stock Photography". In: Grittmann, Elke/Neverla, Irene/Ammann, Ilona (Hrsg.): Global, lokal, digital. Fotojournalismus heute. Köln: Herbert von Halem Verlag, S. 51-61.

Unnava, H. Rao/Burnkrant, Robert E. (1991): An Imagery-Processing View of the Role of Pictures in Print Advertisements. In: Journal of Marketing Research, 28(2), S. 226-231.

van den Bosch, Annette L. M./de Jong, Menno D. T./Elving, Wim J. L. (2006): Managing Corporate Visual Identity. Exploring the Differences Between Manufacturing and Service, and Profit-Making and Nonprofit Organizations. In: Journal of Business Communication, 43(2), S. 138-157.

van Dijck, José (2008): Digital Photography: Communication, Identity, Memory. In: Visual Communication, 7(1), S. 57-76.

van Dijk, Teun A. (Hrsg.) (1997): Discourse as Social Interaction. Lodon: Sage.

Van House, Nancy A./Davis, Marc/Takhteyev, Yuri/Ames, Morgan/Finn, Megan (2004): The Social Uses of Personal Photography: Methods for Projecting Future Imaging Applications. In: http://www.sims.berkeley.edu/~vanhouse/vanhouseetal2004b.pdf (9.8.2011).

Van House, Nancy A. (2011): Personal Photography, Digital Technologies and the Uses of the Visual. In: Visual Studies, 26(2), S. 125-134.

Van House, Nancy A./Davis, Marc Ames, Morgan/Finn, Megan/Viswanathan, Vijay (2005): The Uses of Personal Networked Digital Imaging: An Empirical Study of Cameraphone Photos and Sharing. [Conference Paper] CHI 2005, Portland, Oregon.

van Leeuwen (2006): Semiotics and Iconography. In: van Leeuwen, Theo/Jewitt, Carey (Hrsg.): Handbook of Visual Analysis. London/Thousand Oaks/New Delhi: Sage, S.92-118.

van Leeuwen (2005): Introducing Social Semiotics. London/New York: Sage.

van Leeuwen, Theo/Jewitt, Carey (Hrsg.) (2006a): Handbook of Visual Analysis. London/Thousand Oaks/New Delhi: Sage.

van Leeuwen, Theo/Jewitt, Carey (2006b): Introduction. In: van Leeuwen, Theo/Jewitt, Carey (Hrsg.): Handbook of Visual Analysis. London/Thousand Oaks/New Delhi: Sage, S.1-9.

van Rekom, Johan (1997): Deriving an Operational Measure of Corporate Identity. In: European Journal of Marketing, 31(5/6), S. 419-422.

Verser, Rebecca/Wicks, Robert H. (2006): Managing Voter Impressions: The Use of Images on Presidential Candidate Web Sites During the 2000 Campaign. In: Journal of Communication, 56(1), S. 178-197.

Viehoff, Reinhold/Segers, Rien T. (Hrsg.) (1999): Kultur Identität Europa. Über die Schwierigkeiten und Möglichkeiten einer Konstruktion. Frankfurt a. Main: Suhrkamp.

Visual Communication Quarterly (2010): Editorial Statment. In: http://www.vcquarterly.org/index.html (23.6.2010).

Visuelle Kommunikation, Fachgruppe der DGPuK (2009): Impressum. In: http://www.fg-viskomm.de/ (10.6.2010).

Volli, Ugo (2002): Semiotik. Eine Einführung in ihre Grundbegriffe. Tübingen/Basel: A. Francke.

VS-Journals.de (2009): Publizistik. Vierteljahreshefte für Kommunikationsforschung online. In: http://www.vsjournals.de/index.php;do=viewmag/sid=efca8309c98b329481b9716c21f14846/site=pub/lng=de/area=kom/id=7/alloc=159/full=1 (19.5.2009).

Literaturverzeichnis

Vultee, Fred (2007): Dr. FDR & Baby War: The World Through Chicago Political Cartoons Before and After Pearl Harbor. In: Visual Communication Quarterly, 14(3), S. 158-175.

Waldman, Paul/Devitt, James (1998): Newspaper Photographs and the 1996 Presidential Election: The Question of Bias. In: Journalism & Mass Communication Quarterly, 75(2), S. 302-311.

Wang, Jian (1996): The Siren Songs of Consumption: An Analysis of Foreign Advertisements in Two Mainland Chinese Newspapers, 1985-1993. In: International Communication Gazette, 56(3), S. 201-219.

Wanta, Wayne (1988): The Effects of Dominant Photographs: An Agenda-Setting Experiment. In: Journalism Quarterly, 65(1), S. 107-111.

Wanta, Wayne/Chang, Kuang-Kuo (2001): Visual Depictions of President in the International Press After the Release of the Starr Report. In: Visual Communication Quarterly, 8(3), S. 9-14.

Wanta, Wayne/Gao, Dandan (1994): Young Readers and the Newspaper: Information Recall and Perceived Enjoyment, Readability, and Attractiveness. In: Journalism Quarterly, 71(4), S. 926-936.

Wanta, Wayne/Roark, Virginia (1994): Response to Photographs. In: Visual Communication Quarterly, 1(2), S. 12-13.

Wanta, Wayne/Roark, Virginia (1993): Cognitive and Affective Responses to Newspaper Photographs. [Conference Paper]. AEJMC Conference 1993. Kansas City; U.S.

Warlaumont, Hazel G. (1997): Appropriating Reality. Consumers' Perceptions of Schema-Inconsistent Advertising. In: Journalism & Mass Communication Quarterly, 74(1), S. 39-54.

Warlaumont, Hazel G. (1995): Blurring ADvertising and EDitorial Photographic Formats. In: Visual Communication Quarterly, 2(3), S. 4-24.

Warnke, Martin/Fleckner, Uwe/Ziegler, Hendrik (2011): Handbuch der politischen Ikonographie. In zwei Bänden. Bd.1: Von Abdankung bis Huldigung. Bd. 2: Von Imperator bis Zwerg. München: C.H.Beck.

Warnke, Martin (1994): Politische Ikonographie. Hinweise auf eine sichtbare Politik. In: Leggewie, Claus (Hrsg.): Wozu Politikwissenschaft? Über das Neue in der Politik. Darmstadt: Wiss. Buchges., S. 170-178.

Watkins, Patsy (2000): LIFE Goes to World War II: A Comparison of Photo Histories From Two U.S. Eras. In: Visual Communication Quarterly, 7(2), S. 4-8.

Weaver, David/Wilhoit, G. Cleveland (1988): A Profile of JMC Educators: Traits, Attitudes and Values. In: Journalism Educator, 43, S. 4-41.

Weber, Stefan (Hrsg.) (2010): Theorien der Medien. Konstanz: UVK.

Weber, Stefan (2002): Interpenetration von Journalismus, PR und Werbung. Überlegungen zu Theorie und Empirie der Entdifferenzierung von medialen Subsystemen. In: Medien Impulse, Heft 42, Themenheft „Medien und Werbung", S. 5-11.

Wegener, Claudia (2001): Informationsvermittlung im Zeitalter der Unterhaltung. Eine Langzeitanalyse politischer Fernsehmagazine. (Studien zur Kommunikationswissenschaft, Bd. 47) Wiesbaden: Westdeutscher Verlag.

Weibel, Peter (2005): Ortlosigkeit und Bilderfülle – Auf dem Weg zur Telegesellschaft. In: Maar, Christa/Burda, Hubert (Hrsg.): Iconic Turn. Die neue Macht der Bilder. Köln: DuMont, S. 216-226.

Weichler, Kurt (2005): Print-Journalismus. In: Weischenberg, Siegfried/Kleinsteuber, Hans J./Pörksen, Bernhard (Hrsg.): Handbuch Journalismus und Medien. Konstanz: UVK, S. 361-365.

Weischenberg, Siegfried (1995): Journalistik. Theorie und Praxis aktueller Medienkommunikation. Band 2: Medientechnik, Medienfunktionen, Medienakteure. Opladen: Westdeutscher Verlag.

Weischenberg, Siegfried/Kleinsteuber, Hans J./Pörksen, Bernhard (Hrsg.) (2005): Handbuch Journalismus und Medien. Konstanz: UVK.

324   Literaturverzeichnis

Welker, Martin/Wünsch, Carsten (Hrsg.) (2010): Die Online-Inhaltsanalyse. Forschungsobjekt Internet. Köln: Herbert von Halem Verlag.

Wells, Karen (2007): Narratives of Liberation and Narratives of Innocent Suffering: The Rhetorical Uses of Images of Iraqi Children in the British Press. In: Visual Communication, 6(1), S. 55-71.

Wiley (2009): Journal of Communication, Author Guidelines: In: http://www.wiley.ccm/bw/submit. asp?ref=0021-9916&site=1 (9.9.2009)

Wilke, Jürgen (2008a): Der Bildermarkt in Deutschland – Akteure, Vermarktungswege, Handelsgebräuche, Markttendenzen. In: Grittmann, Elke/Neverla, Irene/Ammann, Ilona (Hrsg.): Global, lokal, digital. Fotojournalismus heute. Köln: Herbert von Halem Verlag, S. 36-50.

Wilke, Jürgen (2008b): Nachrichtenagenturen als Bildanbieter. In: Grittmann, Elke/Neverla, Irene/ Ammann, Ilona (Hrsg.): Global, lokal, digital. Fotojournalismus heute. Köln: Herbert von Halem Verlag, S. 62-90.

Wilke, Jürgen (2004): Die Visualisierung der Wahlkampfberichterstattung in Tageszeitungen 1949-2002. In: Knieper, Thomas/Müller, Marion G. (Hrsg.): Visuelle Wahlkampfkommunikation. Köln: Herbert von Halem Verlag, S. 210-230.

Wilke, Jürgen (1998): Analytische Dimensionen der Personalisierung des Politischen. In: Imhof, Kurt/Schulz, Peter (Hrsg.): Die Veröffentlichung des Privaten – Die Privatisierung des Öffentlichen. Opladen: Westdeutscher Verlag, S. 283-294.

Wilkes, Michael S./Bell, Robert A. (2000): Direct-to-Consumer Prescription Drug Advertising: Trends, Impact, and Implications. In: Health Affairs, 19(2), S. 110-128.

Willems, Herbert (Hrsg.) (2002): Die Gesellschaft der Werbung. Kontexte und Texte Produktionen und Rezeptionen. Entwicklungen und Perspektiven. Wiesbaden: Westdeutscher Verlag.

Wilson, Kenneth L./Wasserman, Jason A./Lowndes, Florin (2009): Picture and Social Concept: a Fractal-concept Analysis of Advertising Art. In: Visual Communication, 8(4), S. 427-448.

Winter, Carsten (2005): Von der Globalisierungstheorie zur Medienkulturforschung. In: Hepp, Andreas/Krotz, Friedrich/Winter, Carsten (Hrsg.): Globalisierung der Medienkommunikation. Eine Einführung. Wiesbaden: VS Verlag für Sozialwissenschaften, S. 69-90.

Winter, Carsten (2003): Polysemie, Rezeption und Handlungsmächtigkeit. Zur Konstitution von Bedeutung im Rahmen von Cultural Studies. In: Jannidis, Fotis/Lauer, Gerhard/Martinez, Matias/ Winko, Simone (Hrsg.): Regeln der Bedeutung. Zur Theorie der Bedeutung literarischer Texte. Berlin/New York: de Gruyter, S. 431-453.

Winter, Carsten/Hepp, Andreas/Krotz, Friedrich (Hrsg.) (2007): Theorien der Kommunikations- und Medienwissenschaft. Grundlegende Diskussionen, Forschungsfelder und Theorieentwicklungen. Wiesbaden: VS Verlag für Sozialwissenschaften.

Wirth, Werner/Lauf, Edmund (Hrsg.) (2001): Inhaltsanalyse. Perspektiven, Probleme, Potentiale. Köln: Herbert von Halem Verlag.

Woelke, Jens (2005): Das Bild als Gegenstand kommunikationswissenschaftlicher Inhaltsanalysen – welches Bild? In: Abstracts zur Jahrestagung 2005 der Fachgruppe Methoden der empirischen Kommunikationsforschung der DGPuK. Inhaltsanalyse unter besonderer Berücksichtigung nonverbaler Medieninhalte: www.dgpuk.de/fg_meth/AbstractsFGMeth-TAG05.pdf (19.5.2009).

Woo, Jisuk (1994): Journalism Objectivity in News Magazine Photography. In: Visual Communication Quarterly, 1(3), S. 9-16.

Wolf, Claudia Maria (2006): Bildsprache und Medienbilder. Die visuelle Darstellungslogik von Nachrichtenmagazinen. Wiesbaden: VS Verlag für Sozialwissenschaften.

World Press Photo (2010): About World Press Photo. In: http://www.worldpressphoto.org/index. php?option=com_content&task=view&id=20&Itemid=113 (4.7.2010).

Literaturverzeichnis
325

Wortmann, Volker (2003): Authentisches Bild und authentisierende Form. Köln: Herbert von Halem Verlag.

Xiao, Yingcai/Amon, Tomaz/Kommers, Piet (Hrsg.) (2009): Proceedings of the IADIS International Conference Computer Graphics, Visualization, Computer Vision and Image Processing 2009. IADIS Press.

Ylänne-McEwen, Virpi (2000): Golden Times for Golden Agers: Selling Holidays as Lifestyle for the Over 50s. In: Journal of Communication, 40(3), S. 83-99.

Zerfaß, Ansgar (2008): Corporate Communication Revisited: Integrating Business Strategy and Strategic Communication. In: Zerfaß, Ansgar/van Ruler, Betteke/Sriramesh, Krishnamurthy (Hrsg.): Public Relations Research. European and International Perspectives and Innovations. Wiesbaden: VS Verlag für Sozialwissenschaften, S. 65-96.

Zerfaß, Ansgar (2004): Unternehmensführung und Öffentlichkeitsarbeit. Grundlegung einer Theorie der Unternehmenskommunikation und Public Relations. Wiesbaden: VS Verlag für Sozialwissenschaften.

Zerfaß, Ansgar/van Ruler, Betteke/Sriramesh, Krishnamurthy (Hrsg.) (2008): Public Relations Research. European and International Perspectives and Innovations. Wiesbaden: VS Verlag für Sozialwissenschaften.

Zillmann, Dolf/Gibson, Rhonda/Sargent, Stephanie L. (1999): Effects of Photographs in News-Magazine Reports on Issue Perception. In: Media Psychology, 1(3), 207-228.

Zillmann, Dolf/Harris, Christopher R./Schweitzer, Karla (1993). Effects of Perspective and Angle Manipulations in Portrait Photographs on the Attribution of Traits to Depicted Persons. In: Medienpsychologie, 5(2), S. 106-123.

Zimbardo, Philip/Ebbesen, Ebbe B. (1969): Influencing Attitudes and Changing Behavior. A Basic Introduction to Relevant Methodlogy, Theory, and Applications. Menlo Park/London/Don Mills: Addison-Wesley Publishing.

Zinkhan, George M./Qualls, William J./Biswas, Abhijit (1990): The Use of Blacks in Magazine and Television Advertising: 1946 to 1986. In: Journalism Quarterly, 67(3), S. 547-553.

Zurstiege, Guido (2005): Zwischen Kritik und Faszination. Was wir beobachten, wenn wir die Werbung beobachten, wie sie die Gesellschaft beobachtet. Köln: Herbert von Halem Verlag.

Zurstiege, Guido (2002). Die Gesellschaft der Werbung – was wir beobachten, wenn wir die Werbung beobachten, wie sie die Gesellschaft beobachtet. In: Willems, Herbert (Hrsg.): Die Gesellschaft der Werbung. Kontexte und Texte. Produktionen und Rezeptionen. Entwicklungen und Perspektiven. Wiesbaden: Westdeutscher Verlag, S. 121-138.

Zurstiege, Guido (2001): Werbung – Kunst und Können der aufrichtigen Lüge. In: Schmidt, Siegfried J./Westerbarkey, Joachim/Zurstiege, Guido (Hrsg.): A/Effektive Kommunikation: Unterhaltung und Werbung. Münster/Hamburg: Lit-Verlag, S. 147-160.

Zurstiege, Guido (1998): Mannsbilder – Männlichkeit in der Werbung. Zur Darstellung von Männern in der Anzeigenwerbung der 50er, 70er und 90er Jahre. Opladen/Wiesbaden: Westdeutscher Verlag.

Anhang 1: Kurzbeschreibung der Fachzeitschriften

Journal of Communication

Das U.S.-amerikanische *Journal of Communication* gilt als wichtigstes Journals der *International Communication Association*. Das Journal erscheint vierteljährlich, mit einer ungefähren Seitenanzahl von 780 bis 820 Seiten pro Jahr und wird vom *Wiley-Blackwell* Verlag herausgegeben. Es versteht sich als allgemeines Journal für Kommunikationswissenschaft mit dem Bestreben, Forschungsbeiträge aufzunehmen, deren Bedeutung disziplinäre und forschungsfeldspezifische Grenzen überbrückt. Die Beurteilung von Manuskripten erfolgt in einem „blind" Review-Verfahren, das in den meisten Fällen von zwei Begutachtern durchgeführt wird (vgl. Wiley 2009) Im *ISI Journal Citation Reports®* Ranking 2008 liegt das *Journal of Communication* im Bereich Kommunikation auf Platz 1 von 45 erfassten Journals. Der so genannte Impact Factor liegt bei 2.266 (vgl. ISI Web of Knowledge 2009). Der Impact Factor gibt an, wie groß der Einfluss des Journals in der globalen Forschungscommunity ist. Das Journal wurde für diese Studie ausgewählt, weil es als wichtigste internationale Fachzeitschrift der Kommunikationswissenschaft mit dem höchsten Impact betrachtet werden kann.

Communications: The European Journal of Communication Research

Communications: European Journal of Communication Research ist eine anerkannte Fachzeitschrift und ein Forum für kommunikationswissenschaftliche Forschung und Diskussion mit einer europäischen Perspektive. „Communications seeks new and original European research material in the fields of interpersonal communication, intercultural communication and mass communication." (de Gruyter 2009) Es erscheint viermal pro Jahr mit einer ungefähren Seitenanzahl von 480 Seiten pro Jahrgang. Die Auswahl der publizierten Artikel erfolgt durch „double-blind" Peer Review-Verfahren (vgl. de Gruyter 2009). Das Journal wurde ins das Untersuchungsmaterial aufgenommen, da es im Gespräch mit euro-

328 *Anhang 1*

päischen Kommunikationswissenschaftlern und Kommunikationswissenschaftlerinnen als wichtiges europäisches Publikationsorgan genannt wurde und auch in der Metaanalyse von Seethaler (2006) analysiert wurde. Gemeinsam mit dem *European Journal of Communication* verstärkt es den europäischen Fokus in der Untersuchung. *Communications* hat eine lange Tradition als Publikationsorgan und erscheint seit 1975. Ursprünglich erschien es in drei Sprachen, seit 1996 ist die verbindliche Publikationssprache Englisch (vgl. Seethaler 2006: 245).

European Journal of Communication

Das *European Journal of Communication* liegt auf Platz 32 im *ISI Journal Citation Report®* des Bereiches Kommunikation mit einem Impact Factor von 0,682. Es wird in Großbritannien von *Sage Publications* vierteljährlich herausgegeben. Der Umfang beträgt ungefähr 550 Seiten pro Jahr. Dieses Journal mit europäischem Fokus ist interessiert an „communication research and theory in all its diversity" (Sage 2009c). Das Journal wurde in die Untersuchung aufgenommen um gemeinsam mit *Communications* die europäische Beschäftigung mit unbewegten Medienbildern zu erfassen. Es erscheint seit 1986 und wurde unter anderem in Seethaler (2006), Chang et al. (2001) und Lauf (2001) als wichtige europäische Kommunikationsplattform genannt.

International Communication Gazette

Die *International Communication Gazette* gilt als eines der führenden kommunikationswissenschaftlichen Journals (vgl. Sage 2009d). Es erscheint im *Sage* Verlag und kann, im Jahr 1955 gegründet, auf eine lange Tradition zurückblicken. Die Erscheinungsweise der *International Communication Gazette* hebt sich von der typischen vierteljährlichen Publikationsweise ab, denn sie erscheint acht Mal im Jahr mit insgesamt ca. 500-550 Seiten (vgl. Sage 2009e). Chang et al. (2001) analysieren die *International Communication Gazette* in ihrer Metaanalyse und bezeichnen sie als eine bedeutende Zeitschrift der Kommunikationswissenschaft (vgl. Chang et al. 2001: 419). Auch in Gesprächen mit europäischen Kommunikationswissenschaftlern und Kommunikationswissenschaftlerinnen wurde die Zeitschrift mehrmals als sehr wichtige Fachpublikation genannt.

Anhang 1 329

Journalism & Mass Communication Quarterly

Journalism & Mass Communication Quarterly belegt im *ISI Journal Citation Reports®* mit dem Impact Factor 0,714 den 31 Rang. Die US-amerikanische Zeitschrift wird von der *Association for Education in Journalism and Mass Communication* (AEJMC) herausgegeben. Herausgeber sind Dan Riffe (University of North Carolina-Chapel Hill) und Ted Pease (Utah State University) (vgl. AEJMC 2010). *Journalism & Mass Communication Quarterly* erscheint viermal im Jahr. Aufgrund seines Rankings kann es als eine zentrale Fachzeitschrift der Kommunikationswissenschaft betrachtet werden.

Publizistik

Publizistik. Vierteljahreshefte für Kommunikationsforschung erscheint vierteljährlich und veröffentlicht theoretische und empirische Beiträge aus dem gesamten Bereich der Kommunikationswissenschaft. Im Mittelpunkt stehen, analog zur Selbstbeschreibung der Kommunikationswissenschaft (vgl. DGPuK 2001) die Produktions-, Verarbeitungs- und Rezeptionsprozesse massenmedial vermittelter Kommunikation (vgl. VS-Journals.de 2009). *Publizistik* erscheint seit 1956 in Verbindung mit der DGPuK und gilt gemeinsam mit *Medien- und Kommunikationswissenschaft* als zentrales Journal der deutsprachigen Publizistik- und Kommunikationswissenschaft. Brosius und Haas (2009) beurteilen *Publizistik*, gemeinsam mit *Medien & Kommunikationswissenschaft* ebenfalls als die wichtigsten und prestigeträchtigsten Zeitschriften im deutschsprachigen Raum. Zudem erhalten alle DGPUK-Mitglieder seit 2008 beide Journals im Abonnement als Teil der Mitgliedschaft (vgl. Brosius/Haas 2009: 172).

Medien & Kommunikationswissenschaft

Auch die Zeitschrift *Medien & Kommunikationswissenschaft* erhalten, wie oben angeführt, alle Mitglieder der *Deutschen Gesellschaft für Publizistik- und Kommunikationswissenschaft*. Früher erschien die Fachzeitschrift unter dem Namen *Rundfunk und Fernsehen*. Sie wurde aber im Jahr 2000 schließlich unbenannt. „Der neue Titel benennt, was seit langem Gegenstand und Perspektive der Zeitschrift ist: Zu ihrem Gegenstandsbereich gehören alle Medien – seien es ‚alte' oder ‚neue' – und sie versteht sich als interdisziplinäres Forum für theoretische und empirische Beiträge aus der gesamten Medien- und Kommunikationswis-

330   *Anhang 1*

senschaft." (Hans-Bredow-Institut 2000) Der Titel legt keine Begrenzung auf die Themenbereiche Fernsehen und Hörfunk mehr nahe und soll damit auch einen Publikationsanreiz für Forscher und Forscherinnen in anderen Bereichen bieten. Für die vorliegende Untersuchung sind vor allem die Jahrgänge ab 2000 interessant. In den Jahren davor wurden visuelle Themen rein im Bezug zu TV publiziert, welche für diese Analyse jedoch nicht relevant sind. Für die Auswertung bedeutet dies, dass die Anzahl der Artikel eigentlich nicht einer Zeitspanne von 20, sondern vielmehr von 10 Jahren zugeordnet werden müssen. *Medien & Kommunikationswissenschaft* gilt, bisherigen Metaanalysen zufolge, gemeinsam mit *Publizistik* als ein zentrales Publikationsorgan der deutschsprachigen Kommunikationswissenschaft (vgl. Brosius/Haas 2009: 172)

Visual Communication

Visual Communication ist ein relativ junges Journal und erscheint seit 2002. Die Definition des Visuellen in *Visual Communication* ist sehr breit gehalten und umfasst unbewegte und bewegte Bilder, Grafikdesign und Typographie, visuelle Phänomene wie Mode, Körperhaltung und Interaktion aber auch die bebaute und natürliche Umwelt. Des Weiteren wird die Rolle des Visuellen im Vergleich zu Sprache, Musik, Klang und Bewegung behandelt. *Visual Communication* versteht sich als interdisziplinäres Journal, das unterschiedliche Zugänge zu visuellen Phänomenen ermöglicht und so Forschungen aus Anthropologie, Kommunikationsforschung, Diskursanalyse, Semiotik, Cultural Studies, Soziologie und Disziplinen, die sich mit der Geschichte, Theorie und Praxis visuellen Designs auseinandersetzen, aufnimmt. Das Journal erscheint seit 2002 vierteljährlich (vgl. Sage 2009a). Die Herausgeber des Journals sind Carey Jewitt (Institute of Education, University of London, UK), Theo van Leeuwen (University of Technology, Sydney, Australia), Michael Longford (York University, Canada) und Teal Triggs (University of the Arts London, UK) (vgl. Sage 2009b) *Visual Communication* ist fachlich zwischen der Kommunikationswissenschaft und der Kunstgeschichte bzw. Kunstwissenschaft positioniert (vgl. Barnhurst/Vari/Rodríguez 2004: 627).

Journal of Visual Culture

Das *Journal of Visual Culture* erscheint im Sage Verlag. Thematisch ist es, dem Mapping von Barnhurst, Vari und Rodríguez (2004: 636) zufolge, stärker dem Bereich der Kunst beziehungsweise den Kunstwissenschaften zuzurodnen. Es

Anhang 1   *331*

wurde aber deshalb in das Untersuchungsmaterial aufgenommen, weil es in der Selbstbeschreibung eine besonders starke interdisziplinäre Positionierung vornimmt und einen deutlichen Cultural Studies-Bezug aufweist. Es wird daher eine Verknüpfung zu der in Kapitel 3 beschriebenen allgemeinen Bildwissenschaft „Visual Culture" erwartet. Eingereichte Beiträge werden, wie in den meisten Fachzeitschriften, einem strengen „double blind" Peer Review-Verfahren unterzogen (vgl. Sage 2010). Das Jounrnal wurde 2002 gegründet und erscheint seither drei Mal pro Jahr. Die 3. Ausgabe des Jahres 2009 konnte in der Analyse leider nicht mehr berücksichtigt werden, da sie bis April 2010 nicht erschienen war.

IMAGE. Journal of Interdisciplinary Image Science

IMAGE. Journal of Interdisciplinary Image Science ist eine elektronische Zeitschrift, die vom *Zentrum für interdisziplinäre Bildforschung* (ZiB) unterstützt und von Klaus Sachs-Hombach (Vorstandsvorsitzender und Initiator der *Gesellschaft für interdisziplinäre Bildwissenschaft*), Jörg R. J. Schirra, Stephan Schwan und Hans Jürgen Wulff in einer Kooperation mit dem *Herbert von Halem Verlag* herausgegeben wird (vgl. IMAGE 2010a). *IMAGE* versteht sich als internationale Zeitschrift und erscheint mehrsprachig. Sie ist das Publikationsorgan der interdisziplinären Bildwissenschaft und daher eine Forschungsarena, in der sich Publikationen unterschiedlicher Disziplinen und Beiträge mit unterschiedlichen Perspektiven auf Visualität treffen. Eingereichte Beiträge werden in einem anonymen „Peer-Review" Verfahren von mindestens zwei Beiratsmitgliedern begutachtet (vgl. IMAGE 2010b). Die Erscheinungsweise von *IMAGE* ist unregelmäßig. Es werden mehrmals im Jahr thematische Hefte herausgegeben (vgl. IMAGE 2010a). Die erste Ausgabe der elektronischen Zeitschrift erschien im Jänner 2005 mit der thematischen Ausgabe *Bildwissenschaft als interdisziplinäres Unternehmen*, in der der Status der interdisziplinären Bildwissenschaft diskutiert wird (vgl. Halem Verlag 2010) *IMAGE* wurde in das Untersuchungsmaterial aufgenommen, weil das Journal eine wichtige bildwissenschaftliche Strömung, die Allgemeine Bildwissenschaft, im deutschsprachigen Raum repräsentiert.

Visual Communication Quarterly

Visual Communication Quarterly erscheint im *Routledge Verlag*, bei *Taylor & Francis*. Es erscheint vier Mal im Jahr. Auch bei dieser Fachzeitschrift ist die Definition des Visuellen sehr breit: „We define ‚visual' in the broadest sense of the

332 *Anhang 1*

word-from dreams and cognitive theory through gesture and geography, as well as issues concerning visual ethics, visual ecology, representation, visual media in all forms, and visual behavior." (Visual Communication Quarterly 2010) Dennoch wird eine hohe Anzahl an für die Analyse relevanten Beiträgen erwarten, denn *Visual Communication Quarterly* weist sehr starke Bezüge zur Kommunikationswissenschaft auf. Es ist die offizielle Publikation der *Visual Communication Division* der *Association for Education in Journalism and Mass Communication.* (Taylor and Francis 2010, Visual Communication Quarterly 2010). Sie ist die älteste visuelle Fachzeitschrift im Untersuchungsmaterial und wurde bereits 1994 gegründet. Zunächst erschien die Zeitschrift als Beilage des *News Photographer*, dem Magazin der *National Press Photographers Association*. Ziel war es zunächst, relevante Forschungsergebnisse mit Praktikern im Fotojournalismus zu teilen (vgl. Griffin 2001: 451). Schließlich erfolgte aber die Etablierung als eigenen Fachzeitschrift. Aktueller Editor in Chief ist Paul Martin Lester (California State University, Fullerton). Das Mapping bei Barnhurst, Vari und Rodríguez (2004: 636) zeigt, dass *Visual Communication Quarterly* jene Fachzeitschrift ist, die am stärksten mit der Kommunikations- und Medienwissenschaft verbunden ist.

Anhang 2: Quantitative Bildinhaltsanalysen im Untersuchungsmaterial

Visualisierungstrends – Studien zum Stellenwert visueller Elemente

Barnhurst, Kevin G./Nerone, John C. (1991): Design Trends in U.S. Front Pages, 1885-1985. In: Journalism Quarterly, 68(4), S. 796-804.

Bernhard, Uli/Scharf, Wilfried (2008): „Infotainment" in der Presse. Eine Längsschnittuntersuchung 1980–2007 dreier regionaler Tageszeitungen. In: Publizistik, 53(2), S. 231–250.

Huang, Edgar Shaohua (2003): Professionalizing Online News Photo Presentations. In: Visual Communication Quarterly, 10(2), S. 4-11.

Huhmann, Bruce A. (2003): Visual Complexity in Banner Ads. The Role of Color, Photography, and Animation. In: Visual Communication Quarterly, 10(3), S. 10-17.

Kenney, Keith R. (1993): Photographic Content in Chinese Newspapers. In: International Communication Gazette, 51(2), S. 149-169.

Li, Xigen (1998): Web Page Design and Graphic Use of Three U.S. Newspapers. In: Journalism & Mass Communication Quarterly, 75(2), S. 353-365.

Lo, Ven-hwie/Paddon, Anna/Wu, Hsiaomei (2000): Front Pages of Taiwan Daily Newspapers 1952-1996: How Ending Martial Law Influenced Publication Design. In: Journalism & Mass Communication Quarterly, 77(4), S. 880-897.

Smith, Ken (1996): The Front Pages of Non-Daily Newspapers. In: Visual Communication Quarterly, 3(4), S. 4-16.

Quantitative Bildinhaltsanalysen zur Darstellung von Bevölkerungsgruppen im Journalismus

Fahmy, Shahira (2004): Picturing Afghan Women: A Content Analysis of AP Wire Photographs During the Taliban Regime and after the Fall of the Taliban Regime. In: Gazette, 66(2), S. 91-112.

Fahmy, Shahira/Kelly, James D./Kim, Yung Soo (2007): What Katrina Revealed: A Visual Analysis of the Hurricane Coverage by News Wires and U.S. Newspapers. In: Journalism & Mass Communication Quarterly, 84(3), S. 546-561.

Fishman, Jessica M./Marvin, Carolyn (2003): Portrayals of Violence and Group Difference in Newspaper Photographs: Nationalism and Media. In: Journal of Communication, 53(1), S. 32-44.

Kahle, Shannon/Yu, Nan/Whiteside, Erin (2007): Another Disaster: An Examination of Portrayals

334 *Anhang 2*

of Race in Hurricane Katrina Coverage. In: Visual Communication Quarterly, 14(2), S. 75-89.

Keenan, Kevin L. (1996): Skin Tones and Physical Features of Blacks in Magazine Advertisements. In: Journalism & Mass Communication Quarterly, 73(4), S. 905-912. (Obwohl der Titel es nicht nahe legt, wurden in diesem Beitrag auch redaktionelle Fotografien untersucht. Der Beitrag ist deshalb dem Journalismus und der Werbung gleichermaßen zuzuordnen.)

Len-Ríos, Maria E./Rodgers, Shelly/Thorson, Esther/Yoon, Doyle (2005): Representation of Women in News and Photos: Comparing Content to Perception. In: Journal of Communication, 55(1), S. 152-168.

Lester, Paul Martin (1994): African-American Photo Coverage in Four U.S. Newspapers, 1937-1990. In: Journalism Quarterly, 71(2), S. 380-394.

Lester, Paul/Smith, Ron (1990): African-American Photo Coverage in Life, Newsweek and Time, 1937-1988. In: Journalism Quarterly, 67(1), S. 128-136.

Rodgers, Shelly/Thorson, Esther (2000): „Fixing" Stereotypes in News Photos: A Synergistic Approach With the Los Angeles Times. In: Visual Communication Quarterly, 7(3), S. 8-11.

Schmerl, Christiane (2004): „Kluge" Köpfe — „dumme" Körper? Einige Wirkungen der Kopfbetonung bei männlichen und der Körperbetonung bei weiblichen Pressefotos. In: Publizistik, 49(1), S. 48-65.

Quantitative Bildinhaltsanalysen zur Darstellung von Bevölkerungsgruppen in der Werbung

Bowen, Lawrence/Schmid, Jill (1997): Minority Presence and Portrayal in Mainstream Magazine Advertising. An Update. In: Journalism & Mass Communication Quarterly, 74(1), S. 134-146.

Bramlett-Solomon, Sharon/Subramanian, Ganga (1999): Nowhere Near Picture Perfect: Images of the Elderly in Life and Ebony Magazine Ads, 1990-1997. In: Journalism & Mass Communication Quarterly, 76(3), S. 565-572.

Brosius, Hans-Bernd/Staab, Joachim F. (1990): Emanzipation in der Werbung? Die Darstellung von Frauen und Männern in der Anzeigenwerbung des „stern" von 1969 bis 1988. In: Publizistik, 35(3), S. 292-303.

Busby, Linda J./Leichty, Greg (1993): Feminism and Advertising in Traditional and Nontraditional Women's Magazines 1950s-1980s. In: Journalism Quarterly, 70(2), S. 247-264.

Cooper-Chen, Anne/Leung, Eva/Cho, Sung-Ho (1996): Sex Roles in East Asian Magazine Advertising. In: International Communication Gazette, 55(3), S. 207-223.

Frith, Katherine/Shaw, Oing/Cheng, Hong (2005): The Construction of Beauty. A Cross-Cultural Analysis of Women's Magazine Advertising. In: Journal of Communication, 55(1), S. 56-70.

Keenan, Kevin L. (1996): Skin Tones and Physical Features of Blacks in Magazine Advertisements. In: Journalism & Mass Communication Quarterly, 73(4), S. 905-912.

Knobloch-Westerwick, Silvia/Coates, Brendon (2006): Minority Models in Advertisements in Magazines Popular With Minorities. In: Journalism & Mass Communication Quarterly, 83(3), S. 596-614.

Lee, Ki-Young/Joo, Sung-Hee (2005): The Portrayal of Asian Americans in Mainstream Magazine Ads: An Update. In: Journalism & Mass Communication Quarterly, 82(3), S. 654-671.

Leslie, Michael (1995): Slow Fade to?: Advertising in Ebony Magazine, 1957-1989. In: Journalism and Mass Communication Quarterly, 72(2), S. 426-435.

Lewis, Charles/Neville, John (1994): Images of Rosie: A Content Analysis of Women Workers in

Anhang 2

American Magazine Advertising, 1940-1946. In: Journalism & Mass Communication Quarterly, 72(1), S. 216-228.

Reichert, Tom/Carpenter, Courtney (2004): An Update on Sex in Magazine Advertising: 1983 to 2003. In: Journalism & Mass Communication Quarterly, 81(4), S. 823-837.

Reichert, Tom/Lambiase, Jacqueline/Morgan, Susan/Carstarphen, Meta/Zavoina, Susan (1999): Cheesecake and Beefcake: No Matter How You Slice it, Sexual Explicitness in Advertising Continues to Increase. In: Journalism & Mass Communication Quarterly, 76(1), S. 7-20.

Reid, Leonard N./Whitehill King, Karen/Kreshel, Peggy (1994): Black and White Models and Their Activities in Modern Cigarette and Alcohol Ads. In: Journalism Quarterly, 71(4), S. 873-886.

Taylor, Charles R./Bang, Hae-Kyong (1997): Portrayals of Latinos in Magazine Advertising. In: Journalism & Mass Communication Quarterly, 74(2), S. 285-303.

Zinkhan, George M./Qualls, William J./Biswas, Abhijit (1990): The Use of Blacks in Magazine and Television Advertising: 1946 to 1986. In: Journalism Quarterly, 67(3), S. 547-553.

Die Darstellung politischer Akteure unter dem Gesichtspunkt der News-Bias-Forschung

Glassman, Carl/Kenney, Keith (1994): Myths & Presidential Campaign Photographs. In: Visual Communication Quarterly, 1(4), S. 4-7.

Moriarty, Sandra E./Popovich, Mark N. (1991): Newsmagazine Visuals and the 1988 Presidential Election. In: Journalism Quarterly, 68(3), S. 371-380.

Mullen, Lawrence (1998): Close-Ups of the President. Photojournalistic Distance from 1945 to 1974. In: Visual Communication Quarterly, 5(2), S. 4-10.

Waldman, Paul/Devitt, James (1998): Newspaper Photographs and the 1996 Presidential Election: The Question of Bias. In: Journalism & Mass Communication Quarterly, 75(2), S. 302-311.

Wanta, Wayne/Chang, Kuang-Kuo (2001): Visual Depictions of President in the International Press After the Release of the Starr Report. In: Visual Communication Quarterly, 8(3), S. 9-14.

Woo, Jisuk (1994): Journalism Objectivity in News Magazine Photography. In: Visual Communication Quarterly, 1(3), S. 9-16.

Weitere Fragestellungen

Fahmy, Shahira/Kim, Daekyung (2008): Picturing the Iraq War: Constructing the Image of War in the British and US Press. In: International Communication Gazette, 70(6), S. 443-462.

Frith, Katherine T./Wesson, David. (1991): A Comparison of Cultural Values in British and American Print Advertising: A Study of Magazines. In: Journalism Quarterly, 68(1/2), S. 216-223.

Griffin, Michael/Lee, Jongsoo (1995): Picturing the Gulf War: Constructing an Image of War in Time, Newsweek, and U.S. News & World Report. In: Journalism & Mass Communication Quarterly, 72(4), S. 813-825.

Kim, Yung Soo/Kelly, James D. (2008): A Matter of Culture: A Comparative Study of Photojournalism in American and Korean Newspapers. In: International Communication Gazette, 70(2), S. 155-173.

King, Cynthia/Lester, Paul Martin (2005): Photographic Coverage During the Persian Gulf and Iraqi

Wars in Three U.S. Newspapers. In: Journalism & Mass Communication Quarterly, 82(3), S. 623-637.

Nowak, Kjell (1990): Magazine Advertising in Sweden and the United States: Stable Patterns of Change, Variable Levels of Stability. In: European Journal of Communication, 5(4), S. 393-422.

Sung, Yongjun/Hennink-Kaminski, Heidi I. (2008): The Master Settlement Agreement and Visual Imagery of Cigarette Advertising in Two Popular Youth Magazines. In: Journalism & Mass Communication Quarterly, 85(2), S. 331-352.

Tsao, James C. (1994): Advertising and Cultural Values. A Content Analysis of Advertising in Taiwan. In: International Communication Gazette, 53(1-2), S. 93-110.

Wanta, Wayne/Chang, Kuang-Kuo (2001): Visual Depictions of President in the International Press After the Release of the Starr Report. In: Visual Communication Quarterly, 8(3), S. 9-14.

Anhang 3: Qualitative Bildinhaltsanalysen im Untersuchungsmaterial

Analysen in der semiotischen Tradition von Barthes oder Peirce

Bishara, Nina (2006): Bilderrätsel in der Werbung. In: Image 3, S. 76-92.

Goodnow, Trischa (2006): On Black Panthers, Blue Ribbons, & Peace Signs: The Function of Symbols in Social Campaigns. In: Visual Communication Quarterly, 13(3), S. 166-179.

Magnussen, Anne (2006): Imagining the Dictatorship, Argentina 1981 to 1982. In: Visual Communication, 5(3), S. 323-244.

Meier, Stefan (2009): „Pimp your profile" – Fotografie als Mittel visueller Imagekonstruktion im Web 2.0. In: Image 9, http://www.bildwissenschaft.org/journal/index.php?menuItem=miArchive&showIssue=35

Moriarty, Sandra/Shaw, David (1995): An Antiseptic War: Were News Magazine Images of the Gulf War Too Soft? In: Visual Communication Quarterly, 2(2), S. 4-8.

Page, Janis Teruggi (2006): Myth and Photography in Advertising: A Semiotic Analysis. In: Visual Communication Quarterly, 13(2), S. 90-109.

Analysen in der Tradition von Halliday bzw. der Soziosemiotik nach Kress/van Leeuwen (2006)

Almeida, Danielle (2009): Where Have all the Children Gone? A Visual Semiotic Account of Advertisements for Fashion Dolls. In: Visual Communication, 8(4), S. 481-501.

Bezemer, Jeff/Kress, Gunther (2009): Visualizing English: a Social Semiotic History of a School Subject. In: Visual Communication, 8(2), S. 247-262.

Holsanova, Jana/Rahm, Henrik/Holmqvist, Kenneth (2006): Entry Points and Reading Paths on Newspaper Spreads: Comparing a Semiotic Analysis with Eye-Tracking Measurements. In: Visual Communication, 5(1), S. 65-93.

Knox, John (2007): Visual-verbal Communication on Online Newspaper Home Pages. In: Visual Communication, 6(1), S. 19-53.

Koller, Veronika (2008): ,Not just a Colour': Pink as a Gender and Sexuality Marker in Visual Communication. In: Visual Communication, 7(4), S. 395-423.

Konstantinidou, Christina (2008): The Spectacle of Suffering and Death: The Photographic Representation of War in Greek Newspapers. In: Visual Communication, 7(2), S. 143-169.

338 *Anhang 3*

Lock, Graham (2003): Being International, Local and Chinese: Advertisments on the Hong Kong Mass Transit Railway. In: Visual Communication, 2(2), S. 195-214.

Marcellus, Jane (2006): Woman as Machine: Representations of Secretaries in Inter War Magazines. In: Journalism & Mass Communication Quarterly, 83(1), S. 101-115.

Peled-Elhanan, Nurit (2009): Layout as Punctuation of Semiosis: Some Examples from Israeli Schoolbooks. In: Visual Communication, 8(1), S. 91-116.

Teo, Peter (2004): Ideological Dissonances in Sigapore's National Campaign Posters: A Semiotic Deconstruction. In: Visual Communication, 3(2), S. 189-212.

Thurlow, Crispin/Aiello, Giorgia (2007): National Pride, Global Capital: A Social Semiotic Analysis of Transnational Visual Branding in the Airline Industry. In: Visual Communication, 6(3), S. 305-344.

Ikongrafische bzw. ikonologische Analysen

Bernhardt, Petra (2009b): „Einbildung" und Wandel der Raumkategorie „Osten" seit 1989: Werbebilder als soziale Indikatoren. In: Image 10, http://www.bildwissenschaft.org/journal/index.php?menuItem=miArchive&showIssue=36

Kohn, Ayelet (2003): Let's Put our (Post)Cards on the Table. In: Visual Communication, 2(3), S. 265-284.

Müller, Marion G. (1997b): Visuelle Wahlkampfkommunikation. Eine Typologie der Bildstrategien im amerikanischen Präsidentschaftswahlkampf. In: Publizistik, 42(2), S. 205-228.

Thurlow, Crispin/Aiello, Giorgia (2007): National Pride, Global Capital: A Social Semiotic Analysis of Transnational Visual Branding in the Airline Industry. In: Visual Communication, 6(3), S. 305-344.

Weitere qualitative Inhaltsanalysen im Untersuchungsmaterial (u.a. werkbiografische Analysen, rhetorische Analysen, Analysen der Cultural Studies)

Cookman, Claude H. (2006): Janine Niepce's Coverage of French Women's Lives and Struggle for Equal Rights. In: Visual Communication Quarterly, 13(4), S. 202-223.

Cookman, Claude H. (2000): Marc Riboud in North Vietnam: Seeing the War From the Other Side. In: Visual Communication Quarterly, 7(1), S. 3-14.

Darling-Wolf, Fabienne (2005): Surviving Soccer Fever: 2002 World Cup Coverage and the (Re)Definition of Japanese Cultural Identity. In: Visual Communication Quarterly, 12(3/4), S. 182-193.

El Refaie, Elisabeth (2003): Understanding Visual Metaphor: The Example of Newspaper Cartoons. In: Visual Communication, 2(1), S. 75-95.

Gunn, Joshua (2005): Prime-time Satanism: Rumor-panic and the Work of Iconic Topoi. In: Visual Communication, 4(1), S. 93-120.

Kitch, Carolyn (1998): The American Woman Series: Gender and Class in the Ladies Home Journal. In: Journalism & Mass Communication Quarterly, 75(2), S. 243-262.

Lester, Paul Martin (2007): Floods and Photo-Ops A Visual Historiography Approach. In: Visual Communication Quarterly, 14(2), S. 114-126.

Anhang 3

Morris, Daniel/Miller, Tyagan (2006): Sacred Space and Secular Concern in the Photography of Tyagan Miller. In: Visual Communication Quarterly, 13(4), S. 224-239.

Perlmutter, David D./Wagner, Gretchen L. (2004): The Anatomy of a Photojournalistic Icon: Marginalization of Dissent in the Selection and Framing of ‚A Death in Genoa'. In: Visual Communication, 3(1), S. 91-108.

Scott, Biljana (2004): Picturing Irony: The Subversive Power of Photography. In: Visual Communication, 3(1), S. 31-59.

Tinic, Serra A. (1997): United Colors and Untied Meanings: Benetton and the Commodification of Social Issues. In: Journal of Communication, 47(3), S. 3-25.

Vultee, Fred (2007): Dr. FDR & Baby War: The World Through Chicago Political Cartoons Before and After Pearl Harbor. In: Visual Communication Quarterly, 14(3), S. 158-175.

Wells, Karen (2007): Narratives of Liberation and Narratives of Innocent Suffering: The Rhetorical Uses of Images of Iraqi Children in the British Press. In: Visual Communication, 6(1), S. 55-71.

Wilson, Kenneth L./Wasserman, Jason A./Lowndes, Florin (2009): Picture and Social Concept: a Fractal-concept Analysis of Advertising Art. In: Visual Communication, 8(4), S. 427-448.

Ylänne-McEwen, Virpi (2000): Golden Times for Golden Agers: Selling Holidays as Lifestyle for the Over 50s. In: Journal of Communication, 50(3), S. 83-99.

Anhang 4: Verknüpfung quantitativer und qualitativer Bildinhaltsanalysen im Untersuchungsmaterial

Avraham, Eli/First, Anat (2003): „I Buy American": The American Image as Reflected in Israeli Advertising. In: Journal of Communication, 53(2), S. 282-299.

Bell, Philip/Milic, Marco (2002): Goffman's Gender Advertisement Revisited: Combining Content Analysis with Semiotic Analysis. In: Visual Communication, 1(2), S. 203-222.

Boni, Federico (2002): Framing Media Masculinities. Men's Lifestyle Magazines and the Biopolitics of the Male Body. In: European Journal of Communication, 17(4), S. 465-478.

Flair, Jo Ellen/Astroff Roberta J. (1991): Constructing Race and Violence: U.S. News Coverage and the Signifying Practices of Apartheid. In: Journal of Communication, 41(4), S. 58-74.

Grant, Jo Anna/Hundley, Heather (2008): Fighting the Battle or Running the Race? In: Visual Communication Quarterly, 15(3), S. 180-195.

Mortelmans, Dimitri (1997): Visual Representations of Luxury. An Analysis of Print Advertisements for Jewelry. In: Communications: The European Journal of Communication Research, 22(1), S. 69-91.

Wang, Jian (1996): The Siren Songs of Consumption: An Analysis of Foreign Advertisements in Two Mainland Chinese Newspapers, 1985-1993. In: International Communication Gazette, 56(3), S. 201-219.

Index

A

Abbild 48, 52, 53, 56, 58, 110, 112, 135
Accessibility 92, 93, 314
Agenda-Setting 8, 87–90, 93, 94, 116, 282
Ähnlichkeit 58, 69, 73, 111, 281, 284
Aktivierung 77, 78, 93, 124
Aktualität 105, 110, 139, 168, 169, 279
Allgemeine Bildwissenschaft 13, 33–36, 38, 48, 50, 55, 173, 280, 331. *Siehe auch* Bildwissenschaften
Amateurfotos 116, 160
Analogie 55, 56, 58, 59, 63, 73, 97
Anikonismus 26
Applicability 92
Appraisal 83
Associated Press 91, 116, 266
Attention-Getting 77
Attribute 87, 90–93, 153, 237, 238
Attribute-Agenda-Setting 87, 90, 93. *Siehe auch* Agenda-Setting
Aufmerksamkeit 26, 29, 30, 75–88, 92, 97, 98, 102, 107, 120–125, 131, 135, 139, 150, 153, 156, 281
Augenzeugen 60, 84, 92, 284
Authentizität 58, 60, 64, 108, 109–112, 124, 134, 139, 154, 163, 272
Awardisierung 123, 136

B

Bewegtbild 14, 62, 72, 157, 276
Bildagenturen 23, 113, 166
Bilderflut 26, 257, 279
Bildermarkt 16, 23, 106, 165–167, 170, 188
Bilderverbot 27
Bildfunktionen 19, 74, 102, 108, 113, 138
Bildhandeln 21, 159, 164, 199, 269, 277
Bildikonen 89, 114–116, 120–123, 285
Bildjournalismus 103–105, 108, 111, 113, 283, Bildkompetenz 15, 26, 253

Bildkontext 66, 67, 72, 99, 102, 146, 152, 174, 189, 209–211, 242, 272, 274, 283
Bildkritiker 14, 27
Bildlogik 29, 32
Bildmanipulation 61, 165, 283
Bildpraktiken 24, 160, 161, 170
Bildstil 127, 137, 138, 140, 143, 144, 163, 167
Bildtypenanalyse 263–268, 274
Bildtypus 95, 121, 150, 221, 222, 263–268
Bildüberlegenheitswirkung 15, 75. *Siehe auch* Picture-Superiority-Effekt
Bildunterschrift 113, 114, 122, 284
Bildverachtung 26, 27
Bildwissenschaften 7, 13, 15, 32–34, 36, 39–41, 43, 45, 280
Blickbewegungsstudien 77. *Siehe auch* Eyetracking

C

Comics 31, 74, 155, 189, 209
Consumer Photography 16, 24, 272. *Siehe auch* Amateurfotos
Corporate Design 107, 141–144, 286
Corporate Identity 141–144, 159, 286
Cue-Summation Theorie 80
Cultural Studies 22, 30, 37, 38, 47, 188, 222, 246, 255, 256, 279
Cultural Turn 14, 30, 63

D

Darstellungsaspekte 151, 152, 154, 221, 228, 234, 236, 238, 240, 241, 243, 260, 268, 273, 288, 289
Darstellungseffekte 152, 153, 240
Dekoration 19, 87, 106, 108
Deprofessionalisierung 106
Digitalisierung 22–25, 71, 105, 106, 122, 160, 169, 231, 269, 279
Discrete Icon 121. *Siehe auch* Bildikonen

Index

Diskursanalyse 246, 248, 254, 330
Distanz 91, 99, 132, 236, 238, 239, 243, 249, 250, 260, 261, 268, 273, 274, 289
Domestizierung 22
Dual-Coding 79–82

E

Einstellungen 66, 76, 83, 86, 91, 96, 98, 120, 127–129, 133, 252, 271, 287
Einstiegsreiz 79, 88, 108, 125
Emotionalisierung 15, 82–85, 89, 156, 158, 283, 286
Emotionalisierungspotenzial 15, 82, 85
Emotionen 15, 76, 82–86, 90, 93, 101, 102, 109, 124, 125, 156, 271, 282, 287
Empathie 83, 84
Entschleunigung 105, 122, 123
Erinnerung 24, 25, 36, 49, 76, 80–82, 85, 88, 89, 114, 129, 156, 160, 168, 169, 208, 264, 266, 267
Eyetracking 75, 77, 78, 98, 108

F

Facebook 24, 160, 190
Face-ism 154, 233, 234, 236, 243, 274, 289
Figurenaspekte 151, 238
Fixation 76, 78, 98, 281
Flickr 24, 160–164, 170, 190
Folterbilder 25, 115–118, 122, 285
Fotojournalismus 65, 103, 105, 123, 149, 192, 229, 264, 332
Frames 91–94, 113, 118, 119, 126, 249, 260, 261, 285,
Framing 67, 86, 87, 90–94, 120, 232, 249, 250, 282
Framingeffekt 90, 93

G

Generic Icon 121. *Siehe auch* Bildikonen
Glaubwürdigkeit 81, 86, 100, 110–112, 127, 128, 139, 145, 156, 163, 165, 168, 250, 272
Globale Verständlichkeit 25, 59, 125, 279
Globalisierung 22, 25, 105, 166, 279
Grounded Theory 245, 246

H

Headline 77, 78, 108

Historiografische Analyse 254–256

I

Iconic Turn 14, 20, 28–30, 34, 35, 55, 221, 270. *Siehe auch* Wende zum Bild
Ikon 58, 59, 61, 69, 279
Ikonisierungsmerkmale 115, 120, 122, 123, 285
Ikonizität 35, 57–59, 220, 284
Ikonografie 149, 158, 221, 222, 229, 246, 250, 251, 253, 254, 264, 265, 267, 274, 286, 289, 297, 301, 314, 323
Ikonografisch-ikonologische Methode 221, 251, 253, 256, 260, 263, 264
Ikonologie 250–253, 289
Ikonophilie 14, 26, 27
Ikonophobie 14, 26, 27
Images 27, 37, 48, 62, 81, 84, 92, 121, 130, 133, 161, 162, 172, 229, 245, 249, 251, 255
Image 90, 201, 230, 141, 143, 144, 153, 154, 157, 158, 161–165, 237, 262
Imagery 75, 80, 128, 129, 258, 282, 285
Impact-Faktor 177, 327-329
Impression Management 153, 157, 159, 164, 165, 286
Indexikalität 57, 58, 60, 61, 66, 69, 110, 284
Indexing-These 117, 118
Infografik 104, 139, 166, 174, 189, 207–209, 286
Informationsverarbeitung 77, 80, 85, 96, 129
Institutionalisierung 15, 34, 36, 41, 42, 171–174, 183, 211, 214, 272
Inszenierung 53, 99, 112, 124, 156, 168, 250, 280, 285
Interdisziplinäre Bildwissenschaft 13, 15, 34, 36, 196, 275, 327. *Siehe auch* Bildwissenschaften
Involvement 77, 89, 124, 128–130,

J

Journalistisches Bild 64, 101–104, 106, 108, 111, 112, 126, 137, 138, 143, 156, 168, 169, 190, 192, 208, 211, 230, 272, 284

K

Kanonisierungsprozess 122
Karikatur 104, 154, 155, 166, 169, 174, 189, 207–209,
Kodak Culture 162

Index

Kommunikat 51–54, 168
Konkretheit 20, 55, 74, 80, 81, 167
Konnektivität 22
Konvergenz 22, 24, 160
Körperbild 134, 232, 235
Kriegsberichterstattung 83, 155, 169, 239
Kultivierungsthese 235
Kulturpraktiken 23, 48, 269
Kulturtechniken 26, 270. *Siehe auch* Kultur-
    praktiken

L

Langzeiterinnerung 88
Lerntheorien 133
Limited-Capacity-Modell 80
Linguismus 29, 30
Linguistic Turn 28, 29
Logozentrismus 29, 148

M

Manipulation 61, 103, 111, 127, 148, 165, 283
Materialität 45, 50, 52–54, 69, 276
Mediatisierung 14, 20–23, 25, 31, 87, 133, 159,
    269, 279
Mediengrammatik 97
Medienkompetenz 16, 23, 95–97, 99, 100, 209,
    270, 283
Medienkultur 14, 30–32, 87, 96, 228, 269, 270,
    274
Metafunktion 249, 261
Metaphern 48, 82, 126, 248, 254, 263, 266, 267,
    276
Metaprozess 20, 22, 25, 269
Metonymie 121
Mobiltelefon 24, 160
Multimodalität 71, 72, 87, 94, 174, 216, 217,
    242, 243, 271

N

News-Bias 232, 233, 236
News Icons 114, 115. *Siehe auch* Bildikonen

O

Objektivität 86, 109–112, 154, 236
obs-Award 136–138. *Siehe auch* PR-Bild Award
Öffentlichkeitsarbeit 140, 145, 190
Organisationskommunikation 140, 145
Orientierung 97, 98, 107, 148

Original 51–55, 280

P

Percept-Analogy-Theorien 79, 81
Personalisierung 102, 150, 151, 153, 286
Personendarstellung 125, 151, 153, 154, 169,
    231, 237
Persuasion 62, 126–130, 133, 158, 240, 285
Perzept 52–54
Phänomenologie 35, 55, 280
Photo-Sharing 24, 67, 160–162, 164, 170, 190
Pictorialismus 30
Pictorial Turn 14, 28–30, 34, 48, 186, 270. *Siehe
    auch* Wende zum Bild
Picture-Superiority-Effekt 75, 80–82, 92, 271,
    285
Politische Kommunikation 16, 24, 47, 101, 102,
    146–151, 159, 169, 209, 229, 269, 272
Politisches Bild 146–149
Polysemie 48, 62, 65, 279
Popularisierung 109
Pragmatik 35, 57, 59
PR-Bild 101, 136–141, 143, 145, 169, 190
PR-Bild Award 136, 138, 140, 143
Pressebild 110, 153, 169, 286
Pressefoto 108, 110, 113, 114, 123, 150, 152,
    229, 233, 236, 264, 283, 286. *Siehe
    auch* Pressebild
Pressefotografie 67, 103, 105, 114, 149, 280
Privatbilder 105, 189, 208, 209, 211
Produktionskultur 64, 101
Profilbilder 165
Propaganda 27
Propositionale Syntax 57, 62, 130. *Siehe
    auch* Syntax
Propositions-Theorie 81, 82
Proxemik 238
Public Relations 16, 24, 64, 67, 100, 101, 136–
    147, 149, 169, 210, 211, 272

Q

Qualitative Bildinhaltsanalysen 216–218, 223–
    225, 245, 246, 256, 259, 273, 274
Quantifizierung 227, 228, 245, 265, 266, 268
Quantitative Bildinhaltsanalyse 216–218, 221–
    224, 227–231, 234–236, 239–243, 259,
    260, 263, 264, 267, 273, 274, 288

344 Index

R

Realitätsbezug 105, 110, 134, 168, 169, 170
Reizverarbeitung 81
Reproduktion 53, 54
Rezeptionsemotionen 85, 282
Rhetorik 128, 247, 254, 262, 284

S

Salienz 89, 90, 92
Schema 92, 126, 127, 168, 272
Schlüsselbilder 114, 119
Second-Level Agenda-Setting 90, 93. *Siehe auch* Agenda-Setting
Sehsinn 23
Semantik 35, 57, 281
Semantisierung 228, 234, 241, 243, 259, 268, 273
Semiotik 34, 35, 39, 54, 55, 57, 58, 62, 70, 126, 209, 221, 222, 236, 246–252, 260–263, 267, 274, 279, 280, 283, 284, 293, 298, 314, 318, 322, 330
Snaprs 162
Social Comparison 133, 168, 209, 235, 299, 311, 316
Social Learning 133, 235
Social Networks 158–165, 189, 208, 210, 286
Soziale Netzwerke 16, 24, 160–164, 165, 170
Soziosemiotik 240, 246–249, 256, 260–262, 337
Speicherung 73, 79, 82, 285
Spezielle Bildwissenschaft 15, 33, 39–41, 44, 186, 270. *Siehe auch* Bildwissenschaften
Stereotypisierung 91, 134, 135, 231–233, 235–237
Stock Photography 16, 23, 166, 167, 170
Subdisziplin 13, 32, 196
Symbol 25–27, 58, 61, 69, 73, 114, 115, 126, 130, 144, 155, 156, 157, 163, 247, 248, 262, 265, 271, 279
Syntax 34, 57, 61, 62, 75, 130–133, 135, 249

T

Trophy shots 116

U

Unbestimmtheit 55, 130
Unikat 7, 51–53, 280
Unterhaltung 26, 59, 85, 109, 128, 147, 190, 283

Unterhaltungsorientierung 109, 231
Unternehmenskommunikation 16, 101, 136, 137, 139–146, 169, 211, 272, 286

V

Verbalsnobismus 27, 169
Vertrauen 20, 58, 102, 110, 111, 140, 145, 284
Vieldeutigkeit 55, 65, 74. *Siehe auch* Polysemie
Visiotyp 119
Visual Culture 15, 19, 37, 38, 43, 44, 47, 48, 71, 186, 192, 193, 195, 196, 255, 273, 277. *Siehe auch* Bildwissenschaften
Visual Esperanto 126
Visual Studies 13, 38, 41, 160, 183, 184, 270
Visual Studies in Communication 41, 43, 183, 184, 270
Visuelle Kompetenz 23, 26. *Siehe auch* Bildkompetenz
Visuelle Medienkompetenz 23, 95, 97, 99
Vorratsfotografie 16, 23, 166, 167, 170

W

Wahrnehmungsinhalt 51–54, 69
Wahrnehmungsnähe 34, 35, 148
Wahrnehmungsprozess 23, 77, 78, 80, 281
Wandelphänomen 14, 19, 21, 64, 279
Wende zum Bild 14, 28, 29, 33, 186, 270, 273
Werbebild 75, 100, 101, 112, 124, 126–128, 134–138, 140, 147, 169, 190, 207–209, 230, 253, 272, 288
Werbeforschung 84, 86, 135
Werkbiographische Analyse 203, 205, 254, 256, 338
World Press Photo 123, 324

Z

Zeichen 34, 35, 55–63, 69, 73, 101, 111, 126, 141, 221, 248, 249, 260, 263, 280, 281, 284, 285
Zeichencharakter 20, 48, 55, 56, 73, 98, 227
Zeichensystem 33, 55, 71, 73, 130, 262, 263

Printed by Publishers' Graphics LLC